Praxis 9/10

Wirtschaft – Recht

Gymnasium Thüringen

Autoren
Christine Fischer
Jakob Pritscher
Karl Uhl

westermann

Mit Beiträgen von
Manfred Jahreis

Westermann Schroedel Diesterweg Schöningh Winklers GmbH, Braunschweig
www.westermann.de

Druck A 2 / Jahr 2011
Alle Drucke der Serie A sind im Unterricht parallel verwendbar.

Redaktion: Sylvia Bock
Herstellung: Andreas Losse
Umschlaggestaltung: Jürgen Kochinke, Holle
Satz: AndersARTig Werbung & Verlag GmbH, Braunschweig
Druck und Bindung: westermann druck GmbH, Braunschweig

ISBN 978-3-14-**116160**-1

I Grundlagen des Rechts 7

1 Aufgaben des Rechts 8
2 Die Rechtsordnung 9
3 Die Eigentumsordnung 11

II Privatrecht 15

1 Einteilung der Rechtsgebiete 16
2 Einführung in das Bürgerliche Gesetzbuch 18
3 Die rechtliche Stellung des Minderjährigen 19
3.1 Die Rechtsfähigkeit 19
3.2 Die Geschäftsfähigkeit 20
3.3 Die Deliktfähigkeit und die Strafmündigkeit 23
M Mit Gesetzestexten arbeiten 24

III Grundlagen des Vertragsrechts 27

1 Grundsatz der Vertragsfreiheit 28
2 Abschluss rechtsgültiger Verträge 30
3 Vertragsarten 32

IV Der Kaufvertrag 43

1 Die Kaufhandlung 44
1.1 Das Erfüllungsgeschäft 44
1.2 Eigentumsvorbehalt 45
1.3 Erfüllungs- und Zahlungsort 45
2 Pflichtverletzungen bei Kaufverträgen 47
2.1 Sachmängel 47
2.2 Die Rechte des Käufers bei Sachmängeln 48
3 Das Mahnverfahren 50

V Grundzüge des wirtschaftlichen Handelns 55

1 Beweggründe und Ziele wirtschaftlichen Handelns 56
1.1 Bedürfnisse 56
1.2 Güter zur Deckung des Bedarfs 59
1.3 Das ökonomische Prinzip 60

VI Privater Haushalt 63

1 Der einfache Wirtschaftskreislauf 64
2 Einkommen 65
2.1 Einkommensarten 65
2.2 Einkommensverwendung 66
2.3 Haushaltsplan 67
M Tabellenkalkulation 69
2.4 Die Bedeutung des Jugendlichen als Verbraucher 71

VII Pflichtabgaben aus dem Arbeitnehmereinkommen 73

1 Die Lohnsteuer 74
2 Das Sozialversicherungssystem 77
2.1 Individuelle oder kollektive Daseinsvorsorge? 77
2.2 Beiträge und Leistungen in der Sozialversicherung 78
2.3 Das Solidarprinzip in der Sozialversicherung 79
2.4 Grenzen der Belastbarkeit 79

VIII Der Markt 83

1 Marktarten 84
2 Der Begriff „Markt“ 85
3 Funktionszusammenhang zwischen Angebot, Nachfrage und Preis 86
4 Das Marktmodell 87
5 Marktformen 88

IX Berufswahl und Berufsausübung 91

1 Die Berufswahl als Prozess 92
1.1 Die Phasen der Berufswahlvorbereitung 94
1.2 Informationen über Berufsbilder 96
1.3 Der Einsatz des Berufswahlpasses 100
1.4 Das Betriebspraktikum 103
1.5 Die Entscheidung 108
1.6 Die Verwirklichung: Die Bewerbung 108
M Rollenspiele 118
1.7 Die Freiheit der Berufswahl 120
1.8 Die schulischen Bildungswege 121
2 Der Berufsausbildungsvertrag 123
3 Jugendarbeitsschutzgesetz 127
3.1 Jugendarbeitsschutz 127

X Wirtschaftsordnungen 131

1 Grundfragen der Wirtschaft 132
2 Grundsätzliche Ordnungsmodelle und ihre Beurteilung 132
2.1 Zentralverwaltungswirtschaft 132
2.2 Freie Marktwirtschaft 132
3 Die soziale Marktwirtschaft, eine realisierte Wirtschaftsordnung 136
3.1 Grundprinzipien der sozialen Marktwirtschaft 136
3.2 Von der sozialen zur ökologischen Marktwirtschaft 137

XI Geld 139

1 Die Entstehung des Geldes 140
2 Funktionen des Geldes 142
3 Formen des Zahlungsverkehrs 143

XII Der erweiterte Wirtschaftskreislauf 155

1 Erweiterung des Wirtschaftskreislaufs um den Sektor Banken 156
1.1 Banken als Vermittler 156
1.2 Arten von Banken 157
2 Die Bankgeschäfte 158
2.1 Passivgeschäfte – Einlagengeschäfte 158
2.2 Aktivgeschäfte – Kreditgeschäfte 160
2.3 Dienstleistungsgeschäfte 163
3 Geldanlage in Wertpapieren 166
3.1 Vergleich von Anlagemöglichkeiten 166
3.2 Die Börse 170
3.3 Die Kursbildung 172
3.4 Der Deutsche Aktienindex (DAX) 174
4 Die Rolle des Staates im Wirtschaftskreislauf 176
4.1 Die staatlichen Ebenen 176
4.2 Die Aufgaben des Staates unter volkswirtschaftlichen Gesichtspunkten (Staatsausgaben) 176
4.3 Staatseinnahmen 177
5 Das Kreislaufmodell, ein „Bauplan“ der Volkswirtschaft 180

5.1 Das Zwei-Sektoren-Modell 180
5.2 Das Kreislaufmodell in einer offenen Volkswirtschaft mit wirtschaftlicher Aktivität des Staates 181
6 Außenwirtschaftliche Verflechtungen 183
6.1 Außenhandelsstatistiken 183
6.2 Standort Deutschland 184
6.3 Globalisierung 185
M Referat 186

XIII Gesamtwirtschaftliche Zusammenhänge 189

1 Sozialprodukt und Bruttoinlandsprodukt als Maßstab für die volkswirtschaftliche Gesamtleistung .. 190
1.1 Die Unterscheidung von Bruttosozialprodukt, Bruttonationalprodukt und Bruttoinlandsprodukt 190
1.2 Die Entstehung des Bruttoinlandsprodukts 191
1.3 Das Bruttoinlandsprodukt als Maßstab 192
2 Konjunktur und Konjunkturphasen 194
2.1 Konjunktur 194
2.2 Konjunkturphasen 195
3 Ziele der Wirtschaftspolitik in der sozialen Marktwirtschaft 197
3.1 Wirtschaftspolitische Handlungsziele des Staates 197
3.2 Maßstäbe für die Erreichung der Ziele 199
3.3 Maßnahmen der Wirtschaftspolitik in der sozialen Marktwirtschaft 200

XIV Das Unternehmen 203

1 Wirtschaftsbereiche und deren Strukturwandel 204
2 Die moderne Arbeitswelt 208
2.1 Strukturwandel der Berufe 208
2.2 Neue Qualifikationsanforderungen an die Menschen 209
2.3 Mobilität und Flexibilisierung der Arbeitszeit 210
M Betriebserkundung 213
3 Die betrieblichen Produktionsfaktoren 214
4 Standortfaktoren 216
5 Rechtsformen 218
5.1 Übersicht 218
5.2 Einzelunternehmen 218
5.3 Personengesellschaften 219
5.4 Kapitalgesellschaften 220
5.5 Die eingetragene Genossenschaft (e.G.) 220
5.6 Das Handelsregister 221
6 Betriebliche Grundfunktionen 222
7 Grundlagen des betrieblichen Rechnungswesens 224
7.1 Die Inventur 225
7.2 Die Inventur führt zum Inventar 226
7.3 Die Bilanz des Unternehmens 227

XV Rechtsbeziehungen in der Familie 233

1 Das Familienrecht 234
1.1 Die Verlobung 234
1.2 Die eheliche Lebensgemeinschaft 235
2 Andere Lebensgemeinschaften 239
2.1 Eingetragene Lebenspartnerschaften gleichgeschlechtlicher Partner 239
2.2 Die nichteheliche Lebensgemeinschaft – die eheähnliche Lebensgemeinschaft 240
3 Die Ehescheidung 241

XVI Grundzüge des Erbrechts 245

1 Die Erbschaft 246
2 Die gesetzliche Erbfolge 247

2.1 Die gesetzliche Erbfolge der Familie 247
2.2 Das gesetzliche Erbrecht des Ehegatten 249
4 Die gewillkürte Erbfolge (das Testament) 250

XVII Einblick in das Strafrecht 253

1 Rechtswidrige Handlungen 254
2 Funktionen des Strafrechts 256
3 Vorraussetzungen für die Strafbarkeit einer Handlung 259
3.1 Tatbestandsmäßigkeit 259
3.2 Rechtswidrigkeit 261
3.3 Schuld 262
4 Folgen strafbarer Handlungen 264
4.1 Strafen 264
4.2 Maßregeln 266
5 Jugendstrafrecht 268
5.1 Erziehungsmaßregeln 268
5.2 Zuchtmittel 268
5.3 Jugendstrafe 269
5.4 Gewaltprävention 269

Stichwortverzeichnis 271
Bildquellenverzeichnis 272

Verwendete Symbole

Symbol	Titel	Ziel
	Arbeitsauftrag	Eigenverantwortliches Finden von individuellen Lösungen
	Methodik	Vertraut werden mit grundlegenden Arbeitstechniken Förderung der Kommunikationsfähigkeit
	Aufgaben	Wiederholung und Vertiefung Verknüpfung mit anderen Unterrichtsfächern
	Zusammenfassung	Wesentliches systematisch zusammenfassen
	Information	Zusatzinformationen
	Internet	Informationsgewinnung mit Hilfe von Adressen im WWW

I Grundlagen des Rechts

1 Aufgaben des Rechts

In vielen Wörtern findest du das Wort „Recht“, z. B. Rechtsanwalt, Rechtschreibung, Menschenrechte, gerecht. Finde weitere Beispiele.

Recht? Was ist das Recht? Wozu brauchen wir es?
Vereinfacht ausgedrückt beinhaltet das Recht die Rechtsordnung, **Regeln**, die wir befolgen, einhalten oder einfordern.

Sobald Menschen in einer Gemeinschaft zusammenleben, kann der Einzelne nicht das tun oder lassen, was er jetzt gerade will. Denn die Ausnutzung der Freiheit des Einzelnen begrenzt die Freiheit des anderen.

Vergrößerte Freiheit für den einen Menschen kann bedeuten: verkleinerte Freiheit für den/die anderen Menschen.

Ohne Verhaltensregeln würde jede Ordnung in der menschlichen Gemeinschaft zusammenbrechen und es gäbe für den Einzelnen **keine Sicherheit**.

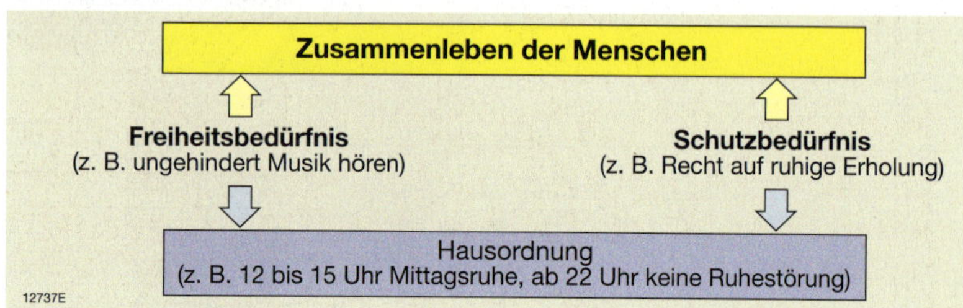

Verhaltensregeln bestimmen den Bewegungsspielraum der Menschen. Sie garantieren einerseits einen gewissen Freiraum, beschneiden aber andererseits übergroßen Freiheitsdrang.

Die Menschen haben oft abweichende Vorstellungen von moralischem und sittlichem Verhalten. Ein friedliches und geordnetes Zusammenleben wäre ohne Regeln nicht möglich. Deshalb sind
- genaue (schriftlich festgehaltene) Gebote und Verbote und
- deren Durchsetzung (notfalls mit Zwangsmaßnahmen) erforderlich.

Beispiele für Verhaltensregeln aus dem Bereich der Schule:
Rechte: Recht, eine weiterführende Schule zu besuchen, wenn die Voraussetzungen für die Aufnahme erfüllt sind; Lernmittelfreiheit

Gebote: regelmäßiger Schulbesuch

Verbote: Verbot, eine Jahrgangsstufe dreimal zu wiederholen

2 Die Rechtsordnung

Das „Recht“ umfasst die Gesamtheit der Rechtsnormen, die in einer Rechtsgemeinschaft gelten. Diese Summe von Rechtsnormen bezeichnet man zusammengefasst als **Rechtsordnung**.

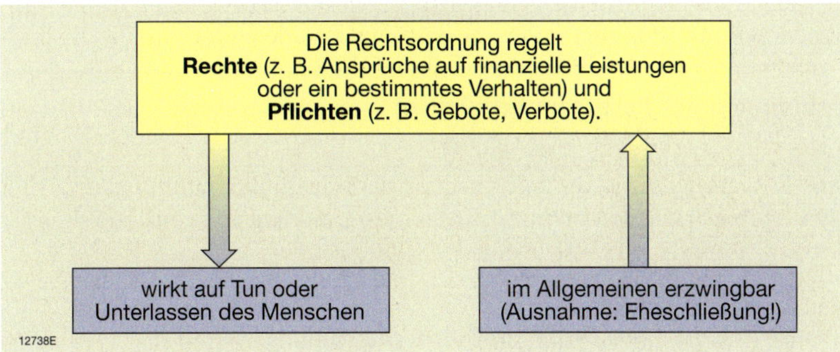

Die Rechtsprechung (Gericht) schützt und verwirklicht die Rechtsordnung, indem sie Gerechtigkeit walten lässt. Die wesentlichen Merkmale der Gerechtigkeit sind:

- Gleichheit, d.h., alle Menschen werden vor dem Gesetz gleich behandelt,
- Billigkeit bedeutet, dass die Folgen einer Tat angemessen sein müssen.

Beispiel: Zwei Diebe werden unterschiedlich bestraft, weil der eine schon etliche Vorstrafen hat und der andere vorher noch nicht straffällig geworden ist. Es wäre unbillig, jedem die gleiche Strafe aufzuerlegen.

A

1. Beschreibe mit deinen Worten, welche Aufgabe das Recht übernimmt.
2. Schon bei den Griechen und Römern in vorchristlichen Jahrhunderten galt der Satz: „Recht ist der Wille zur Gerechtigkeit.“
   Betrachte das nebenstehende Bild der römischen Gottheit Justitia (= Gerechtigkeit, ius = das Recht) genau. Beschreibe das Bild, und versuche, seine einzelnen Elemente zu deuten.

1. Lies die Art. 20–24 der Thüringer Verfassung.
2. Lies den § 3 ThürSchulG.
3. Lies den § 72 ThürSchulO.
4. Kennst du die Hausordnung deiner Schule? Welche besonderen Regelungen findest du in ihr?

Auch für den Bereich der Schule gilt eine Rechtsordnung, die auf verschiedenen Gesetzen basiert.
Alle Gesetze bauen auf dem **Grundgesetz**, d.h. auf der Verfassung, auf. Da die Gesetze oft sehr allgemein formuliert sind, gewähren sie viel Spielraum für die Auslegung. Daher ist es meist erforderlich, eine nähere Ausgestaltung durch Rechtsverordnungen zu bestimmen. In den Schulordnungen werden z.B. bestimmte Vorschriften festgelegt, die für die einzelnen Schularten gelten.

Funktionen des Rechts im Schulalltag

Verfassung des Freistaats Thüringen	Aus dem Vorwort (Präambel): „In dem Bewusstsein des kulturellen Reichtums und der Schönheit des Landes gibt sich das Volk des Freistaats Thüringen ... diese Verfassung." Sie wurde auf der historischen Wartburg verabschiedet.	Der Dritte Abschnitt befasst sich mit Bildung und Kultur. Darin legen mehrere Artikel die Grundlage für das Schulsystem fest und bestimmen den Inhalt. Z.B. aus Art. 20: Jeder Mensch hat das Recht auf Bildung. oder aus Art. 23: (1) Es besteht allgemeine Schulpflicht. oder aus Art. 24: (3) Der Unterricht an öffentlichen Schulen ist unentgeltlich. Die Finanzierung von Lern- und Lehrmitteln regelt das Gesetz.
Gesetz	Thüringer Schulgesetz (ThürSchulG), im Thüringer Landtag beraten und beschlossen. Zuständig für die Einhaltung des Gesetzes ist das Thüringer Kultusministerium.	Das Thüringer Schulgesetz (ThürSchulG) gilt für alle Schularten. Es beschreibt den Aufbau und die Aufgaben der Schulen und regelt den Schulbetrieb. Z.B. Auszug aus § 3 (Schularten) (5) Das Gymnasium führt die Klassenstufen 5 bis 12. Es vermittelt eine vertiefte allgemeine Bildung, die für ein Hochschulstudium vorausgesetzt wird oder auf eine sonstige berufliche Ausbildung vorbereitet. Das Gymnasium führt nach erfolgreichem Besuch der Oberstufe mit Bestehen der Abiturprüfung zur allgemeinen Hochschulreife.
Verordnung	Thüringer Schulordnung für die Grundschule, die Regelschule, das Gymnasium und die Gesamtschule – ThürSchulO – vom Thüringer Kultusministerium erlassen.	Die ThürSchulO regelt und bestimmt spezielle, für die einzelnen Schularten geltende Vorschriften. **§ 72 Ziele der Thüringer Oberstufe** (1) Die Thüringer Oberstufe ist so strukturiert, dass eine gemeinsame Grundbildung für alle Schüler gewährleistet und der persönlichen Schwerpunktbildung Raum gegeben ist. (2) Der Unterricht in den von den Schülern in Kombination wählbaren Grund- und Leistungsfächern sowie dem Seminarfach vermittelt die Grundlagen für den Übergang zur Hochschule und bereitet auch einen Weg in berufliche Ausbildung oder Tätigkeit. Durch die vorgegebenen Kombinationsmöglichkeiten werden eine breite Allgemeinbildung und eine solide Studierfähigkeit gesichert.
Satzung	Hausordnung, von einer beliebigen Schule erstellt	Jede Schule stellt eigenen Regeln für ihre Gemeinschaft auf, z.B.: – Pausenregelung (2 x 15 Min. oder 1 x 30 Min.) – Fahrradabstellen im Keller – Verbot des Kaugummikauens

3 Die Eigentumsordnung

Ein wesentlicher Inhalt unserer Wirtschaftsordnung ist u. a. die Eigentumsform: das **Privateigentum**. Jeder, der einen Gegenstand, eine Sache, z. B. einen Anzug, kauft und bezahlt, erwirbt das Eigentum daran. Er hat mit dem Kauf auch Rechte erworben. Wie würdest du wohl handeln, wenn du zu Hause entdeckst, dass eine Tasche des Anzugs nicht richtig angenäht ist und bald abreißt?

Eine Familie zieht in ein neues, eigenes Reihenhaus ein. Sie umzäunt das Grundstück. Beide Kinder freuen sich über ein eigenes Zimmer. Christian hört gerne Hip-Hop-Musik, aus Susannes Zimmer dröhnt Heavy Metal. Im Sommer grillt die Familie gern mit Freunden auf der Terrasse. Sie nutzen ihr Eigentumsrecht aus. Die Reihenhausnachbarn „dürfen" sowohl die Musik als auch die Begleiterscheinungen, wie Gerüche und vielleicht auch Lärm der abendlichen Grillfeste mitgenießen. Was werden sie wohl auf Dauer dazu sagen?

In solchen (Streit-)Fällen brauchen wir Rechtsvorschriften, die für alle gültig sind. Das Bürgerliche Gesetzbuch (abgekürzt BGB) beschreibt in seinen Paragrafen (Paragraf, griech.: Absatz in einer Schrift, Zeichen: §) Rechte und Pflichten, die alle Bürger betreffen. Die erste Fassung des BGB stammt noch aus dem Deutschen Reich, wurde 1896 erlassen und ist seit Anfang 1900 in Kraft. In den letzten Jahrzehnten wurden die Gesetze laufend ergänzt und zum Teil neu definiert.

Besitz und Eigentum
Christian hat zu Beginn des Schuljahres eine Reihe von Schulbüchern erhalten. Sie wurden in der Klasse ausgeteilt und in einer Liste erfasst. Während des Schuljahres darf Christian die Bücher benutzen, in ihnen lesen, mit ihnen lernen. Am Ende des Schuljahres muss er die Bücher wieder abgeben. Christian hat diese Bücher in seinem **Besitz**.

Sie gehören ihm nicht, er ist **nicht Eigentümer, sondern Besitzer**.

Zur Lösung von Mathematikaufgaben darf Christian eine Formelsammlung verwenden. Er kann sie bis zum Ende seiner Schulzeit benutzen und mit ihr arbeiten. Christian hat sie in einer Buchhandlung gekauft. Christian hat das **Eigentum** an diesem Buch erworben.

Er ist damit **Eigentümer** und **Besitzer**.

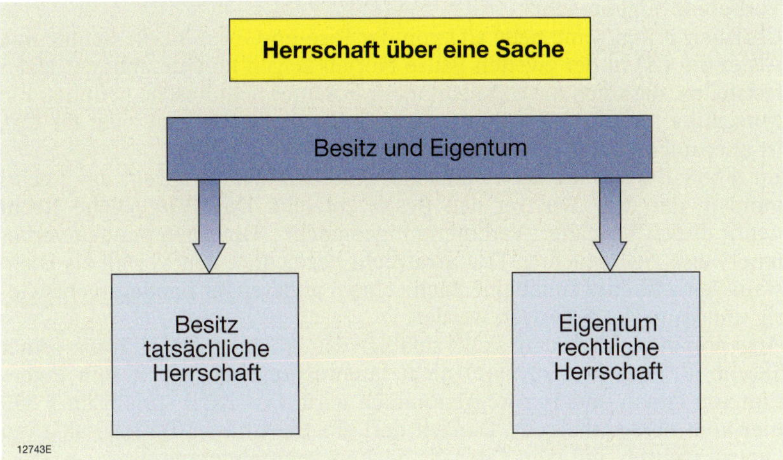

Das Eigentum ist das alles umfassende Recht an einer Sache, dazu gehört auch das Recht zum Besitz.

Rechte des Eigentümers
Lies den § 903 BGB (Satz 1), und teile diesen Paragraf in drei wichtige Abschnitte auf:

1. „... nach Belieben verfahren."
Der Eigentümer darf sein Eigentum benutzen, verkaufen, verändern, zerstören ...

2. „... sofern nicht das Gesetz oder Rechte Dritter ..."
Zum Wesen des Eigentums gehören nicht nur Rechte, sondern auch Pflichten. Durch das Ausüben des Eigentumsrechts darf anderen kein Schaden zugefügt werden.

- Martin E. stellt fest, dass die Winterreifen seines Autos abgefahren sind. Zur schnellen „Entsorgung" wirft er sie in den nächsten Fluss.
- Tobias möchte ein neues Fahrrad. Sein altes ist verrostet und hat einen platten Reifen, die Beleuchtung fehlt, der Sattel ist kaputt. Er will es loswerden und lässt es einfach im Fahrradständer des Supermarktes stehen.
- Der Hausbesitzer Emil Z. will an der Grenze seines Grundstücks eine vier Meter hohe Mauer errichten, weil er jederzeit unbeobachtet nackt sonnenbaden möchte. Durch die Mauer würden jedoch die Fenster seines Nachbarn kaum noch Sonnenlicht erhalten.

3. „... andere von jeder Einwirkung ausschließen."
Das Eigentum steht unter staatlichem Schutz, d.h., ein überführter Dieb wird bestraft, ein beobachteter Diebstahl darf mit Gewalt verhindert werden.

Jeder Eigentümer hat

Rechte	und	Pflichten
z.B. kann er sein Eigentum • benutzen • verkaufen • vermieten • verändern • u.Ä.		Der Eigentümer darf anderen durch die Ausübung des Eigentumsrechts keinen Schaden zufügen, z.B. durch • Lärm • Gestank oder andere Umweltbeeinträchtigungen

Verbotene Eigenmacht
Christian bringt seine neue CD von der Rise-up-Group in die Schule mit. Als er die CD in der zweiten Pause Florian zeigen möchte, muss er leider feststellen, dass sich die CD nicht mehr in seiner Schultasche befindet. Ein Mitschüler hat die CD wohl entwendet. Dieser besitzt jetzt zwar die CD, ist aber unberechtigter Besitzer.
Im § 858 BGB steht, dass derjenige widerrechtlich (= gegen das Recht) handelt, der dem Besitzer den Besitz entzieht. Das **Bürgerliche Recht** nennt diesen Vorgang: „Verbotene Eigenmacht". Der Dieb handelt verbotenerweise eigenmächtig. Das **Strafrecht** bezeichnet den Vorfall als Diebstahl. Jemand entwendet eine Sache einem anderen, er handelt rechtswidrig und kann dafür bestraft werden.
Angenommen, Christian sieht zufällig, wie Michael die CD aus seiner Tasche nimmt. Er wird wohl nicht tatenlos zusehen, wenn sein Eigentum von einem anderen weggenommen wird. Das BGB spricht im § 859 hier vom Selbsthilferecht. Danach darf ein Eigentümer/Besitzer sich mit Gewalt wehren und dem Täter die Sache wieder abnehmen.

§ 903 BGB
Befugnisse des Eigentümers
Der Eigentümer einer Sache kann, soweit nicht das Gesetz oder Rechte Dritter entgegenstehen, mit der Sache nach Belieben verfahren und andere von jeder Einwirkung ausschließen. Der Eigentümer eines Tieres hat bei der Ausübung seiner Befugnisse die besonderen Vorschriften zum Schutz der Tiere zu beachten.

§ 858 BGB
Verbotene Eigenmacht
(1) Wer dem Besitzer ohne dessen Willen den Besitz entzieht oder ihn im Besitze stört, handelt, sofern nicht das Gesetz die Entziehung oder die Störung gestattet, widerrechtlich (verbotene Eigenmacht).

§ 859 BGB
Selbsthilfe des Besitzes
(1) Der Besitzer darf sich verbotener Eigenmacht mit Gewalt erwehren.
(2) Wird eine bewegliche Sache dem Besitzer mittels verbotener Eigenmacht weggenommen, so darf er sie dem auf frischer Tat betroffenen oder verfolgten Täter mit Gewalt wieder abnehmen.

A

Lies den § 859 BGB und überlege:
1. Warum müssen der Anwendung von Gewalt Grenzen gesetzt sein?
2. Wann nur darf Gewalt angewendet werden?
3. Was kann ein Eigentümer/Besitzer tun, wenn er den Täter nicht auf frischer Tat ertappt?

Der Eigentumserwerb

Unsere Rechtsordnung unterscheidet:

- bewegliche Sachen (Mobilien, aus dem Lateinischen: mobilis = beweglich). Darunter versteht man alle transportablen Sachen (vergleiche auch unser deutsches Wort: Möbel, es hat den gleichen Wortstamm).
- unbewegliche Sachen (Immobilien, die Vorsilbe „im“ bedeutet eine Verneinung, also immobil = unbeweglich) wie Grundstücke und Bestandteile von Grundstücken (z.B. Häuser und Eigentumswohnungen)

§ 90 BGB
Begriff der Sache
Sachen im Sinne des Gesetzes sind nur körperliche Gegenstände.

Eigentumserwerb an beweglichen Sachen

Die Großeltern erfüllen Danny zu ihrem 14. Geburtstag einen lang gehegten Wunsch. Sie schenken ihr ein neues Fahrrad. Dadurch geht das Eigentum auf die neue Besitzerin über.

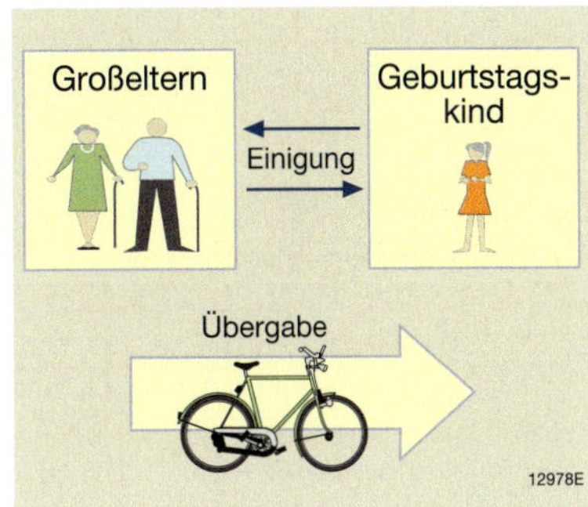

Eigentumserwerb an unbeweglichen Sachen

Jeder Kauf eines Hauses, einer Eigentumswohnung oder eines Grundstückes muss von einem Notar (vom Staat bestellte, juristisch vorgebildete Person mit der Aufgabe, Beurkundungen vorzunehmen) bestätigt werden. Er veranlasst den Eintrag in das Grundbuch, das jede Gemeinde als staatliches Register führt.

Übertragung des Eigentums an einer Immobilie		
Einigung zwischen Eigentümer und Erwerber vor einem Notar = **Auflassung**	+	Eintragung im Grundbuch

Die Sozialpflichtigkeit des Eigentums

Das Eigentum ist nicht nur im BGB definiert; sein Schutz und seine Verwendung werden sogar durch das Grundgesetz, also durch die Verfassung der Bundesrepublik Deutschland, gewährleistet.

Sozialpflichtig heißt, dass der Eigentümer gegenüber der Gesellschaft (d.h. der Allgemeinheit) die Verpflichtung hat, sein Eigentum nicht beliebig zu nutzen.

Einschränkungen des Eigentumsrechts bestehen auf folgenden Gebieten:

Baurecht
Es müssen z.B. Abstandszonen zu den Nachbarn eingehalten werden.

Nachbarrecht
Manche Nachbarn üben ihr Eigentumsrecht ohne Rücksichtnahme auf den anderen aus (denke an Grillfeste, Partys, hohe Bäume, Autolärm u.Ä.).

Umweltschutz
Unverantwortliche Autobesitzer fahren an einen nächstgelegenen ruhigen Ort, um das alte Öl aus ihrem Auto abzulassen. Das Recht, mit dem Eigentum nach Belieben zu verfahren, ist aufgrund der möglichen Verschmutzung des Grundwassers eingeschränkt.

Der Anspruch der Menschen auf eine intakte Umwelt ist in den letzten Jahrzehnten immer mehr in das Bewusstsein der Bevölkerung getreten.

Stärkste Beschränkungen des Eigentumsrechts – die Enteignung

Um Leipdorf soll eine Umgehungsstraße gebaut werden. Ein Landwirt ist jedoch nicht bereit, hierfür einen Teil seines Feldes zu verkaufen. Nach dem Grundgesetz Art. 14 Absatz 3 ist eine zwangsweise Wegnahme (Enteignung) seines Grundstückes möglich. Allerdings nur unter folgenden Voraussetzungen:

- Enteignungen dürfen nur **zum Wohle der Allgemeinheit** erfolgen.
- Enteignungen dürfen **nur durch ein Gesetz** erfolgen.
- Die **Entschädigung** muss in dem Gesetz (mit dem enteignet wird) **bereits vorgesehen** sein.

A

1. Lies den § 90 und beschreibe mit eigenen Worten, was man unter „Sachen“ versteht. Sind Tiere auch Sachen?
2. Warum kann der Landwirt den Bau der Umgehungsstraße nicht verhindern?

1. Welche Aufgabe hat das Recht?
2. Welches Gesetzbuch können wir als Kernstück des Privatrechts bezeichnen?
3. Nenne einige Beispiele für Satzungsrecht.
4. Das Grundgesetz der Bundesrepublik Deutschland hat gegenüber den Verfassungen der deutschen Bundesländer stets Vorrang. Man beschreibt dies auch mit den Worten „Bundesrecht bricht Landesrecht“. Gib für den Vorrang des Grundgesetzes eine Begründung.
5. Inwiefern können die Gesetze als Ausdruck des Volkswillens angesehen werden?
6. Was wären die Folgen schrankenloser Freiheit? Begründe deine Antwort.
7. Der 15 Jahre alte Thomas führt seinem Freund Michael auf dem PC sein neues Computerspiel vor, das sein Vater ihm geschenkt hat. Michael ist begeistert und überredet Thomas, ihm das Spiel zu kopieren. Er möchte es daheim auf seinem PC auch spielen. Thomas brennt ihm das Spiel auf eine CD und gibt sie seinem Freund.
   Handeln sie widerrechtlich? Wenn ja, gegen welches Gebiet im Rahmen des Privatrechts verstoßen die beiden?
8. Inwiefern trägt die Straßenverkehrsordnung auch dem Freiheits- und Schutzbedürfnis der Menschen Rechnung?
9. Eine Rechtsordnung sollte „zweckmäßig“ und „durchsetzbar“ sein. Nenne Beispiele aus der Schulordnung, die diese Vorgaben erfüllen.
10. Ziel und Maßstab jeglichen Rechts ist die Gerechtigkeit. Begründe, warum dieser Satz auch für dich sehr wichtig ist.
11. a) Was versteht man unter „Besitz“?
    b) Was darf der Besitzer einer Sache tun? Was nicht?
12. a) Was versteht man unter „Eigentum“?
    b) Was gehört zum Wesen des Eigentums?
13. Nenne mindestens drei Aussagen des Grundgesetzes über das Eigentum.
14. a) Tobias fährt mit seinen Eltern einige Tage weg. Er gibt seinen Wellensittich seinem Freund Martin zur Pflege.
       Wer ist nun Eigentümer, wer Besitzer des Vogels?
    b) Der Vogel flattert Martin davon und setzt sich – von Martin unbemerkt – einige Häuser weiter auf den Balkon des Herrn Faust, der den Vogel in einem provisorischen Käfig unterbringt.
       Wer ist Eigentümer des Vogels, wer Besitzer?
    c) Welche Verpflichtung ist Herr Faust eingegangen, indem er den Wellensittich aufnahm?
15. Herr Sparsam will als Bauherr die teuren Wasser- und Kanalgebühren sparen. Statt sich an das öffentliche Versorgungs- und Entsorgungsnetz anzuschließen, bohrt er einen eigenen Brunnen und schachtet eine Versitzgrube aus. Argumentiere aus der Sicht des Herrn Sparsam und aus der Sicht des Bürgermeisters, vielleicht in Form eines Rollenspiels.

SOMMERREIFE
75

1 Einteilung der Rechtsgebiete

Die Vielfalt der Lebensverhältnisse schafft eine Vielfalt von Rechtsbeziehungen. Wir können dabei die folgenden Rechtsgebiete unterscheiden:
- Öffentliches Recht
- Privatrecht
- Arbeitsrecht (nimmt eigentlich eine Mittelstellung zwischen beiden ein).

Ein Beispiel verdeutlicht diese Beziehungen der Rechtsgebiete untereinander: Ein betrunkener Autofahrer hat die Vorfahrt missachtet und einen Radfahrer erheblich verletzt.

Wenn alle Autofahrer betrunken die Vorfahrt missachteten, würde die öffentliche Ordnung zusammenbrechen. Nun dürfen jedoch nicht etwa die Söhne des Radfahrers den Autofahrer zusammenschlagen. Der Staat hat sich das Strafen vorbehalten. Dadurch wird das Faustrecht ausgeschaltet und die öffentliche Ordnung gewährleistet.	Der geschädigte Radfahrer kann vom Schädiger Ersatz der Kosten für die Krankenhausbehandlung, Schmerzensgeld, Verdienstausfall usw. verlangen. In unserem Beispiel wird zunächst die Versicherung des Autofahrers zahlen und diesen Betrag dann vom Unfallverursacher zurückverlangen, weil dieser betrunken war.	Wir nehmen einmal an, dass dem schuldigen Kraftfahrer der Führerschein abgenommen wird. Er ist Berufskraftfahrer, und seine Firma kündigt ihm fristlos und begründet dies damit, dass sie keine Verwendung mehr für ihn habe. Diese Kündigung hält nun der Kraftfahrer für ungerechtfertigt, er meint, die Firma könne ihn auch im Lager beschäftigen.
Öffentliches Recht	**Privatrecht**	**Arbeitsrecht**

Das öffentliche Recht

- Es regelt die **Rechtsbeziehung** zwischen **Staat** und **Bürger**. Dabei gilt der Grundsatz der Unterordnung des Staatsbürgers. Notfalls kann der Staat Zwangsmittel und Strafen anwenden. Er muss sich jedoch stets an die geltenden Gesetze halten.
  Beispiel: Eine Gemeinde verfügt, dass ein Bürger einen Schwarzbau wieder abreißen muss. Tritt der Staat jedoch nicht als Träger hoheitlicher Gewalt auf, ist die Rechtsbeziehung privatrechtlich.
  Beispiel: Die Gemeindeverwaltung bringt einen PC zur Reparatur.
- Es regelt staatliche Interessen untereinander:
  - Rechtsverhältnisse von Staat zu Staat (z. B. Verträge zwischen den europäischen Staaten über die Einigung Europas)
  - Rechtsverhältnisse von staatlichen Körperschaften untereinander (z. B. Bundesländer gegenüber dem Bund)

Zum öffentlichen Recht gehören:

- Völkerrecht
- Staats- und Verwaltungsrecht
- Steuerrecht
- Strafrecht
- Gerichtsverfassungs- und Prozessrecht
- Sozialrecht

Das Privatrecht

Das Privatrecht, oder auch Zivilrecht, regelt die **Rechtsbeziehungen der einzelnen Rechtspersonen zueinander**. Es ist gekennzeichnet durch:

- Gleichstellung der Beteiligten. Die Einzelnen stehen sich als gleichrangige Partner gegenüber.
- Vertragsfreiheit, d. h., die Bürger können Verträge beliebiger Art miteinander schließen, und sie können ihre Rechtsbeziehungen untereinander so regeln, wie es ihnen am zweckmäßigsten erscheint: Herr Huber kann seinen Wagen an Herrn Meier verkaufen, er muss aber nicht. Kaufpreis, Übergabedatum usw. können dabei zwischen den Parteien frei vereinbart werden.

Zur Durchsetzung des Privatrechts dient der Zivilprozess (zivil = bürgerlich, von lat. civis = der Bürger).

Kernstück des Privatrechts ist das Bürgerliche Gesetzbuch (BGB).

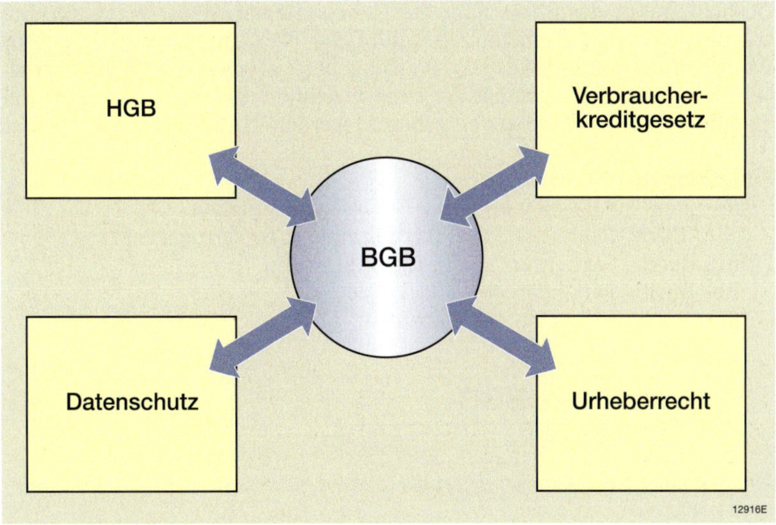

Das Verhältnis des öffentlichen Rechts zum Privatrecht

Bei den Regelungen von Privatinteressen ist auch das Gemeinwohl zu beachten, und beim öffentlichen Recht darf nicht über die Interessen des Einzelnen hinweggegangen werden.
Beispiel: Der Stadtrat hält die Erweiterung des Rathauses für notwendig. Ein Anbau ist aber nur möglich, wenn ein Kaufmann das Nachbargrundstück, auf dem sich sein Lebensmittelgeschäft befindet, verkauft. Er lehnt dies jedoch ab und argumentiert, dass dadurch seine Existenz zerstört werden würde.

Überdenke folgenden Fall:
Herr Müller will auf einem Grundstück ein Ferienhaus errichten. Dieses Grundstück gehört ihm, aber es liegt in einem Naturschutzgebiet.

2 Einführung in das Bürgerliche Gesetzbuch

Das Kernstück des Privatrechts ist das Bürgerliche Gesetzbuch. Die darin enthaltenen Rechtsvorschriften regeln die wichtigsten allgemeinen Rechtsbeziehungen zwischen Privatpersonen. Im Bürgerlichen Gesetzbuch (BGB) sind auch Nebengesetze, wie z. B. Wohnungseigentumsgesetz, Gesetz für die Allgemeinen Geschäftsbedingungen, enthalten. Zu den Sonderprivatrechten gehören z. B. das Handels- und Gesellschaftsrecht, das Wertpapierrecht, das Wettbewerbsrecht und das Urheberrecht. Diese Sonderprivatrechte beziehen sich auf bestimmte Berufsgruppen oder Lebensbereiche.

Die wesentlichen Inhalte des Bürgerlichen Rechts sind immer noch im BGB in der Fassung vom Jahr 1900 enthalten. In Deutschland gab es im 19. Jahrhundert zahlreiche Einzelstaaten, die alle ihre eigenen Rechtsordnungen hatten. Dies behinderte die entstehende Industrie, den Handel und das Verkehrswesen. Mit der Gründung des Deutschen Reiches im Jahr 1871 wurde eine einheitliche Rechtsordnung notwendig. Nach langwierigen Beratungen wurde am 18. August 1896 das Bürgerliche Gesetzbuch vom Kaiser ausgefertigt und trat dann am 1. Januar 1900 in Kraft.

Sowohl die nationalsozialistische Herrschaft als auch das Regime der DDR setzten Teile des BGBs außer Kraft. Seit dem 3. 10. 1990 gilt das BGB aufgrund des Einigungsvertrages für die ganze Bundesrepublik Deutschland.

Die Veränderungen in der Gesellschaft, der technologische und wirtschaftliche Wandel machten im 20. Jahrhundert Veränderungen bzw. Ergänzungen des BGBs notwendig. So galt und gilt es z. B. immer mehr die wirtschaftlich Schwächeren, insbesondere die Verbraucher, zu stärken. Deshalb musste das Bürgerliche Gesetzbuch immer wieder verändert und ergänzt werden. Es entstanden zahlreiche Nebengesetze, wie z. B. das Wohnungseigentumsgesetz, das Verbraucherschutzgesetz oder das Urheberrecht. Außerdem verlangt der Umweltschutz verstärkte Beachtung und musste in die Gesetzestexte eingebracht werden.

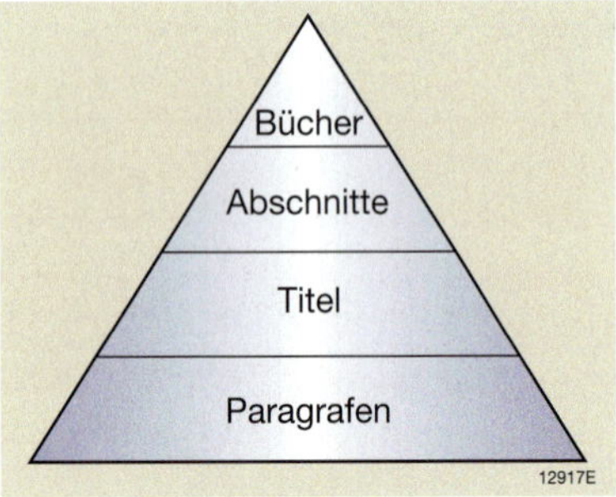

Einteilung des BGBs
Erstes Buch: Allgemeiner Teil, z. B. Geschäftsfähigkeit
Zweites Buch: Recht der Schuldverhältnisse, z. B. Vertragsrecht
Drittes Buch: Sachenrecht, z. B. Eigentumsrecht
Viertes Buch: Familienrecht, z. B. Eherecht
Fünftes Buch: Erbrecht, z. B. Testament

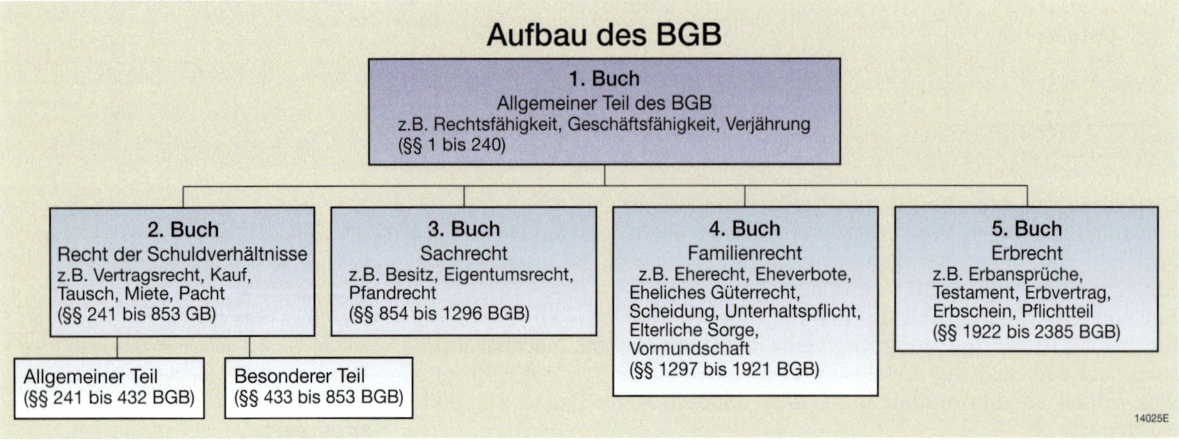

3 Die rechtliche Stellung des Minderjährigen

3.1 Die Rechtsfähigkeit

Um am Rechtsleben teilnehmen zu können (d.h. Rechte und Pflichten wahrzunehmen), muss man rechtsfähig sein. Diese Rechtsfähigkeit kommt jedem Menschen vom Augenblick der Geburt an bis zu seinem Tode zu. Deshalb kann z.B. schon das kleinste Kind Eigentum erwerben, erben, Recht auf Leben und körperliche Unversehrtheit beanspruchen, einen Namen führen, Staatsangehörigkeit besitzen usw.

§ 1 BGB
Beginn der Rechtsfähigkeit
Die Rechtsfähigkeit des Menschen beginnt mit der Vollendung der Geburt.

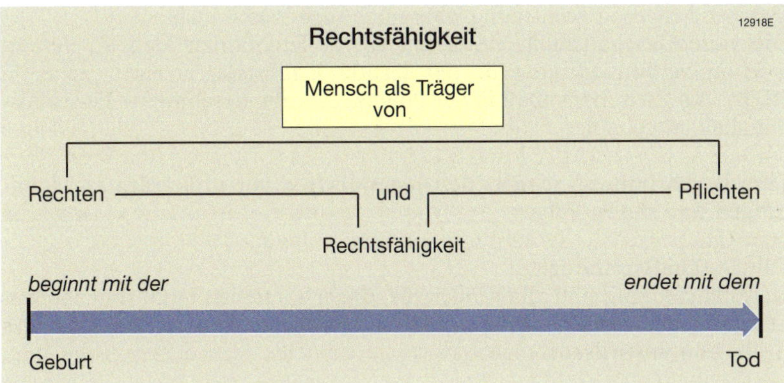

Lies den § 1 BGB.

1. Der Vater eines zwei Stunden alten Babys verunglückt tödlich. Ist das Baby erbberechtigt?
2. Eine alleinstehende alte Dame verfügt in einem Testament, dass nach ihrem Tod zwei Katzen und ihr Dackel erben sollen. Können Tiere erben?

Begründe deine Aussagen zu den beiden Fällen.

Neben den **natürlichen Personen** (Menschen) besitzen aber auch künstlich geschaffene Rechtsgebilde wie z.B. Kapitalgesellschaften, Genossenschaften, Vereine usw. Rechtsfähigkeit. Man spricht in diesem Fall von **juristischen Personen**.

Juristische Personen erhalten die Rechtsfähigkeit durch Eintrag in ein Register beim zuständigen Amtsgericht, z.B. Handelsregister, Vereinsregister oder durch staatliche Verleihung (Anstalten des öffentlichen Rechts). Die Rechtsfähigkeit endet mit der Löschung in dem jeweiligen Register oder mit der Entziehung der staatlichen Genehmigung.

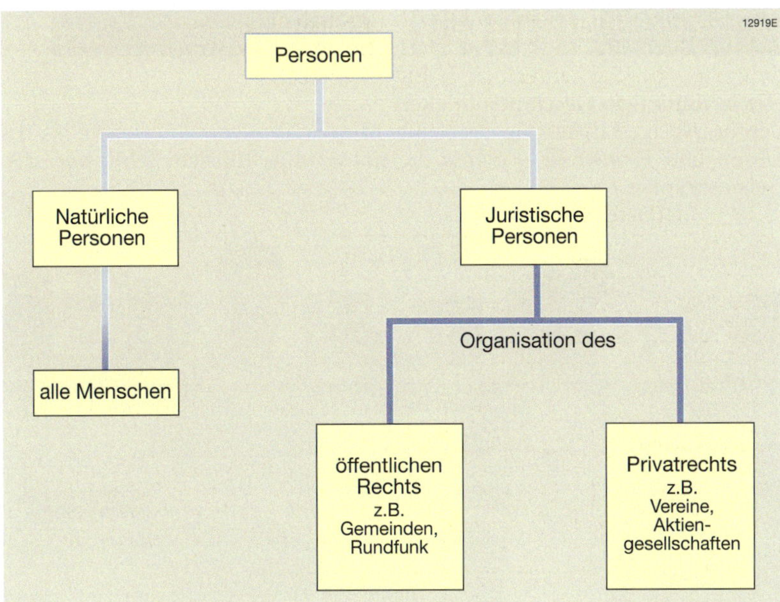

Natürliche Personen

Fußballverein als juristische Person

§ 104 BGB
Geschäftsunfähigkeit
Geschäftsunfähig ist:
1. wer nicht das siebente Lebensjahr vollendet hat,
2. wer sich in einem die freie Willensbestimmung ausschließenden Zustand krankhafter Störung der Geistestätigkeit befindet, sofern nicht der Zustand seiner Natur nach ein vorübergehender ist.

§ 106 BGB
Beschränkte Geschäftsfähigkeit Minderjähriger
Ein Minderjähriger, der das siebente Lebensjahr vollendet hat, ist nach Maßgabe der §§ 107 bis 113 in der Geschäftsfähigkeit beschränkt.

§ 107 BGB
Einwilligung des gesetzlichen Vertreters
Der Minderjährige bedarf zu einer Willenserklärung, durch die er nicht lediglich einen rechtlichen Vorteil erlangt, der Einwilligung seines gesetzlichen Vertreters.

1. Lies den § 104 BGB.
   Frank, sechs Jahre alt, kauft sich von seinem Geld Süßigkeiten. Sein Vater verlangt, dass er den Kauf sofort rückgängig macht. Muss die Verkäuferin den Kaufpreis zurückzahlen (auch wenn Frank die Bonbons bereits verzehrt hat)?
   Begründe deine Antwort.
2. Lies die §§ 106 und 107 BGB.
   Monika (15 Jahre) kauft sich für 249 € eine Stereoanlage. Das Geld hat sie durch das Austragen von Zeitungen verdient. Ihre Eltern haben ihr den Kauf verboten. Muss sie die Anlage zurückgeben und der Verkäufer die Anlage zurücknehmen?
   Begründe deine Antwort.

3.2 Die Geschäftsfähigkeit

Nicht jeder Mensch, der rechtsfähig ist, kann ohne Weiteres auch selbstständig handelnd am Rechtsverkehr teilnehmen. Um Rechtsgeschäfte voll wirksam abschließen zu können, muss der Mensch die so genannte Geschäftsfähigkeit erreicht haben, d.h., durch eigenes Handeln Rechte und Pflichten übernehmen können.

Die Geschäftsfähigkeit ist abhängig vom Lebensalter. Ein kleines Kind kann zwar, wie die §§ 1 und 1923 BGB aussagen, bereits Erbe eines Vermögens sein, aber es kann über diese Erbschaft noch nicht frei verfügen. Das Kind ist zwar rechtsfähig, aber noch nicht geschäftsfähig.
Die volle Geschäftsfähigkeit ist mit einem sehr hohen Maß an Verantwortung verbunden und wird mit dem 18. Geburtstag erreicht (siehe § 2 BGB). Als Zwischenstufe hat der Gesetzgeber die beschränkte Geschäftsfähigkeit eingebaut.

Eine Beschränkung schützt den Jugendlichen vor unüberlegten Handlungen und deren Folgen.

Die Geschäftsunfähigkeit
Geschäftsunfähig sind alle Kinder, die jünger als sieben Jahre sind. Rechtsgeschäfte, die ein Geschäftsunfähiger abschließt, sind nichtig, d.h. von Anfang an unwirksam.

Die beschränkte Geschäftsfähigkeit
Beschränkt geschäftsfähig sind alle Minderjährigen von sieben bis 18 Jahren und Erwachsene, denen die notwendige Einsicht fehlt, wie z.B. Geisteskranke.

Grundsätzlich braucht ein Minderjähriger die Zustimmung der Erziehungsberechtigten. Verweigern diese die Einwilligung zum Kauf, d. h., verbieten sie ihn, so ist dieser **Kauf nichtig**.

Steht die Einwilligung der Erziehungsberechtigten aber bei Vertragsabschluss noch aus, ist dieser Vertrag bis zur Genehmigung bzw. Ablehnung durch die Erziehungsberechtigten **schwebend unwirksam**.

Sind die Erziehungsberechtigen mit dem Kauf einverstanden, ist er **gültig**, sind sie es nicht, ist der Kauf **ungültig**.

Es gibt allerdings Ausnahmen. Auch ohne die ausdrückliche Zustimmung der Erziehungsberechtigten kann ein Minderjähriger in einigen Fällen von Anfang an gültige Rechtsgeschäfte tätigen:

- Ein Minderjähriger kann Rechtsgeschäfte tätigen, die ihm ausschließlich einen rechtlichen Vorteil bringen, wie z. B. ein **Geschenk annehmen**, das keine Rechtsverpflichtung nach sich zieht.
- Ein beschränkt Geschäftsfähiger kann über sein **Taschengeld** frei verfügen.
- Er kann mit **Mitteln**, die ihm für einen **bestimmten Zweck** (z. B. Kauf einer Ware) überlassen worden sind, vollgültige Kaufverträge abschließen.
- Er kann im Rahmen eines **Arbeitsverhältnisses**, zu dem die Erziehungsberechtigten ihre Zustimmung gegeben haben, Rechtsgeschäfte tätigen.

A

1. **Sind folgende Rechtsgeschäfte gültig? Begründe deine Meinung.**
   a) **Deine Mutter gibt dir 80 € für einen neuen Pullover. Du kaufst ihn dir am nächsten Tag.**
   b) **Zum Geburtstag bekommst du von deiner Tante einen Hund und von deiner Oma eine neue Hose geschenkt. Beides sollst du nach Meinung deiner Mutter zurückgeben: Der Hund wäre eine zu große Belastung für die Familie und die Hose hätte eine hässliche Farbe.**

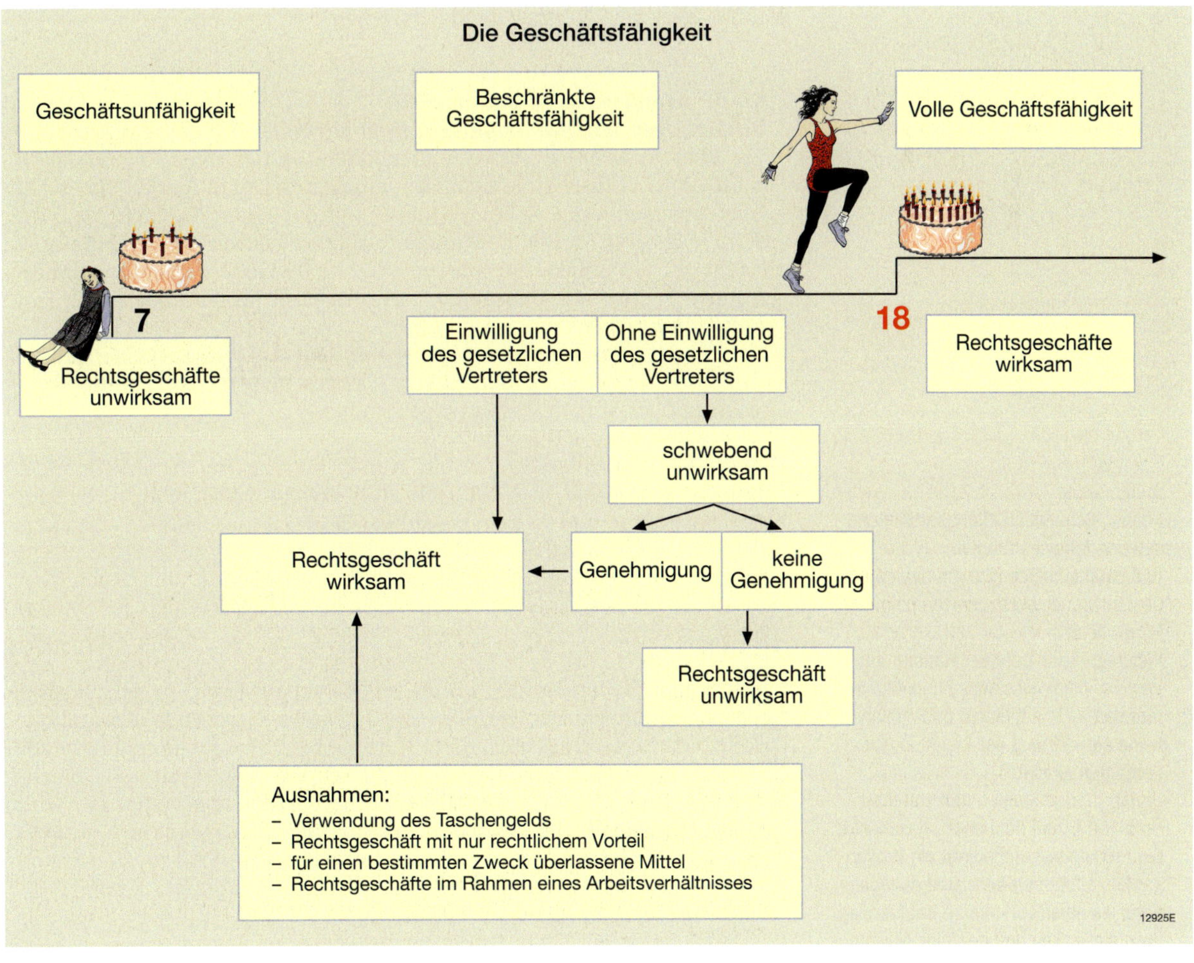

Das Handy ist für Jugendliche zur Selbstverständlichkeit geworden. Das BGB schützt die Jugendlichen bzw. ihre Eltern vor den finanziellen Folgen mancher Aktionen, wie z.B. dem sehr kostspieligen Herunterladen von Klingeltönen. Jugendliche können sich zwar so genannte Prepaid-Handys kaufen, aber kein Vertragshandy erwerben.

Kinder-Handy: Eltern haften nicht
Bei Verträgen mit Minderjährigen trägt allein der Händler das Risiko
München (mm/ap) – Für viele Jugendliche ist das eigene Mobiltelefon heute ein wichtiges Statussymbol – ein Statussymbol freilich, das recht teuer kommen kann. Schnell ist nicht nur das eigene Taschengeld, sondern noch eine stattliche Summe zusätzlich vertelefoniert. Eine gute Nachricht für Eltern: Sie müssen die Handy-Gebühren ihrer minderjährigen Kinder nicht bezahlen, wenn sie dem Mobilfunkvertrag nicht zugestimmt haben.
Hat ein Jugendlicher einen Vertrag mit dem Anbieter im Alleingang – also ohne Mitwirkung der Eltern – abgeschlossen, ist nämlich kein rechtsgültiger Vertrag zustande gekommen.

Händler, die Minderjährigen ein Handy mit Kartenvertrag verkaufen, müssen das Gerät auf Wunsch der Erziehungsberechtigen wieder zurücknehmen und schon bezahltes Geld für das Handy zurückerstatten. Darauf macht die Fachzeitschrift „connect“ aufmerksam. Nur bei den so genannten Prepaid-Karten, also Telefonminuten gegen Vorauskasse, gibt es eine Ausnahme. Solche Karten können jedermann verkauft werden.

Schon ein Siebenjähriger könne eine Prepaid-Karte gegen Bargeld rechtswirksam kaufen, erklären die Experten. Eine volle Kostenkontrolle bieten allerdings auch diese Karten nicht. Manche Prepaid-Nutzer können auch dann noch Kurzbotschaften per SMS-Funktion versenden, wenn das Gesprächsguthaben schon längst abgelaufen ist. Und gerade bei Jugendlichen wachsen solche Schuldenberge schnell, weil bei ihnen SMS-Verschicken sehr beliebt sei, heißt es. Wird die Rechnung nicht bezahlt, legen die Netzbetreiber die Handy-Nummer lahm.
Süddeutsche Zeitung vom 18.03.2000

A

Lies nebenstehenden Zeitungsartikel und beantworte folgende Fragen:

1. Wie unterscheiden sich die beiden beschriebenen Vertragsarten beim Handy-Kauf?
2. Welches Risiko geht der Händler ein, wenn er beim Abschluss eines Mobilfunkvertrages mit einem Jugendlichen keine Einwilligung der Erziehungsberechtigten einholt?
3. Die 16-jährige Sonja erhält von ihrer Oma 100 € zum Geburtstag geschenkt. Sie möchte sich unbedingt ein Handy kaufen, aber ihre Eltern sind dagegen. Kann sie einen wirksamen Kaufvertrag abschließen? Begründe deine Meinung.

3.3 Die Deliktfähigkeit und die Strafmündigkeit

Beispiel: Herr Heinz stößt unabsichtlich einen Blumentopf von der Fensterbank und verletzt dadurch einen Passanten, der sich deswegen mit einer Platzwunde beim Arzt behandeln lassen muss. Wer trägt die Arztkosten?

§ 823 BGB
Schadensersatzpflicht
(1) Wer vorsätzlich oder fahrlässig das Leben, den Körper, die Gesundheit, die Freiheit, das Eigentum oder ein sonstiges Recht eines anderen widerrechtlich verletzt, ist dem anderen zum Ersatz des daraus entstehenden Schadens verpflichtet. […]

Deliktfähigkeit bedeutet, für Schaden aus unerlaubten Handlungen ersatzpflichtig (haftpflichtig) gemacht werden zu können. Wie die Geschäftsfähigkeit ist auch die Deliktfähigkeit nach dem Lebensalter geregelt.

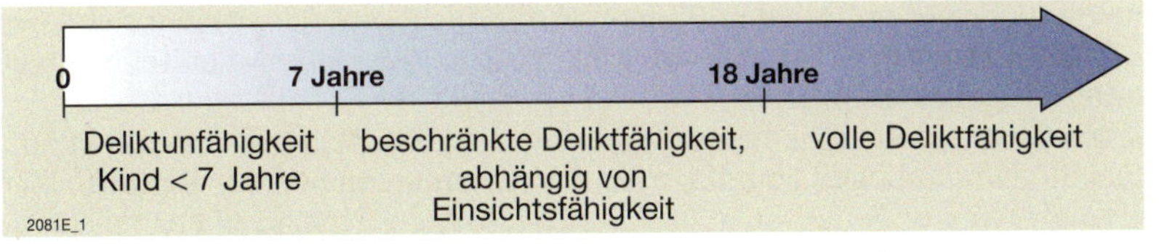

i Das Jugendgerichtsgesetz (JGG) ist ein nur für Jugendliche und Heranwachsende geltendes Strafprozessrecht.

Während die **Deliktfähigkeit** ein Begriff des **Zivilrechts** ist, spricht das **Strafrecht**, ein Begriff des öffentlichen Rechts, im Jugendgerichtsgesetz von **Strafmündigkeit** und legt ebenfalls Altersgrenzen fest. Diese können den Gerichten selbstverständlich nur Anhaltspunkte geben, denn die Über- und Unterschreitung der Altersgrenzen (im Extremfall um ein paar Tage) kann nichts Entscheidendes über die geistige Reife des Jugendlichen aussagen. Im Entscheidungsfall wird vor allem aber diese geistige Reife und die Einsichtsfähigkeit des Jugendlichen beurteilt.

Die Stufen der Strafmündigkeit sind folgendermaßen festgelegt:

- Kinder bis zum 14. Lebensjahr sind strafunmündig.
- Jugendliche vom 14. bis 18. Lebensjahr unterliegen dem Jugendstrafrecht.
- Menschen zwischen dem 18. und 21. Lebensjahr werden als „Heranwachsende“ behandelt. Es kann für sie noch das Jugendstrafrecht zutreffen, wenn es sich um eine typische Jugendverfehlung handelt.
- Ab dem 21. Lebensjahr ist der Mensch strafrechtlich voll für seine Handlungen verantwortlich.

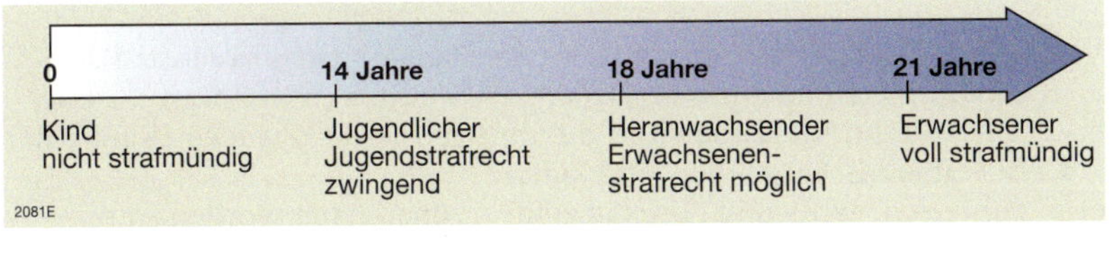

Mit Gesetzestexten arbeiten

Es ist oft schwierig, den Inhalt von Gesetzestexten zu verstehen. Das kommt zum einen daher, dass manche Texte sehr lang und umfangreich und mit vielen Bezügen auf andere Paragrafen abgefasst sind, zum anderen, weil wir nicht an die so genannte Juristen-Fachsprache gewöhnt sind. Nicht nur Schüler haben Schwierigkeiten, das Gemeinte zu verstehen.

Die Gesetzbücher erheben selbstverständlich nicht den Anspruch, anschaulich erzählend zu sein, sondern müssen allgemeingültige Definitionen enthalten und sollten für jeden Bürger verständlich sein. Oft streiten sich aber selbst Juristen untereinander, weil sie manche Paragrafen oder Teile davon unterschiedlich auslegen.
Jedes Gesetz stellt allgemeine Regeln für die Entscheidung von Fällen auf. Es gilt als rechtliche Grundlage für das Zusammenleben der Bürger.

Anhand des so genannten Taschengeldparagrafen wollen wir versuchen, einen Gesetzestext zu erschließen. Da der Text eine Fülle von zunächst eher unverständlichen Formulierungen enthält, teilen wir den Text und versuchen ihn zu gliedern.

§ 110 BGB „Taschengeldparagraf“
Ein von dem Minderjährigen ohne Zustimmung des gesetzlichen Vertreters geschlossener Vertrag gilt als von Anfang an wirksam, wenn der Minderjährige die vertragsmäßige Leistung mit Mitteln bewirkt, die ihm zu diesem Zwecke oder zu freier Verfügung von dem Vertreter oder mit dessen Zustimmung von einem Dritten überlassen worden sind.

Text lesen

1. Lies den Text langsam und mehrmals im Zusammenhang.
Beachte die Satzzeichen, schreibe die Nebensätze auf ein Blatt Papier.

Text zerlegen

2. Zerlege den Text, reduziere ihn auf den wesentlichen Inhalt.
Beispiel: Ein von dem Minderjährigen geschlossener Vertrag (Kauf einer CD) gilt als … wirksam.

Versuche jetzt, die Einschränkungen oder Zusätze einzubauen, z. B.:
a) … ohne Zustimmung des gesetzlichen Vertreters (z. B. Eltern) … oder
b) … mit Mitteln (Geld) bewirkt, die ihm zu diesem Zwecke (Kauf einer CD) … überlassen worden sind. oder:
c) … zur freien Verfügung (Taschengeld) … überlassen worden sind.

3. Erläutere, kläre und diskutiere die Fachbegriffe

- Minderjährig	- Welche Altersgruppe?
- gesetzlicher Verteter	- Wer vertritt Minderjährige nach dem Gesetz im Normalfall, welche Ausnahmen gibt es?
- Vertrag	- Immer schriftlich notwendig?
- Mittel	- Bargeld, Geld- oder EC-Karte?
- von einem Dritten	- An wen ist hier gedacht?

Klärung von Begriffen

In § 110 BGB sind sinngemäß folgende Arten von Taschengeld genannt:
- zweckgebundene Mittel
- Mittel zur freien Verfügung, vom gesetzlichen Vertreter überlassen
- Mittel von Dritten, mit Kenntnis des gesetzlichen Verteters

4. Kläre Inhalte mit Hilfe anderer Paragrafen

Minderjährig → Lies die §§ 2 und 106 BGB.

Verweise auf andere Paragrafen

Aufgrund des § 2 BGB und des § 106 BGB ergibt sich die Altersgruppe der Minderjährigen: von 7 bis 18 Jahren.

Aus § 106 ergibt sich außerdem, dass Minderjährige in ihrer Geschäftsfähigkeit beschränkt (eingeschränkt) sind. Worauf eingeschränkt?

Lies dazu auch die §§ 107 und 108 BGB.

5. Bearbeite folgende Fälle:

Auf Fälle anwenden können

1. Die 17-jährige Veronika kauft von einem Geldgeschenk ihrer Oma eine teure Daunenjacke. Als sie nach Hause kommt, verweigern ihre Eltern die Zustimmung. Veronika bringt die Jacke in die Boutique zurück und möchte ihr Geld wiederhaben. Die Geschäftsfrau lehnt jedoch ab.

   Kläre den Fall mit Hilfe des „Taschengeldparagrafen".

   Durfte Veronika das Geldgeschenk überhaupt annehmen (lies hierzu noch einmal den § 107 BGB)?

   Was meinst du: Wer hätte den Schaden zu tragen, wenn die Jacke auf dem Weg von der Wohnung zurück zur Boutique schmutzig oder beschädigt worden wäre?

2. a) Der 15-jährige Robert hat sich zu Weihnachten von seinen Onkeln und Tanten als Geschenk Geld gewünscht. Nun reicht es zum Kauf des lang ersehnten Mofas. Als er es in einem Geschäft kaufen möchte, verlangt der Händler noch keine Zahlung, will aber das Mofa erst an Robert aushändigen, wenn dieser die Genehmigung seiner Eltern zum Kauf vorlegt.

   Wie siehst du den Fall? Beurteile das Verhalten des Händlers von der rechtlichen Seite.

   b) Robert ist durch das Verhalten des Händlers gekränkt. Er sagt: „Mit meinem Taschengeld kann ich machen, was ich will!"

   Empört verlässt er den Laden und geht ins nächste Geschäft. Dort sieht er ein tolles Motorrad. Es ist zwar ein Gebrauchtfahrzeug, aber ein einmaliges Schnäppchen. Leider hat es den Nachteil, dass es 300 € mehr kostet, als er hat. Robert erklärt, dass er die Maschine von seinem Taschengeld kaufen wolle, der Händler müsse ihm nur gestatten, einen Rest des Kaufpreises in zwei Raten abzuzahlen. Auch dieser Händler verkauft ihm kein Zweirad. Warum wohl nicht?

§ 2 BGB
Eintritt der Volljährigkeit
Die Volljährigkeit tritt mit der Vollendung des 18. Lebensjahres ein.

§ 108
Vertragsschluss ohne Einwilligung
(1) Schließt der Minderjährige einen Vertrag ohne die erforderliche Einwilligung des gesetzlichen Vertreters, so hängt die Wirksamkeit des Vertrags von der Genehmigung des Vertreters ab.
(2) Fordert der andere Teil den Vertreter zur Erklärung über die Genehmigung auf, so kann die Erklärung nur ihm gegenüber erfolgen; eine vor der Aufforderung dem Minderjährigen gegenüber erklärte Genehmigung oder Verweigerung der Genehmigung wird unwirksam.

Aufgaben

1. Wann ist der Mensch voll geschäftsfähig?
2. Warum hat der Gesetzgeber das Lebensalter als Maßstab für den Eintritt der Geschäftsfähigkeit festgelegt?
3. Die 6-jährige Susanne verschenkt ihr Kinderfahrrad, weil sie hofft, auf diese Weise schneller zu einem neuen Fahrrad zu kommen. Können die Eltern das Fahrrad vom Beschenkten zurückverlangen? Begründe deine Aussage.
4. Der 16-jährige Matthias hat sich einen CD-Player gekauft. Unter welcher Voraussetzung ist der Vertrag
   - von Anfang an wirksam,
   - schwebend unwirksam oder
   - unwirksam?
5. Drei Monate nach Sonjas Geburt stirbt die vermögende Tante Elfriede und vererbt dem Säugling ihr gesamtes Vermögen (ein großes Wohnhaus, ein Grundstück und 10.000 Euro Bankguthaben).
   a) Kann Sonja dieses Vermögen erben? Begründung.
   b) Das Wohnhaus muss dringend ein neues Dach erhalten.
      - Wer kann den Auftrag an den Dachdecker geben?
      - Welche anderen möglichen Rechtsgeschäfte, die mit dem Erbe in Zusammenhang stehen können, müssen noch getätigt werden?

6. Der 6-jährige Hans nimmt heimlich Geld aus seiner Sparbüchse und kauft dafür im benachbarten Lebensmittelgeschäft eine Menge Süßigkeiten. Können die Eltern vom Geschäft das Geld zurückverlangen? Begründe deine Aussage.
7. Du erhältst von deiner Muter den Auftrag, den Lebensmitteleinkauf im Supermarkt zu erledigen. Sie gibt dir einen Einkaufszettel und 50 Euro mit. Ist der von dir abgeschlossene Kaufvertrag gültig? Begründe dies.
8. Du bestellst per Internet ein Computerspiel im Wert von 150 Euro, ohne deine Eltern zu fragen.
   a) Ist der Kaufvertrag zustande gekommen?
   b) Das Spiel wird nach einer Woche geliefert, wodurch deine Eltern von deiner Bestellung erfahren. Sie möchten, dass du das Spiel zurückschickst. Du weißt, dass Computerspiele normalerweise nicht umgetauscht werden können. Muss der Hersteller dein Spiel wieder zurücknehmen? Begründe deine Meinung.

9. Alle Geldinstitute umwerben Jugendliche sehr intensiv. Vor allem sind sie an der Einrichtung eines Girokontos interessiert.
   a) Warum erlauben die Kreditinstitute den Kunden unter 18 Jahren keine Überziehung ihres Kontos?
   b) Der Schalterbeamte zahlt dem 15-jährigen Thomas, den er aus der Nachbarschaft gut kennt, 30 Euro aus, obwohl Thomas nur noch fünf Euro auf seinem Girokonto hat.
      Ist dieses Rechtsgeschäft
      - gültig,
      - unwirksam oder
      - schwebend unwirksam? Begründe deine Antwort.

III Grundlagen des Vertragsrechts

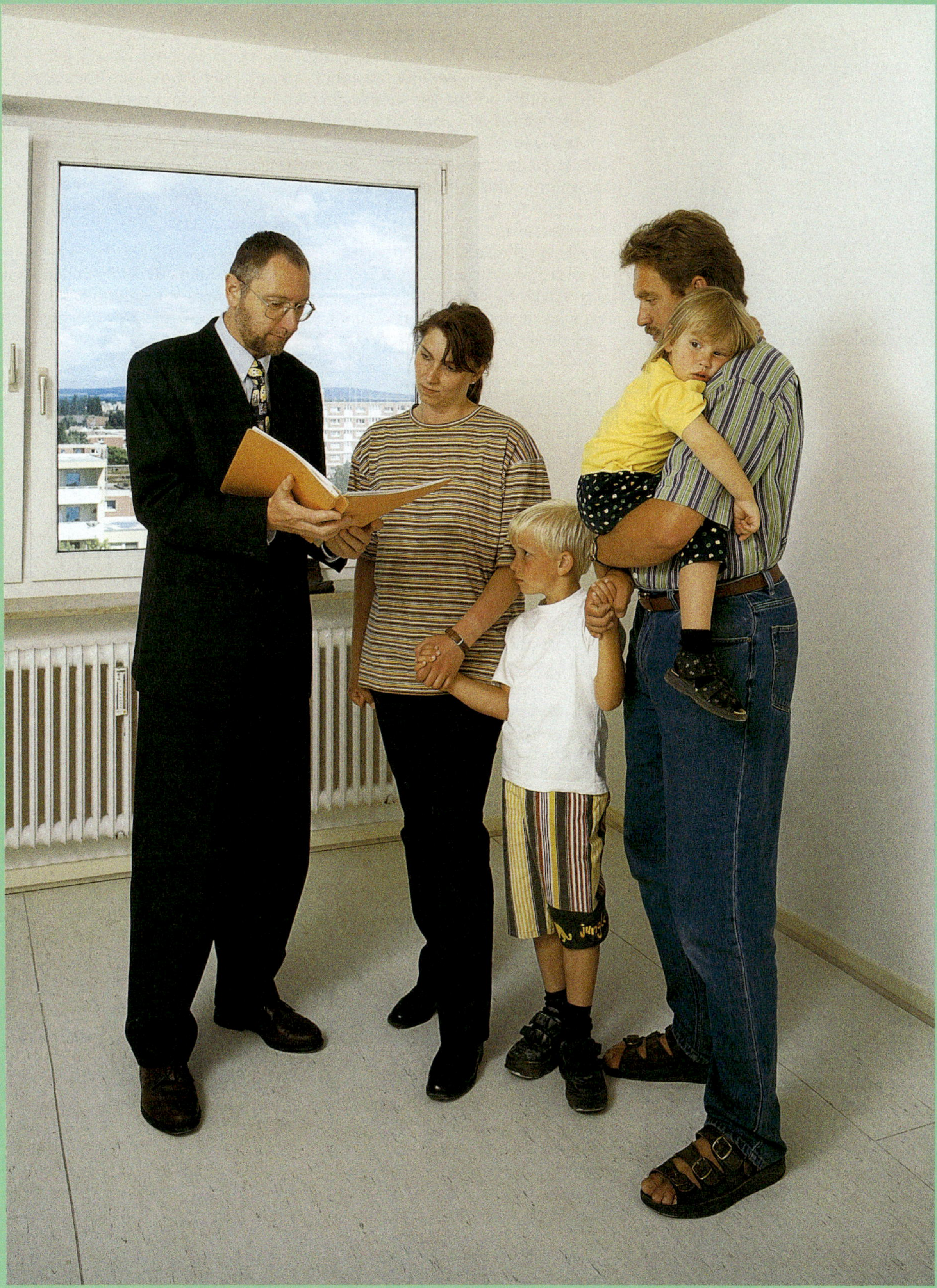

1 Grundsatz der Vertragsfreiheit

Jeder Vertrag ist ein Rechtsgeschäft, das nach Willenserklärungen von mindestens zwei Personen zustande kommt. Bei der Wahl der Vertragspartner sind die Bürger in unserer Wirtschafts- und Rechtsordnung frei (Abschlussfreiheit). Auch der Inhalt der Rechtsgeschäfte kann in der Regel frei und selbst bestimmt werden (Gestaltungsfreiheit). Der Grundsatz der Vertragsfreiheit besagt, dass jeder Vertragspartner selbstständig entscheiden, planen und handeln kann.

Vertragsfreiheit
Vergleiche die verschiedenen Handytarife der großen Anbieter. An nachfolgender Tabelle können wir feststellen, dass es nicht nur verschieden hohe Angebote gibt, sondern dass jeder der Anbieter wiederum mit mindestens vier gestaffelten Tarifen wirbt. Jeder Kunde kann frei entscheiden, welches Angebot seiner Meinung nach für ihn am günstigsten ist.

Anbieter	Grundgebühr*	Hauptzeit*	Nebenzeit*	Freiminuten
A1	6,45	0,25	0,07	0
A1	12,45	0,12	0,07	0
A1	15,95	0,07	0,07	0
A2	0,00	0,49	0,17	0
A2	10,95	0,12	0,09	0
A3	12,45	0,25	0,07	25
A3	33,95	0,25	0,07	500
A4	4,95	0,25	0,07	0
A4	12,45	0,07	0,07	0
A4	14,45	0,12	0,07	0

* in EUR

A

1. Erkundige dich nach den verschiedenen Tarifen für den Internetzugang.
2. Zähle Grundrechte der Menschen nach dem GG für die BRD auf.

In Deutschland herrscht grundsätzlich (aus den Grundrechten des Grundgesetzes abgeleitet) **Vertragsfreiheit**. Das heißt, jeder kann mit jedem einen Vertrag schließen, sobald die beiderseitige Willenserklärung vorliegt. Die Vertragsfreiheit hat jedoch Grenzen.

Einschränkungen der Vertragsfreiheit

Rechtsgeschäfte sind dann nichtig, d.h. von Anfang an unwirksam, wenn:

- die Willenserklärung von geschäftsunfähigen Personen abgegeben wurde, siehe Seite 25
- der Vertrag gegen die guten Sitten verstößt, z.B. bei Wucher oder Ausnutzung einer Notlage
- der Vertrag gegen ein gesetzliches Verbot verstößt, z.B. Rauschgifthandel, Schwarzarbeit
- der Vertrag nicht in der vom Gesetz vorgeschriebenen Form abgeschlossen wurde, z.B. Kauf von Immobilien
- die Willenserklärung nur zum Schein oder aus Scherz abgegeben wurde, z.B. falsche Preisangabe.

Anfechtbare Rechtsgeschäfte sind im Gegensatz zu den nichtigen zunächst gültig und bleiben es, solange sie nicht angefochten werden.

Ein **Rechtsgeschäft** kann **angefochten** werden

- wegen **Irrtums**
  Typische Fälle von Irrtum sind jene, die durch Verschreiben oder Versprechen entstehen.
  Beispiel: In einem Kostenvoranschlag für einen Einbauschrank gibt ein Schreiner einen Preis von 360 € an. Er wollte jedoch schreiben 3.680 € und kann diese Erklärung anfechten, muss allerdings dem Kunden den Schaden ersetzen, wenn dieser inzwischen ein für ihn günstigeres Angebot ausgeschlagen hat.

- wegen **arglistiger Täuschung**
  Beispiel: Der Käufer eines Gebrauchtwagens fragt den Händler, ob es sich um einen Unfallwagen handle. Der Händler verneint, obwohl er selbst das Fahrzeug hergerichtet hat. Auch in diesem Fall kann der Käufer den Vertrag anfechten und Schadenersatz verlangen, falls wegen der Täuschung für ihn ein Schaden entstanden ist.

- wegen **Drohung**
  Dein Rechtsgefühl sagt dir sicher auch, dass eine Schenkung oder ein Verkauf rechtlich nicht wirksam sein kann, wenn die Übergabe aufgrund einer Drohung erfolgt.
  Beispiel: Eine Gang lauert dir auf und droht dir Schläge an, wenn du ihnen nicht sofort deine Lederjacke für 10 € verkaufst.

Die beiden Formen der Ungültigkeit von Verträgen im Vergleich:

Nichtigkeit

Rechtsgeschäft (Vertrag) kommt von Anfang an nicht zustande

Anfechtung

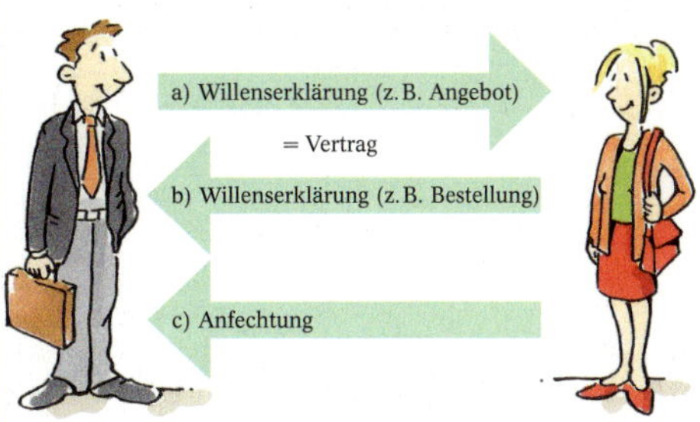

Folge: Rechtsgeschäfte (Vertrag) nachträglich ungültig

> Beachte: Die Anfechtung muss unverzüglich erfolgen, nachdem derjenige, der dazu berechtigt ist, den Sachverhalt kennt.

Stelle Überlegungen zu folgenden Beispielen an:

1. Frau Neureich schlüpft in einem Pelzgeschäft in einen Mantel. Er passt wie angegossen, und sie fragt nach dem Preis. Die Verkäuferin nennt ihr irrtümlich 15.000 €, obwohl sie weiß, dass er 50.000 € kostet. „So viel habe ich noch dabei", sagt Frau Neureich, zahlt und will gerade mit dem Mantel das Geschäft verlassen, als die Verkäuferin ihr nachläuft und den Irrtum erklärt.
2. Herr Rumpler benötigt für einen Transport einen Leih-Lkw für einen Tag und bittet seine Frau, diesen zu bestellen. Frau Rumpler irrt sich und bestellt den Lkw statt für einen Tag für zehn Tage. Der Irrtum stellt sich beim Abholen des Wagens heraus. Der Unternehmer kann den Lkw aber erst drei Tage später wieder einsetzen.
3. Herr Pluster ist mit Hilfsarbeiten in der Buchhaltung beschäftigt, glaubt aber, zum Bilanzbuchhalter befähigt zu sein und bewirbt sich um eine solche Stellung mit gefälschten Zeugnissen bei einer anderen Firma. Er bekommt die Stelle, aber es fällt bald auf, dass er den Aufgaben nicht gewachsen ist. Der Schwindel kommt heraus, die Firma will ihn „feuern" und ihn für die Kosten neuer Inserate in Anspruch nehmen.

Zeigt das nachfolgende Bild auch einen Kaufvertrag?

2 Abschluss rechtsgültiger Verträge

Bei einem Vertrag, z. B. Kaufvertrag liegt ein so genanntes zweiseitiges Rechtsgeschäft vor. Jeder der Beteiligten (Käufer – Verkäufer) hat eine „**Willenserklärung**" abgegeben. Die Formulierung „Willenserklärung" kommt im allgemeinen Sprachgebrauch selten vor. Im Bereich des Rechts ist sie jedoch als Verhalten definiert, das eine Rechsfolge (z. B. Kauf) herbeiführen soll.

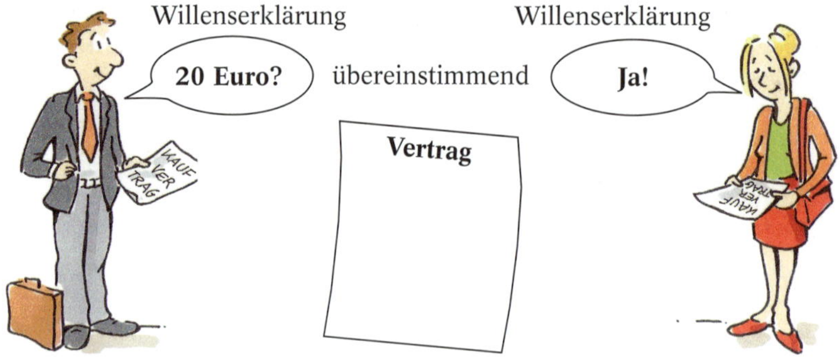

Ausdrucksformen einer Willenserklärung können sein:
- mündliche oder schriftliche Erklärungen
- schlüssiges Handeln, aus dem sich der Wille erklären lässt (z. B. Zeigen auf eine Ware, Kopfnicken, Handheben bei Versteigerungen)
- in manchen Fällen, allerdings selten, auch schweigendes Handeln

Einseitiges – zweiseitiges Rechtsgeschäft
Ein **einseitiges Rechtsgeschäft** liegt vor, wenn die Willenserklärung einer Person genügt, um eine bestimmte Rechtswirksamkeit herbeizuführen.
Beispiele:
- Aufsetzen eines Testaments („Mein letzter Wille ...")
- Aussprechen einer Kündigung („Hiermit kündige ich meine Tätigkeit zum ...")
- Ankündigung einer Belohnung („Für das Wiederbeschaffen meiner Brieftasche zahle ich 50 € Belohnung.")

100 € Belohnung!
Wer hat unseren Coco gesehen? Graupapagei seit letztem Sonntag im östlichen Ringgebiet entflogen. Coco spricht und ist sehr zutraulich. Hinweise bitte an: 0365/...

Für viele **zweiseitige Rechtsgeschäfte** durch Willenserklärung **zweier oder mehrerer** Personen ist die schriftliche Form zweckmäßig.
Beispiele:
- Mietvertrag zwischen Vermieter und Mieter
- Arbeitsvertrag zwischen Arbeitgeber und Arbeitnehmer
- Darlehensvertrag zwischen Kreditinstitut und dem Kunden

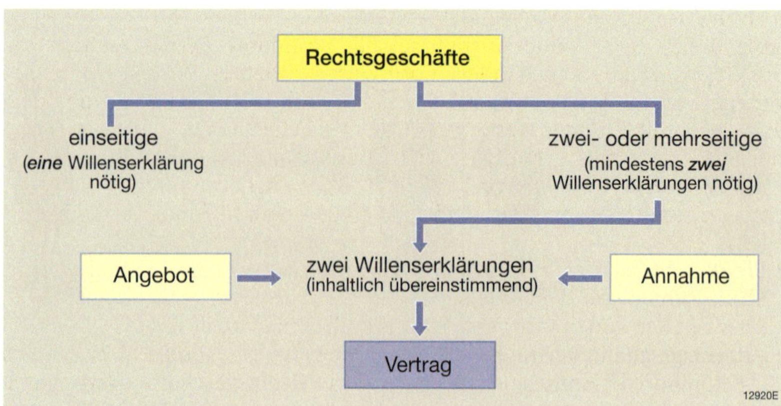

Das Testament

Als Testament (§ 1937 BGB) wird die schriftliche Niederlegung des letzten Willens bezeichnet, durch den jemand einen oder mehrere Erben bestimmt.

Durch das Testament kann der Erblasser, abweichend vom gesetzlichen Erbrecht, bestimmen, wem er den Nachlass zukommen lassen will. Es kann ein Alleinerbe eingesetzt oder eine bestimme Teilungsordnung getroffen werden (Angabe des Bruchteils usw.). Dieses kann beispielsweise sinnvoll sein, wenn ein Unternehmen oder ein landwirtschaftlicher Betrieb erhalten bleiben soll und es unwirtschaftlich wäre, den Nachlass aufzuteilen.

§ 1937 BGB
Erbeinsetzung durch Testament
Der Erblasser kann durch einseitige Verfügung von Todes wegen (Testament, letztwillige Verfügung) den Erben bestimmen.

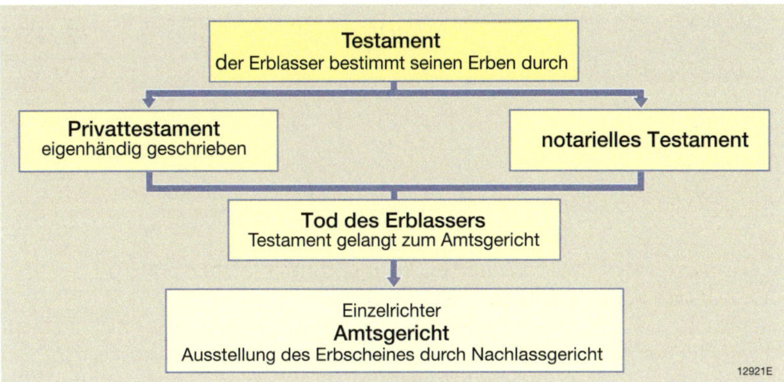

Ebersberg, den 16. März 2007

Mein letzter Wille

Zur alleinigen Erbin meines gesamten Nachlasses setze ich meine Schwester Laura Rotter ein.

Sebastian Rotter

Die Fähigkeit zur Abfassung eines Testaments nennt man Testierfähigkeit. Dabei gelten folgende Altersbeschränkungen:

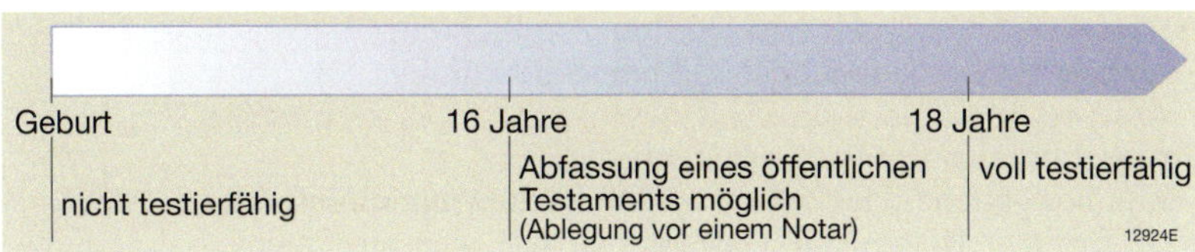

Formfreiheit

Neben dem Grundsatz der Vertragsfreiheit gilt der Grundsatz der Formfreiheit, der bedeutet, dass es grundsätzlich für die Gültigkeit eines Vertrages unerheblich ist, in welcher Form die Willenserklärung abgegeben wird.

Verträge können in **beliebiger Form** abgeschlossen werden, sie müssen nicht immer schriftlich abgefasst werden.

Aber: Keine Regel ohne Ausnahme! Für bestimmte Rechtsgeschäfte hat der Gesetzgeber eine besondere Form vorgeschrieben. Wird sie nicht eingehalten, so ist das Rechtsgeschäft nichtig, d.h. von Anfang an ungültig, und zwar selbst dann, wenn gegen die gesetzlich vorgeschriebene Form nur aus Unkenntnis verstoßen wurde. Vorgeschrieben sind z.B.

- **die Schriftform** für Mietverträge über Wohnungen und Pachtverträge über Grundstücke und Gebäude mit einer längeren Dauer als einem Jahr.
- **die gerichtliche oder notarielle Beurkundung** bei Kaufverträgen über Grundstücke und Gebäude sowie bei Verträgen zwischen Eheleuten über die Regelung ihrer vermögensrechtlichen Verhältnisse.

Sinn einer gesetzlichen Formbedürftigkeit kann es sein, Beweise zu sichern, eine Überprüfung zu ermöglichen oder die Beratung durch Rechtskundige sicherzustellen.

§ 550 BGB
Form des Mietvertrags
Wird der Mietvertrag für längere Zeit als ein Jahr nicht in schriftlicher Form geschlossen, so gilt er für unbestimmte Zeit. Die Kündigung ist jedoch frühestens zum Ablauf eines Jahres nach Überlassung des Wohnraums zulässig.

§ 1410 BGB
Form
Der Ehevertrag muss bei gleichzeitiger Anwesenheit beider Teile zur Niederschrift eines Notars geschlossen werden.

A

1. Lies die §§ 550, 1410 BGB.
2. Überlege, welche Vorteile und welche Gefahren der Grundsatz der Formfreiheit mit sich bringt.

§ 433 BGB
Vertragstypische Pflichten beim Kaufvertrag
(1) Durch den Kaufvertrag wird der Verkäufer einer Sache verpflichtet, dem Käufer die Sache zu übergeben und das Eigentum an der Sache zu verschaffen. Der Verkäufer hat dem Käufer die Sache frei von Sach- und Rechtsmängeln zu verschaffen.
(2) Der Käufer ist verpflichtet, dem Verkäufer den vereinbarten Kaufpreis zu zahlen und die gekaufte Sache abzunehmen.

A

1. Lies den § 433 BGB.

3 Vertragsarten

Kaufvertrag
Kaufverträge sind die Verträge, die am häufigsten abgeschlossen werden. Sie müssen, wie du weißt, nicht immer schriftlich abgefasst sein. Die schriftliche Form empfiehlt sich z.B. für die Beweissicherung in Verträgen. Schriftlich zugesicherte Eigenschaften sind wesentlich stichhaltiger nachweisbar als mündliche Vereinbarungen.

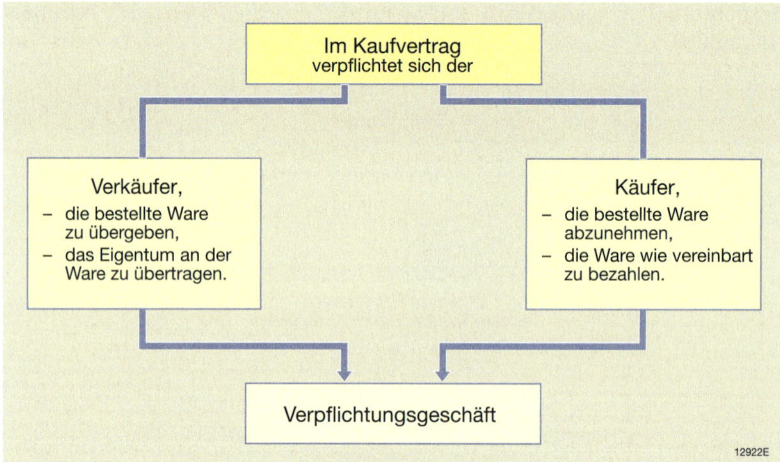

- Mit dem Abschluss eines Kaufvertrages verpflichten sich Käufer und Verkäufer zu bestimmten Leistungen. Um welche Leistungen es sich handelt, kannst du der Skizze entnehmen.
- Käufer und Verkäufer müssen ihre Verpflichtungen, je nach Vereinbarung, entweder sofort oder später erfüllen.

Gegenstand des Kaufvertrags kann sein:
- eine bewegliche oder unbewegliche Sache (Immobilie) oder ein Tier,
- ein Recht, z.B. ein Anteil an einer GmbH oder ein Patent,
- eine Sach- oder Rechtsgesamtheit (z.B. ein ganzes Unternehmen).

Die Kaufsache muss frei von Sachmängeln sein. Die Lieferung von defekter Ware, einer zu geringen Menge, einer nicht bestellten Ware oder sogar eine mangelhafte Montageanleitung, die zu fehlerhafter Montage führen kann, sind Sachmängel.

Zwei Beispiele:

1. Herr Ziegler wird von einem Autoverkäufer angesprochen, der sagt: „Kaufen Sie doch das neue Modell!“ - Wer hat einen Antrag auf Abschluss eines Kaufvertrages gemacht?

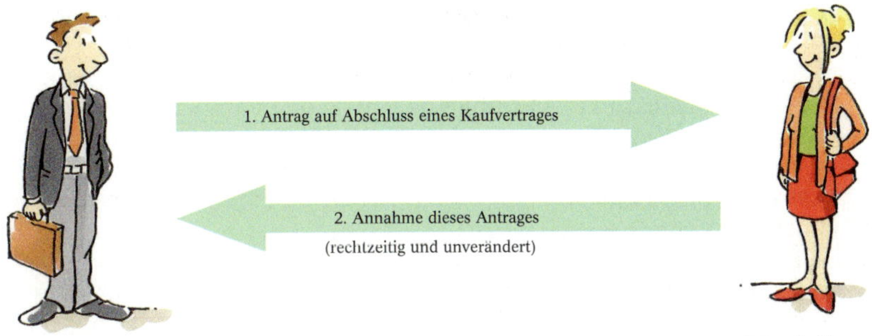

Verkäufer

Käuferin

2. Ein Geschäftskollege deines Vaters erfährt, dass sich dein Vater einen neuen Wagen kaufen will. Er sagt zu deinem Vater: „Verkaufe mir deinen jetzigen Wagen, ich zahle dir 3.000 € dafür.“ - Wer hat nun einen Antrag auf Abschluss eines Kaufvertrages gemacht?

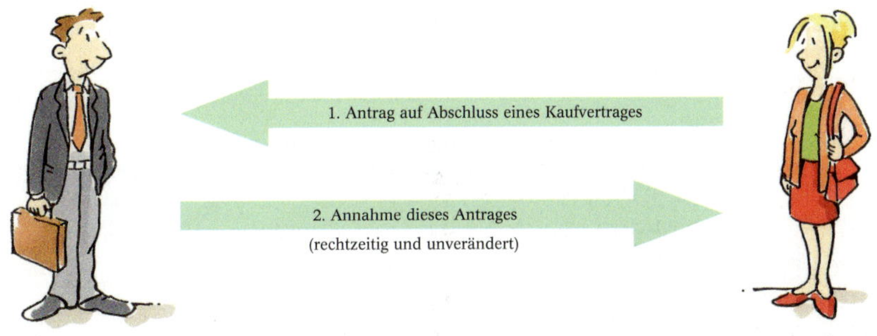

Verkäufer

Käuferin

Ein Kaufvertrag kommt nur zustande, wenn der Antrag **unverändert** und **rechtzeitig** angenommen wird.

Weitere Vertragsarten

Neben dem Kaufvertrag können im Alltag viele weitere Arten von Verträgen vorkommen, die meist schriftlich abgeschlossen werden. Unterscheide folgende Beispiele:

Art	Vertragspartner
Werkvertrag, Werklieferungsvertrag	Besteller - Unternehmer
Arbeitsvertrag	Arbeitgeber - Arbeitnehmer
Darlehensvertrag	Darlehensgeber - Darlehensnehmer
Maklervertrag	Makler - Kunde
Leihvertrag	Entleiher - Verleiher
Mietvertrag	Mieter - Vermieter
Pachtvertrag	Pächter - Verpächter

Ein **Werkvertrag** liegt vor, wenn eine Sache geändert, repariert oder mit dem Material des Bestellers (Auftraggebers hergestellt werden soll. Beim **Werklieferungsvertrag** wird mit dem Material des Herstellers produziert.

A

Kommt in folgenden Fällen ein Kaufvertrag zustande?

1. Der kaufwillige Herr Meier schreibt: „Ich kaufe die angebotene Maschine, falls Sie mir noch einen Rabatt von 10% gewähren.“
2. Ein Kaufwilliger schreibt: „Ich will nun doch auf das Angebot zurückkommen, das Sie mir vor zwei Jahren gemacht haben.“
3. Der Verkaufsleiter eines großen Geschäftes hatte ein Angebot gemacht und dazu die Bemerkung angefügt: „Dieses Angebot ist freibleibend.“ (Er hätte auch schreiben können: „Nur so lange der Vorrat reicht.“) – Hierauf antwortet der Kaufwillige: „Ja, ich kaufe davon 10 t zum angegebenen Preis.“

§ 598 BGB
Vertragstypische Pflichten bei der Leihe
Durch den Leihvertrag wird der Verleiher einer Sache verpflichtet, dem Entleiher den Gebrauch der Sache unentgeltlich zu gestatten.

Leihvertrag
Das für den Leihvertrag entscheidende Wort im § 598 des BGB ist: **unentgeltlich.** Der Verleiher gestattet dem Entleiher die Nutzung einer Sache kostenlos.

Was meinst du: Für welche Kosten muss der Entleiher aber aufkommen?

Herr Meier schneidet jedes Jahr im Herbst die Hecke an der Grundstücksgrenze zum Nachbarn Hofer. Mitten in seiner Arbeit am Samstagnachmittag setzt der Motor seiner Heckenschere aus. Er bittet Herrn Hofer, ihm zu helfen und ihm sein Gerät zu leihen, damit er die Arbeit beenden kann. Da sie sich gut verstehen, kommt Herr Hofer der Bitte seines Nachbarn nach.

Was darf Herr Meier mit der entliehenen Heckenschere wohl tun, und was darf er nicht (lies im BGB die §§ 598 bis 605!)? Wann wird er das Gerät wohl wieder zurückgeben?

Leasing
Eine besondere Form der Vermietung stellt das Leasing (engl. to lease = mieten, vermieten) dar. Im Jahre 1952 wurde in den Vereinigten Staaten die erste Leasinggesellschaft der Welt gegründet. Seitdem entscheiden sich viele Unternehmen, aber auch immer mehr Privatpersonen, für das Leasing von Wirtschaftsgütern als eine Alternative zum Kauf.

Überlege einmal: Welche Güter – einmal abgesehen vom Auto – kann man leasen?

Der Nachteil beim Leasing ist u.a., dass der Leasingnehmer kein Eigentum am Leasinggut erwirbt, außerdem sind die Gesamtkosten des Leasings in der Regel höher als bei einem Kauf des Objektes.

A

Welche Vorteile bietet Leasing dem Leasingnehmer gegenüber dem Kauf eines Anlagegegenstandes?

Darlehensvertrag
Sicher denkst du bei dem Wort Darlehen zunächst immer an Geld, das Banken ausleihen (das Wort Darlehen hat denselben Wortstamm wie leihen).

Dies ist auch ein Darlehen:
Deine Mutter möchte, weil überraschend Besuch kommt, einen Kuchen backen. Leider fehlen ihr einige Zutaten, z. B. Backpulver und Nüsse. Sie bittet deshalb ihre Nachbarin, ihr diese Zutaten bis morgen zu „leihen".

Diese Sachen überlässt die Nachbarin deiner Mutter zum Verbrauch. Der Darlehensvertrag ist daher ein Vertrag zur Verbrauchsüberlassung.

Diskutiert folgende Fragen:
a) Ein Arbeitskollege nimmt bei deinem Vater ein Darlehen über 1.000 € auf. Sie füllen kein Darlehensformular aus.
Was wird sich dein Vater aber geben lassen, um später das Vorliegen einer Darlehensgewährung eventuell beweisen zu können?
b) Wird dein Vater genauso handeln, wenn er seinem Bruder Geld leiht? Wird er von seinem Bruder Zinsen verlangen?

§ 607 BGB
Vertragstypische Pflichten beim Sachdarlehensvertrag
(1) Durch den Sachdarlehensvertrag wird der Darlehensgeber verpflichtet, dem Darlehensnehmer eine vereinbarte vertretbare Sache zu überlassen. Der Darlehensnehmer ist zur Zahlung eines Darlehensentgelts und bei Fälligkeit zur Rückerstattung von Sachen gleicher Art, Güte und Menge verpflichtet. […]

Ein Gelddarlehen bezeichnet man auch als Kredit. Kreditnehmer ist z. B. eine Person, die sich für die Anschaffung einer neuen Kücheneinrichtung Geld bei einer Bank (Kreditgeber) ausleiht.

A

1. Warum schließen Banken Kreditverträge schriftlich ab?
2. Wofür lässt sich die Bank Sicherheiten geben?

§ 535 BGB
Inhalt und Hauptpflichten des Mietvertrags
(1) Durch den Mietvertrag wird der Vermieter verpflichtet, dem Mieter den Gebrauch der Mietsache während der Mietzeit zu gewähren. Der Vermieter hat die Mietsache dem Mieter in einem zum vertragsgemäßen Gebrauch geeigneten Zustand zu überlassen und sie während der Mietzeit in diesem Zustand zu erhalten. Er hat die auf der Mietsache ruhenden Lasten zu tragen.
(2) Der Mieter ist verpflichtet, dem Vermieter die vereinbarte Miete zu entrichten.

Das Mietrecht im BGB ist durch das Mietrechtsreformgesetz überarbeitet worden, das seit dem 1. September 2001 in Kraft ist.

Erkundige dich, wie viel ein Kubikmeter Wasser in eurer Gemeinde kostet. Wie viel Liter (bestes Trink-)Wasser verbraucht eine Toilettenspülung?

Mietvertrag
Der entscheidende Unterschied zwischen Leihe und Miete steht in § 535 BGB. Unter Miete versteht man den für die vermietete Sache (z. B. Wohnung, Auto) vereinbarten Preis. Der Begriff Miete wird am häufigsten im Zusammenhang mit der Wohnungsmiete verwendet. Vermieter und Mieter gehen beim Mietvertragsabschluss Verpflichtungen ein:
- Pflicht des Vermieters: den Gebrauch der Sache für eine bestimmte Zeit zu gewähren und den Zustand zu erhalten
- Pflicht des Mieters: die vereinbarte Miete zu zahlen

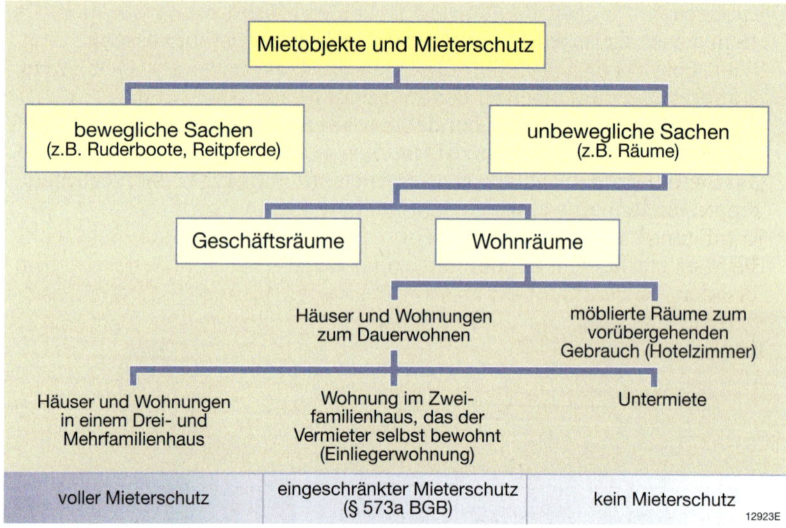

Die Wohnungsmiete
Über 60 % aller Haushalte in Deutschland leben in gemieteten Räumen. Außerdem gibt es immer mehr Einpersonenhaushalte. Die Folgen sind, dass der Bedarf an Wohnungen wächst, preiswerte Angebote – besonders in Großstädten – knapp werden, weshalb auch der Quadratmeterpreis für Mietwohnungen steigt. Die Kosten für Wohnen verschlingen oft mehr als ein Drittel des Einkommens. Mitverantwortlich für die hohen Ausgaben

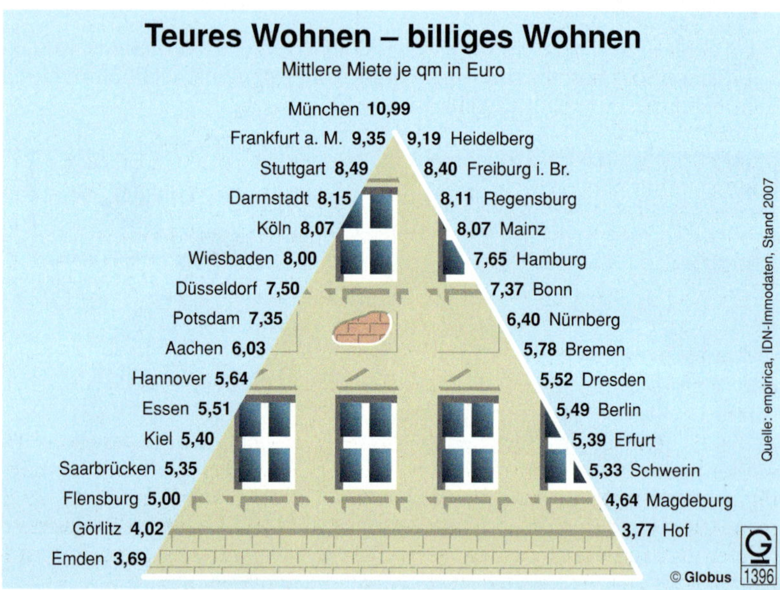

sind die Mietnebenkosten (z. B. Müllabfuhr, Kanalgebühren). Die hohen Gebühren werden u.a. durch die Umweltschutzanforderungen verursacht. Da die Nachfrage nach Wohnraum groß ist, sind die Vermieter häufig gegenüber dem Mieter im Vorteil. Andererseits gehört das Wohnen zu den Grundbedürfnissen des Menschen. In das Bürgerliche Gesetzbuch sind einige Bestimmungen zum **Schutz des vertragstreuen Mieters** aufgenommen worden.

Diese Schutzbestimmungen beziehen sich auf:

- Form des Mietvertrages
  Die Schriftform ist grundsätzlich empfehlenswert.
- Kaution
  Beim Abschluss eines Mietvertrages verlangt der Vermieter meist eine Sicherheit in Form von Geld. Er muss das Geld bei einem Geldinstitut (Bank) anlegen, die Zinsen gehören dem Mieter. Die Kaution bzw. einen Teil davon darf der Vermieter verwenden, wenn der Mieter z. B. Fenster oder Türen beschädigt oder beim Auszug die notwendigen Schönheitsreparaturen (z. B. Streichen der Wände, Reinigen der Teppichböden) unterlässt.
- Kündigung
  Sie beendet das Mietverhältnis. Grundsätzlich kann entweder der Mieter oder der Vermieter kündigen. Meistens trifft sie den Mieter härter, weil angemessener Wohnraum selten zu den alten Bedingungen zu finden ist.

1. Warum ist gerade beim Mietvertrag die Schriftform einer mündlichen Form vorzuziehen?
2. Welche Folgen auf das Mietverhältnis kann es haben, wenn ein Mieter zwei Zimmer ohne die Erlaubnis des Vermieters an zwei Studenten vermietet?
3. Warum sind für Mieter und Vermieter unterschiedliche Kündigungsfristen festgelegt?

14026E

Kündigung

fristlos	regulär	besonderer Kündigungsschutz

- bei Zahlungsverzug über zwei Termine
- vertragswidriger Gebrauch
- fortgesetzte Störung des Hausfriedens (Partys, zu laute Musik)
- Vernachlässigung der Sorgfaltspflicht
- unbefugte Überlassung an Dritte
	Kündigungsfristen für
	- Vermieter bis zu neun Monaten (schriftliche Begründung)
	- Mieter drei Monate
		- verlängerte Kündigungsfrist bei langandauernden Mietverhältnissen
		  - länger als 5 Jahre - 6 Monate
		  - länger als 8 Jahre - 9 Monate
		- Kündigung bei berechtigtem Interesse des Vermieters möglich, z.B. Eigenbedarf (die Tochter/der Sohn des Vermieters möchte in die Wohnung einziehen)
		- keine Kündigung zum Zwecke der Mieterhöhung
		- keine Kündigung möglich, wenn es für den Mieter persönliche Härte wäre (z.B. kein Ersatzwohnraum zu zumutbaren Bedingungen)

Ein Mietvertrag wird in der Regel schriftlich abgeschlossen und von Mieter und Vermieter unterschrieben. Auf der nächsten Seite findest du einen Auszug aus einem Einheitsmietvertrag.

Je nach Zeitdauer unterscheiden wir drei Formen der Kündigung, die immer in schriftlicher Form erfolgen muss. Es kann keinen absoluten Kündigungsschutz geben, weil die Rechte des Vermieters (Eigentümers) auch respektiert werden müssen. Das Gesetz schützt jedoch den vertragstreuen Mieter (vorausgesetzt es liegt kein Zahlungsverzug vor, keine Ruhestörung, gemieteter Wohnraum wird nicht gewerblich genutzt).

Wohnungs-Einheitsmietvertrag

Vertrag-Nr. ____
Ausfertigung für Vermieter / Mieter

1

(● grüne Punkte am Rande weisen darauf hin, dass eine zusätzliche Eintragung oder eine Streichung vorzunehmen ist.)
Unter Mieter und Vermieter werden die Vertragsparteien auch dann verstanden, wenn sie aus mehreren Personen bestehen. Alle im Vertrag genannten Personen haben den Mietvertrag eigenhändig zu unterschreiben. Nichtzutreffende Teile des Mietvertrages sind durchzustreichen, freie Stellen sind auszufüllen oder durchzustreichen.

● Zwischen Manfred Mensching
● in Köln als Vermieter,
● vertreten durch ____
● und ____
● sowie Michael Hermes, zur Zeit
● wohnhaft in Göttingen, als Mieter,
wird folgender Mietvertrag geschlossen:

§ 1 – Mieträume

● 1. Vermietet werden im Hause 37077 Göttingen Kleeanger 8 2. Stockwerk rechts
(genaue Anschrift und genaue Lagebezeichnung nach Vorderhaus, Seitenflügel, Quergebäude, Stockwerk, rechts, links, Mitte)
● folgende Räume: 3 Zimmer, ____ Kammer, 1 Küche, ____ Korridor, ____ Diele, 1 Bad, 1 Toilette, ____ Toilette mit
● Bad / Dusche, 1 Kellerraum 1 Nr. 12, ____ Bodenraum ____ Nr. ____,
● zur Benutzung als Wohnung ____ Wohnfläche: 86 m²
● Es dürfen mitbenutzt werden: (z. B. Waschanlage, Fahrzeugeinstellplatz usw.)
Fahrzeugeinstellplatz, Garten

● 2. Der Vermieter verpflichtet sich, dem Mieter spätestens bei Einzug folgende Schlüssel auszuhändigen: 2 Haus-, 2 Wohnungs-, ____ Zimmer-, ____ Boden-, 1 Keller-, ____ Fahrstuhl-, ____ Garagen-, 1 Hausbriefkasten-, ____ Schlüssel.
Die Beschaffung weiterer Schlüssel durch den Mieter bedarf der Einwilligung des Vermieters.
Der Mieter hat bei Beendigung des Mietverhältnisses sämtliche Schlüssel, auch selbst angeschaffte, an den Vermieter herauszugeben; anderenfalls ist der Vermieter berechtigt, auf Kosten des Mieters Ersatzschlüssel zu beschaffen oder – soweit dies im Interesse des Nachmieters erforderlich ist – auch die Schlösser zu verändern und dazu Schlüssel zu beschaffen.

3. Die Mieträume dürfen vom Mieter nur zu Wohnzwecken genutzt werden. Die Gesamtzahl der Personen, die die Wohnung beziehen
● werden – bewohnen – beträgt 3 –. Der Mieter ist verpflichtet, seiner gesetzlichen Meldepflicht nachzukommen.
Zur Anbringung von Schildern, Reklamen, Automaten und dergleichen außerhalb der Mieträume bedarf es der vorherigen schriftlichen Genehmigung des Vermieters.

§ 2 – Mietzeit und ordentliche Kündigung

● 1. a) Das Mietverhältnis beginnt am 01.02.2000, es läuft auf unbestimmte Zeit. Kündigungsfristen siehe 2.
● b) Das Mietverhältnis beginnt am ____ und endet am ____. Es verlängert sich jedoch jeweils um ____ Monate – um ____ Jahre, wenn es nicht gekündigt ist. Kündigungsfristen siehe 2.
● c) Das Mietverhältnis ist auf bestimmte Zeit abgeschlossen.
Es beginnt am ____ und endet am ____, ohne dass es einer Kündigung bedarf.
● d) Die Wohnung ist zu nur vorübergehendem Gebrauch durch den Mieter gemietet, nämlich wegen ____
sie kann daher jeweils bis zum 3. Werktag jeden Monats zum Schluss dieses Monats schriftlich gekündigt werden.

2. Kündigungsfristen zu 1. a) und 1. b): Die Kündigungsfrist beträgt 3 Monate, wenn seit der Überlassung des Wohnraums weniger als 5 Jahre vergangen sind, 6 Monate, wenn seit der Überlassung des Wohnraums 5 Jahre vergangen sind, 9 Monate, wenn seit der Überlassung des Wohnraums 8 Jahre vergangen sind, 12 Monate, wenn seit der Überlassung des Wohnraums 10 Jahre vergangen sind.
Die Kündigung muss s c h r i f t l i c h bis zum dritten Werktag des ersten Monats der Kündigung erfolgen, durch den Vermieter unter Angabe sämtlicher Kündigungsgründe und unter Hinweis auf das Widerspruchsrecht. Für die Rechtzeitigkeit kommt es nicht auf die Absendung, sondern auf den Empfang der Kündigung an.

§ 3 – Miete und Nebenkosten

● 1. Die Miete beträgt monatlich	380,00
● Neben der Miete sind monatlich zu entrichten für	
z. Z.	
z. Z.	
z. Z.	
Nebenkosten pauschal z. Z.	150,00
Insgesamt z. Z.	530,00 Euro

2. In der Miete sind die Betriebskosten gemäß Zweiter Berechnungsverordnung, § 27, Absatz 1, Anlage 3, ermittelt aufgrund der letzten
● Berechnung des Vermieters (vom ____) anteilig ☐ enthalten ☐ nicht enthalten. Die Betriebskosten, wie nachfolgend spezifiziert, sind als Vorschuss vom Mieter an den Vermieter zu zahlen und werden jährlich mit dem Mieter abgerechnet. Die Umlegung der Kosten für Sammelheizung und Warmwasserversorgung ist in § 5 dieses Vertrages gesondert geregelt.

● 1) Die laufenden öffentlichen Lasten des Grundstücks, insbesondere Grundsteuer
2) Die Kosten der Wasserversorgung
3) Die Kosten der Entwässerung
4) Die Kosten des Betriebs der Aufzugsanlagen
5) Die Kosten der Straßenreinigung und Müllabfuhr
6) Die Kosten der Hausreinigung und Ungezieferbekämpfung
7) Die Kosten der Gartenpflege
8) Die Kosten der Beleuchtung
9) Die Kosten der Schornsteinreinigung
10) Die Kosten der Sach- und Haftpflichtversicherung
11) Die Kosten für den Hauswart
12) Die Kosten des Betriebs der Gemeinschafts-Antennenanlage bzw. Kabelanschluß (Breitbandkabelnetz)
13) Die Kosten des Betriebs der maschinellen Wascheinrichtung
14) Sonstige Betriebskosten
15) Umlageausfallwagnis gem. § 25 a Neubaumietenverordnung für die Betriebskosten einschließlich Sammelheizung und Warmwasserversorgung.

● 3. Die Schönheitsreparaturen werden vom ☐ Vermieter – ☒ Mieter getragen.
Hat der Mieter die Schönheitsreparaturen übernommen, so hat er spätestens bei Ende des Mietverhältnisses alle bis dahin – je nach dem Grad der Abnutzung oder Beschädigung – erforderlichen Arbeiten auszuführen.

BRUNNEN Artikel-Nr. 25 223

8.99 AGB 15

Pachtvertrag
Überlässt ein Eigentümer einem anderen sein Grundstück (z.B. landwirtschaftliche Nutzfläche), so spricht das Gesetz nicht von vermieten, sondern von verpachten. Anstelle des Mietzinses ist dementsprechend ein vereinbarter Pachtzins zu entrichten. Wem gehören die auf dem Grundstück geernteten Erträge (z.B. Getreide, Obst oder dergleichen)?

Zusammenfassung: Leihe - Miete - Pacht

Leihe - ohne Entgelt, z.B. Buch, CD, Haushaltsgeräte

Miete - gegen Entgelt, z.B. Wohnung, Fahrrad

Pacht - gegen Entgelt und Überlassung von Früchten, z.B. landwirtschaftliche Nutzfläche, Hotel, Tankstelle

§ 581 BGB
Vertragstypische Pflichten beim Pachtvertrag
(1) Durch den Pachtvertrag wird der Verpächter verpflichtet, dem Pächter den Gebrauch des verpachteten Gegenstands und den Genuss der Früchte, soweit sie nach den Regeln einer ordnungsmäßigen Wirtschaft als Ertrag anzusehen sind, während der Pachtzeit zu gewähren. Der Pächter ist verpflichtet, dem Verpächter die vereinbarte Pacht zu entrichten.
(2) Auf den Pachtvertrag mit Ausnahme des Landpachtvertrags sind, soweit sich nicht aus den §§ 582 bis 584b etwas anderes ergibt, die Vorschriften über den Mietvertrag entsprechend anzuwenden.

A

Lies § 581 BGB, und nenne die Pflichten sowohl des Verpächters als auch des Pächters.

Leih-, Miet- und Pachtvertrag sind Verträge der Überlassung einer Sache zum Gebrauch auf Zeit.

Voraussetzung eines Schenkungsvertrages:
1. Der Schenker und der Beschenkte müssen sich über die Schenkung einig sein.
2. Die Schenkung muss unentgeltlich erfolgen.
3. Das Schenkungsversprechen muss bei Immobilien notariell beurkundet werden.

Schenkung

Auch eine Schenkung stellt einen Vertrag dar. Meistens werden Schenkungen im alltäglichen Leben vorgenommen, ohne dass dies irgendwelche Probleme aufwirft. So schenkt zum Beispiel die Oma dem Enkel das Spielzeug zum Geburtstag, die Eltern dem Sohn einen MP3-Player zum guten Schulabschluss, der Ehemann seiner Frau eine Uhr zum Hochzeitstag. Schenkungen können jedoch auch ein paar Probleme mit sich bringen. Auf jeden Fall gilt es, zwischen verschiedenen Arten der Schenkung zu unterscheiden.

Eine Schenkung ist ein Vertrag zwischen dem Schenker und dem Beschenkten, wobei sich beide einig sind, dass ein Gegenstand oder ein Recht unentgeltlich übertragen wird. Die Zuwendung erfolgt unentgeltlich und der Beschenkte wird durch die Schenkung „bereichert". Soll ein Grundstück oder eine Eigentumswohnung geschenkt werden, ist zur Wirksamkeit der Schenkung die Eintragung des Beschenkten ins Grundbuch erforderlich. Deshalb bedarf eine solche Schenkung zu seiner Wirksamkeit der notariellen Beurkundung.

Liegen die oben genannten Voraussetzungen vor, geht das Geschenk in das Vermögen des Beschenkten über. Der Schenkende verliert das Eigentum an dem Gegenstand oder Recht. Deshalb will ein solcher Schritt – insbesondere bei größeren Schenkungen – gut überlegt sein. Bereut der Schenker später die Schenkung, kann er diese nur ausnahmsweise wieder zurückfordern. Um Risiken, die mit der Schenkung zusammenhängen (z. B. die spätere Verarmung des Schenkers) zu begrenzen, können und sollten im Schenkungsvertrag entsprechende Absicherungen getroffen werden.

A

1. Berichte über die Diskussionen um die Erbschaftssteuerreform.
2. Informiere dich über die Besteuerungsgrundlagen, die Freibeträge und die Steuersätze im ErbStG (Erbschaft- und Schenkungsteuergesetz).

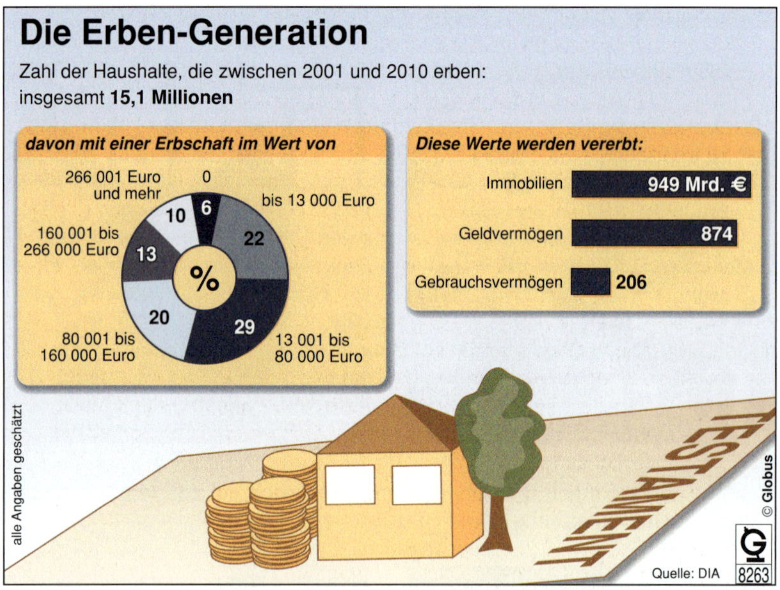

Schenkungssteuer = Erbschaftssteuer

Das Bundesverfassungsgericht hat kürzlich entschieden, dass die Bundesregierung die Steuer auf große Erbschaften reformieren muss. Manche haben nun gedacht, sie könnten durch Schenkungen die Erbschaftssteuer umgehen. Dies hat leider keinen Erfolg, denn jede Zuwendung unter Lebenden (Schenkung) ist den gleichen Maßstäben der Besteuerung unterworfen wie Erwerbe von Todes wegen (Erbe). Die Finanzbehörden erwarten hohe Steuereinnahmen, wenn in den nächsten Jahren schätzungsweise 2,2 Billionen Euro vererbt werden.

1. Gib an, ob es sich bei den folgenden Beispielen um Verträge handelt, und wenn ja, welche von ihnen Kaufverträge sind.
   a) Max entnimmt dem Automaten in der Schule eine Flasche Limo.
   b) Karin bestellt in einem Musikgeschäft eine CD.
   c) Großvater schreibt sein Testament.
   d) Das Weingut Rausch & Co. schickt deinen Eltern eine Preisliste.
   e) Jacob Meißel und Bauunternehmer Stein vereinbaren, dass Herr Meißel ab dem nächsten Monat als Maurer in der Firma Stein arbeitet.
   f) Hans sagt in der Bäckerei zur Verkäuferin: „Zwei Brezeln". Die Verkäuferin steckt sie in eine Tüte.
   g) Nachbar Fröhlichs Pudel ist entlaufen. Herr Fröhlich heftet ein Schild an den Zaun: „Wer unseren Pudel ‚Otto' zurückbringt, erhält 20 € Belohnung!"
   h) Die sechsjährige Lisa sagt zu einer Passantin: „Ich verkaufe dir meinen neuen Puppenwagen für einen Euro."
2. Auf welche Weise kommt ein Kaufvertrag zustande?
3. Wozu sind Käufer und Verkäufer verpflichtet?
4. Nenne Beispiele für Verträge, bei denen die Schriftform
   a) unterbleibt,
   b) zweckmäßig oder
   c) zwingend vorgeschrieben ist.
5. Was versteht man unter „Formfreiheit"?
6. Für welche Verträge ist die gerichtliche oder notarielle Beurkundung vorgeschrieben?
7. Was versteht man unter „Vertragsfreiheit"?
8. Erläutere den Begriff „Anfechtung".
9. Familie Neumeier bekommt unerwartet Besuch. Sie bittet – weil die Geschäfte bereits geschlossen haben – die Nachbarn um einen Kasten Bier und verspricht, ihn morgen gefüllt wieder zurückzugeben.
   Welche Vertragsart liegt vor? Begründe deine Meinung.
10. Das Ehepaar Meier hat sich fürchterlich gestritten und beschließt, sich zu trennen. Sie will wieder bei ihren Eltern wohnen, er zunächst in einem Hotel. Keiner will die Möbel behalten, und so schreiben sie einem Gebrauchtwarenhändler: „Sie können die gesamte Einrichtung für 1.000 € kaufen, müssen alles aber selbst abholen." Der Händler ist sofort einverstanden. – Da versöhnt sich das Ehepaar Meier wieder und will seine Möbel nun doch nicht verkaufen.
    Wie sieht hier die rechtliche Lage aus?
11. Die 14-jährige Sandra erhält von ihrer Tante ein Fahrrad im Wert von 300 € geschenkt. Sie kann das Rad gut gebrauchen und freut sich sehr darüber. Da ihre Eltern mit der Tante Streit gehabt haben, wollen sie von ihr nichts annehmen und fordern Sandra auf, das Rad sofort wieder zurückzugeben.
    Wie ist die rechtliche Lage?

§ 537 BGB
Entrichtung der Miete bei persönlicher Verhinderung des Mieters
(1) Der Mieter wird von der Entrichtung der Miete nicht dadurch befreit, dass er durch einen in seiner Person liegenden Grund an der Ausübung seines Gebrauchsrechts gehindert wird. Der Vermieter muss sich jedoch den Wert der ersparten Aufwendungen sowie derjenigen Vorteile anrechnen lassen, die er aus einer anderweitigen Verwertung des Gebrauchs erlangt.
(2) Solange der Vermieter infolge der Überlassung des Gebrauchs an einen Dritten außerstande ist, dem Mieter den Gebrauch zu gewähren, ist der Mieter zur Entrichtung der Miete nicht verpflichtet.

12. Herr Meister borgt sich von seinem Nachbarn eine Bohrmaschine. Nach einer Stunde gibt er sie wieder zurück. Gib die Art des Vertrages an und begründe deine Meinung.
13. Leihe, Miete und Pacht werden oft als Verträge der Gebrauchsüberlassung auf Zeit bezeichnet. Begründe diese Aussage.
14. Worin liegen die wichtigsten Unterschiede zwischen Leihe, Pacht und Miete?
15. Wie wird bei der Wohnungsmiete der vertragstreue Mieter besonders geschützt? Lies dazu § 573 BGB.
16. Entscheide, welche Vertragsart vorliegt:
    a) Simon überlässt Tobias sein Fahrrad für einen Ausflug.
    b) Herr Krüger leiht sich beim „Autoverleih Bruchberger“ ein Auto, weil sein Wagen gerade repariert wird.
    c) Dein Vater leiht sich für den Urlaub eine Videokamera aus
       - von seinem Bruder, dem er dafür eine Flasche Sekt schenkt,
       - vom Fotogeschäft, das pro Tag 20 € verlangt.
    d) Du möchtest einen neuen Film auf Video anschauen.
       - Dein Freund leiht ihn dir.
       - Du gehst in die Videothek und leihst ihn dir aus. Pro Kalendertag kostet das 3,00 €.
    e) Euer Nachbar hat sich für seinen Umzug einen Kleintransporter beim Autoverleih Car-Rent ausgeliehen.
17. Blumenhändler Wilke möchte bei einer Gärtnerei 100 Rosen bestellen, er verschreibt sich aber und bestellt 1.000 Stück. Erfreut über den großen Auftrag beginnt der Gärtner sofort mit dem Schneiden der Rosen. Als Herr Wilke seinen Irrtum bemerkt, ruft er sofort in der Gärtnerei an. Welche rechtlichen Folgen entstehen für Herrn Wilke und welche für den Gärtner?
18. Warum ist ein Darlehensvertrag ein Vertrag zur Verbrauchsüberlassung? Begründe deine Aussage.
19. Entscheide, welche Vertragsart vorliegt:
    a) Das Unternehmen Bergmann stellt einen Pförtner ein.
    b) Antonia lässt sich beim Friseur die Haare schneiden.
    c) Sabrina holt sich aus dem Automaten eine Fahrkarte.
    d) Der junge aufstrebende Komponist Ferdi Genialus komponiert die Filmmusik zu „Ein Schuss ging daneben“.
    e) Herr Leutner beauftragt einen Makler, seine Wohnung zu verkaufen.
    f) Susanne gibt einen alten Schreibtisch zur Reparatur.
20. Beschreibe den Begriff „Die zweite Miete“ anhand nebenstehender Grafik.
    Vergleiche den Anstieg der eigentlichen Mieten im Vergleich zu den Nebenkosten.

IV Der Kaufvertrag

A

Erkläre anhand des Kassenzettels:
1. Wer ist der Verkäufer?
2. Wer ist der Käufer?
3. Wie hoch ist der Kaufpreis?
4. Wie wurde der Nettobetrag in Höhe von 7,90 € errechnet?
5. Wie wurde die Mehrwertsteuer errechnet?

Boutique Petra
Inh. Petra Maier
Baumstr. 4
98527 Suhl
Tel.: 03681/1234

Artikel	Menge	Summe
012345**		
Leuchter Ciao	1	3,45
012345**		
Leuchter Ciao	1	3,45
033421**		
Kerzen	2	2,50
	Gesamt Euro	9,40*
	Betrag, netto	7,90
	MwSt. 19 %	1,50
	Bar	10,00
	Rückgeld	0,60

Vielen Dank für Ihren Besuch!
Umtausch nur mit Kassenbon
Es bediente Sie Frau Hafner
Bon Nr.: 00000212304

* Bruttobetrag (einschließlich Mehrwertsteuer)
** Artikelnummer

1 Die Kaufhandlung

1.1 Das Erfüllungsgeschäft

Monika sucht in der Geschenke-Boutique nach einem Mitbringsel für die Geburtstagsfeier bei ihrer Freundin. Sie kauft zwei Kerzenleuchter und Kerzen und zahlt an der Kasse. Dort erhält sie den nebenstehenden Kassenzettel.

Bei diesem Kauf handelt es sich offensichtlich um einen mündlichen Kaufvertrag. Der Verkäufer und der Käufer müssen die bei Vertragsabschluss versprochenen Leistungen erfüllen:
- Der Verkäufer erfüllt seine Verpflichtungen, indem er die Ware dem Käufer übergibt und ihm das Eigentum an der Sache überträgt.
- Der Käufer erfüllt seine Pflicht, indem er den Kaufpreis begleicht und die gekaufte Sache übernimmt.

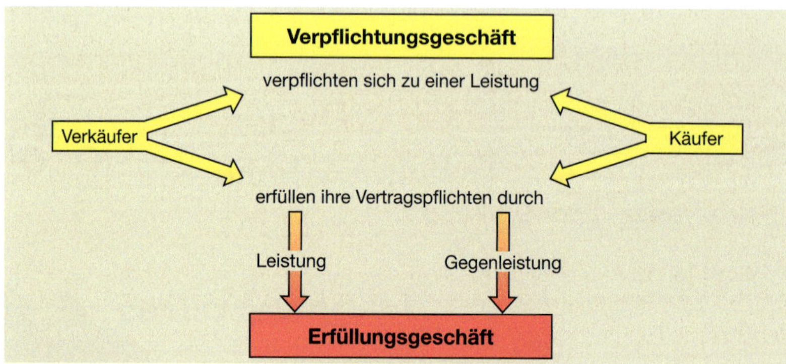

Hinsichtlich des Zeitpunktes der Erfüllung gilt:
- falls kein Liefertermin vereinbart wurde – sofortige Lieferung
- falls kein Zahlungstermin vereinbart wurde – sofortige Zahlung

Der Zeitpunkt der Erfüllung ist vor allem wichtig beim Zielkauf und beim Ratenkauf, weil sich daraus rechtliche Folgen ergeben können.

Bei den meisten Käufen des täglichen Bedarfs im privaten Bereich fallen Verpflichtung und Erfüllung zeitlich zusammen. Der sofortigen Lieferung (Übergabe der Ware) folgt in der Regel die sofortige Zahlung (Übergabe des Geldes).

Erfüllung und Verpflichtung fallen nicht zusammen, wenn bspw. Folgendes der Fall ist:
Unsere Schule hat bei dem Büroartikelhändler Riesig & Sohn eine Lieferung Kopierpapier bestellt. Das Paket wurde laut Rechnung und Lieferschein am 25.04.20.. geliefert. Die Rechnung muss innerhalb von 30 Tagen bezahlt werden. Auf der Rechnung steht außerdem der Vermerk: „Die Ware bleibt bis zur vollständigen Bezahlung unser Eigentum."

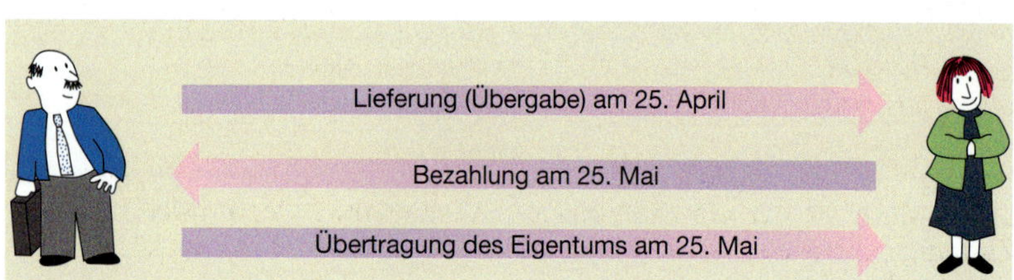

1.2 Eigentumsvorbehalt

In den allgemeinen Geschäftsbedingungen (auch auf der Rechnung) steht der Satz:
„Die Ware bleibt bis zur vollständigen Bezahlung unser Eigentum."
Mit anderen Worten nennt man dies den Eigentumsvorbehalt des Verkäufers. Das bedeutet aber auch, dass der Verkäufer die Ware zurückholen kann, wenn der Käufer nicht bezahlt.

1.3 Erfüllungs- und Zahlungsort

Neben der Frage „zu welchem Zeitpunkt" (wann?) muss auch geklärt werden „an welchem Ort" (wo?) ein Kaufvertrag erfüllt werden muss.
Wir bezeichnen diesen Ort als **Erfüllungsort**.

Der Erfüllungsort legt fest, wo die beiden Schuldner aus einem Kaufvertrag (Warenschuldner, Geldschuldner) ihre Leistung erbringen müssen.
Grundsätzlich können beide Parteien den Erfüllungsort frei vereinbaren. Wurde im Kaufvertrag nichts anderes vereinbart, so gilt die gesetzliche Regelung.
Der Erfüllungsort für Warenlieferungen ist in der Regel der Geschäftssitz des Verkäufers.

A

Herr Knapp kauft ein Auto und vereinbart mit dem Autohaus eine Ratenzahlung.

1. Wer ist Besitzer, wer Eigentümer?
2. Wie lange dauert dieser „Zustand"?
3. Lies den § 269 BGB.

(Warenschuldner)
Verkäufer/Lieferer

(Geldschuldner)
Käufer/Kunde

§ 269 Leistungsort
(1) Ist der Ort für die Leistung weder bestimmt noch aus den Umständen, insbesondere aus der Natur des Schuldverhältnisses, zu entnehmen, so hat die Leistung an dem Orte zu erfolgen, an welchem der Schuldner zur Zeit der Entstehung des Schuldverhältnisses seinen Wohnsitz hatte.

§ 270 Zahlungsort
(1) Geld hat der Schuldner im Zweifel auf seine Gefahr und seine Kosten dem Gläubiger an dessen Wohnsitz zu übermitteln.

Vertraglich kann folgendes vereinbart werden, z. B. „Der Erfüllungsort für die Zahlung ist der Geschäftssitz des Verkäufers". Der Käufer hat seine Zahlungspflicht erst dann erfüllt, wenn der Verkäufer das Geld in Erfurt erhalten hat.

1. Herr Beck kauft im Fachgeschäft „Vision“ einen Farbfernseher zum Preis von 879 €. Der Verkäufer ist mit einer Anzahlung von 400 € einverstanden, der Rest soll nach vier Wochen gezahlt werden. Herr Beck nimmt den Fernseher mit nach Hause.
   a) Was konnte bezüglich des Eigentumsvorbehaltes zwischen Verkäufer und Käufer vereinbart worden sein?
   b) Welche Pflichten haben Verkäufer und Käufer bisher erfüllt?
   c) Wodurch wird der Kaufvertrag erst vollständig erfüllt?
2. Erkläre:
   a) Warenschulden sind Holschulden.
   b) Geldschulden sind Bringschulden.
3. Käufer und Verkäufer verpflichten sich zur Leistung und Gegenleistung. Worin bestehen sie beim Erfüllungsgeschäft?
4. Frau Beyer kauft im Bit-Shop einen Computer. Sie vereinbart mit dem Verkäufer, dass er den Computer liefert, aufstellt und die Software installiert. Der Mitarbeiter stolpert auf der Treppe vor der Wohnungstür und lässt den Karton mit dem Bildschirm fallen. Das Gerät ist jetzt kaputt. Wer haftet für den Schaden, wenn
   a) Frau Beyer bereits im Geschäft bezahlt hat?
   b) Frau Beyer erst bei Lieferung bezahlen wollte?
5. Der Computershop Byte in Sonneberg kauft Einzelteile (Gehäuse, DVD-Brenner, Motherboards usw.) bei einem Großhändler in Braunschweig.

   a) Wo ist der gesetzliche Erfüllungsort für die Warenlieferung, und wo ist er für die Zahlung?
   b) Welcher vertragliche Erfüllungsort könnte bestimmt werden?
6. Bei der Bezahlung einer Rechnung über 12.500 €, ausgestellt am 10. Oktober, dürfen innerhalb von zehn Tagen 3 % Skonto abgezogen werden. Fristgemäß überweist der Käufer am 19. Oktober 12.125 €.
   a) Erkläre den Begriff „Skonto“.
   b) Wie viel Euro wurden überwiesen, wenn am 10. November das Geld eingeht.
   c) Kann er den Skonto wieder zurückverlangen?

7. Schreibe nachfolgenden Text ab und ergänze die Lücken:
   Käufer und Verkäufer schließen einen … . Der Verkäufer … die Ware an den Ort des Käufers. Er benutzt eigene Lkws oder beauftragt eine … . Angenommen, der Käufer hat seinen Unternehmenssitz in Saalfeld, und der Verkäufer produziert in Suhl. Den Ort, an dem die Leistung erbracht werden muss, nennt man … . Wenn nichts anderes vereinbart wurde, ist für die Zahlung die Stadt … , für die Warenlieferung die Stadt … . Während der Verkäufer als Warenschuldner bezeichnet wird, nennt man den Käufer entsprechend den … . Er muss fristgerecht … , der Verkäufer hat die Ware … zu liefern.

2 Pflichtverletzungen bei Kaufverträgen

Abschluss und Erfüllung von Kaufverträgen sind an genaue Vorschriften gebunden. Werden sie eingehalten, sind die Partner in der Regel zufrieden, was häufig die Voraussetzung für weitere Vertragsabschlüsse ist. Es kommt jedoch vor, dass Verträge nicht in der vereinbarten Weise erfüllt werden. Wir sprechen dann von Pflichtverletzungen. Sie können sich beziehen auf:

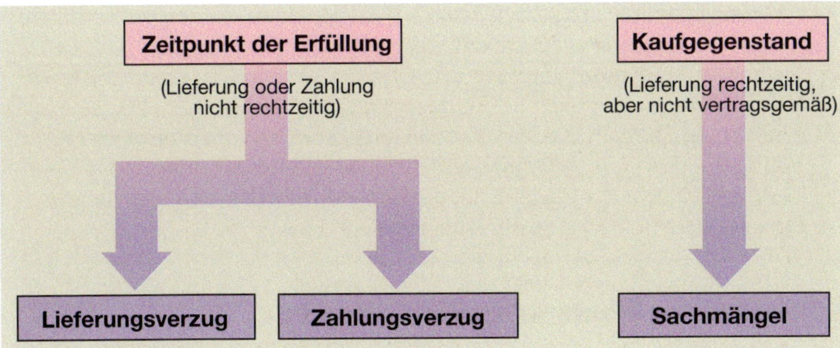

Hat der Verkäufer zum vereinbarten Zeitpunkt nicht geliefert, so sprechen wir von **Lieferungsverzug.**

Hat ein Schuldner seine Schuld zum vereinbarten Termin nicht bezahlt, so sprechen wir von **Zahlungsverzug.**

2.1 Sachmängel

Zu den häufigsten Fehlern gehört der **Sachmangel**. Hier liegt der Fehler in der gelieferten Sache selbst.

Wer eine Ware geliefert bekommt, sollte unverzüglich prüfen:
- Wurde die gleiche Sache geliefert, die bestellt wurde?
- Wurde die bestellte Menge geliefert?
- Ist die gelieferte Ware fehlerfrei?
- Wurde die Montage sachgerecht durchgeführt (wichtig z. B. bei Möbeln und bei Installationen) oder (bei „do it yourself") ist die Montageanleitung eindeutig und fehlerfrei?

Überblick über die Sachmängel

Andere Sache geliefert als bestellt:	Zu geringe Menge geliefert:	Erwartete Beschaffenheit nicht vorhanden:	Sache nicht ordnungsgemäß montiert oder die Montageanleitung fehlt:
Rotwein statt Weißwein; Größe M statt Größe S; roter statt blauer Pullover	Statt 50 Flaschen Wein nur 30 Flaschen geliefert	Bei einem 3-Stufen-Mixer funktioniert die 3. Stufe nicht. Gebrauchter Pkw lässt sich nicht starten. Haltbarkeitsdatum bei Lebensmitteln ist abgelaufen.	Bei einer neuen Computeranlage ist der Drucker falsch installiert. Bei einem Modellflugzeug ist die Montageanleitung fehlerhaft.

Der Mangel muss genau bezeichnet werden. Allgemeine Angaben, wie „die Ware ist schlecht" genügen nicht. Es stärkt in jedem Fall die Rechtsposition des Kunden, wenn er den Mangel möglichst sofort anzeigt, ihn genau bezeichnet und ihn schriftlich darlegt.

§ 434 Sachmangel (gekürzt)
(1) Die Sache ist frei von Sachmängeln, wenn sie bei Gefahrübergang die vereinbarte Beschaffenheit hat. […]

(2) Ein Sachmangel ist auch dann gegeben, wenn die vereinbarte Montage durch den Verkäufer oder dessen Erfüllungsgehilfen unsachgemäß durchgeführt worden ist. Ein Sachmangel liegt bei einer zur Montage bestimmten Sache ferner vor, wenn die Montageanleitung mangelhaft ist, es sei denn, die Sache ist fehlerfrei montiert worden.

(3) Einem Sachmangel steht es gleich, wenn der Verkäufer eine andere Sache oder eine zu geringe Menge liefert.

A

Lies den § 434 BGB und beantworte folgende Fragen:
1. Warum bezeichnet der Gesetzgeber nicht nur Mängel, die bereits in der gekauften Sache liegen, als Sachmängel, sondern auch Mängel, die sich durch die Montage ergeben? (Hinweis: Gehe bei deinen Überlegungen von der Frage aus: Was erwartet der Kunde?)
2. Suche zu jeder der vier Gruppen von Sachmängeln noch je zwei weitere Beispiele.

Die Mitteilung einer Beanstandung bezeichnen wir als Mängelrüge.

Bei gebrauchten Sachen, z.B. beim Kauf eines Gebrauchtwagens, muss die Gewährleistungsfrist des Händlers seit dem 01.01.2002 mindestens ein Jahr betragen. Eine Vertragsklausel „gekauft wie gesehen“ ist nicht mehr zulässig. Allerdings gilt dies bei Verkäufen von privat an privat nicht.

Gewährleistungsfrist
Die Gewährleistungsfrist ist jener Zeitraum, in dem der Hersteller oder Händler für einen Mangel einzustehen hat. Sie beträgt zwei Jahre ab Übergabe der Sache an den Kunden.

Je länger die Auslieferung an den Kunden zurückliegt, desto schwerer ist der Nachweis, ob der Mangel bereits bei der Übergabe bestanden hat oder erst später durch einen Fehler des Kunden verursacht wurde. Im Gesetz ist dies durch die so genannte „Beweislast“ geregelt, d.h., wer muss wann seinem Vertragspartner etwas beweisen? Beachte dazu die folgende Skizze:

sechs Monate	18 Monate
Verkäufer / Hersteller muss beweisen, dass die Sache bei Ablieferung in Ordnung war.	Käufer / Besteller muss beweisen, dass die Ware bei Lieferung bereits mangelhaft war. Schwächere Rechtsposition des Käufers / Bestellers, je später er den Mangel anzeigt

2.2 Rechte des Käufers bei Sachmängeln

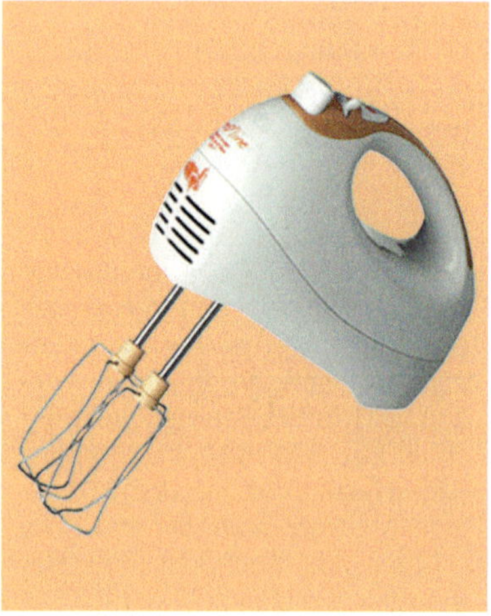

Die Rechte im Überblick	
Recht auf Nacherfüllung	Rücktritt vom Vertrag
Minderung des Kaufpreises	Schadensersatz

Die Rechte im Einzelnen

Recht auf Nacherfüllung
Dies kann zweierlei bedeuten:
- Lieferung einer mangelfreien Sache (Neu- oder Ersatzlieferung)
  Beispiel: Der defekte 3-Stufen-Mixer wird durch ein mangelfreies Gerät derselben Art und Ausführung ersetzt. Das defekte Gerät muss der Käufer zurückgeben.
  (Beachte: Neu- oder Ersatzlieferung ist nur möglich bei Gegenständen, die serienmäßig hergestellt werden.)
- Beseitigung des Mangels (Nachbesserung)
  Beispiele: Der defekte Anlasser beim Auto wird durch einen einwandfreien ersetzt. Der Drucker wird richtig an die Computeranlage angeschlossen.

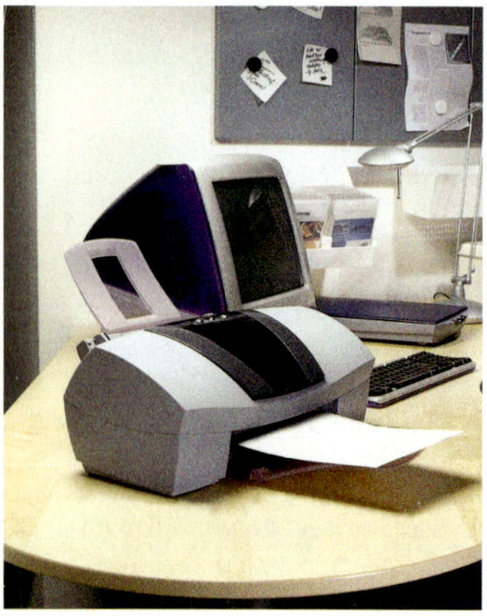

Rücktritt vom Vertrag

Minderung des Kaufpreises
Beide Rechte – Vertragsrücktritt und Kaufpreisminderung – kann der Käufer bzw. Besteller ausüben, wenn die Nacherfüllung zweimal fehlgeschlagen ist, denn auch bei den Rechten aus Sachmängeln gilt der Grundsatz der Vertragstreue: Was haben die Vertragspartner gewollt?

Nacherfüllung hat deshalb Vorrang vor Rücktritt vom Vertrag oder vor Minderung des Kaufpreises.

Schadensersatz
Ist dem Käufer bzw. Besteller durch einen Sachmangel zusätzlich ein Schaden entstanden, hat er das Recht auf Schadensersatz.
Beispiel: Schaden wegen Produktionsausfall aufgrund einer defekt gelieferten Maschine.

1. Du hast vier Gesichtspunkte kennen gelernt, nach denen ein Kaufmann und ein Verbraucher eine gelieferte Ware prüfen sollten.
   Um welche handelt es sich?
2. Zähle die Arten fehlerhafter Lieferung auf und gib für jede Art ein Beispiel an.
3. Was versteht man unter „Mängelrüge“?
4. a) Erkläre den Begriff Gewährleistungs- oder Garantiefrist.
   b) Inwiefern unterscheidet sich im Rahmen der Gewährleistungsfrist die Rechtsposition des Käufers?
5. Wie lange und warum sollte man Garantiescheine aufheben?
6. In manchen Geschäften erklären die Verkäufer: „Unsere Rechnung gilt als Garantieschein.“ Warum ist dies möglich?
7. Lies den nebenstehenden Garantieschein genau.
   a) Welche Abweichungen von der gesetzlichen Garantiefrist stellst du hierbei fest?
   b) Wofür wird Garantie geleistet?
   c) Was wird von der Garantieleistung ausgeschlossen?
8. Welche Rechte stehen dem Käufer bei einer mangelhaft ausgeführten Lieferung zu?
9. Um welchen Mangel handelt es sich in den folgenden Fällen?
   a) Bei einer „garantiert wasserdichten“ Uhr ist nach einem Regenguss das Uhrglas auf der Innenseite beschlagen.
   b) Ein Kleiderstoff weist Webfehler auf.
   c) In einem Buch sind einige Seiten unbedruckt, einige weitere vertauscht.
   d) Der Abwasserschlauch einer vom Verkäufer installierten Waschmaschine hat einen Riss.
   e) Ein neuer Wohnzimmerschrank ist auf der Vorderseite zerkratzt.
   f) Statt zehn Paketen à 500 Blatt Kopierpapier DIN-A4 zu 80 g/m² wird entsprechendes Papier zu 70 g/m² geliefert.
10. Beurteile folgenden Fall: Herr Backhaus stellt fest, dass sein neu gekaufter Anzug Webfehler aufweist. Er geht daraufhin in das Bekleidungshaus, legt den Anzug vor und erklärt, dass er vom Vertrag zurücktreten möchte, weil er sein Vertrauen in das Geschäft als zerstört betrachtet. Der Verkäufer ist damit nicht einverstanden und bietet ihm einen gleichen, aber einwandfreien Anzug an.
11. An dem neu gekauften Auto von Herrn Schneider funktioniert nach vier Wochen der Anlasser nicht mehr. Herr Schneider reklamiert. Der Händler schleppt das Fahrzeug in die Werkstatt und ersetzt den defekten Anlasser durch einen neuen. Für das ausgewechselte Teil berechnet er nichts, das Abschleppen und die Arbeitszeit für das Einsetzen stellt er jedoch in Rechung.
    Prüfe diesen Fall mit Hilfe von §§ 437 und §§ 439 BGB.
12. Du wolltest deiner Mutter zu Weihnachten einen neuen Mixer mit 3-Stufen-Regelung schenken. Beim Ausprobieren des Gerätes musstest du feststellen, dass der schnelle Rührgang nicht funktionierte.
    Spielt die Reklamation im Geschäft durch: Du bist der Kunde und ein Mitschüler ist der Verkäufer, der dir erklärt, dass er dieses Gerät nicht mehr auf Lager habe und dir daher einen Gutschein über den Kaufpreis anbietet.
    Wie argumentierst du? Denke dabei an das, was du über „mangelhafte Lieferung“ gelernt hast.
13. Die Bäckerei Rührmüller erhält von der Großhandlung Max Weiß zehn Zentner Mehl geliefert. Bei unverzüglicher Prüfung der Ware stellt sich heraus, dass in dem Mehl Würmer sind.
    a) Was muss Herr Rührmüller tun?
    b) Welche Rechte kann er laut Gesetz geltend machen?
    c) Von welchem der nach dem Gesetz möglichen Rechte wird er wohl Gebrauch machen?

Quarz-Wecker
Quartz alarm clock
Réveil à quartz
Despertador de cuarzo
Sveglia a quarzo

Garantie

36 Monate Gewährleistung nach den gesetzlichen Bestimmungen für die einwandfreie Funktion der heute gekauften Jungwirth-Uhr garantiert das nachstehende Uhren-Fachgeschäft. Diese Garantiekarte ist vorzulegen. Batterie, Glasbruch oder Schäden, die durch unsachgemäße Behandlung entstehen, sind von der Garantieleistung ausgeschlossen.

§ 437
Rechte des Käufers bei Mängeln
Ist die Sache mangelhaft, kann der Käufer, wenn die Voraussetzungen der folgenden Vorschriften vorliegen und soweit nicht ein anderes bestimmt ist,
1. nach § 439 Nacherfüllung verlangen,
2. nach den §§ 440, 323 und 326 Abs. 5 von dem Vertrag zurücktreten oder nach § 441 den Kaufpreis mindern und
3. nach den §§ 440, 280, 281, 283 und 311a Schadensersatz oder nach § 284 Ersatz vergeblicher Aufwendungen verlangen.

§ 439
Nacherfüllung
1) Der Käufer kann als Nacherfüllung nach seiner Wahl die Beseitigung des Mangels oder die Lieferung einer mangelfreien Sache verlangen.
(2) Der Verkäufer hat die zum Zwecke der Nacherfüllung erforderlichen Aufwendungen, insbesondere Transport-, Wege-, Arbeits- und Materialkosten zu tragen.
[...]

3 Das Mahnverfahren

Beispiel: Der Malermeister Streicher hat in der Wohnung des Max Säumig Maler- und Tapeziererarbeiten durchgeführt. Die am 20. Mai zugestellte Rechnung lautet einschließlich 19% Umsatzsteuer über 2.850,00 €. Herr Streicher hat diesen Betrag nach Material und Arbeitsleistung exakt aufgeschlüsselt. Der Betrag war sofort zur Zahlung fällig. Säumig lässt jedoch nichts von sich hören. Auch eine vier Wochen nach Rechnungsdatum zugestellte Zahlungserinnerung bleibt unbeantwortet. Streicher ist wütend, aber was soll er tun?

Persönliche Mahnschreiben, oft auch als „Zahlungserinnerung" bezeichnet, haben keine rechtliche Bedeutung. Gleiches würde für das Mahnschreiben einer Inkassostelle oder eines Rechtsanwalts gelten.

Verjährung bedeutet, dass eine Forderung keinen rechtlichen Schutz mehr genießt. Der Schuldner ist nicht mehr zur Zahlung verpflichtet; der Gläubiger kann sie jedoch nicht mehr rechtswirksam geltend machen.

Forderungen von Kaufleuten und Handwerkern gegenüber Privatleuten und untereinander sowie Forderungen aus Vermietung und Verpachtung **verjähren** in drei Jahren. Die Frist beginnt nach dem Ende des Jahres, in dem die Forderung entstanden ist. In unserem Beispiel also mit dem 01. Januar des folgenden Jahres.

Säumige Schuldner, die selbst auf eine Zahlungserinnerung hin nicht reagieren, sind entweder nicht zahlungswillig oder nicht zahlungsfähig. Andererseits ist jeder, der eine Leistung erbracht hat, auf den pünktlichen Eingang seines Geldes angewiesen. In diesen Fällen kann der Gläubiger die Hilfe des Gerichts in Anspruch nehmen, um
- zu seinem Geld zu kommen, falls der Schuldner Vermögenswerte oder ein laufendes Einkommen besitzt; oder
- sich vor einer möglichen **Verjährung** seiner Forderung zu schützen.

Formblätter für einen Mahnbescheid sind in jedem Schreibwarengeschäft erhältlich. Der aus fünf Teilen bestehende Formularsatz ist vom **Antragsteller** – das ist in der Regel der Gläubiger – bei dem für ihn zuständigen Amtsgericht einzureichen. Das Amtsgericht stellt dem **Antragsgegner** – das ist in der Regel der Schuldner – den Mahnbescheid zu. Er kann die Angelegenheit auch einem Rechtsanwalt übergeben. Dies kostet jedoch zusätzliche Gebühren, die der Antragsteller zunächst auslegen muss.

Verlauf eines gerichtlichen Mahnverfahrens
Der Mahnbescheid verleiht Antragsteller und Antragsgegner bestimmte Rechte für weitere Maßnahmen:

Als erste Maßnahme kann der Gläubiger bei Gericht einen Mahnbescheid beantragen. Ein Mahnbescheid ist eine gerichtliche Mahnung, mit der der Schuldner aufgefordert wird, seine Schulden zu bezahlen.

Der **Antragsteller** kann
- vor Gericht klagen. Das Gericht stellt fest, ob und in welcher Höhe die Forderung zu Recht besteht, falls der Antragsgegner dies bestreitet.
- den Erlass eines Vollstreckungsbescheides beantragen.
- Der Mahnbescheid unterbricht die Verjährung. Der Gläubiger gewinnt dadurch Zeit, um seine Forderung geltend zu machen, falls der Schuldner zu einem späteren Zeitpunkt zahlungsfähig werden sollte.

Der Sinn der dreijährigen Verjährungsfrist liegt darin, dass Rechtsgeschäfte möglichst bald abgewickelt werden sollen. Der Gesetzgeber gewährt dem Gläubiger nur einen auf drei Jahre begrenzten Rechtsschutz, seine Ansprüche geltend zu machen. Andererseits soll es einem Privatmann nicht zugemutet werden, Beweismittel über viele Jahre aufzubewahren. Die Vorschrift, dass die Frist erst mit dem 1. Januar des Folgejahres beginnt, geht von der Überlegung aus, dass Geschäftsleute und Handwerker spätestens bei der am Jahresende zu machenden Inventur (siehe Seite 225 f.) ihre Außenstände entdecken müssten.

Der **Antragsgegner** kann
- durch Gerichtsurteil feststellen lassen, dass er entweder gar keine oder geringere Schulden gegenüber dem Antragsteller hat.

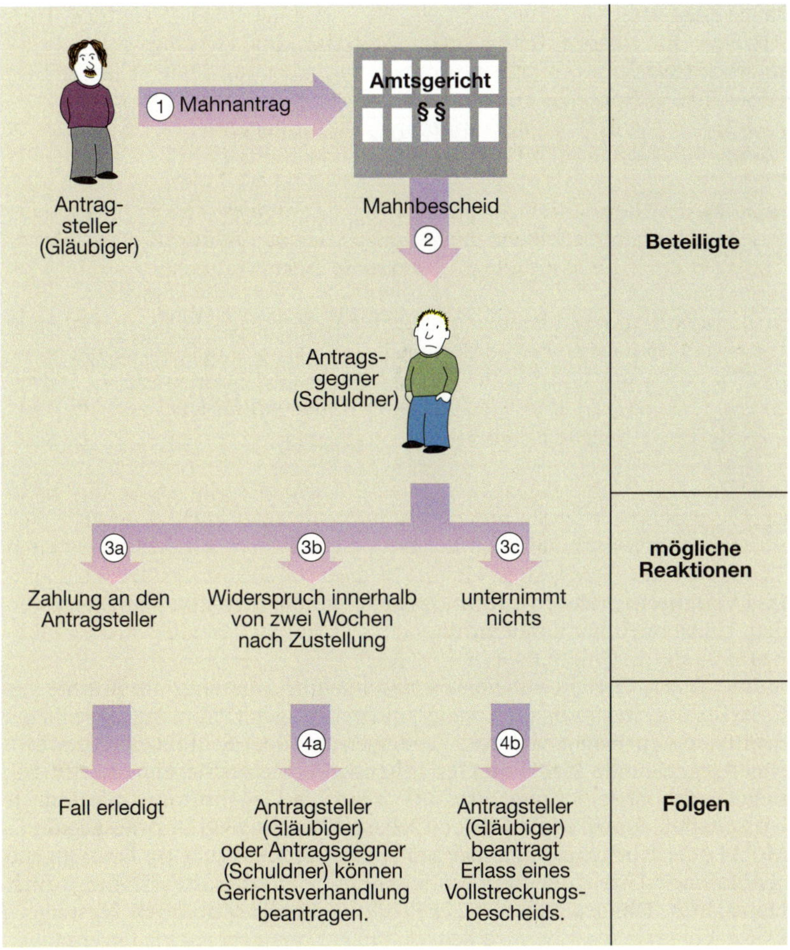

1. Sieh dir die nebenstehende Verlaufsskizze und den Mahnbescheid auf Seite 53 genau an.
   a) Was wird vom Antragsteller geltend gemacht?
   b) Welche Belehrungen erhält der Antragsgegner im Formular?
   c) Warum muss die geforderte Summe direkt an den Antragsteller (Gläubiger) und nicht an das Gericht gezahlt werden?
2. Nenne Gründe, die einen Antragsgegner veranlassen können, Widerspruch einzulegen.

Vollstreckungsverfahren
In unserem Beispiel hat Max Säumig auf den Mahnbescheid, den das Gericht auf Antrag des Malermeisters Streicher gegen ihn erlassen hat, nicht reagiert.

Im Mahnverfahren wird dem Schuldner durch den Mahnbescheid gerichtlich mitgeteilt, dass ein bestimmter Betrag gefordert wird. Das **Vollstreckungsverfahren** dient dazu, die Geldsumme mit Hilfe des Gerichts einzutreiben. Da in diesem Verfahren Vermögenswerte des Schuldners gegen dessen Willen, also durch staatlichen Zwang, weggenommen werden, spricht man von **Zwangsvollstreckung**.

Der Vollstreckungbescheid verleiht dem Gläubiger das Recht, sich aus den Vermögenswerten des Schuldners zu bedienen. Er darf dies jedoch nicht selbst tun.

Die Klage vor Gericht und der Antrag auf Erlass eines Vollstreckungsbescheides müssen innerhalb von sechs Monaten erfolgen. Die Frist beginnt ab Zustellung des Mahnbescheids. Danach hat der Mahnbescheid keine rechtliche Wirkung mehr.

In zivilrechtlichen Angelegenheiten wird das Gericht nicht von sich aus tätig.
Antragsteller und Antragsgegner müssen jede Maßnahme des Gerichts beantragen.
Die Einhaltung von Fristen und Terminen ist wichtig.

Verlauf eines Vollstreckungsverfahrens

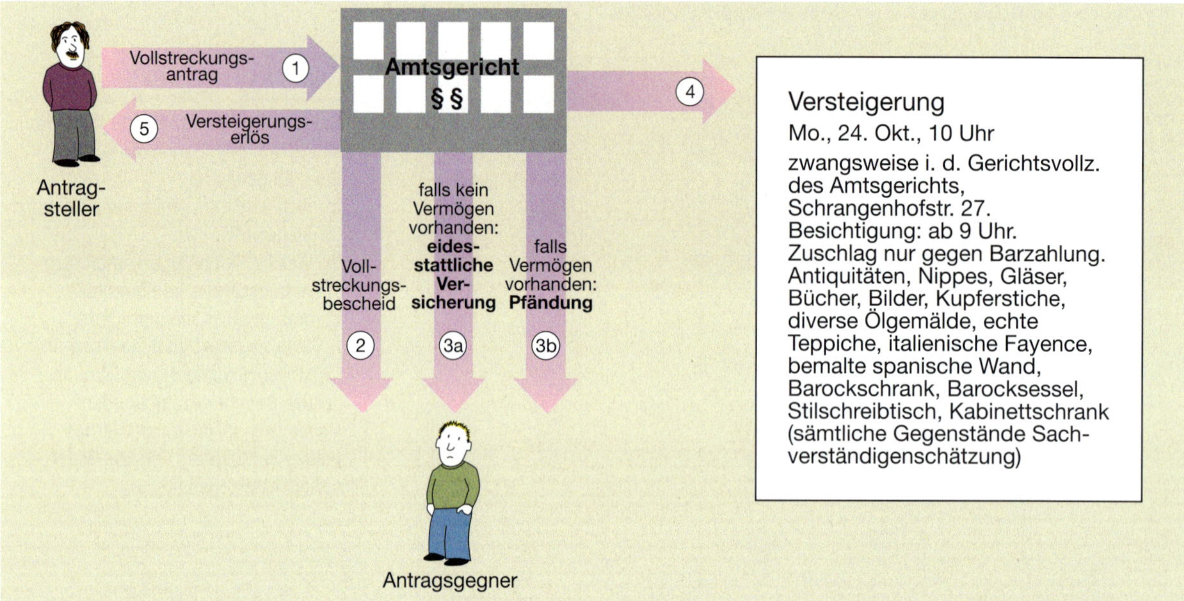

Das Verfahren, in dem die Vermögenswerte dem Schuldner entzogen werden, bezeichnen wir als **Pfändung**.

Sie wird von Gerichtsvollziehern durchgeführt. Sie sind als Beamte des Gerichts u.a. zuständig für Zwangsvollstreckungen (Pfändung beweglicher Sachen, deren Wegnahme und Versteigerung). Bei der Pfändung beweglicher Gegenstände klebt der Gerichtsvollzieher eine Siegelmarke (Pfandsiegel, umgangssprachlich „Kuckuck") auf die Gegenstände und lässt sie wegschaffen. Dabei dürfen jedoch lebensnotwendige Güter wie Kleidung, Möbel oder Küchengeräte nicht gepfändet werden. Auch ein Fernsehgerät gehört nach Urteil des Bundesfinanzhofes zur Mindestausstattung eines Haushaltes. Die gepfändeten Gegenstände werden **öffentlich versteigert**. Der dabei erzielte Erlös wird dem Gläubiger übergeben, einen eventuellen Mehrerlös erhält der Schuldner.

Häufig reicht das pfändbare Vermögen nicht aus, oder es ist überhaupt kein Vermögen vorhanden. In derartigen Fällen kann der Gläubiger die **eidesstattliche Versicherung** beantragen.

Dabei versichert der Schuldner „an Eides statt", dass er außer den vorgezeigten Vermögenswerten kein weiteres pfändbares Vermögen besitzt. Sollte später festgestellt werden, dass er die Unwahrheit gesagt hat, so ist dies gleichbedeutend mit einem falschen Eid vor Gericht (darum „an Eides statt"). Der Schuldner müsste in diesem Fall mit mindestens einem Jahr Freiheitsstrafe rechnen.

Besonders wichtig ist neben der Pfändung von vorhandenen Vermögenswerten die **Lohnpfändung**. Der pfändbare Teil des Arbeitseinkommens ist vom Arbeitgeber einzubehalten und an den Gläubiger zu überweisen. Maßgebend für die Pfändung ist das Nettoeinkommen. Nicht jedes Einkommen unterliegt jedoch der Pfändung. Das Gesetz unterscheidet:
- vollständig unpfändbare Beträge,
- teilweise pfändbare Beträge,
- vollständig pfändbare Beträge.

Der Antrag wird gerichtet an das

Amtsgericht

Plz, Ort

① 99101 Erfurt

Geschäftsnummer des Gerichts
Bei Schreiben an das Gericht stets angeben

② **Antragsgegner**/ges. Vertreter

Herrn
Max Säumig
Ledergasse 10

99001 Erfurt

Plz Ort

Raum für Kostenmarken/Freistempler (falls nicht ausreichend, unteres Viertel der Rückseite benutzen)

– Graue Felder bitte nicht beschriften! –

Mahnbescheid

← Datum des Mahnbescheids

③ **Antragsteller,** ges. Vertreter, Prozeßbevollmächtigter; Bankverbindung

Heinrich Streicher, Malermeister, Obere Burgstraße 13
99198 Erfurt

Sparkasse Erfurt, Konto-Nr. 458197, BLZ 82054222

④ **macht gegen Sie** Max Säumig ☐ als Gesamtschuldner

⑤ **folgenden Anspruch geltend** (genaue Bezeichnung, insbes. mit Zeitangabe): Geschäftszeichen des Antragstellers: ....

Maler- und Tapeziererarbeiten lt. Rechnung Nr. 1247
vom 20. Mai 20..
Rechnungsbetrag einschl. Umsatzsteuer 1.740,00 Euro

⑥ Hauptforderung	Euro 1.740,00	Zinsen, Bezeichnung der Nebenforderung: Zinsen 9,75% vom 20.06.–15.07. = 25 Tage; 11,62 Euro
⑦ Nebenforderung	Euro 10,00	Bearbeitungsgebühr 10,00 Euro
⑧ Kosten dieses Verfahrens (Summe 1 bis 5)	Euro 36,25	1 Gerichtskosten Euro · 2 Auslagen d. Antragst. Euro · 3 Gebühr d. Prozeßbev. Euro · 4 Auslagen d. Prozeßbev. Euro · 5 MwSt. d. Prozeßbev. Euro
⑨ Gesamtbetrag	Euro 1.786,25	zuzüglich der laufenden Zinsen · Der Antragsteller hat erklärt, daß der Anspruch von einer Gegenleistung ☐ nicht abhänge. ☐ abhänge, diese aber erbracht sei.

Das Gericht hat nicht geprüft, ob dem Antragsteller der Anspruch zusteht.
Es fordert Sie hiermit auf, innerhalb von zwei Wochen seit der Zustellung dieses Bescheids entweder die vorstehend bezeichneten Beträge, soweit Sie den geltend gemachten Anspruch als begründet ansehen, zu begleichen oder dem Gericht auf dem beigefügten Vordruck mitzuteilen, ob und in welchem Umfang Sie dem Anspruch widersprechen.

Wenn Sie die geforderten Beträge nicht begleichen und wenn Sie auch nicht Widerspruch erheben, kann der Antragsteller nach Ablauf der Frist einen **Vollstreckungsbescheid** erwirken und aus diesem die Zwangsvollstreckung betreiben.
Der Antragsteller hat angegeben, ein streitiges Verfahren sei durchzuführen vor dem

⑩ Amtsgericht Erfurt

An dieses Gericht, dem eine Prüfung seiner Zuständigkeit vorbehalten bleibt, wird die Sache im Falle Ihres Widerspruchs abgegeben.

Braun
Rechtspfleger

Antrag

Ort, Datum: Erfurt, 15.07.20..

Anschrift des Antragstellers/Vertreters/Prozeßbevollmächtigten

⑪
Heinrich Streicher
Malermeister
Obere Burgstraße 13

99198 Erfurt

Plz Ort

Eingangsstempel des Gerichts

Ich beantrage, aufgrund der vorstehenden Angaben einen Mahnbescheid zu erlassen.

⑫ ☒ Im Falle des Widerspruchs beantrage ich die Durchführung des streitigen Verfahrens.

⑬ ☐ Ordnungsgemäße Bevollmächtigung versichere ich. ☐ Antragsteller ist nicht zum Vorsteuerabzug berechtigt.

⑭ Hier die Zahl der ausgefüllten Vordrucke angeben, falls sich der Antrag gegen mehrere Antragsgegner richtet.

Blatt 1: Antrag und Urschrift

H. Streicher
Unterschrift des Antragstellers/Vertreters/Prozeßbevollmächtigten

1. Gib mindestens zwei Gründe an, weshalb es für einen Kaufmann wichtig ist, seine Forderungen ständig zu kontrollieren.
2. Überprüfe folgende Behauptung:
„Eine Forderung ist verjährt, bedeutet, dass die Forderung nicht mehr besteht."
3. Welche Frist für die Verjährung von Forderungen kennst du?
4. Begründe ihren Sinn.
5. Wann verjährt eine Mietforderung, die in den Monaten Juni bis September 2007 entstanden ist?
6. Aus welchen Gründen ist eine Verjährungsfrist im Gesetz überhaupt vorgesehen?
7. Aus welchen Gründen beginnt für viele Forderungen die Verjährung erst mit Beginn des folgenden Jahres und nicht mit dem Tag der Entstehung des Anspruchs?
(Lösungshinweis: Denke z. B. an den Jahresabschluss im Rechnungswesen!)

8. Der Küchengerätehersteller Zehntner lieferte an das Haushaltsgeschäft Schwalbe am 14. März 2007 Kochgeschirr im Wert von 400 € zuzüglich 19% USt.
Wann ist diese Forderung verjährt?
Begründe deine Aussage mit Hilfe des BGB. (Lies die §§ 194 ff. und zitiere den betreffenden Paragrafen.)
9. Welcher Unterschied besteht zwischen Mahnbescheid und Vollstreckungsbescheid?
10. Wie kann ein Antragsgegner auf einen gegen ihn erlassenen Mahnbescheid reagieren?
Erkläre auch die jeweiligen Rechtsfolgen.
11. Welche Fristen sind beim gerichtlichen Mahnverfahren einzuhalten?
12. Kaufmann Schulz entdeckt am 15.12., dass seine Forderung an den Privatmann Fritz Klein am 31.12. verjährt.
Was kann er noch bis zum Ende der Verjährungsfrist unternehmen, um seine Rechte zu wahren?
13. Suche in einer Tageszeitung Ankündigungen von Versteigerungen.
14. Erkläre das Sprichwort: „Wo nichts ist, hat auch der Kaiser sein Recht verloren."
15. Wer einen Mahnbescheid erlassen möchte, muss zunächst die Gerichtsgebühren bei Gericht vorstrecken. Er kann sie allerdings dem Schuldner in Rechnung stellen. Diese Gebühren richten sich nach dem Wert der Hauptforderung, also ohne Zinsen und Kosten.
Warum verlangt das Gericht die Vorauszahlung der Kosten vom Antragsteller?
16. Erkläre den im Mahnbescheid stehenden Satz:
„Das Gericht hat nicht geprüft, ob dem Antragsteller der Anspruch zusteht."
17. Gib ein Urteil zu dem Werbespruch: „Erst kaufen, dann zahlen."
18. Begründe das Urteil des Bundesgerichtshofes, wonach ein Fernsehgerät zur Mindestausstattung eines Haushaltes gehört und daher nicht gepfändet werden darf.
19. Wer erhält den Erlös der in öffentlicher Versteigerung gepfändeten Gegenstände?
20. a) Erkläre den Begriff der „eidesstattlichen Versicherung".
    b) Wie wird eine falsche Aussage bei der eidestattlichen Versicherung strafrechtlich geahndet?
21. a) Was geschieht bei einer Lohnpfändung?
    b) Welches Einkommen ist bei der Lohnpfändung maßgebend?
    c) Welche Ursachen können deiner Meinung nach dazu führen, dass Teile des Arbeitseinkommens gepfändet werden?
    d) Begründe die Aussage: Lohnpfändungen sind ein Schritt in den sozialen Abstieg.

V Grundzüge des wirtschaftlichen Handelns

1 Beweggründe und Ziele wirtschaftlichen Handelns

Schau dir die nebenstehenden Bilder genau an und überlege, welche Wünsche wohl die dargestellten Menschen haben werden.

1.1 Bedürfnisse

Notwendigkeiten des täglichen Lebens, wie z. B. Essen und Trinken, aber auch persönliche Wünsche nach bestimmten Gütern, führen zum Empfinden eines Mangels. Dieses Mangelempfinden mit dem Bestreben, es zu beheben, bezeichnet man als **Bedürfnis**.

Zur Befriedigung seiner Bedürfnisse braucht der Mensch **Mittel**. In der Regel sind diese im Gegensatz zu seinen Wünschen nur in begrenztem Maße vorhanden. Um dieses Spannungsverhältnis auszugleichen, muss der Mensch tätig werden.

Um ihre Bedürfnisse nach Nahrung, Kleidung und Wärme zu befriedigen, sammelten unsere Vorfahren Früchte, jagten Tiere und lernten, das Feuer zu gebrauchen. Zur Erleichterung ihrer Arbeit entwickelten sie Geräte aus Holz, Stein und später auch aus Metall.

Auch heute muss der Mensch seine geistigen und körperlichen Kräfte einsetzen, um sich seine zahlreichen Wünsche zu erfüllen, er muss arbeiten oder: Er muss **wirtschaften**. Wirtschaften besteht aus einer Summe von Tätigkeiten. Sie zielen darauf ab,

- das Spannungsverhältnis zwischen der Fülle der materiellen Bedürfnisse und der Begrenztheit der Mittel zu überwinden,
- sich die Arbeit zu erleichtern,
- die Güterversorgung zu verbessern.

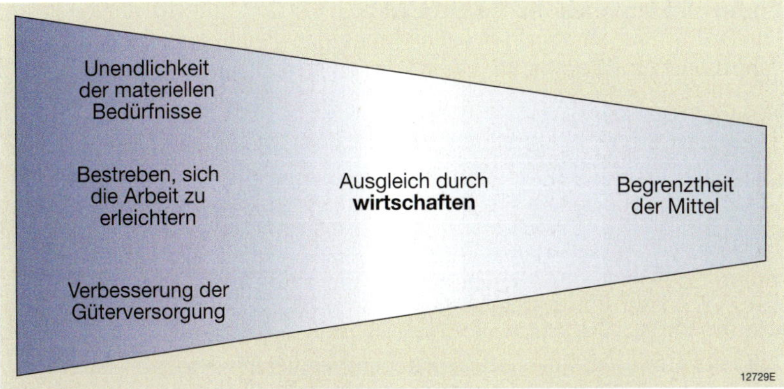

Pflügen früher

Pflügender Bauer heute

1. Vergleiche die beiden Bilder unter dem Gesichtspunkt der Arbeitserleichterung und Güterversorgung.
2. Nenne Beispiele, wie im Laufe der Zeit aus einem Luxusbedürfnis ein Kulturbedürfnis wurde.

Arten der Bedürfnisse

Zuerst muss der Mensch seine **Existenz- oder Grundbedürfnisse** befriedigen. Dazu zählen **Nahrung, Kleidung, Wohnung**. Ohne Befriedigung dieser Bedürfnisse kann kein Mensch auf die Dauer existieren. Er empfindet sie vom ersten bis zum letzten Atemzug.

Ein Sprichwort sagt: „Der Mensch lebt nicht vom Brot allein!" Er möchte reisen, wandern, tanzen, Bücher lesen oder ins Theater gehen. Die Befriedigung dieser Bedürfnisse ist nicht unbedingt lebensnotwendig, aber lebensverbessernd. Wir bezeichnen sie deshalb als **Kulturbedürfnisse**. Besonders anspruchsvolle Bedürfnisse nennen wir **Luxusbedürfnisse**. Die Grenzen zwischen den einzelnen Bedürfnisarten sind fließend. Diese beiden Bedürfnisarten stellen auch Wahlbedürfnisse dar, weil sie im Gegensatz zu den Existenzbedürfnissen aufschiebbar bzw. austauschbar sind.

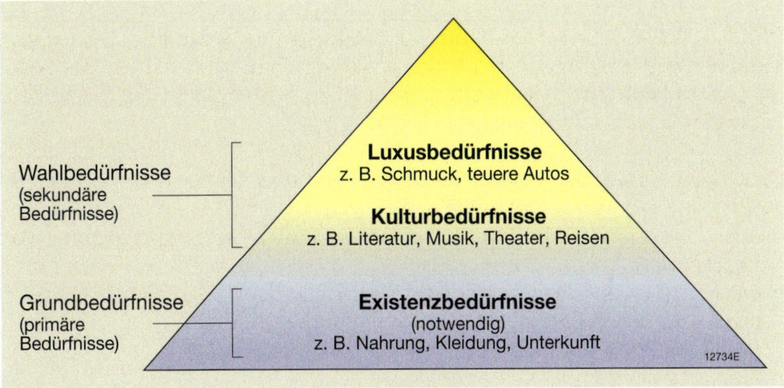

Einflussfaktoren auf die Bedürfnisse

Die Bedürfnisse sind nicht bei allen Menschen gleich, sondern hängen von verschiedenen Faktoren ab. Diese können sein:

Lebensalter	Jugendliche haben ein anderes Musikempfinden als ältere Menschen. Jugendliche möchten für ihre Freunde jederzeit erreichbar sein, ältere Menschen möchten oft nicht gestört werden.
Vorbildung	Menschen mit akademischer Ausbildung besuchen eher eine Opernaufführung
soziale Umwelt	Jugendliche machen heutzutage den Führerschein in der Regel vor Vollendung ihres 18. Lebensjahres und schaffen damit die Voraussetzung für mehr räumliche Mobilität. Vor hundert Jahren war man oft froh, ein Fahrrad zu haben. Der Wunsch nach einem eigenen Auto war zu dieser Zeit außerhalb jeder Vorstellung.
Werbung	Das vorhandene Angebot und das Verhalten anderer Menschen erweckt beim Einzelnen den Wunsch mitzuhalten oder sogar seine Bekannten zu übertreffen. Werbung schafft Wünsche.

A

1. Die Zahl alter Menschen nimmt in unserer Gesellschaft immer mehr zu. Andererseits nimmt der Anteil der jungen Menschen ab. Zeige an folgenden Beispielen auf, wie sich dadurch die Bedürfnisstruktur verschiebt: Reiseverkehr, Kleidung, Gesundheitsvorsorge, Möbelkauf.
2. Zur Jugendzeit eurer Großeltern konnte man feststellen: Menschen auf dem Land haben andere Bedürfnisse als Menschen in der Großstadt. Warum stimmt das zu Beginn des 21. Jahrhunderts nicht mehr? Denke dabei vor allem an die Möglichkeiten der räumlichen Mobilität und an die Nutzung der Medien.

Bedürfnisse und Bedarf

Wir haben gelernt, dass Bedürfnisse unbegrenzt und vielfältig sind. Sie sind aufschiebbar und austauschbar. Andererseits sind die Mittel zu ihrer Befriedigung knapp. Deshalb müssen wir aus der Fülle der Bedürfnisse gerade diejenigen auswählen, deren Befriedigung gerade jetzt wichtig erscheint. Wir setzen zu diesem Zweck die Bedürfnisse in Beziehung zu den Mitteln, die wir gerade zur Verfügung haben und ermitteln auf diese Weise den Bedarf.

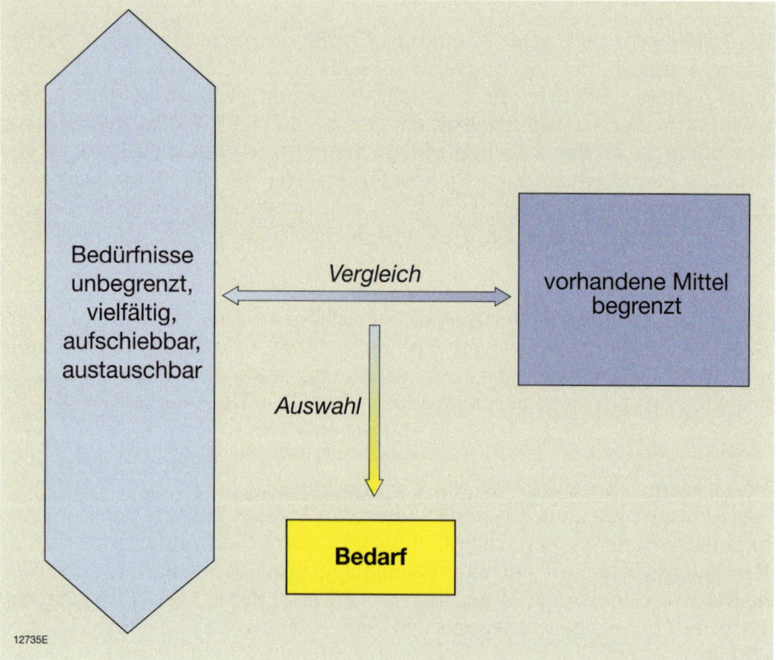

i

Unter Bedarf verstehen wir die Summe der Bedürfnisse, die wir mit unseren Mitteln (also dem vorhandenen Geld) befriedigen können.

1.2 Güter zur Deckung des Bedarfs

Zur Befriedigung seiner Bedürfnisse braucht der Mensch Güter. Einige Güter sind in der Natur einfach vorhanden, man braucht sie nur zu „nehmen“. Wir bezeichnen sie als freie Güter (z. B. das Wasser einer Bergquelle). Die meisten Güter muss der Mensch durch seine wirtschaftliche Tätigkeit erst bereitstellen. Wir bezeichnen sie als wirtschaftliche oder knappe Güter.

Michael …
unternimmt an einem warmen Sommertag eine anstrengende Bergtour. Er bekommt Durst. Er trinkt das klare Wasser einer Bergquelle.

Gabi …
verbringt einen heißen Sommertag in einem öffentlichen Schwimmbad. Auch sie bekommt Durst. Am Kiosk kauft sie eine Flasche Mineralwasser.

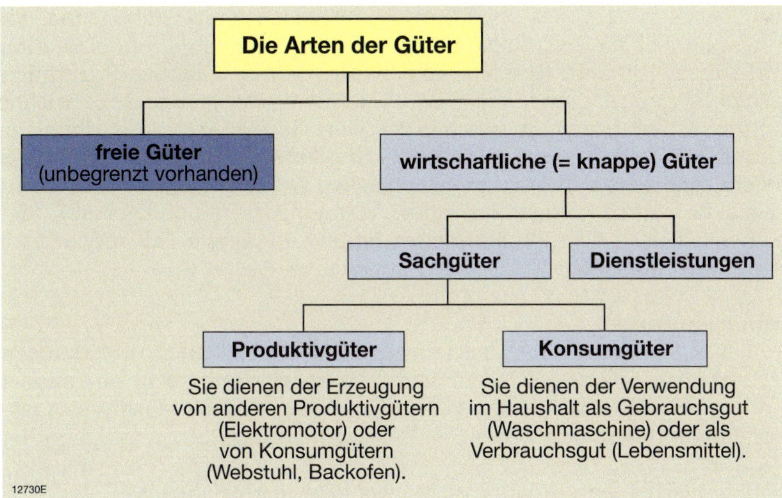

In der Umgangssprache setzen wir das Wort „Güter“ häufig mit „Waren“ gleich. Wie wir in der Skizze sehen, weicht jedoch die wirtschaftliche Bedeutung des Wortes „Güter“ von seiner Bedeutung in der Umgangssprache ab.

Wir verstehen unter Gütern im wirtschaftlichen Sinne alle Mittel, die der Bedarfsdeckung dienen. Demnach gehören außer den sachlichen Mitteln wie Brot, Schokolade, Möbel, Maschinen, auch die Dienstleistungen wie Haare schneiden, ärztliche Hilfe, Theateraufführungen usw. zu den Gütern.

Wirtschaften mit Rücksicht auf die Umwelt
Freie Güter sind immer weniger verfügbar. Wasser können wir nur noch in einigen Bergregionen ohne Gefahr für unsere Gesundheit trinken. Die Reinhaltung der Luft verschlingt immer größere Summen. Naturschönheiten wie Bergwälder, Seen, Moore sind in Gefahr. Viele Pflanzen und Tiere sind bereits ganz ausgestorben. Jeder von uns ist aufgefordert, durch vernünftiges Verhalten zum Schutz unserer Umwelt beizutragen.

Getränketüten und -dosen sind eine Verschwendung von Rohstoffen und Energie. Werden sie achtlos weggeworfen, so tragen sie zur Zerstörung unser Landschaft bei. Mehrwegflaschen sind viel besser. Je vernünftiger unser Verhalten gegenüber der Umwelt, desto größer die Anzahl freier Güter!

1.3 Das ökonomische Prinzip

Maximalprinzip
Wie verhält sich ein Wanderer, der nach einer anstrengenden Wanderung hungrig und durstig am Bahnhof eines Ortes eintrifft und feststellt, dass er nur noch 20,00 € in der Tasche hat und sich folgende Wünsche erfüllen möchte?

- mit der Bahn zu seinem 30 Kilometer entfernten Wohnort nach Hause fahren (er hat noch keine Fahrkarte)
- eine Limonade trinken, im Restaurant essen, die Speisekarte reicht von Leberkäs (kalt) bis Hirschkeule
- in der Würstchenbude eine Thüringer Bratwurst kaufen
- Ansichtskarten schreiben
- Geschenke für daheim mitbringen
- Zeitung als Lektüre für die Bahnfahrt besorgen

Die Entscheidungssituation unseres Wanderers können wir mit folgender Skizze wiedergeben:

Früher wurde ein Landwirt als Ökonom bezeichnet, der seine landwirtschaftlichen Produkte auf dem Markt in der Stadt verkaufte. Heute steht das aus dem Griechischen kommende Wort **Ökonomie** für Wirtschaft und **ökonomisch** für wirtschaftlich.

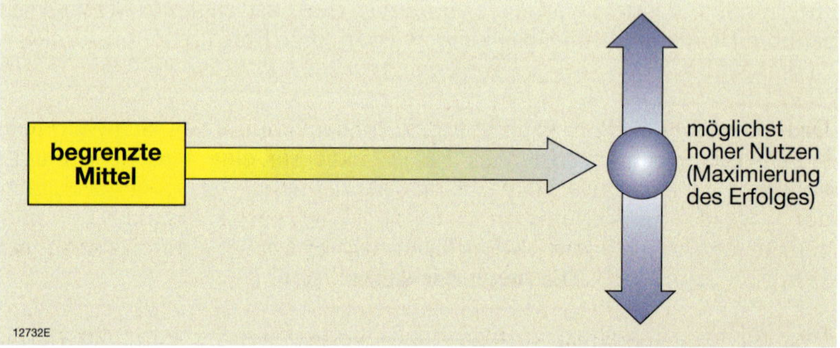

Unser Wanderer hat sich entschieden. **Er setzt seine vorhandenen Mittel so ein, dass sie für ihn den größtmöglichen Nutzen bringen.** Wir können sagen: Er handelt rational (lat. ratio = Vernunft, der Vernunft gemäß), oder er handelt nach dem ökonomischen Prinzip. In diesem Fall spricht man vom **Maximalprinzip**.

Minimalprinzip
Tobias möchte sich einen bestimmten MP3-Player kaufen. Er erkundigt sich in allen Elektrogeschäften seines Wohnortes und sucht im Internet und im Katalog eines großen Versandgeschäftes, um das günstigste Angebot zu ermitteln.

Seine Entscheidungssituation sieht etwa folgendermaßen aus:

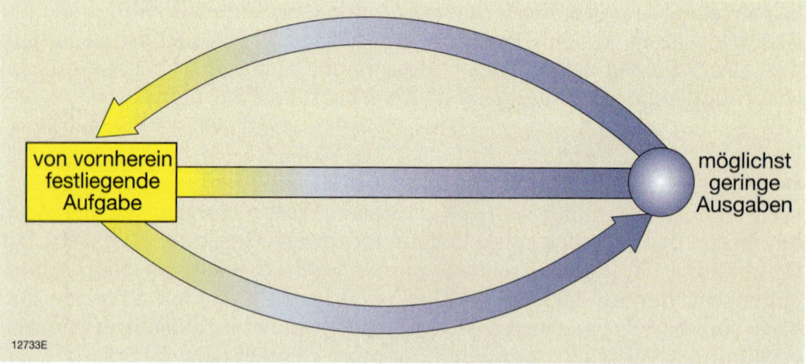

A

1. Welche Reihenfolge würdest du wählen, wenn du der Bergsteiger wärest?
2. Versuche wie Tobias, für ein ganz bestimmtes Gerät Preise zu erfahren und vergleiche.
3. Erkläre die Anwendung des ökonomischen Prinzips aus deiner persönlichen Situation: Du möchtest dir von deinem Taschengeld ein Kickboard kaufen. Wie gehst du nach dem Maximalprinzip vor und wie nach dem Minimalprinzip?

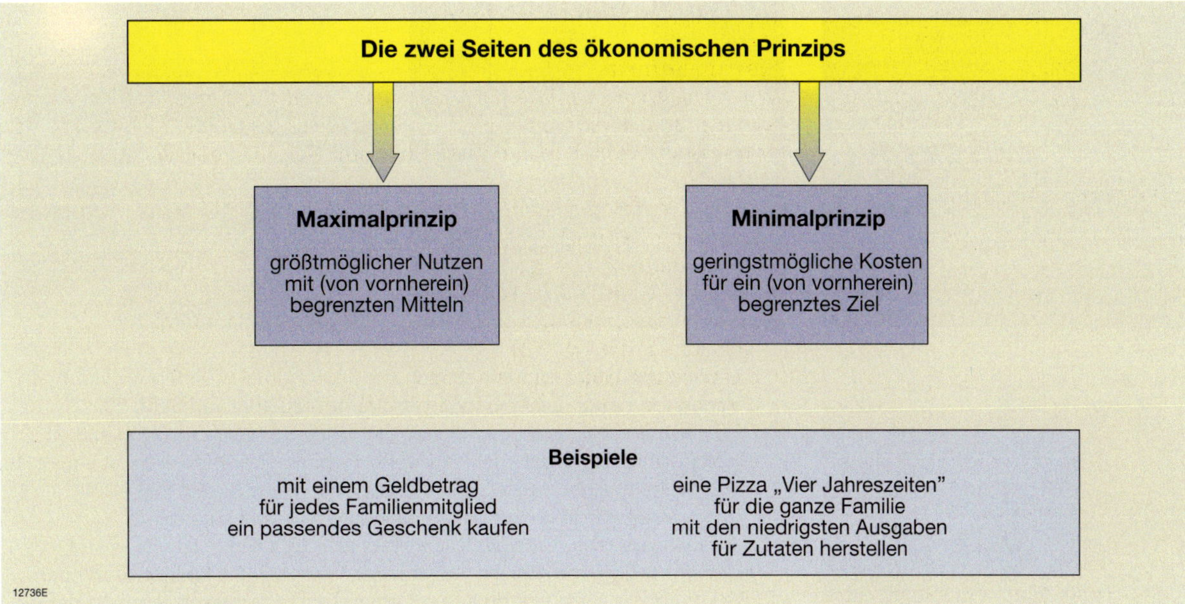

Das ökonomische Prinzip in den beiden Formen, die wir kennen gelernt haben, geht vom **Einzelnen** aus. Der Wanderer, der sich zwischen der Erfüllung verschiedener Wünsche entscheiden muss, interessiert sich nicht dafür, welche Auswirkungen das auf den Würstchenverkäufer hat. Tobias entscheidet sich für einen MP3-Player, den er am günstigsten bekommen kann. Er fragt: Was ist **für mich** wirtschaftlicher?

Was für den Einzelnen wirtschaftlich „vernünftig" ist, kann für unsere gesamte Gesellschaft, vielleicht sogar für die gesamte Erde, durchaus unvernünftig sein. Wenn sich der Einzelne ökonomisch verhält, kann das z.B. schlechte Folgen für andere Menschen, die Gesellschaft oder unsere Umwelt haben.
Zeige dies anhand des folgenden Schaubildes auf.

A

1. Versuche zunächst, den Inhalt dieses Schaubildes zu verstehen, und gib die Aussagen mit deinen eigenen Worten wieder.
2. Warum entscheiden sich die meisten Menschen für die Fahrt mit dem Motorrad oder Pkw, obwohl das ökologisch unvernünftig ist?
3. Was ökonomisch richtig ist, kann ökologisch falsch sein. Finde dafür weitere Beispiele.

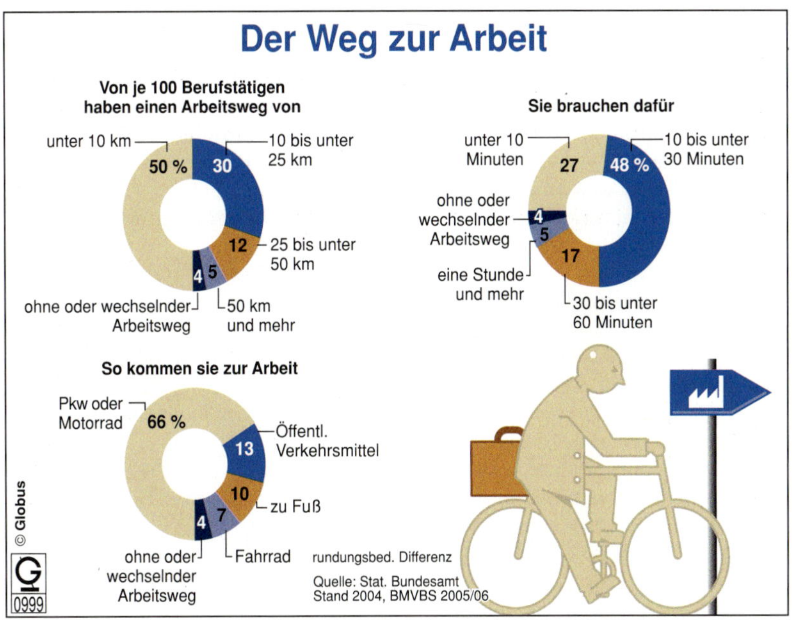

i

ökonomisch = wirtschaftlich, sparsam; vom Einzelnen aus betrachtet ökologisch: sieht die Beziehungen des Einzelnen zur Umwelt.

1. Um welche Güter handelt es sich bei den oben stehenden Abbildungen? Verwende dabei das Gliederungsschema für Güter auf Seite 59.
2. Wie können wir die menschlichen Bedürfnisse nach der Dringlichkeit gliedern?
3. Von Wilhelm Busch stammt der Satz: „Ein Wunsch, erst mal erfüllt, kriegt augenblicklich Junge.“ Was wollte er damit sagen?
4. Trinkwasser ist für uns alle ein wirtschaftliches Gut. Wie viel kostet in deiner Wohngemeinde ein Kubikmeter Wasser? (Du kannst es bei den Stadtwerken erfragen, du kannst aber auch die Wasserrechnung deiner Eltern einsehen.)
5. Wir haben kennen gelernt: Kein Leben des Menschen ist ohne wirtschaftliche Tätigkeit. Aber: Nicht alle Wünsche eines Menschen sind durch wirtschaftliche Tätigkeit zu erfüllen. Zeige anhand von Beispielen, dass auch dieser Satz richtig ist.
6. Die Reihenfolge, in der wir unsere Bedürfnisse befriedigen wollen, kann z. B. abhängen von Alter, Vorbildung, soziale Umwelt, Werbung. Ordne jeder dieser Gruppen bestimmte Bedürfnisse zu, die nach deiner Meinung typisch für sie sind. Diese Aufgabe könnt ihr auch in Gruppenarbeit lösen und eure Ergebnisse anschließend vergleichen.
7. Die Stadt Adorf hat die Uferzonen eines Baggersees mit Grünanlagen versehen und sorgt auch für den Unterhalt der Liegeflächen. Die Badegäste haben freien Eintritt. Handelt es sich um ein freies oder um ein wirtschaftliches Gut? Begründe deine Meinung.
8. a) Beschreibe die beiden Formen des ökonomischen Prinzips.
   b) Welche Form wird der Verbraucher, welche der Produzent überwiegend verfolgen?
   c) Nenne dafür jeweils mindestens ein Beispiel aus deiner Familie und für einen Unternehmer.
9. Warum ist folgende Aussage falsch? Das ökonomische Prinzip lautet: Mit möglichst wenig Mitteln möglichst viel erreichen.
10. Frau Berger ist Auslieferungsleiterin im Möbelhaus Ehrlich. Am Dienstag, dem 26. Mai, sind vier Kunden zu beliefern. Die Entfernungen kannst du der nebenstehenden Skizze entnehmen.
    a) Versetze dich in die Lage von Frau Berger. Welche Fahrtroute würdest du dem Fahrer vorschreiben? (Alle Straßen sind gleich gut ausgebaut.) Begründe deine Meinung.
    b) Alle Möbel können auf einmal geladen werden. In welcher Reihenfolge würdest du das Auto beladen?
    c) Welche Form des ökonomischen Prinzips kommt in diesem Beispiel zum Ausdruck? Begründe deine Meinung.

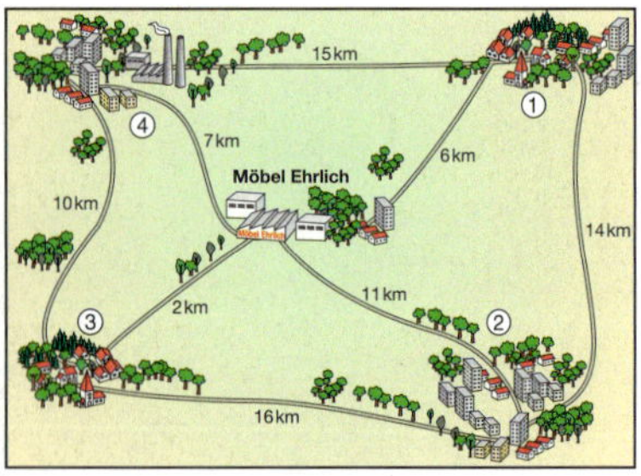

11. Frau A. sagt: „Ich kaufe Hühnereier nur dort, wo sie am billigsten sind.“ Frau B. sagt: „Ich kaufe Hühnereier nur von frei laufenden Hühnern, lieber zahle ich ein paar Cent mehr.“
    Zeige an diesen beiden Aussagen auf, dass es neben dem ökonomischen Prinzip auch andere Prinzipien gibt, die das wirtschaftliche Handeln beeinflussen.

VI Privater Haushalt

1 Der einfache Wirtschaftskreislauf

Lena hat sich von ihren Eltern zum Geburtstag Geld gewünscht. Sie möchte einen ausgiebigen Stadtbummel machen. Am Nachmittag trifft sie sich mit zwei Freundinnen. Sie gehen zuerst in die Boutique und stöbern zwischen den Kleiderständern herum. Eine Jeans zum Preis von 28 Euro gefällt ihr besonders gut, sie stellt sich an der Kasse an und bezahlt. Im Drogeriemarkt findet Lena eine Wimperntusche sehr schön und kauft sie. Bevor die drei Freundinnen nach Hause fahren, kehren sie noch im Fast-Food-Restaurant ein.

Herr Schneider, Lenas Vater, arbeitet bei der Firma Grundner als Geschäftsführer. Er verdient gut, weil das Unternehmen aufgrund der Neubauten und Altbausanierungen viele Aufträge hat. Frau Schneider, Lenas Mutter, hilft bei der Bäckerei Bindl am Freitag und Samstag als Verkäuferin aus. Sie bessert dadurch das Familieneinkommen auf. Zum Haushalt der Familie gehört noch Lenas Bruder Daniel.

Unterscheide folgende Zuordnungen:

Unternehmen	**Privater Haushalt**
Boutique	Lena Schneider
Drogeriemarkt	Daniel Schneider
Restaurant	Frank Schneider
Elektro-Grundner	Jutta Schneider
Bäckerei Bindl	

Die Unternehmen Grundner und Bindl bezahlen Lenas Eltern für das Bereitstellen ihrer Arbeitskraft Geld in Form von Lohn bzw. Gehalt. Mit diesem Geld, man nennt es Einkommen, kauft sich die Familie z. B. Güter für den täglichen Bedarf und sie bezahlt die Miete, die Heizungskosten, die Telefonrechnung und vieles mehr.

Der Wirtschaftskreis besteht aus zwei entgegengesetzt verlaufenden Strömen:

Güterstrom
Strom der Güterentstehung
(Arbeitskraft, Produktionsmittel)
Strom der Güterverwendung
(Ge- und Verbrauchsgüter)

Geldstrom
Strom der Einkommensentstehung
(Lohn, Gehalt, Zinsen)
Strom der Einkommensverwendung
(Konsumausgaben, Ersparnis)

Diese Geld- und Güterbewegungen können gedanklich für die ganze Wirtschaft in einem Land in einem Modell dargestellt werden. Das hilft, die komplizierten Vorgänge in unserer Wirtschaft vereinfacht darzustellen.

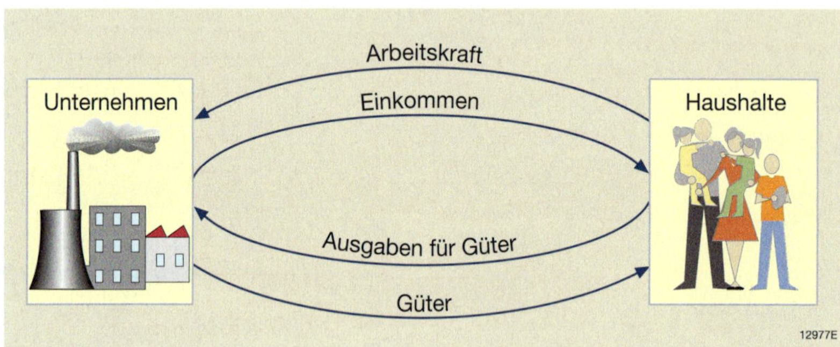

Dieses einfache Modell eines Wirtschaftskreislaufs wird auch als geschlossenes Modell bezeichnet, weil die Summe des zufließenden Stroms der Summe des abfließenden Stroms entspricht. Ein privater Haushalt erhält zum Beispiel für seine Arbeitsleistung ein Einkommen. Dieses Geld gibt er wieder aus, um Konsumgüter zu kaufen. Durch Erweiterung kann dieses vereinfachte Modell an die Wirklichkeit angenähert werden, indem man z. B. berücksichtigt, dass die Haushalte nicht ihr gesamtes Einkommen für Konsumzwecke ausgeben, sondern einen Teil sparen. Dieses Geld wird bei den Banken gesammelt und den Unternehmen als Kredite wieder zur Verfügung gestellt.

i Das Arbeiten mit **Modellen** dient dazu, einen komplizierten und für unser Auge unsichtbaren Sachverhalt vorstellbar zu machen (z. B. auch in der Architektur).

2 Einkommen

„Mit dem Einkommen auskommen!“
Dieser Satz gilt auch für dein Taschengeld. Sicher hast du nicht immer so viel Geld in der Tasche, dass du dir alle Wünsche sofort erfüllen kannst. In einer Familie muss man sich auch Gedanken darüber machen, wie viel Einkommen man erzielt und wie dieses verwendet werden soll.

2.1 Einkommensarten

Frank Schneider arbeitet zusammen mit sieben Kolleginnen und Kollegen zum größten Teil in seinem Büro am Computer. Manchmal besucht er aber auch Kunden, um ihnen Neuerungen zu erklären und Vorschläge zur Verbesserung der Planungen zu machen. Er bezieht ein festes Gehalt und bekommt zusätzlich, wie in seinem Arbeitsvertrag vereinbart, bei guter Auftragslage eine **Provision** (Belohnung).

Jutta Schneider hilft an den Wochenenden im Rahmen eines Minijobs in einer Bäckerei aus. Als ausgebildete Steuerfachangestellte gibt sie an manchen Abenden in der Volkshochschule (VHS) Kurse zur Betriebswirtschaftslehre. Interessierte Erwachsene erhalten dort Informationen zur Weiterbildung oder um sich für andere Berufe fortzubilden. Frau Schneider erhält dafür ein **Honorar**.
Schließlich haben Frank und Jutta Schneider Ersparnisse. Diese haben sie bei einer Bank angelegt und erhalten dafür **Zinsen**.

Das Familieneinkommen wird ergänzt durch das **Kindergeld**. Jeder in der Bundesrepublik Deutschland, der Kinder zu versorgen hat, bekommt Kindergeld als staatliche Leistung. Diese staatlichen Leistungen sind steuerfreie Einkünfte.

Das deutsche Einkommensteuergesetz unterscheidet sieben Einkunftsarten: Einkünfte aus Land- und Forstwirtschaft, aus einem Gewerbebetrieb, aus selbstständiger Arbeit, aus unselbstständiger Arbeit, aus Kapitalvermögen, aus Vermietung und Verpachtung und sonstige Einkünfte.

Die Summe aller Einkünfte ergibt das Einkommen.

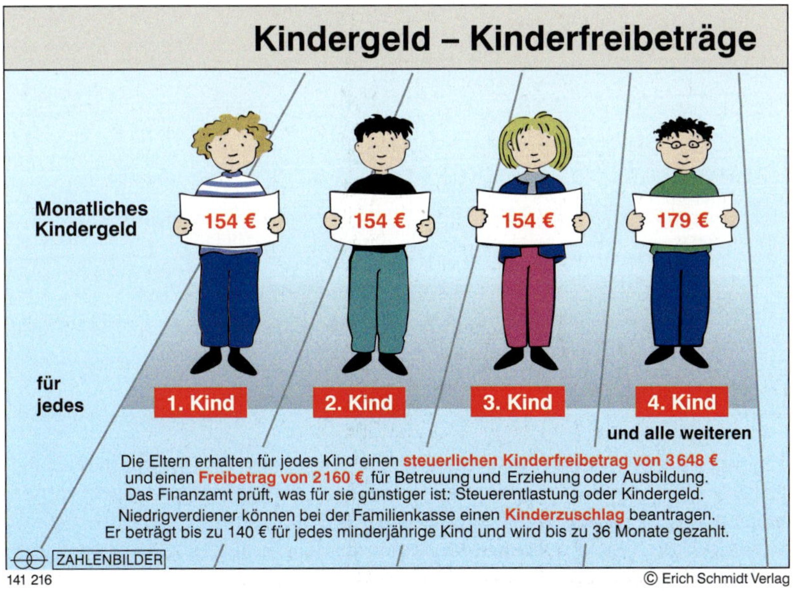

Herr Schneider an seinem Arbeitsplatz

Frau Schneider beim VHS-Kurs

Gehe ins Internet und rufe folgende Homepage auf:

http://www.bmfsfj.de/Politikbereiche/familie,did=31470.html

1. Wer erhält in Deutschland Kindergeld?
2. Wie hoch ist derzeit das Kindergeld?

A

1. Erstelle für dich persönlich deine fünf wichtigsten Taschengeldausgaben.
2. Wie viel Kindergeld erhält Familie Schneider zur Zeit?
3. Wie viel € hat sie 1990 erhalten?
4. Überlege, warum der Staat Familien mit Kindergeld unterstützt?

Das Einkommen einer Familie setzt sich aus verschiedenen Quellen zusammen:

Erwerbseinkommen	Kapitaleinkommen	Unterstützungseinkommen	Sonstiges Einkommen
z.B. Lohn, Gehalt Provisionen Honorar Rente Vermögen	z.B. Zinsen Mieteinnahmen Pacht Gewinn	z.B. Kindergeld Arbeitslosengeld Erziehungsgeld Sozialhilfe Sonstiges	z.B. Lottogewinn Geldgeschenke Kredite

2.2 Einkommensverwendung

Mit dem Einkommen kann die Familie z.B. die Miete für die Wohnung bezahlen und die Rechnung für das Telefon begleichen. Frau Schneider kann zur Bank gehen und sich Geld auszahlen lassen, damit sie einkaufen kann. Meistens holt sie sich das Geld von einem Bankautomaten. Jede Familie gibt unterschiedlich viel Geld aus und jeder Haushalt verwendet sein Einkommen anders (**Konsumausgaben**). Trotzdem kann man folgende Einteilung für die Verwendung des Einkommens treffen:

Die Unterschiede bei der Verwendung des Einkommens hängen von verschiedenen Faktoren ab:
- Höhe des Einkommens
- Bildungsstand, Ausbildung
- Anzahl der Personen
- persönliche Wünsche
- Umweltbewusstsein

Konsumausgaben		Sparen
Regelmäßige Ausgaben	**Persönliche Ausgaben**	
Miete Versicherungen Telefon Strom Haushalt	Auto Kleidung Hobbys Taschengeld Kultur	Urlaub größere Anschaffungen

Einen ersten Überblick über die Einnahmen und Ausgaben erhält man mit Hilfe eines Kontoauszuges:

Kontoauszug

Zahlungsempfänger/-pflichtiger	Verwendungszweck/Scheck-Nr.	Wert	Lastschriften	Gutschriften
Gehalt				2.400,00€
Honorar VHS				350,00€
Miete			485,00€	
Telefon			60,00€	
Strom			35,00€	
Kindergeld				270,00€
Barauszahlung			1.150,00€	
Zinsen				60,00€

Kontonummer: 99-134677 — Saldo insges. — Alter Saldo: 1.400,00€

Kontoinhaber (oder Zahlungsempfänger/-pflichtiger): Jutta und Frank Schneider — Auszug: 34 — Blatt: 1 — Neuer Saldo: 2.750,00€

Auszugsdatum

Uhrzeit

A

1. Wie hoch ist das monatliche Einkommen der Familie Schneider laut Kontoauszug?
2. Um welche monatlich in etwa gleichbleibende Ausgabe könnte es sich bei der Barabhebung handeln?
3. Familie Schneider spart ca. 10 % des Einkommens. Ermittle die monatliche Sparleistung durch Kopfrechnen.

In einer Familie sind die Wünsche vielfältig, das Einkommen aber begrenzt. Die Familie ist gezwungen mit dem Einkommen auszukommen. Das heißt, die Familie muss auch – wie ein Unternehmen – mit ihrem Geld wirtschaften. Sind die Ausgaben größer als die Einnahmen, werden Schulden gemacht. Im umgekehrten Fall können **Ersparnisse** angelegt werden.

2.3 Haushaltsplan

Mit dem Einkommen auszukommen ist gar nicht so einfach. Die Wünsche und Bedürfnisse der Familienmitglieder sind meist größer als das zur Verfügung stehende Geld. Es ist daher wichtig, einen Plan zu machen, damit man die erwarteten Einnahmen und die geplanten Ausgaben der Familie im Auge behalten kann.

Genauso wie jede Gemeinde, jedes Bundesland oder die Bundesrepublik Deutschland einen Haushaltsplan aufstellt, möchte sich auch Familie Schneider einen Überblick über ihre monatlichen Einnahmen und Ausgaben verschaffen.

Deshalb führen sie über die Ausgaben Buch und erstellen eine Übersicht über die monatlichen Einnahmen und Ausgaben, den **Haushaltsplan**. Familie Schneider vermerkt in diesem Buch alle täglichen Einnahmen und Ausgaben. Anschließend erstellt sie eine Monatsübersicht (siehe nächste Seite).

Welches Problem wird in dieser Karikatur angesprochen?

Der Aufbau eines Haushaltsplanes könnte auf der **Einnahmenseite** folgendermaßen aussehen:

- Nettogehalt
- Provision
- Honorar
- Kindergeld
- Zinsen
- Steuerrückerstattung
- Zuschuss von Oma und Opa
- Sonstiges

Der Aufbau eines Haushaltsplanes könnte auf der **Ausgabenseite** folgendermaßen aussehen:

Regelmäßige Ausgaben	**Haushaltsausgaben**
z. B.	z. B.
• Miete	• Lebensmittel/Getränke
• Nebenkosten, z. B. Heizung	• Waschmittel/Putzmittel
• Gas/Strom	• Benzinkosten
• Versicherungen	• Fahrtkosten für öffentliche Verkehrsmittel
• Telefongebühren	• Porto
• Fernsehen	• Geschenke
• Autoversicherung	
• Kfz-Steuer	
• Zeitungsabonnement	
• Schuldzinsen	
• Kreditrückzahlung	

Persönliche Ausgaben	**Rücklagen**
z. B.	z. B.
• Kleidung/Schuhe	• Reparaturen
• Friseur/Kosmetik u. a.	• Urlaub
• Kino/Theater/ Hobbys	• unvorhergesehene Ausgaben
• Taschengeld	• Sonstiges

Herr Schneider und Frau Schneider bearbeiten ihr Haushaltsbuch.

Ein Haushaltsbuch zum Eintragen aller Einnahmen und Ausgaben

Haushaltsplan für September

Regelmäßige Einnahmen			
	Gehalt (netto)	2.400,00 Euro	
	Honorar VHS	350,00 Euro	
	Kindergeld	270,00 Euro	
	Zinsen	60,00 Euro	
Gesamteinnahmen			3.080,00 Euro
Regelmäßige Ausgaben			
	Miete (inkl. Nebenkosten)	485,00 Euro	
	Rundfunk-, Fernsehgebühr	30,00 Euro	
	Zeitungsabonnement	20,00 Euro	
	Strom	40,00 Euro	
	Versicherungen	125,00 Euro	
	Kfz-Steuer	10,00 Euro	
	Telefongebühren	60,00 Euro	770,00 Euro
Haushaltsausgaben			
	Lebensmittel	1.150,00 Euro	
	Waschmittel/Reinigung	25,00 Euro	
	Benzin/Fahrtkosten	100,00 Euro	
	Sonstiges	75,00 Euro	1.350,00 Euro
Persönliche Ausgaben			
	Kleidung, Schuhe	210,00 Euro	
	Friseur, Kosmetik u. Ä.	25,00 Euro	
	Kino, Theater, Hobbys	50,00 Euro	
	Taschengeld	100,00 Euro	385,00 Euro
Rücklagen			
	Urlaub	150,00 Euro	
	unvorhergesehene Ausgaben	75,00 Euro	
	Sonstiges	50,00 Euro	275,00 Euro
Gesamtausgaben			2.780,00 Euro
Überschuss			300,00 Euro

Tabellenkalkulation

Der Begriff Tabellenkalkulation setzt sich aus den beiden Wörtern Tabelle und Kalkulation zusammen. Eine **Tabelle** ist ein Schema, bestehend aus Zeilen und Spalten. Eine **Kalkulation** ist eine Berechnung. Mit einer Tabellenkalkulation kann man Daten übersichtlich darstellen und gleichzeitig mit diesen Daten auch Berechnungen durchführen. Wenn du ein Tabellenkalkulationsprogramm im Computer startest, erscheint ein **Rechenblatt**.

Mit Hilfe der Tabellenkalkulation am PC können immer wiederkehrende Berechnungen leicht durchgeführt werden.

a) Die wichtigsten Bestandteile eines Rechenblattes

Ein Rechenblatt besteht aus **Zeilen** (1, 2, 3, ...) und **Spalten** (A, B, C, ...). Den Schnittpunkt einer Zeile und einer Spalte bezeichnet man als **Zelle** (Feld). Mehrere Zellen zusammengefasst ergeben einen **Bereich**.

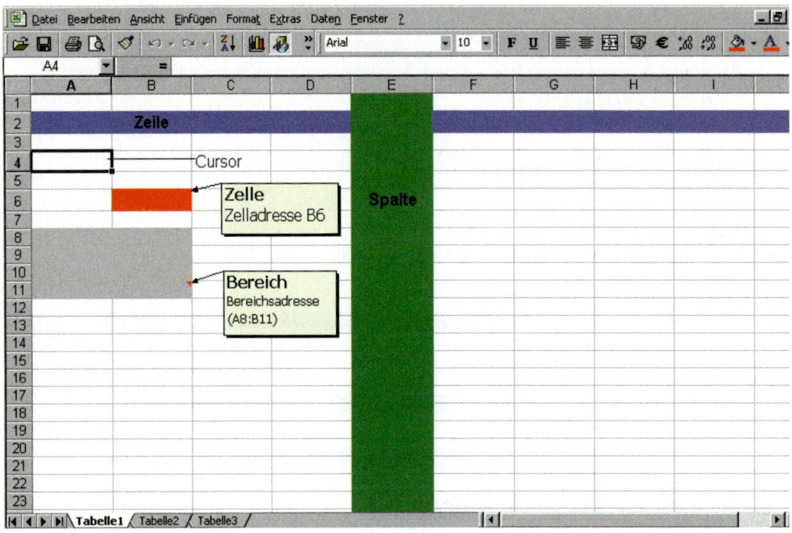

Vorteile eines Rechenblattes:
- Die Tabelle muss nur einmal erstellt werden.
- Für die Berechnungen werden allgemeine Formeln eingegeben, sodass später die Ergebnisse vom Programm automatisch berechnet werden.
- Später werden nur noch die veränderten Werte eingegeben.
- Man kann Fehler schnell ausbessern ohne noch einmal alles schreiben zu müssen.

In jeder Zelle können folgende Inhalte eingegeben werden:
- **Texte**, als Erläuterungen für den Benutzer, z.B. Miete,
- **Zahlen**, die als Eingabedaten bekannt sind, z.B. 600,00 €,
- **Formeln**, sie sollen die gesuchten Werte berechnen, z.B. = B6 + B7.

b) Erstellung eines Rechenblattes

Daniel und seine Mutter möchten einen **Haushaltsplan** mit allen monatlichen Einnahmen und Ausgaben erstellen. Die monatlichen Gesamteinnahmen und Gesamtausgaben sowie der monatliche Überschuss sollen vom Programm automatisch berechnet werden.

Vorüberlegungen

- Sie stellen fest: **Eingabedaten** sind die verschiedenen monatlichen Einnahmen und Ausgaben, **Ausgabedaten** sind die Summe der Einnahmen, die Summe der Ausgaben und der monatliche Überschuss.
- Sie überlegen sich einen **übersichtlichen Aufbau** für die Tabelle: in Spalte A stehen die Texte aller Einnahmen, in Spalte B die Beträge aller Einnahmen, in Spalte C die Texte aller Ausgaben, in Spalte D die Beträge aller Ausgaben.
- Sie legen fest, welche **Berechnungen** durchgeführt werden müssen: Summe der Einnahmen, Summe der Ausgaben und der monatliche Überschuss.

Eingabedaten:
Das sind Daten, die für die späteren Berechnungen benötigt werden, also vorher in bestimmte Zellen des Rechenblattes eingetippt werden müssen.

Ausgabedaten:
Das sind Daten, die vom Rechenblatt automatisch mit Hilfe der vorher eingegebenen Daten berechnet werden.

1. Betrachte die Bilder 1–6 und ordne die folgenden Begriffe den entsprechenden Bildern zu:
   Gehalt, Gage, Lohn, Nebenverdienst, Rente, Provision
2. Zähle fünf Einkommensarten auf.
3. Berechne, wie viel Kindergeld derzeit eine Familie mit drei Kindern als staatliche Leistung erhält.
4. Jede Familie verwendet ihr Einkommen anders. Wovon hängen die Unterschiede bei der Verwendung des Einkommens ab?
5. Eine Familie hat im Monat höhere Ausgaben, als das Einkommen abdecken kann. Woher könnten die Gelder zur Abdeckung des fehlenden Betrages kommen? Welche Möglichkeiten des wirtschaftlichen Handelns schlägst du der Familie vor, damit Einnahmen und Ausgaben zumindest gleich hoch werden?
6. Betrachte das unten abgedruckte Schaubild:
   a) Worüber gibt es Auskunft?
   b) Welche festen (regelmäßigen) Ausgaben hat die Durchschnittsfamilie?
   c) Welche sind die drei größten Ausgabeposten? Vergleiche sie mit denen in deiner Familie.
   d) Welche Ausgabenblöcke siehst du als unbedingt notwendig an?
   e) Bei welchen Ausgabenposten könnte die Familie noch sparen?
   f) Welche Ausgaben fallen nicht jeden Monat an?

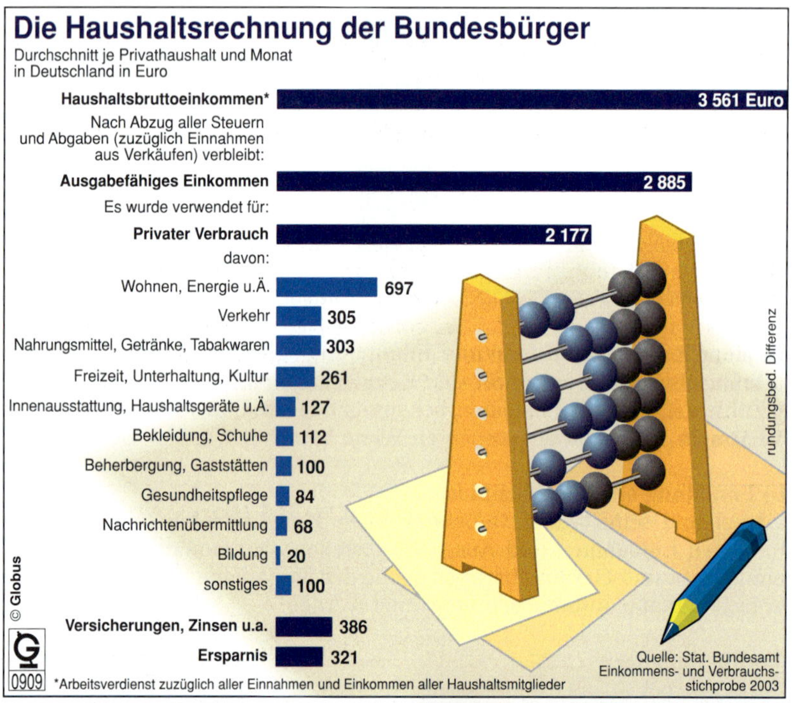

2.4 Die Bedeutung des Jugendlichen als Verbraucher

Konsumfreudige Jugend
Aus einer Studie des Meinungsforschungsinstituts „iconkids&youth“ im Jahre 2005 geht hervor, dass die jungen Leute in Deutschland rund 19 Milliarden Euro pro Jahr zur Verfügung haben. Die Geldbeutel der Jugendlichen werden vor allem durch regelmäßige Einnahmen wie selbst verdientes Geld, Verdienste aus Gelegenheitsjobs, Geldgeschenke und Taschengeld gefüllt. Allein fast 5 Milliarden Euro erhalten die Kinder und Jugendlichen als Taschengeld. Dabei geht es zunächst darum, eigene Erfahrungen im Umgang mit Geld zu ermöglichen. Eigenes Geld fördert zudem die Selbstständigkeit und hat eine wichtige Bedeutung, in eine Gruppe von Gleichaltrigen integriert zu werden.

Die Verbraucherorganisationen schlagen vor, das reine monatliche Taschengeld nach Alter gestaffelt zur Verfügung zu stellen, z.B.:

10–11 Jahre – 12–15 Euro
12–13 Jahre – 15–20 Euro
14–15 Jahre – 20–25 Euro

Das Taschengeld ist für die Erfüllung individueller Wünsche der Kinder und Jugendlichen gedacht. Durch die monatliche Auszahlung sollen sie lernen, ihr Geld einzuteilen. Kinder und Jugendliche verwenden ihr Taschengeld aus der Sicht der Erwachsenen oft ziel- und planlos, weil ihre Kaufentscheidungen im Unterbewusstsein durch Werbesprüche gesteuert werden. Allerdings ahmen sie oft die Konsumgewohnheiten der Eltern nach, überdenken so eigene Fehlentscheidungen und lernen aus den Fehlern.

Da Werbung diese Ansprüche nicht erfüllt, musst du dir die notwendigen Informationen anderweitig beschaffen.
Kostenlose Informationen bieten z.B.
- die Broschüren der Bundes- bzw. Länderministerien für Wirtschaft
- viele Banken
- Radio- und Fernsehsendungen (z.B. „Ratgeber“)

Weitere objektive und unabhängige Informationsquellen sind z.B. Testberichte. Die bekannteste Organisation, die Testberichte veröffentlicht, ist die STIFTUNG WARENTEST, die Produkte und Dienstleistungen nach wissenschaftlichen Methoden in unabhängigen Instituten prüft. Die Idee ist einfach: Sie kauft Produkte anonym im Handel ein und nimmt Dienstleistungen verdeckt in Anspruch. Oberstes Gebot ist die Neutralität, daher gibt sie dem Verbraucher das gute Gefühl, dass auf ihre Qualitätsurteile Verlass ist.

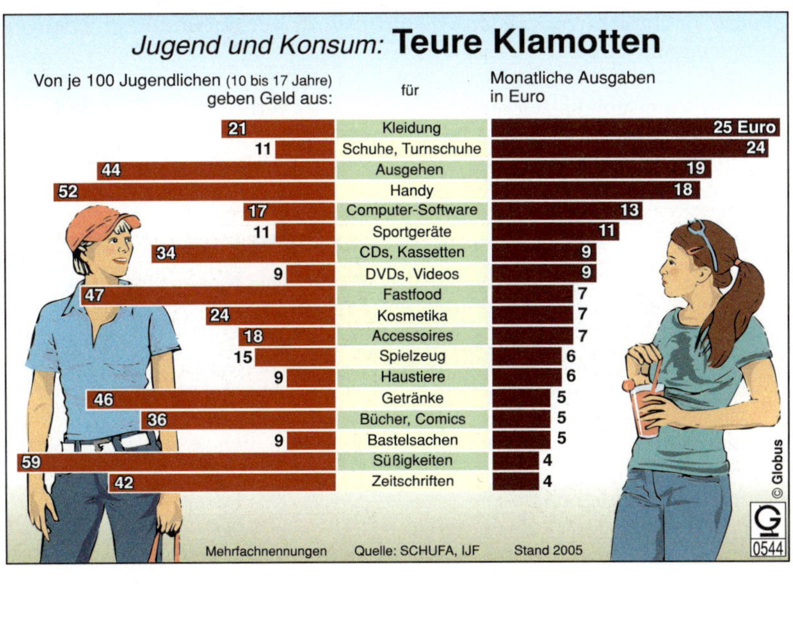

1. Werte nebenstehende Grafik aus:
   - Wofür geben Jugendliche am häufigsten Geld aus?
   - Wofür geben sie am meisten Geld aus?
2. Besorge dir ein Heft „test“ und berichte, warum sich diese Zeitschrift im Wesentlichen nicht durch Werbung finanziert.

Einfluss der Werbung
Angenommen, du wünschst dir zu Weihnachten einen Minidiscman. Du gehst in einen der Elektronik-Großmärkte und siehst dir zehn verschiedene Geräte an. Sie unterscheiden sich auf den ersten Blick durch ihr Äußeres und ihren Preis. Diese beiden Kriterien sind jedoch nicht allein ausschlaggebend für die Entscheidung.

Fragen z.B. über
- technische Einzelheiten,
- die Handhabung,
- den Service (Dienst am Kunden),
- die Garantieleistungen

müssen geklärt werden. Nur die eingehende Beratung eines Fachverkäufers wird helfen, die persönlich richtige Entscheidung zu treffen. Kannst du aber sicher sein, ob der Verkäufer nicht ein Produkt anpreist, das er lieber verkaufen möchte als ein anderes? Vielleicht bekommt er von einem bestimmten Hersteller bessere Einkaufsbedingungen eingeräumt und empfiehlt deshalb dieses Gerät mehr, obwohl es technisch möglicherweise nicht so gut ist wie ein anderes.

„Mit dem Sashi Player die Freizeit genießen und bei Freunden gut ankommen." Diese Werbebotschaft ist dir seit ein paar Tagen in Erinnerung. Also fragst du gezielt nach dem Gerät dieses Unternehmens. In den Werbespots des Fernsehens oder der Radiosender, auf Plakaten oder in Anzeigen will die Werbung Gefühle des Verbrauchers ansprechen und ihn so zum Kauf „überreden".

Fachliche und konkrete Aussagen über das einzelne Produkt werden in der Werbung kaum gemacht, oft fehlt die Angabe des Preises. Mit kleinen, witzig gemachten Geschichten soll die Aufmerksamkeit erzeugt werden. Sie soll im Gedächtnis hängen bleiben und den Wunsch anregen, diese Produkte zu besitzen.
Natürlich kann grundsätzlich jeder Verbraucher frei entscheiden, welche Güter er zu welchem Zeitpunkt, an welchem Ort und zu welchem Preis kaufen möchte. In diesen Entscheidungsprozess versuchen die Hersteller und die Händler allerdings einzugreifen, indem sie für ihre Produkte werben. Werbung informiert einerseits den Verbraucher und macht ihn mit bestimmten Produkten bekannt, andererseits löst sie geschickt Besitzwünsche aus. Es werden aber auch vorhandene Bedürfnisse wie z.B. Schönheit, Jugend, Gesundheit, Reichtum usw. verstärkt. Ziel der Werbung ist ebenso, noch nicht vorhandene Bedürfnisse zu wecken und Kaufverlangen zu erzeugen.

Der Wirkungsablauf der Werbung auf den Verbraucher lässt sich am besten durch die so genannte AIDA-Formel beschreiben. Der Verbraucher durchläuft bei der Werbung folgende Stufen der Wahrnehmung und des Handelns:

Attention:	Aufmerksamkeit erregen
Interest:	Interesse wecken
Desire:	Besitzwunsch auslösen
Action:	Kauf ausführen

Für den Verbraucher ist Werbung nur dann nützlich, wenn sie Informationen enthält, die
- Vergleiche ermöglichen,
- Angaben über den Preis enthalten,
- technische oder andere inhaltliche Beschreibungen vermitteln.

VII Pflichtabgaben aus dem Arbeitnehmereinkommen

b maler BERGER — Lohnabrechnung

Name:				
Lohnwoche: vom	bis			
Stunden-Zahl		Stunden-Lohn	€	Ct.
	Normalstunden			
	Überstunden			
	Zulage			
Abzüge:	Bruttolohn:			
Sozialversicherung				
Lohnsteuer				
Kirchensteuer kath.				
Kirchensteuer kath.				
Vorschuss				
Vermögenswirksame Leistung				
zuzüglich:	Zwischensumme			
Sparzulage				
Sonstiges				
auszuzahlender Betrag		€		
Sofort nachzählen				

1 Die Lohnsteuer

Alle Geldbeträge, die jemand erhält, weil er Arbeit im wirtschaftlichen Sinne geleistet hat, bezeichnen wir als Erwerbseinkommen. Wir unterscheiden zwei Gruppen von Erwerbseinkommen:

- *Einkommen aus unselbstständiger Tätigkeit*
  z. B. Löhne, Gehälter, Pensionen.
  Etwa 90 % aller Erwerbstätigen in der Bundesrepublik Deutschland üben eine unselbstständige Tätigkeit aus.
- *Einkommen aus selbstständiger Arbeit*
  Hierzu zählt man z. B. Gewinn, Honorar, Gage, Provision.

Abhängig Beschäftigte stellen einem Arbeitgeber ihre Arbeitskraft zur Verfügung und erhalten dafür ein regelmäßiges Entgelt. Fließt dieses Entgelt Arbeitern zu, so sprechen wir von **Lohn**. Lohneinkommen in diesem engeren Sinne liegt überall dort vor, wo für eine Arbeitsstunde ein bestimmter Lohnsatz gezahlt wird (*Beispiel:* Stundenlohn 11,00 €). Der Arbeitnehmer hat zwar eine wöchentlich gleiche Arbeitszeit, z. B. 40 Stunden, sein Monatseinkommen kann jedoch nach Anzahl der Arbeitstage schwanken (*Beispiel:* Der Februar hat nur 28 bzw. 29 Tage).
Angestellte und Beamte beziehen ein **Gehalt**. Sie haben zwar auch eine festgesetzte wöchentliche Arbeitszeit, z. B. 40 Stunden. Ihr Gehalt bleibt jedoch jeden Monat gleich, unabhängig davon, wie viele Arbeitstage ein Monat hat. Es wird entweder am 1. oder am 15. eines Monats ausbezahlt.
In den Tarifverhandlungen zwischen den Vertretern der Arbeitgeber und der Arbeitnehmer (Arbeitgeberverbände und Gewerkschaften) wurden immer mehr Arbeitnehmer vom Arbeiter- in das Angestelltenverhältnis übergeführt. Dies ist ein Grund, weshalb die Zahl der Lohnempfänger immer mehr zurückgeht und die Zahl der Gehaltsempfänger steigt. Vom Standpunkt des Betriebes ist es im Grundsatz unerheblich, ob das Entgelt in Form von Lohn oder Gehalt entrichtet wird. Wir wollen daher ganz allgemein das Einkommen der Arbeitnehmer als Lohn bezeichnen.
Früher erfolgte die Lohnzahlung wöchentlich. Für die Bezahlung, die in bar vorgenommen wurde, verwendete man Lohntüten, welche den Nettolohn des Arbeiters enthielten. Wie die nebenstehende Abbildung zeigt, unterscheiden sich die Informationen auf der Lohntüte nicht wesentlich von einer heutigen Lohn- bzw. Gehaltsabrechnung.

A

1. Nenne Berufsgruppen, für die eine der nebenstehenden Einkommensarten zutrifft.
2. Neben dem Erwerbseinkommen gibt es auch andere Einkommensarten. Nenne Beispiele.
3. Erkundige dich bei deinen Großeltern, ob sie sich noch an die Form der Lohnzahlung mit der Lohntüte erinnern.

Das einfache Abrechnungsschema für Arbeitnehmereinkommen sieht immer folgendermaßen aus:

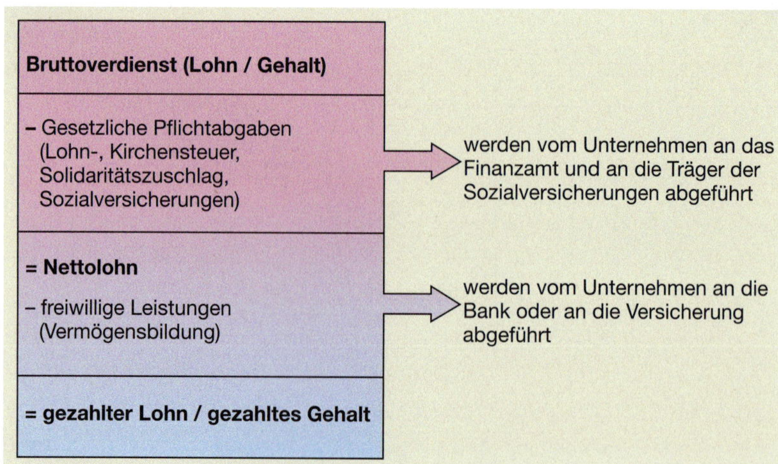

i

Solidaritätszuschlag
Ergänzungsabgabe zur Lohn- bzw. Einkommensteuer in Höhe von 5,5 % der Lohn- bzw. Einkommensteuer.

Sozialversicherungen
Pflichtversicherungen für jeden Arbeitnehmer (Kranken-, Renten-, Arbeitslosen- und Pflegeversicherung).

Vermögenswirksame Leistungen
z. B. Bausparvertrag, Lebensversicherung, Sparvertrag über einen Aktienfond.

Lohnsteuerkarte

Lohnsteuerkarten werden kostenlos von den Gemeinden nach amtlich vorgeschriebenem Muster ausgestellt und den Arbeitnehmern ab Ende September zugesandt. Die Lohnsteuerkarte enthält Angaben zur Gemeinde, dem zuständigen Finanzamt und Meldedaten der beantragenden Person. Das sind neben Namen, Anschrift und Geburtsdatum die Angabe der **Steuerklasse** (siehe unten), die Zahl der Kinder und die **Religionszugehörigkeit**. Die Karte muss dem Arbeitgeber ausgehändigt werden.

Beim Lohnsteuerabzug ist der Arbeitgeber an die Eintragungen in der Lohnsteuerkarte gebunden. Der Lohnsteuerabzug richtet sich nach der Höhe des Einkommens und der Steuerklasse. Zum Jahresende bescheinigt der Arbeitgeber auf der Lohnsteuerkarte sämtliche Leistungen aus dem Dienstverhältnis, auch so genannte „Lohnersatzleistungen“ (z.B. Arbeitslosen- oder Mutterschaftsgeld).

> **i** Auch Schüler und Studenten, welche Ferienarbeit leisten müssen eine Steuerkarte besorgen (warum wohl?).

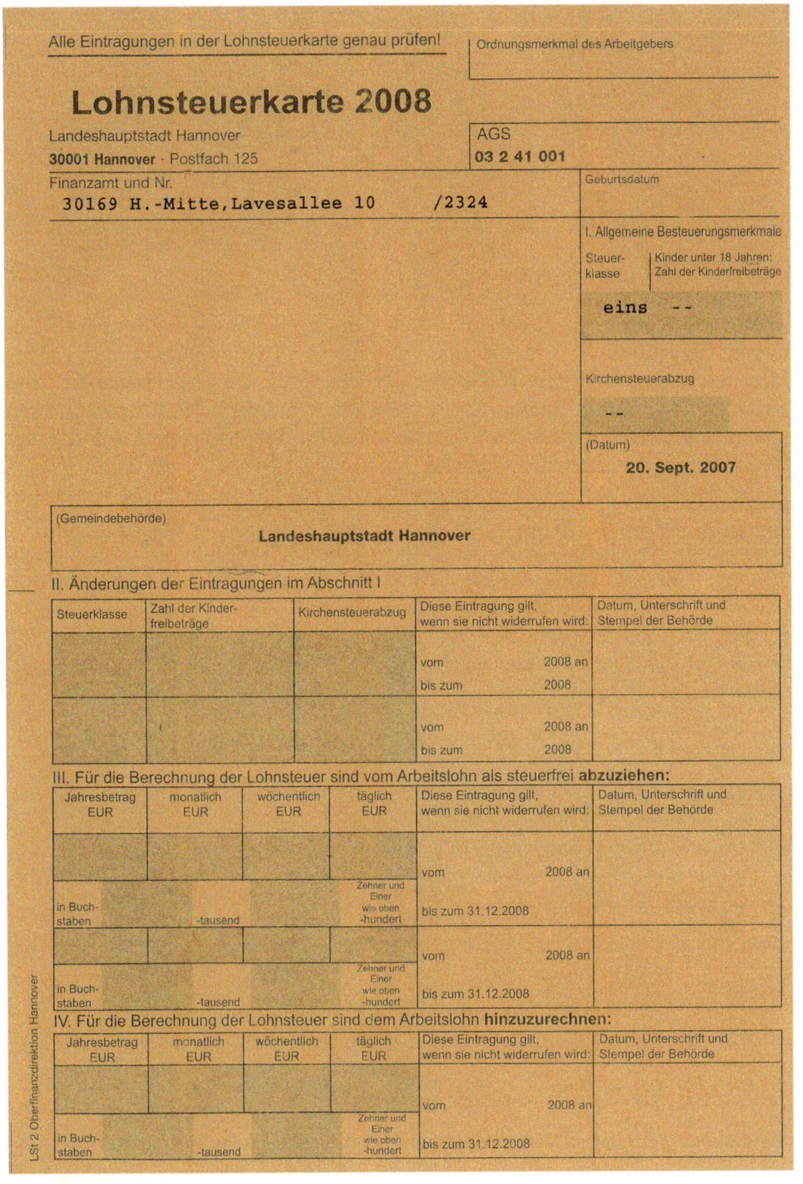
Alle Eintragungen in der Lohnsteuerkarte genau prüfen!

Ordnungsmerkmal des Arbeitgebers

Lohnsteuerkarte 2008

Landeshauptstadt Hannover
30001 Hannover · Postfach 125

AGS
03 2 41 001

Finanzamt und Nr.
30169 H.-Mitte, Lavesallee 10 /2324

Geburtsdatum

I. Allgemeine Besteuerungsmerkmale

Steuerklasse	Kinder unter 18 Jahren: Zahl der Kinderfreibeträge
eins	--

Kirchensteuerabzug
--

(Datum)
20. Sept. 2007

(Gemeindebehörde)
Landeshauptstadt Hannover

II. Änderungen der Eintragungen im Abschnitt I

Steuerklasse	Zahl der Kinderfreibeträge	Kirchensteuerabzug	Diese Eintragung gilt, wenn sie nicht widerrufen wird:	Datum, Unterschrift und Stempel der Behörde
			vom 2008 an bis zum 2008	
			vom 2008 an bis zum 2008	

III. Für die Berechnung der Lohnsteuer sind vom Arbeitslohn als steuerfrei **abzuziehen:**

Jahresbetrag EUR	monatlich EUR	wöchentlich EUR	täglich EUR	Diese Eintragung gilt, wenn sie nicht widerrufen wird:	Datum, Unterschrift und Stempel der Behörde
				vom 2008 an	
in Buchstaben	-tausend		Zehner und Einer wie oben -hundert	bis zum 31.12.2008	
				vom 2008 an	
in Buchstaben	-tausend		Zehner und Einer wie oben -hundert	bis zum 31.12.2008	

IV. Für die Berechnung der Lohnsteuer sind dem Arbeitslohn **hinzuzurechnen:**

Jahresbetrag EUR	monatlich EUR	wöchentlich EUR	täglich EUR	Diese Eintragung gilt, wenn sie nicht widerrufen wird:	Datum, Unterschrift und Stempel der Behörde
				vom 2008 an	
in Buchstaben	-tausend		Zehner und Einer wie oben -hundert	bis zum 31.12.2008	

LSt 2 Oberfinanzdirektion Hannover

Lohnsteuerkarte

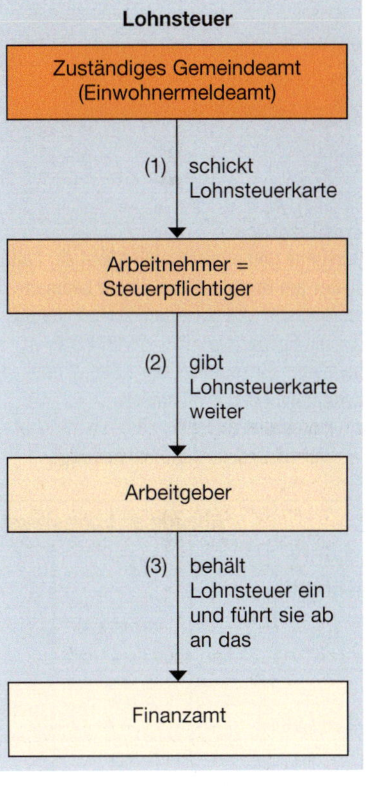

A Sieh dir die nebenstehende Lohnsteuerkarte genau an: Welche für den Arbeitgeber wichtigen Informationen enthält sie?

Rufe im Internet die URL

www.bundesfinanzministerium.de

auf und lies im „Lexikon Steuern A – Z“ nach, was zur Lohnsteuer vermerkt ist.

Lohnsteuerklassen (vereinfacht)

Steuerklasse I	ledige, geschiedene und verwitwete Arbeitnehmer, sofern sie nicht in die Steuerklasse II oder III fallen
Steuerklasse II	ledige, geschiedene und verwitwete Arbeitnehmer, denen der Haushaltsfreibetrag zusteht Der Haushaltsfreibetrag steht einem Arbeitnehmer zu, in dessen Wohnung mindestens ein Kind gemeldet ist und für das er Kindergeld erhält.
Steuerklasse III	verheiratete Arbeitnehmer, deren Ehegatte • nicht erwerbstätig ist; • auch erwerbstätig ist, aber in der Steuerklasse V eingereiht ist, außerdem verwitwete Arbeitnehmer
Steuerklasse IV	verheiratete Arbeitnehmer, wenn beide Ehegatten Arbeitslohn in etwa gleicher Höhe beziehen
Steuerklasse V	einer der Ehegatten (an die Stelle der Steuerklasse IV), wenn der andere Ehegatte in die Steuerklasse III eingereiht wird, häufig wenn einer der beiden teilzeitbeschäftigt ist oder aber der andere erheblich mehr verdient
Steuerklasse VI	Arbeitnehmer, die gleichzeitig von mehreren Arbeitgebern Arbeitslohn erhalten, mit ihren zweiten und weiteren Lohnsteuerkarten

Berechne den prozentualen Anteil der Lohnsteuer am Bruttolohn bei einem Ledigen ohne Kinder und bei einem Verheirateten, dessen Ehepartner nicht erwerbstätig ist, bei einem Einkommen von 1.500, 2.000, 2.500 und 3.000 € monatlich.

a) Was stellst du fest?

b) Wie erklärst du die Unterschiede?

Lohnsteuertabelle

Mithilfe von gedruckten Tabellen oder PC-Steuertabellen lassen sich die jeweils anfallende Lohnsteuer, Kirchensteuer und der Solidaritätszuschlag gemäß der Angaben aus der Lohnsteuerkarte (Steuerklasse, Kinderfreibetrag, Kirchensteuerabzug) ermitteln.

Lohn/Gehalt bis €*	Abzüge an Lohnsteuer, Solidaritätszuschlag (SolZ) und Kirchensteuer (8%, 9%) in den Steuerklassen: I – VI					I, II, III, IV		mit Zahl der Kinderfreibeträge . . . 0,5			1			1,5			2			2,5			3**		
		LSt	ohne Kinderfreibeträge SolZ	8%	9%		LSt	SolZ	8%	9%	SolZ	8%	9%	SolZ	8%	9%	SolZ	8%	9%	SolZ	8%	9%	SolZ	8%	9%
2 207,99	I,IV	314,58	17,30	25,16	28,31	I	314,58	13,55	19,72	22,18	9,98	14,52	16,34	6,60	9,60	10,80	—	4,96	5,58	—	1,18	1,33	—	—	—
	II	283,50	15,59	22,68	25,51	II	283,50	11,93	17,35	19,52	8,43	12,27	13,80	2,45	7,46	8,39	—	3,14	3,53	—	—	—	—	—	—
	III	75,66	—	6,05	6,80	III	75,66	—	2,49	2,80	—	—	—	—	—	—	—	—	—	—	—	—	—	—	—
	V	636,—	34,98	50,88	57,24	IV	314,58	15,40	22,41	25,21	13,55	19,72	22,18	11,75	17,09	19,22	9,98	14,52	16,34	8,27	12,03	13,53	6,60	9,60	10,80
	VI	668,—	36,74	53,44	60,12																				
2 210,99	I,IV	315,41	17,34	25,23	28,38	I	315,41	13,60	19,78	22,25	10,03	14,59	16,41	6,63	9,65	10,85	—	5,02	5,64	—	1,22	1,37	—	—	—
	II	284,33	15,63	22,74	25,58	II	284,33	11,97	17,41	19,58	8,47	12,33	13,87	2,58	7,51	8,45	—	3,18	3,58	—	—	—	—	—	—
	III	76,16	—	6,09	6,85	III	76,16	—	2,53	2,84	—	—	—	—	—	—	—	—	—	—	—	—	—	—	—
	V	637,16	35,04	50,97	57,34	IV	315,41	15,45	22,48	25,29	13,60	19,78	22,25	11,79	17,15	19,29	10,03	14,59	16,41	8,31	12,09	13,60	6,63	9,65	10,85
	VI	669,25	36,80	53,54	60,23																				
2 213,99	I,IV	316,25	17,39	25,30	28,46	I	316,25	13,64	19,84	22,32	10,07	14,65	16,48	6,67	9,71	10,92	—	5,07	5,70	—	1,26	1,42	—	—	—
	II	285,16	15,68	22,81	25,66	II	285,16	12,01	17,47	19,65	8,52	12,39	13,94	2,73	7,57	8,51	—	3,23	3,63	—	—	—	—	—	—
	III	76,66	—	6,13	6,89	III	76,66	—	2,57	2,89	—	—	—	—	—	—	—	—	—	—	—	—	—	—	—
	V	638,50	35,11	51,08	57,46	IV	316,25	15,49	22,54	25,35	13,64	19,84	22,32	11,83	17,22	19,37	10,07	14,65	16,48	8,35	12,15	13,67	6,67	9,71	10,92
	VI	670,58	36,88	53,64	60,35																				
2 216,99	I,IV	317,08	17,43	25,36	28,53	I	317,08	13,69	19,91	22,40	10,11	14,71	16,55	6,71	9,77	10,99	—	5,12	5,76	—	1,30	1,46	—	—	—
	II	286,—	15,73	22,88	25,74	II	286,—	12,05	17,54	19,73	8,56	12,45	14,—	2,86	7,62	8,57	—	3,28	3,69	—	—	—	—	—	—
	III	77,33	—	6,18	6,95	III	77,33	—	2,61	2,93	—	—	—	—	—	—	—	—	—	—	—	—	—	—	—
	V	639,83	35,19	51,18	57,58	IV	317,08	15,54	22,60	25,43	13,69	19,91	22,40	11,88	17,28	19,44	10,11	14,71	16,55	8,39	12,20	13,73	6,71	9,77	10,99
	VI	671,83	36,95	53,74	60,46																				
2 219,99	I,IV	317,91	17,48	25,43	28,61	I	317,91	13,73	19,97	22,46	10,15	14,77	16,61	6,75	9,82	11,05	—	5,17	5,81	—	1,34	1,51	—	—	—
	II	286,83	15,77	22,94	25,81	II	286,83	12,10	17,60	19,80	8,60	12,51	14,07	3,01	7,68	8,64	—	3,32	3,74	—	—	—	—	—	—
	III	77,83	—	6,22	7,—	III	77,83	—	2,65	2,98	—	—	—	—	—	—	—	—	—	—	—	—	—	—	—
	V	641,—	35,25	51,28	57,69	IV	317,91	15,58	22,67	25,50	13,73	19,97	22,46	11,92	17,34	19,50	10,15	14,77	16,61	8,43	12,26	13,79	6,75	9,82	11,05
	VI	673,08	37,01	53,84	60,57																				

Allgemeine Monatslohnsteuertabelle 2007: Ausgewählte Werte

2 Das Sozialversicherungssystem

2.1 Individuelle oder kollektive Daseinsvorsorge?

Alterssicherung auf dem Lande vor etwa 120 Jahren; aus einer Übernahmeurkunde aus dem Jahre 1880: Der Wagner und Landwirt Johann Karl Fischer übernimmt nach dem Tode seines Vaters das elterliche Anwesen und die Wagnerei. Im Übernahmevertrag wird geregelt, was er seiner Mutter, der Witwe Anna Fischer, zur Bestreitung ihres Lebensunterhalts zu geben hat.

1. Auf welche Weise und durch welche Maßnahmen wird der Lebensunterhalt der Witwe Anna Fischer gesichert?
2. Warum können wir hier von einer individuellen Daseinsvorsorge sprechen?

„... Derselbe hat der Mutter lebenslänglich unentgeltlich Wohnrecht in diesem Hause, und zwar ein Zimmer I. Stockwerks links von der aufwärts führenden Treppe und ebenso die Benutzung des darüberliegenden Dachbodens zu gewähren. Er gibt ihr weiter wöchentlich ein Laib Brot gewöhnlicher Größe, durch 6 Monate täglich eine ganze Maß warmer Milch, durch die übrigen 6 Monate des Jahres täglich eine halbe Maß Milch, jährlich 12 Maßl Erdäpfeln (Kartoffeln), wöchentlich 3 Körbe Abfallholz von der Wagnerei. Für den Fall, als die Witwe wegen Unverträglichkeit aufziehen müßte, hat der Sohn Johann Karl Fischer jährlich 20 Gulden österr. Währung Quartiergeld in 1/4jährigen Vorausraten zu bezahlen."

Auf dem Lande war bei der bäuerlichen Bevölkerung diese Art der Daseinsvorsorge, bei der die junge Generation die alte mit zu unterhalten hatte, bis in die Mitte des 20. Jahrhunderts üblich. Andererseits hat die alte Generation je nach Kräften und Gesundheit bis zum Lebensende im Anwesen oder Geschäft mitgearbeitet.

Arbeiterinnen in einer Textilfabrik

Mit dem Aufkommen der Industrie im 19. Jahrhundert entstand als neue gesellschaftliche Schicht die Lohnarbeiterschaft. Die Arbeiter kamen vom Lande in die Stadt. Dadurch löste sich der bisherige Schutzverband der Verwandtschaft und der Nachbarschaft auf, wie er auf dem Lande trotz aller Armut noch bestanden hatte.

Durch das Überangebot an Arbeitern in den Städten brauchten die Unternehmer nur geringe Löhne zu bezahlen. Die Arbeitskraft war praktisch wie eine Ware handelbar. Die neue Schicht der Lohnarbeiter traf dies besonders hart.

- Krankheit und Unfälle führten zum Verlust des Arbeitsplatzes und damit zum Verlust des ohnehin kargen Lohnes.
- Erwerbsunfähigkeit im Alter war gleichbedeutend mit Armut, zumal auch die Kinder nicht mehr für die Eltern sorgen konnten.
- An eine individuelle Vorsorge durch Sparen war bei dem niedrigen Einkommen nicht zu denken.

Die Risiken in Form von Krankheit, Unsicherheit, Armut und Not für eine immer größer werdende Zahl von Arbeitern bilden den Kern der sozialen Frage im 19. Jahrhundert.

Da eine individuelle Lösung der Probleme nicht möglich schien, ging man bereits im Deutschen Kaiserreich den Weg einer kollektiven Vorsorge durch die Schaffung der **Sozialversicherung als Pflichtversicherung für alle Arbeitnehmer**.

Der erste Schritt auf diesem Wege war die Kaiserliche Botschaft vom 17. November 1881, die Kaiser Friedrich Wilhelm I. durch seinen Reichskanzler Otto von Bismarck im Reichstag verkünden ließ.

Auszug aus einer Arbeitsordnung aus dem Jahre 1875:

Arbeitsordnung

Die regelmäßige Arbeitszeit beträgt 12 Stunden.

Urlaub wird nur in dringenden Fällen gewährt.
Lohn wird für diese Zeit nicht gezahlt.

Kranke Mitarbeiter erhalten keinen Lohn.

Lies im Geschichtsbuch, was dort über die Einführung der Sozialgesetze steht.

Sozialversicherungen sind Pflichtversicherungen, denen grundsätzlich alle Arbeitnehmer beitreten müssen.
Der Arbeitgeber muss jeden neuen Mitarbeiter bei der Sozialversicherung anmelden.

Ende des 19. und im Verlauf des 20. Jahrhunderts wurde die Sozialversicherung immer weiter ausgebaut:
- 1883 Krankenversicherung
- 1884 Unfallversicherung
- 1889 Rentenversicherung der Arbeiter
- 1911 Rentenversicherung der Angestellten
- 1927 Arbeitslosenversicherung
- 1994 Pflegeversicherung

2.2 Beiträge und Leistungen in der Sozialversicherung

Im Lauf der Geschichte wurden nicht nur neue Zweige der Sozialversicherung geschaffen, wie z. B. 1927 die Arbeitslosenversicherung und 1994 die Pflegeversicherung. Auch der versicherte Personenkreis und die Arten der Leistungen wurden immer mehr ausgebaut. Betrachte dazu die folgende Übersicht:

Versicherungsart	Versicherter Personenkreis	Beiträge	Leistungen (Beispiele)
Kranken-versicherung	alle Arbeitnehmer und ihre Familienangehörigen 	Zahlung durch Arbeitgeber (AG) und Arbeitnehmer (AN)	ärztliche und zahnärztliche Behandlung, Arzneien, Heilmittel, Entbindung, Krankenhausbehandlung, Krankengeld, Vorsorgeuntersuchung, Kuren
Renten-versicherung	alle Arbeitnehmer 	Zahlung durch AG und AN je zur Hälfte	Altersrente, Hinterbliebenenrente, Erwerbsunfähigkeitsrente, Vorbeugungsmaßnahmen
Arbeitslosen-versicherung	alle Arbeitnehmer 	Zahlung durch AG und AN je zur Hälfte	Arbeitslosengeld, Arbeitslosengeld II, Arbeitsvermittlung, Berufsberatung, Umschulung
Pflege-versicherung	alle Mitglieder der gesetzlichen Krankenversicherung 	Zahlung durch AG und AN je zur Hälfte	häusliche Pflege, Pflegeheim, Pflegehilfsmittel (z. B. Krankenbett), Pflegegeld
Unfall-versicherung	alle Arbeitnehmer 	AG allein, Höhe abhängig vom Unfallrisiko	Unfallverhütung, Verletztengeld, Rente bei Betriebsunfällen

2.3 Das Solidarprinzip in der Sozialversicherung

Im Gegensatz zur Privatversicherung, die nach dem Grundsatz arbeitet, dass jedes Risiko versichert werden kann, wenn nur der entsprechende Beitrag geleistet wird, arbeiten die Zweige der Sozialversicherung nach dem **Solidarprinzip**. Es kommt sowohl im Beitragsaufkommen als auch in der Leistung zum Ausdruck.

Die zwei Seiten des Solidarprinzips
Solidarisch sein bedeutet: füreinander einstehen, zusammengehören, sich gegenseitig helfen. Eine Schulklasse würde z.B. in folgendem Fall solidarisch handeln: Ein Schüler erleidet einen Verkehrsunfall, der ihn voraussichtlich vier Wochen lang daran hindert, am Unterricht teilzunehmen. Die Klassenkameraden besuchen ihn abwechselnd und helfen ihm auch, die entstehenden Wissenslücken so gut wie möglich zu schließen. Das Gegenteil von Solidarität wäre Egoismus.

i

solidus (lat.) = auf fester Grundlage stehend. Die Bedeutung des Wortes Solidarität hat sich gegenüber der des lateinischen Ursprungs geändert.
Solidarität = auf die Gemeinschaft bezogen

Übertragen auf die Gesamtgesellschaft können wir alle Einwohner unseres Staates als eine Solidargemeinschaft auffassen. Die Arbeitnehmer, das sind etwa 90% aller Erwerbstätigen, brauchen einen besonderen Schutz, weil sie im Wesentlichen allein von ihrer körperlichen und geistigen Arbeitskraft leben. Was jedoch in einer Schulklasse noch durch Absprache möglich sein sollte, braucht in einem Staat eine gesetzliche Regelung.

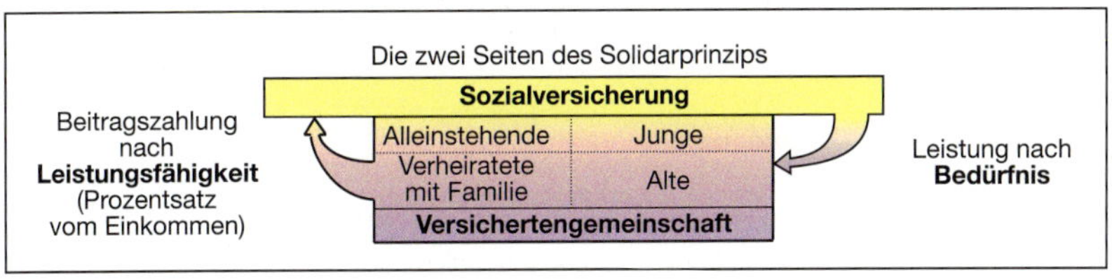

A

1. Welcher Zusammenhang besteht zwischen der Zahl der beschäftigten Arbeitnehmer und den Einnahmen der Sozialversicherungsträger?
2. Warum ist es auch aus Sicht der Sozialversicherungsträger wünschenswert, dass die Arbeitslosigkeit abgebaut wird?

2.4 Grenzen der Belastbarkeit

Das System der Sozialversicherung kann weiterhin nur funktionieren, wenn Beiträge und Leistungen, also Einnahmen und Ausgaben, einigermaßen übereinstimmen.

Die Einnahmenseite
Die Höhe der Einnahmen aller Sozialversicherungsarten hängt ab von
- der Höhe der Beitragssätze,
- von der Zahl der versicherungspflichtig beschäftigten Arbeitnehmer.

Finde mithilfe des Internets die aktuelle Zahl der sozialversicherungspflichtigen Beschäftigten heraus.

Beiträge zur Sozialversicherung (Stand Anfang 2008)

Versicherungsart	Beitragssatz insgesamt	Anteil des Arbeitgebers	Anteil des Arbeitnehmers
Krankenversicherung[1]	ca. 14,50%	6,80%	7,75%
Arbeitslosenversicherung	3,30 %	1,65 %	1,65 %
Rentenversicherung	19,90%	9,95%	9,95%
Pflegeversicherung[2]	1,70%	0,85%	0,85%
gesamt	40,30%	19,70%	20,60%

[1] Etwas unterschiedlich je nach Krankenkasse. Arbeitnehmer zahlen seit 01.07.2005 einen zusätzlichen Beitrag zur Krankenversicherung von 0,9%.

[2] Arbeitnehmer, die älter sind als 22 Jahre und keine Kinder haben, zahlen seit 01.01.2005 einen um 0,25% höheren Beitrag an die Pflegeversicherung, also 1,25%.

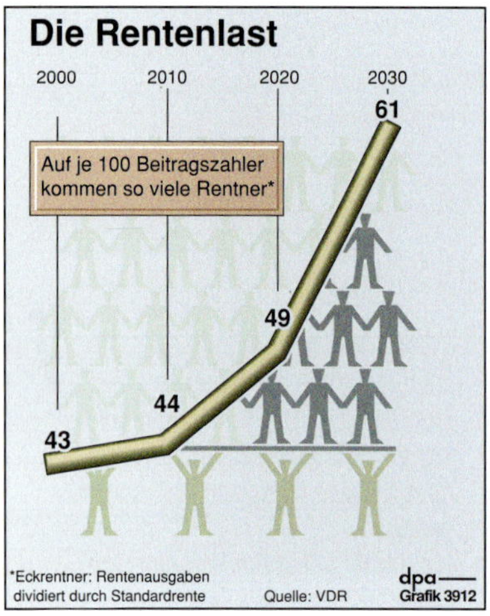

Die Ausgabenseite
Auf der Ausgabenseite sind immer höhere Belastungen zu verzeichnen.

Beispiel Arbeitslosigkeit
Für die Arbeitslosenversicherung bedeutet eine hohe Arbeitslosigkeit eine starke Inanspruchnahme von Leistungen.

Beispiel Renten
Die Zahl der Rentner steigt schneller als die Zahl der Beschäftigten, und zwar aus folgenden Gründen:

- Die Zahl der Erwerbstätigen, die erstmals Rente beziehen, steigt, weil immer mehr geburtenstarke Jahrgänge in das Rentenalter kommen.
- Die Menschen werden immer älter, die Dauer des Rentenbezugs steigt. In Jahre 1960 bezogen die Deutschen nach dem Ausscheiden aus dem Erwerbsleben noch knapp zehn Jahre Rente, heute sind es 17 Jahre.
- Das Renteneintrittsalter, also das Alter, mit dem die Arbeitnehmer aus dem Erwerbsleben ausscheiden, wird immer niedriger. Es lag 1960 bei 64,7, im Jahre 2006 bei 63,2 Jahren.
- Durch den Geburtenrückgang nimmt die Zahl derjenigen ab, die in das Erwerbsleben eintreten.

Beispiel Krankenversicherung
Die Ausgaben für das Gesundheitswesen sind von 1992 bis zum Jahr 2006 von 108 auf 148 Mrd. € gestiegen. Im Durchschnitt gaben die Krankenkassen für jeden Bundesbürger im Jahr 2000 rund 1.800 € für Gesundheit aus.

A

1. Überlege die Konsequenzen der Arbeitslosigkeit für die Einnahmen- und Ausgabenseite.
2. Welche ökologische Nebenwirkung sollte die Ökosteuer noch haben?

Die Suche nach Auswegen
Um die steigenden Ausgaben für Sozialleistungen weiterhin finanzieren zu können, sucht der Staat nach Wegen, höhere Einnahmen zu erzielen.

Die Ökosteuer
Mit dem Jahr 1999 wurde die so genannte Ökosteuer eingeführt. Seitdem wurde zu Beginn eines jeden Jahres bis einschließlich 2003 die Mineralölsteuer stufenweise um je drei Cent erhöht. Hinzu kommt noch ein halber Cent für die Erhöhung der Mehrwertsteuer. Diese Einnahmen fließen größtenteils in das Rentenversicherungssystem. Im Gegenzug wurden die Beiträge zur Rentenversicherung schrittweise von 20,3 % (1998) auf 19,1 % (2002) gesenkt. Mit dieser Maßnahme sollte erreicht werden, dass der Faktor Arbeitskraft billiger und der Energieverbrauch teurer werden.

Private Vorsorge neben der gesetzlichen Rentenversicherung
Mit der 2001 beschlossenen Rentenreform soll der sich öffnenden Schere zwischen Beitragszahlern und Rentnern begegnet werden:

- Die Renten sollen langsamer steigen. Wer bisher 45 Versicherungsjahre nachweisen konnte, bekam eine Rente, die 70 % seines durchschnittlichen Nettoeinkommens entsprach. Bis zum Jahr 2030 soll dieses Niveau auf 64 % gesenkt werden.
- Die dadurch entstehende Versorgungslücke sollen die Erwerbstätigen durch mehr private Vorsorge ausgleichen.

i

Beachte: Die Absenkung des Rentenniveaus bedeutet nicht Kürzung der Renten.

Die Eigenvorsorge kann entweder über eine private Rentenversicherung, über einen Fondssparplan oder über eine betriebliche Pensionskasse erfolgen. Der Staat fördert diese Vorsorge durch Steuererleichterungen.

Anhebung des Rentenalters
Bis zum Jahre 2029 soll das Renteneintrittsalter stufenweise bis auf 67 Jahre ansteigen. (Siehe Schaubild auf der folgenden Seite.)
Das gesetzliche Renteneintrittsalter lag bisher bei 65 Jahren.

Die folgende Grafik enthält einen Sachverhalt, der sowohl deine Eltern als auch dich betrifft. Studiere ihn genau mit Hilfe des folgenden Textes.

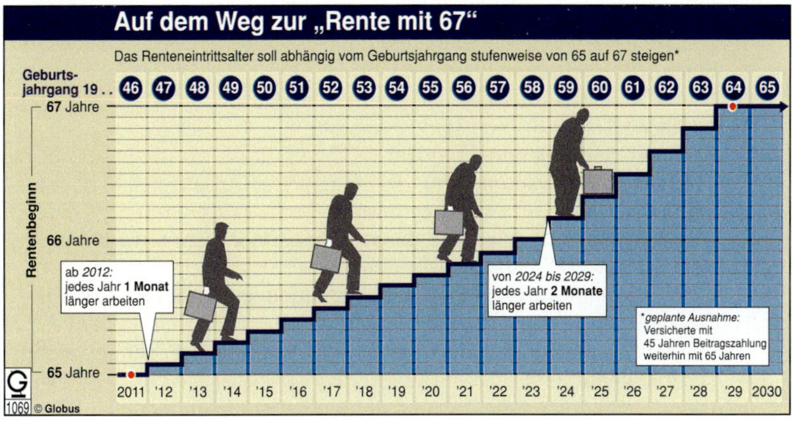

Die Grafik stellt auf der unteren waagerechten Leiste die Stufen dar, um die sich der Rentenbeginn über das 65. Lebensjahr hinaus verschiebt. *Beispiel:* Wer im Jahre 2020 in Rente gehen will, kann dies erst mit 65 Jahren und neun Monaten, wenn er keine Rentenabschläge hinnehmen will. Wer 2023 in Rente gehen will, kann dies erst mit 66 Jahren.

Die obere waagerechte Leiste enthält die Geburtsjahrgänge, für welche dies zutrifft, also im ersten Beispiel Geburtsjahrgang 1955, im zweiten Beispiel Geburtsjahrgang 1958.

Im Kalenderjahr 2029 und später können alle Geburtsjahrgänge ab 1965 erst mit 67 in Rente gehen, wenn sie nicht Abschläge hinnehmen wollen.

Der Abschlag beträgt je Monat eines früheren Rentenbeginns 0,3 Prozent pro Monat, also 3,6 (0,3 x 12) pro Jahr. Wer also 2030 in Rente gehen will und erst 65 Jahre alt ist, muss einen Abschlag von 7,2 Prozent auf seine Monatsrente hinnehmen.

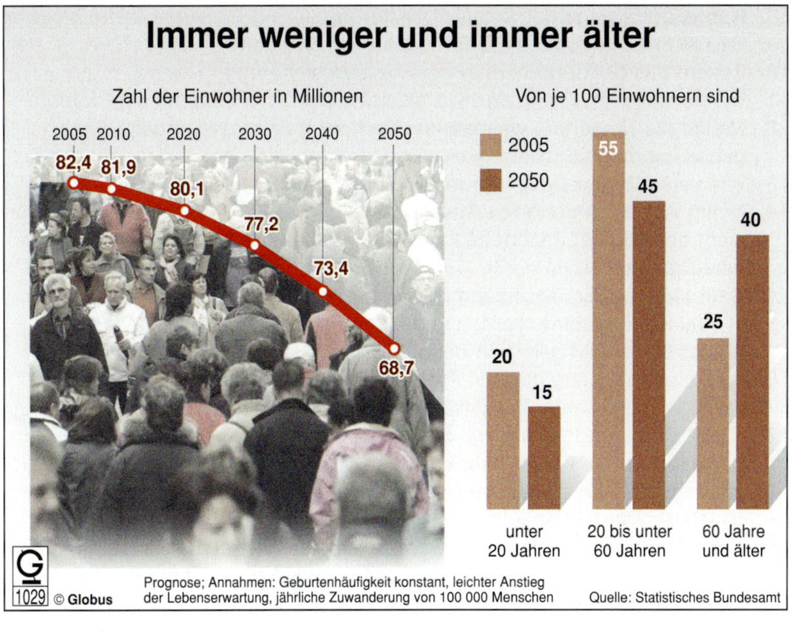

1. Nenne die Gründe, die zu der neuen gesetzlichen Regelung geführt haben.
2. Wann kann jemand ohne Abschläge in Rente gehen, der
   a) im Jahr 1958,
   b) im Jahr 1962

   geboren wurde?
3. Welche Ausnahmeregelung ist vorgesehen?
4. Stimmt die Aussage: Ein verbummeltes Jahr in jungen Jahren wirkt sich auch im Alter noch aus. Aussage begründen!

1. Stelle den Unterschied zwischen Bruttolohn, Nettolohn und gezahltem Lohn schematisch dar.
2. Die Lohnsteuerkarte:
   a) Wer stellt sie aus und warum?
   b) Was muß der Steuerpflichtige tun?
   c) Wer erhält die Steuerkarte?
3. a) Erkläre Lohnsteuertabelle und Lohnsteuerklassen.
   b) In welche Steuerklassen sind eingestuft:
      • Schüler, der Ferienarbeit leistet,
      • verheiratete Reinigungsfrau, die an mehreren Arbeitsstellen beschäftigt ist,
      • verheirateter Arbeitnehmer, dessen Ehepartner nicht erwerbstätig ist,
      • geschiedener Arbeitnehmer mit einem Kind in häuslicher Gemeinschaft,
      • teilzeitbeschäftigter Ehepartner eines Arbeitnehmers, der seinerseits vollbeschäftigt ist.
4. Wie ist in Deutschland die Zahlung der Kirchensteuer geregelt?
5. Nimm zu folgender Aussage begründet Stellung: „Wer sich einer Konfession zugehörig fühlt, soll auch zum Unterhalt seiner Kirche beitragen und diese Beträge von der Steuer absetzen dürfen. Dafür könnte man die Kirchensteuer abschaffen."
6. a) Was bedeutet „Solidaritätszuschlag" und zu welchem Zweck wird er erhoben?
   b) Berechne den Solidaritätszuschlag in folgenden Fällen:
      • Einkommensteuer 3.000 €
      • Einkommensteuer 6.000 €
      • Einkommensteuer 12.000 €
   c) Nimm zu folgenden Aussagen Stellung:
      • Der Solidaritätszuschlag sollte ganz abgeschafft werden.
      • Der Solidaritätszuschlag sollte für Bezieher niedriger Einkommen gesenkt oder ganz abgeschafft werden, dafür aber für Bezieher höherer Einkommen erhöht werden.
7. a) Erkläre den Begriff Sozialversicherung.
   b) Grenze sie gegenüber der Individualversicherung ab.
   c) Nenne Beispiele für Individualversicherungen, die wahrscheinlich auch deine Eltern abgeschlossen haben.
8. Nenne die Zweige der Sozialversicherung.
9. Wie ist im Grundsatz die Beitragszahlung geregelt?
10. Erkläre das Solidarprinzip in der Sozialversicherung.
11. Nenne für jeden Zweig der Sozialversicherung mindestens ein Problem.
12. Nenne die Ursachen, weshalb die Rentenversicherung in den vergangenen Jahren in Schwierigkeiten gekommen ist.
13. Wie versucht der Gesetzgeber diesen Schwierigkeiten zu begegnen?
14. Nimm zu der oft gehörten Aussage Stellung: Solange die Arbeitslosigkeit nicht beseitigt ist, macht es keinen Sinn, dass das Renteneintrittsalter heraufgesetzt wird.
15. Betrachte das Schaubild auf Seite 81 unten.
    a) Welche Probleme werden in diesem Schaubild dargestellt?
    b) Das Schaubild geht von bestimmten Annahmen aus. Nenne sie!
16. Im Zusammenhang mit den Problemen der Sozialversicherung ist oft von den Grenzen der Belastbarkeit die Rede. Was ist damit gemeint?
17. Nimm zu folgender Aussage Stellung:
    Stirbt jemand z.B. innerhalb von zwei Jahren, nachdem er in Rente gegangen ist, so sollten seine Erben einen erheblichen Teil der von ihm gezahlten Rentenversicherungsbeiträge ausbezahlt bekommen.
18. Nimm in Form einer Pro- und Contra-Auseinandersetzung zu folgender Aussage Stellung: Zur Entlastung der Krankenkasse sollten Kosten für Entbindungen aus dem allgemeinen Steueraufkommen bezahlt werden.

VIII Der Markt

1 Marktarten

Herren-Polohemden
hochwertige Qualitäten
uni und gemustert
Baumwolle ab **19.90**

Bürokauffrau, ehrgeizig, flexibel, freundlich, sucht Stellung langfristig, Teilzeit bis 35 Wo.-Std., Tel. 4 56 78

Computer, Drucker, Bildschirme, usw. Verkauf und zuverläss. und preisgünst. techn. Kundendienst. Meisterbetr. seit 1977, **ki Bürotechnik**

Panda 100
G-Kat, TÜV/AU neu, 8-f. ber., 1.500,– VB, Tel. 773 56 85

Suche zuverlässige Zugehfrau (zum Putzen und Bügeln) 1 x wöchentl. ca. 4 Std. n. Vereinb. Tel. 171/12 00 56

Wohnzimmertisch, massiv
Holz hell, H:54 B:74 L:1,34, VB 250,–
Tel. 808 414 ab 18 Uhr

NOCH JEDE MENGE URLAUB FÜR GANZ SCHNELLE
ab Leipzig
1.7. Korfu ab € **369,–**
2**-Pension ÜF, 2 Wochen p. P. im DZ
5.7. Kalabrien ab € **609,–**
4****-Hotel HP, 10 Tage p. P. im DZ

Allen Beispielen ist gemeinsam, dass zwei Gruppen von Menschen zusammengeführt werden sollen:

- Menschen, die ein Gut erwerben möchten, bezeichnet man als **Nachfrager**.
- Menschen, die ein Gut verkaufen wollen, nennt man **Anbieter**.
- Angebot und Nachfrage begegnen sich auf dem **Markt**.
- Für alle Güter, die angeboten bzw. nachgefragt werden, bildet sich auf dem Markt ein **Preis**.

A

Sieh dir die Bilder und Zeitungsausschnitte genau an und überlege, warum es sich bei jedem Beispiel um einen Markt handelt, auch wenn dies nicht immer auf den ersten Blick erkennbar ist.

2 Der Begriff „Markt“

Unter Markt verstehen wir **jedes beliebige Zusammentreffen von Angebot und Nachfrage**. Ein Markt ist z. B. ein Ladengeschäft, aber auch der Wochenmarkt für landwirtschaftliche Erzeugnisse. Jede Bank ist ein Markt, auf dem Kredite angeboten und nachgefragt werden. Auf vielen Märkten muss der Anbieter die Ware vorzeigen, damit der Nachfrager sie prüfen kann. Es gibt aber auch Märkte, auf denen täglich Umsätze in Millionenhöhe getätigt werden, ohne dass die „Ware“ sichtbar ist. Beispiele sind der Devisenmarkt, die Wertpapierbörse oder der Rohstoffmarkt. Für diese Ware ist wichtig, dass sie standardisiert werden. Die Angabe US-Dollar, XY-Aktie oder Feingold ist für den Händler ausreichend.

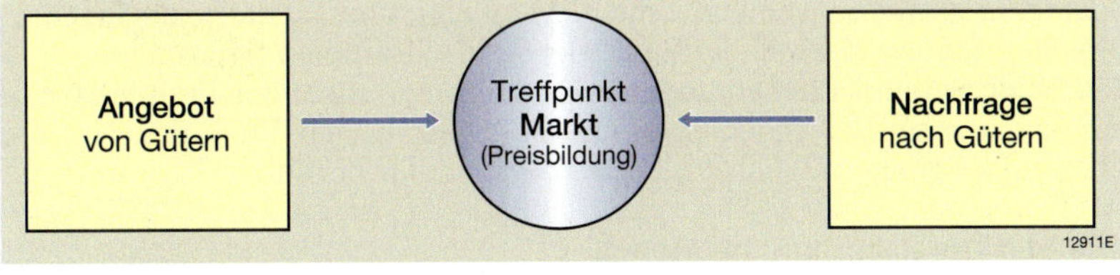

Das Verhalten von Anbietern und Nachfragern

Für Anbieter und Nachfrager ist der Preis zwar ein wichtiger, aber nicht einziger Einflussfaktor.

Für den Anbieter sind außerdem seine **Kosten** entscheidend. Kann er für sein Produkt nur einen Preis erzielen, der unter den Herstellungskosten liegt, wird er bald vom Markt verschwinden. Auch der **Gewinn** ist für den Anbieter wichtig. Wer z. B. Frühkartoffeln oder Spargel um eine oder zwei Wochen früher auf den Markt bringen kann als andere Anbieter, erzielt einen höheren Preis und dadurch einen höheren Gewinn.

Für den Nachfrager ist neben dem Preis die Höhe seines Einkommens entscheidend. Wer nur über ein geringes Einkommen verfügt, wird im Januar vermutlich keine Weintrauben kaufen. Bedeutsam sind auch die Preise vergleichbarer Güter. Ein Ansteigen der Kaffeepreise wird manche Verbraucher veranlassen, öfter Tee zu trinken. Wenn im Herbst die Weintrauben preiswert angeboten werden, lassen wir vielleicht die Äpfel im Regal liegen. Weiterhin ist die persönliche Wertschätzung wichtig. Jeans werden von Jugendlichen mehr geschätzt als von Rentnern. Ein Liebhaber klassischer Musik kauft kaum Popmusik.

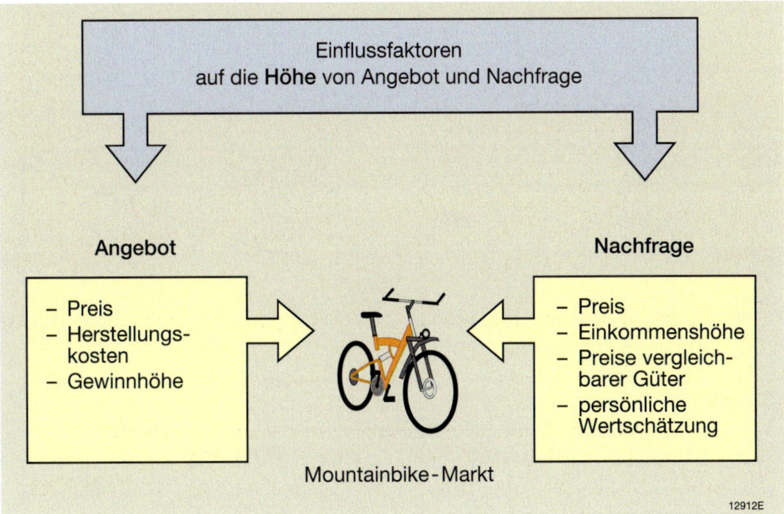

1. Je nach Art des Gutes, das angeboten bzw. nachgefragt wird, sprechen wir von verschiedenen Arten von Märkten. Suche in einer Tageszeitung oder in einem Anzeigenblatt Beispiele für einen Immobilienmarkt, Kraftfahrzeugmarkt, Stellenmarkt, Kreditmarkt. Was steht in einem Angebot (z. B. Stellenangebot), was steht in einem Nachfragebeispiel (z. B. Stellengesuch)?
2. Gibt es in deinem Schulort Märkte, die nicht ständig abgehalten werden? Nenne Beispiele dafür.
3. Suche weitere Beispiele für persönliche Wertschätzung als Einflussfaktor. Bedenke, dass nicht nur das Geld unser Verhalten beeinflusst.
4. Auch die Bereitschaft, Natur, Umwelt und die Tiere zu schützen, kann unsere Entscheidung beeinflussen. Gib dafür Beispiele.
5. Gibt es Güter, bei denen die genannten Einflussfaktoren überhaupt nicht dafür entscheidend sind, ob wir sie kaufen wollen? Suche dafür Beispiele. Denke dabei an die Arten der Bedürfnisse.

3 Funktionszusammenhang zwischen Angebot, Nachfrage und Preis

Versetzen wir uns in die Lage von Obstbauern, die im Herbst Äpfel anbieten. Jeder möchte so viel wie möglich verkaufen. Als Hersteller (Anbieter) hat er folgende Möglichkeiten:

- große Mengen an eine Mosterei oder Konservenfabrik verkaufen
- in kleinen Mengen am Wochenmarkt an die Verbraucher verkaufen
- Äpfel lagern und während der Wintermonate (zu einem höheren Preis) abgeben

Wie können sich die Verbraucher (**Nachfrager**) entscheiden?

- kleine Mengen am Markt frisch kaufen
- Weintrauben kaufen, weil diese im Herbst recht preiswert sind
- Äpfel in größeren Mengen kaufen. Man bekommt sie dann günstiger, riskiert jedoch, dass sie im Laufe der Zeit schrumpfen oder faulen.

Für beide Seiten ist neben anderen Faktoren vor allem der Preis entscheidend. Die Anbieter möchten einen möglichst hohen Preis erzielen, die Nachfrager einen möglichst niedrigen Preis dafür bezahlen.

Der Preis ist die in Geldeinheit ausgedrückte Gegenleistung für eine Gütereinheit.

Die Marktpreisbildung im Modell

Das nebenstehende Beispiel stellt dar, welcher Zusammenhang zwischen Preis, Angebot und Nachfrage bestehen kann. Wir erkennen sofort:

- Preis und Angebot stehen im direkten Verhältnis zueinander. Steigt der Preis, steigt auch das Angebot, fällt der Preis, sinkt das Angebot.
- Preis und Nachfrage stehen im indirekten Verhältnis zueinander: Steigt der Preis, sinkt die Nachfrage, fällt der Preis, steigt die Nachfrage.

Man bezeichnet diesen Zusammenhang auch als **Marktmechanismus**.

Preis in €/kg	Angebotsmenge in kg	Nachfragemenge in kg
5,00	800	100
4,00	600	250
3,00	400	400
2,00	200	550
1,00	0	700

Diesen Zusammenhang zwischen Angebot, Nachfrage und Preis können wir besser veranschaulichen, wenn wir die Zahlen in ein Koordinatenkreuz eintragen. Oberhalb des Schnittpunktes zwischen der Angebots- und der Nachfragekurve ist das Angebot größer als die Nachfrage. Bei einem Preis von 4,00 € werden z. B. 600 kg angeboten, aber nur 250 kg nachgefragt. Du kannst selbst ausrechnen, welche Menge auf dem Markt übrig bleibt. Unterhalb des Schnittpunktes ist die Nachfrage höher als das Angebot. Bei einem Preis von 2,00 € werden z. B. 550 kg nachgefragt, aber nur 200 kg angeboten. Bei einem Preis von 3,00 € sind Angebot und Nachfrage im Gleichgewicht. Wir bezeichnen ihn daher als **Gleichgewichtspreis**. Die Menge von 400 kg ist die **Gleichgewichtsmenge**.

Der Gleichgewichtspreis ist jener Preis, bei dem Angebot und Nachfrage übereinstimmen. Die Anbieter können ihre Ware vollständig verkaufen. Alle Nachfrager, die zu diesem Preis kaufen wollen, können ihre Absicht verwirklichen.

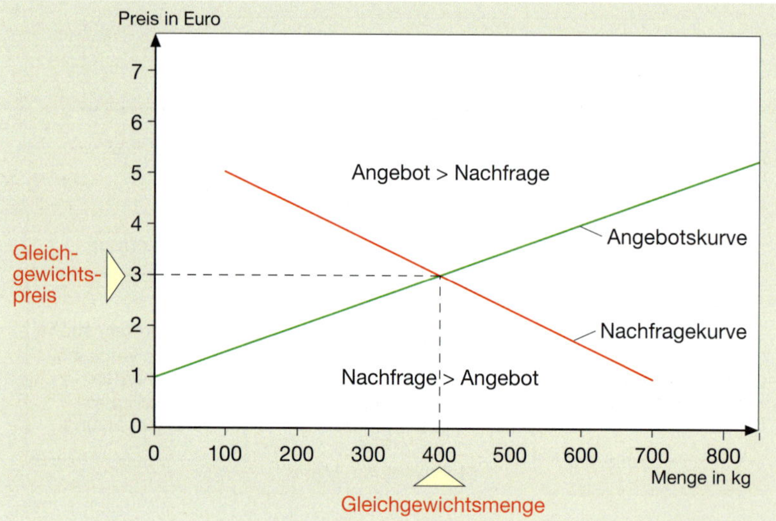

4 Das Marktmodell

Die Bildung von Modellen, eine fachbezogene Darstellungsweise
Das Wort Modell kennst du z.B. von Spielwaren. Wir können uns beispielsweise einen Modellbaukasten kaufen und damit einen bestimmten Flugzeugtyp nachbauen. Unser fertiges Modell ist dann ein verkleinertes Abbild seines großen Bruders. Wenn eine neue Siedlung gebaut werden soll, erstellen die Architekten ein Modell. Jeder Stadtplan ist nichts weiter als ein Modell. Schau dir dazu die zwei Abbildungen links an.

Modell einer Siedlung

Allen Beispielen ist gemeinsam, dass sie einen komplexen Gegenstand in verkleinerter Form abbilden und ihn damit für uns vorstellbar machen. Dabei sind Vereinfachungen notwendig. Im Modell einer Siedlung müssen wir nicht wissen, wie groß die Fenster der Häuser werden sollen. In einer Straße kann die Farbe eines Hauses zur Orientierung wichtig sein; im Stadtplan genügt uns der Name der Straße.

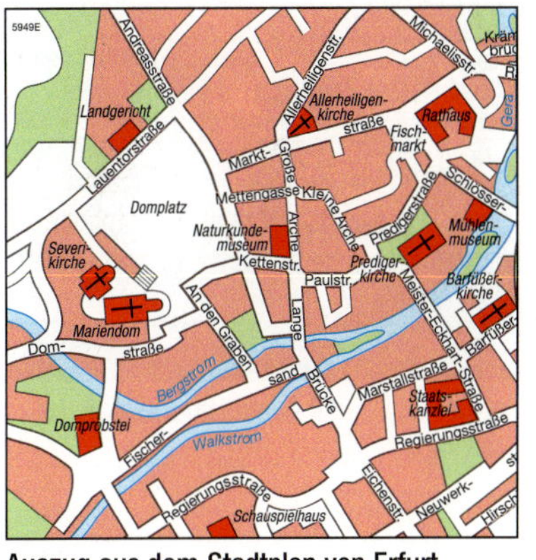

Auszug aus dem Stadtplan von Erfurt

Mit Modellen können wir nicht nur Gegenstände, sondern auch Vorgänge abbilden, und erhalten so eine bessere Vorstellung von ihnen. Ein Beispiel dafür ist das Marktmodell. Mit seiner Hilfe können wir uns die Reaktionen der Marktparteien – Anbieter und Nachfrager – und die Preisbildung veranschaulichen. Allerdings haben wir bei unserem Modell einige Vereinfachungen vorgenommen, die wir nun offenlegen wollen:

- Die Marktteilnehmer haben volle Marktübersicht. Das bedeutet: Die Waren und ihre Eigenschaften sind jedem bekannt. In der Fachsprache sagt man: Der Markt ist **transparent** (= durchschaubar, von lat. transparere = durchscheinen).
- Die Marktteilnehmer haben keine besonderen Vorlieben. Gegenbeispiel: Die Kundin Maier kauft nur bei der Marktfrau Huber, weil sie zusammen im Kirchenchor singen. Wir sagen: Es gibt **keine Präferenzen** (lat. praeferens = vorziehend).
- Auf dem Markt gibt es viele Anbieter und viele Nachfrager. Kein Marktteilnehmer kann den Markt beherrschen und anderen die Bedingungen vorschreiben. Wir sprechen in diesem Fall von **vollkommener Konkurrenz**.
- Die auf dem Markt angebotenen Produkte haben die gleiche Qualität. Der Preis ist deshalb die einzige Richtschnur für die Kaufentscheidung. Man bezeichnet sie deshalb als **homogene** (= gleichartige) **Güter**.

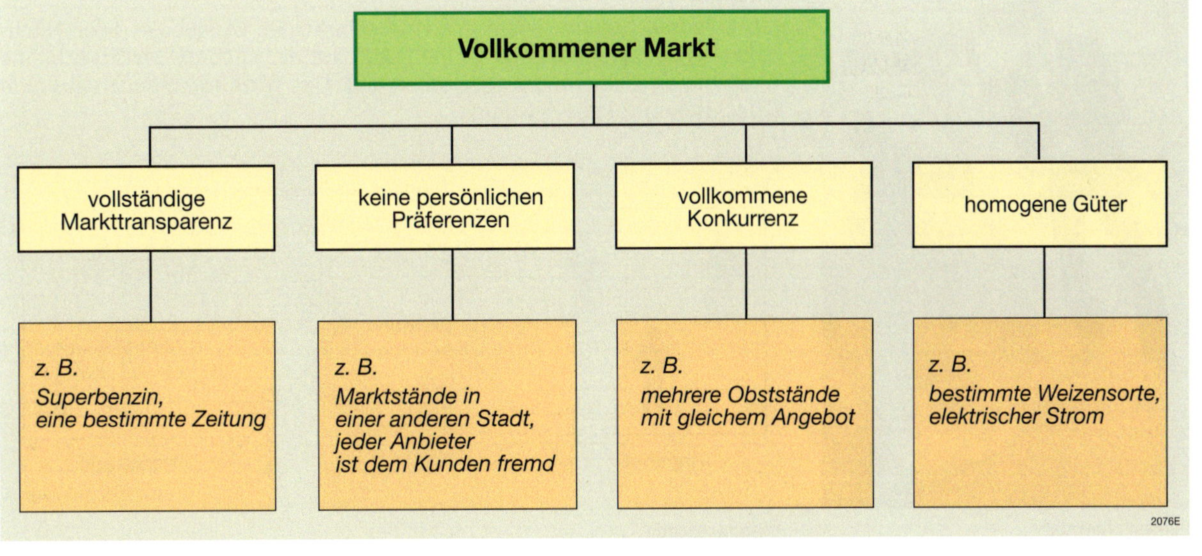

5 Marktformen

Neben den Marktarten müssen die Marktformen unterschieden werden. Während es bei der Einteilung der Marktarten auf die jeweiligen Güter ankommt, die auf dem Markt gehandelt werden, ist bei den Marktformen die **Anzahl der Marktteilnehmer** auf Angebots- und Nachfrageseite entscheidend.

Polypol
Stehen auf einem Markt viele Anbieter vielen Nachfragern gegenüber, so sprechen wir von einem Polypol oder von vollkommener Konkurrenz. Das Wort kommt aus dem Altgriechischen (polys = viel; polein = Handel treiben). „Vollkommene Konkurrenz“ wird auf der Seite 87 erklärt.

Polypol: Obst- und Gemüsemarkt in einer Großstadt

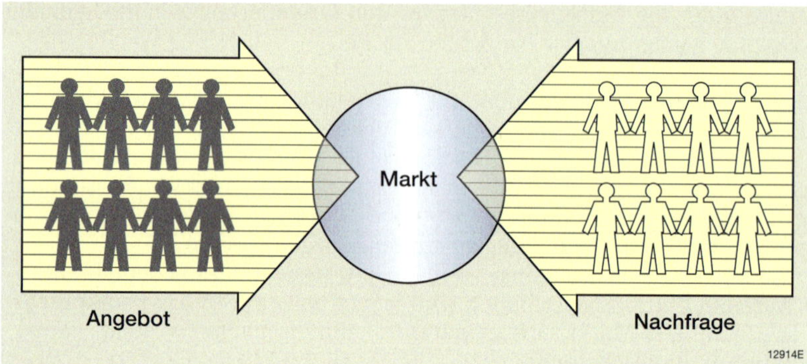

Polypol

Ein Polypol kann zum Beispiel vorliegen, wenn es in einer Stadt mehrere gleich große Malergeschäfte gibt. Aber auch die Gemüsebauern in einem Dorf in der Nähe einer Stadt bilden ein Polypol, obwohl ihnen auf der Nachfrageseite viele Verbraucher gegenüberstehen.

Will der einzelne Marktteilnehmer seinen Gewinn steigern, so bleibt ihm nur die Möglichkeit, seine Verkaufsmengen zu erhöhen. Der Weg über den Preis ist ihm versperrt, weil die Kunden sonst sofort zur Konkurrenz abwandern würden.

Oligopol
Ein Oligopol besteht, wenn auf einer Marktseite (Angebots- oder Nachfrageseite) einigen wenigen Teilnehmern auf der anderen Marktseite eine Vielzahl von Teilnehmern gegenübersteht. Das Wort kommt auch aus dem Griechischen (oligos = wenig).

Oligopol: Tankstelle

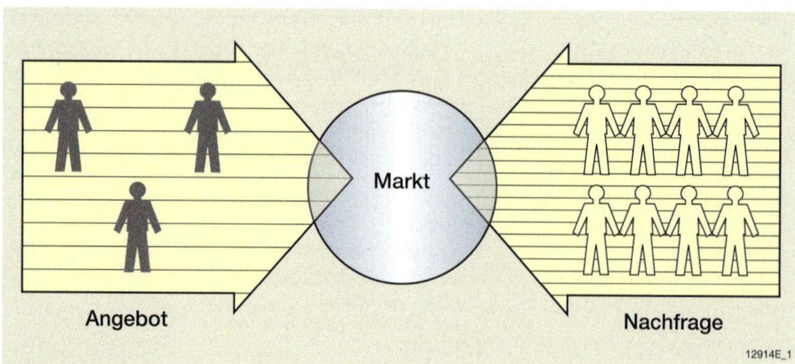

Angebotsoligopol

Oligopole gibt es zum Beispiel auf dem Markt für Benzin. Die Anbieter können deshalb ihr Verhalten leicht aufeinander abstimmen. Preisänderungen des einen Anbieters führen häufig dazu, dass die anderen innerhalb weniger Tage „nachziehen“. Den Markt für Erdgas beherrschen in Deutschland insgesamt vier Anbieter.

Monopol
Stehen auf einer Marktseite (Angebots- oder Nachfrageseite) einem Anbieter viele Marktteilnehmer gegenüber, so spricht man von einem Monopol (griechisch: monos = allein).

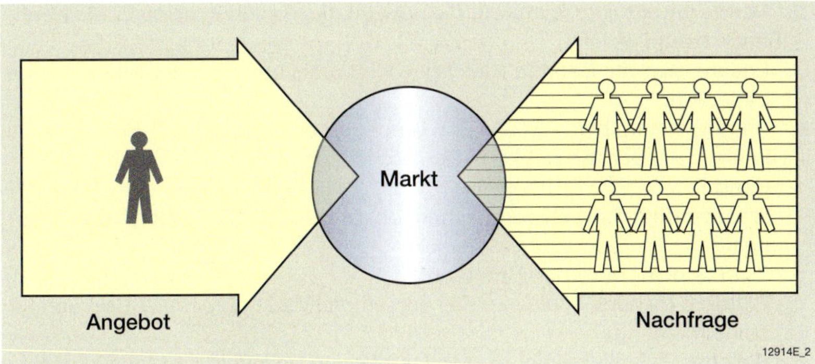

Angebotsmonopol

Monopole bestehen zum Beispiel bei Rüstungsgütern. Der Staat ist der einzige Nachfrager. Auch Stadtwerke können ein Monopol besitzen, wenn sie in einer Stadt der einzige Anbieter von Erdgas sind. Die Deutsche Post AG hatte lange Zeit das Monopol für die Brief- und Paketzustellung. Inzwischen wurde dieses Monopol weitgehend aufgehoben. Ende 2007 fiel auch das Monopol bei der Beförderung von Briefen bis 50 Gramm weg. Die frühere Deutsche Bundespost hatte auch das Fernsprechmonopol. Mit seinem Wegfall gab es neue Anbieter und das Telefonieren wurde seitdem billiger.

Monopole bestehen nicht nur bei Großunternehmen. Auch der einzige Bäcker oder Metzger in einem Dorf kann eine Monopolstellung haben. Er kann jedoch nur innerhalb gewisser Grenzen den Preis und damit seinen Gewinn bestimmen. Übersteigt der Preis diese Grenze, so können zum Beispiel neue Anbieter auftreten.

Monopol: Der einzige Bäcker im Dorf

A

1. Beobachte das Verhalten der Anbieter von Benzin während einer Woche. Wie werden Preiserhöhungen begründet? Gibt es auch Preissenkungen?
2. Ein Verbraucher in einem Dorf ist nicht mehr bereit, die vom einzigen Metzger geforderten Preise zu zahlen. Wie kann er reagieren?

1. Welche der folgenden Aussagen ist richtig, welche falsch? Begründe deine Meinung.
   - Zu einem Markt gehören unbedingt Verkaufsbuden.
   - Jede Modeboutique ist ein Markt.
   - Nur wenn es viele Anbieter und viele Nachfrager nach einem Gut gibt, dürfen wir von einem Markt sprechen.
   - Auch die Personenbeförderung durch die Deutsche Bahn AG ist ein Markt.
   - Märkte gab es bereits bei den Griechen und Römern.
   - Jedes Reisebüro ist ein Markt.
   - Märkte kann es nur in hoch entwickelten Staaten geben.
2. Nenne jeweils drei Faktoren, die sowohl das Angebot als auch die Nachfrage beeinflussen.
3. Erkläre, was die Begriffe Gleichgewichtspreis und Gleichgewichtsmenge bedeuten.
4. Angenommen, deine Eltern sind bereit, dir einen neuen CD-Player zu kaufen. Bei der Auswahl des Gerätes lassen sie dir weitgehend freie Hand.
   Was würdest du wohl vergleichen, bevor du dich für ein Gerät entscheidest?
5. Zwei Schüler tauschen Briefmarken.
   Würdest du auch in diesem Fall von einem Markt sprechen? Begründe deine Meinung.
6. Welchen Zweck verfolgt ein Modell? Nenne Beispiele für Modelle auch aus anderen Fächern.
7. „Auf Preise hat der Verbraucher keinen Einfluss!"
   Versuche, diese Behauptung entweder zu bestätigen oder zu widerlegen. Argumentiere dabei mit Hilfe von Beispielen.
8. Erkläre die Begriffe Polypol, Oligopol, Monopol.

9. Angenommen, der gesamte deutsche Kaffeemarkt wäre in der Hand eines einzigen Rösters:
   - Wie könnte er reagieren?
   - Was wären vermutlich die Folgen?
   - Was beweist dieses Beispiel?
10. Auf den beiden nebenstehenden Fotos siehst du eine Fischauktionshalle und eine Versteigerung von Kunstgegenständen.
    Auktionen und Versteigerungen sind Märkte besonderer Art.
    a) Suche im Lexikon oder im Internet: Was haben beide gemeinsam? Worin liegt der Unterschied?
    b) Überlege, ob das Marktmodell mit den Begriffen „Gleichgewichtspreis" und „Gleichgewichtsmenge" in beiden Fällen anwendbar ist. Begründe deine Meinung.

11. Zähle die Vereinfachungen auf, die wir beim Marktmodell vorgenommen haben.
    Welche davon werden in den folgenden Beispielen angesprochen?
    - Ein junger Mann kauft seine Brötchen immer in der Bäckerei Wasmeier, weil ihn dort eine hübsche junge Verkäuferin bedient, die ihm gefällt.
    - Der einzige Bäcker in einem Ort verkauft seine Brötchen um 2 Cent teurer als seine Konkurrenz in der 12 km entfernten Stadt.
    - Frau Kroll kauft Obst und Gemüse am Wochenmarkt immer erst kurz vor 12.00 Uhr, weil sie es dann in den meisten Fällen etwas preiswerter bekommt.
    - Herr Zander: „Ich tanke immer bei der erstbesten Tankstelle, weil ich keine Zeit habe, bis zur billigsten zu fahren."
    - Eine bestimmte Pralinensorte hat eine sehr ansprechende Verpackung und wird deshalb am meisten gekauft.
12. Nimm zu der Aussage Stellung: Ein Monopolist kann auch den Preis drücken.

IX Berufswahl und Berufsausübung

1 Die Berufswahl als Prozess

Beruf: Freiwillig erlernte und fortlaufend ausgeübte Tätigkeit, mit der man seinen Lebensunterhalt verdient.

Kathrin Steiner besucht die Jahrgangsstufe 8. Ebenso wie ihre Klassenkameraden hat auch sie sich bis jetzt noch keine ernsthaften Gedanken zur Berufswahl gemacht, d.h., sie weiß noch nicht, ob sie nach dem Realschulabschluss

- eine betriebliche Berufsausbildung machen wird oder
- eine schulische Berufsausbildung machen wird oder
- eine weiterführende Schule besuchen wird.

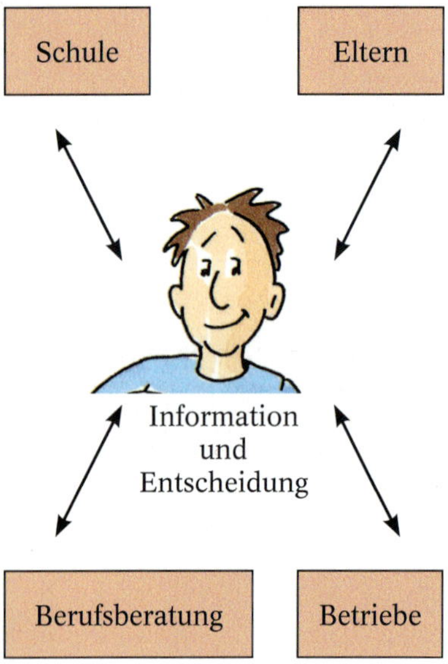

Kathrins Klasse besucht mit ihrer Lehrerin das Berufsinformationszentrum (BIZ) der Agentur für Arbeit. Dort lernen sie die Berufsberaterin Frau Koch kennen. Sie erfahren, dass die Entscheidung über den zukünftigen Beruf ein Prozess ist, der sich über mehrere Jahre hinziehen wird und aus mehreren Schritten bzw. Etappen besteht. An diesem Prozess wirken viele Partner mit.

Es ist nicht ratsam, sich vorschnell auf einen Beruf festzulegen, sondern die Hilfe und Unterstützung aller Partner anzunehmen und sich gründlich und vielseitig zu informieren.

Information ist der erste Schritt in der Berufswahlfindung. Sie beginnt mit der Information über sich selbst und fordert eine ernsthafte Auseinandersetzung mit den Fragen „Was will ich?“ (Interessen) und „Was kann ich?“ (persönliche Stärken und Fähigkeiten).

Die persönlichen Interessen

Was möchte ich tun? (Tätigkeit)

- Anderen helfen,
- etwas herstellen,
- Ein- und Verkäufe organisieren.

Womit möchte ich arbeiten? (Arbeitsmittel)

- mit Menschen zu tun haben,
- mit Tieren und Pflanzen umgehen,
- mit Metall und anderen Baustoffen arbeiten,
- an Maschinen arbeiten.

Wo möchte ich arbeiten? (Arbeitsort)
- Im Freien oder im Büro arbeiten.

Wann und wie lange möchte ich arbeiten? (Arbeitszeit)

Die persönlichen Fähigkeiten
Aber nicht nur die Interessen entscheiden über eine sinnvolle Berufswahl. Kathrin muss sich vor allem bewusst werden, welche Begabungen, Schwächen, Stärken und **Fähigkeiten** sie besitzt:

körperliche Fähigkeiten: Belastbarkeit, handwerkliches Geschick, Kraft, Ausdauer, Sportlichkeit, Gehör, Sehkraft, Schnelligkeit

geistige Fähigkeiten: Logisches Denkvermögen, naturwissenschaftliche und sprachliche Begabung, Fremdsprachenkenntnisse, räumliches Vorstellungsvermögen, Gedächtnis

soziale und persönliche Fähigkeiten: Kontakt- und Teamfähigkeit, Selbstständigkeit, Kreativität, künstlerische Begabung, Ehrlichkeit, Ordnungssinn, Zuverlässigkeit, sprachliche Überzeugungskraft

Kathrin hat große Probleme, sich selbst richtig einzuschätzen (Selbsteinschätzung) und ist froh, für ihre persönliche Entscheidung noch Zeit zu haben. Diese Zeit kann sie auch dazu nutzen, ihre Fähigkeiten von anderen Menschen wie z.B. den Eltern oder Freunden einschätzen zu lassen (Fremdeinschätzung) und damit irgendwann ihr **persönliches Profil** erstellen zu können. Ein Inhalt aus dem so genannten Berufswahlpass kann ihr dabei sehr gut helfen:

Die körperliche Eignung muss durch eine gesetzlich vorgeschriebene ärztliche Untersuchung zu Beginn der Berufsausbildung festgestellt werden (s. § 32 Abs.1 Jugendarbeitsschutzgesetz).

Schuljahr

Mein persönliches Profil

Wie kann ich meine Stärken bestimmen und meine Ziele klären?

Mit diesem Bogen kannst du deine Stärken und Ziele klären. Bei der Bearbeitung setzt du jeweils ein Kreuz in eines der Felder 1 bis 4, je nachdem, ob die Aussage vollkommen zutrifft (1) oder überhaupt nicht zutrifft (4). Du kannst die Liste noch um weitere Eigenschaften ergänzen. Bei der Auswertung trägst du alle Einschätzungen in diesen Bogen ein (je Person eine Farbe) und erhältst damit einen sehr guten Überblick.

☐ Selbsteinschätzung ☐ Fremdeinschätzung

Name: .... Datum: ....

Dieses Blatt hat ausgefüllt: ....

Merkmale	**Beispiel**	1	2	3	4
Belastbarkeit	Mit Schwierigkeiten und Problemen werde ich gut fertig.				
Umgang mit Materialien und Werkstoffen	Ich bin handwerklich geschickt und arbeite gern praktisch.				
Umgang mit Technik	Ich experimentiere gern und interessiere mich für technische Dinge.				
Auffassungsgabe	Ich kann Zusammenhänge leicht und schnell begreifen.				
Umgang mit neuen Medien	Die Möglichkeiten neuer Medien faszinieren mich. Ich arbeite gern mit dem Computer.				
Eigeninitiative	Ich setze mir Ziele und verwirkliche sie ohne fremde Hilfe.				
Selbstständigkeit	Ich kann Aufgaben auch ohne Anleitung und Hilfe erfolgreich ausführen.				
Zielstrebigkeit	Was ich mir vorgenommen habe, versuche ich konsequent zu erreichen.				
Ausdrucksvermögen	Ich kann mich mündlich und schriftlich gut ausdrücken.				
Selbstbewusstsein	Ich weiß was ich will und kann meine Meinung vertreten.				

1.1 Die Phasen der Berufswahlvorbereitung

Die gesamte Berufswahl lässt sich in drei Phasen einteilen:

Information ⟶ Entscheidung ⟶ Verwirklichung

Information
Diese erste Phase der Berufswahl beinhaltet im Wesentlichen folgende Schritte:

- Überprüfung eigener Interessen und Fähigkeiten
- Überblick über verschiedene Berufe verschaffen
- Die persönliche Eignung für einzelne Berufe überprüfen
- Berufe in der Praxis erfahren (**Betriebspraktikum**)

Hilfen und Informationsmöglichkeiten für deine Berufswahl:

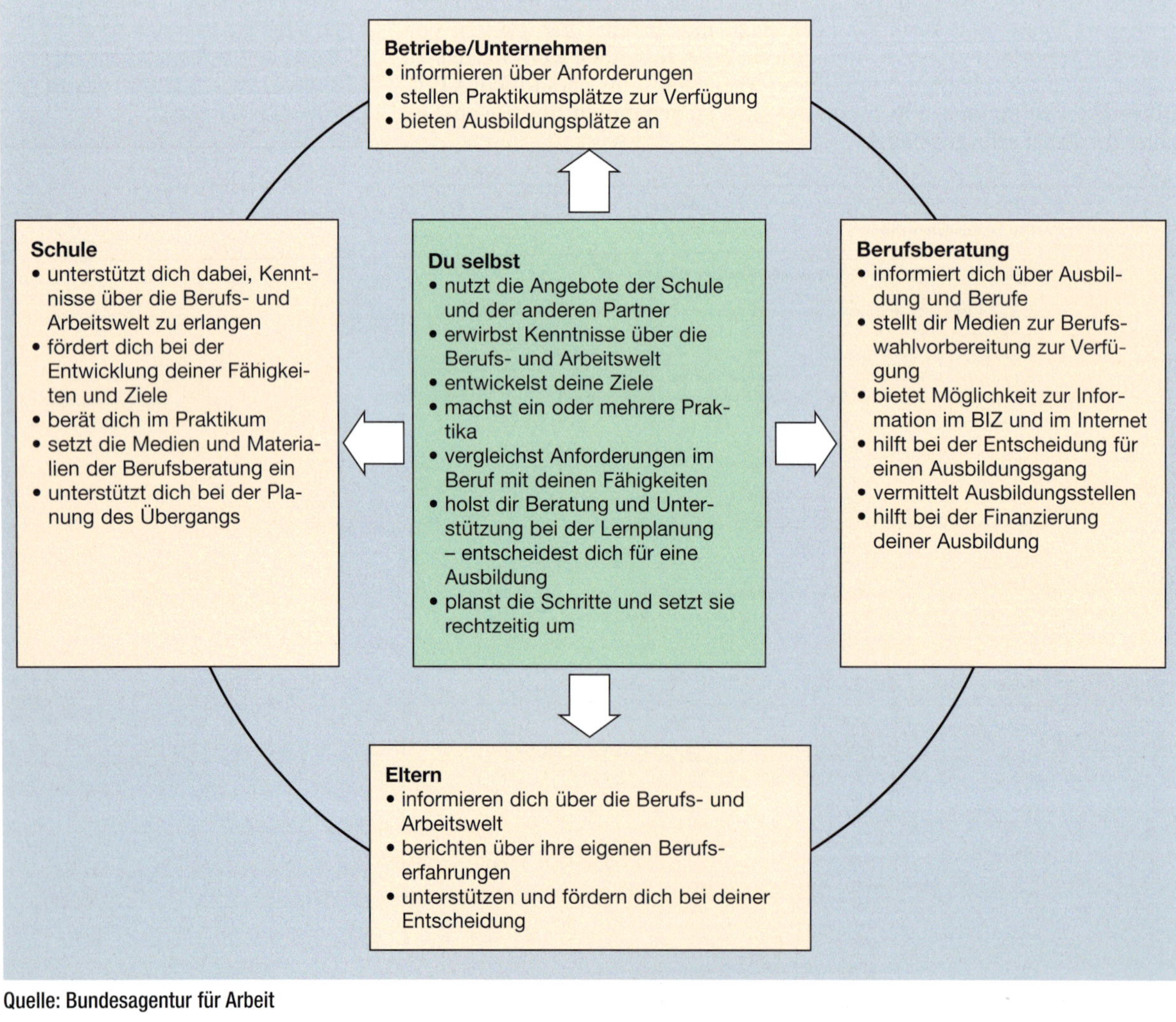

Quelle: Bundesagentur für Arbeit

An die Phase der **Information** schließen sich in den nächsten Jahren die wichtigen Phasen der **Entscheidungsfindung** und der anschließenden **Verwirklichung bzw. Bewerbung** an. Die untere Zeitschiene gibt dir einen Überblick über alle möglichen und sinnvollen berufsvorbereitenden Maßnahmen. Damit sollte es dir gelingen, dich für einen Beruf zu entscheiden und ihn zu erlernen.

A

Studiere mit deinem Banknachbarn die untere Zeitschiene. Tauscht euch darüber aus, worauf ihr euch freut und wovor ihr Angst habt.

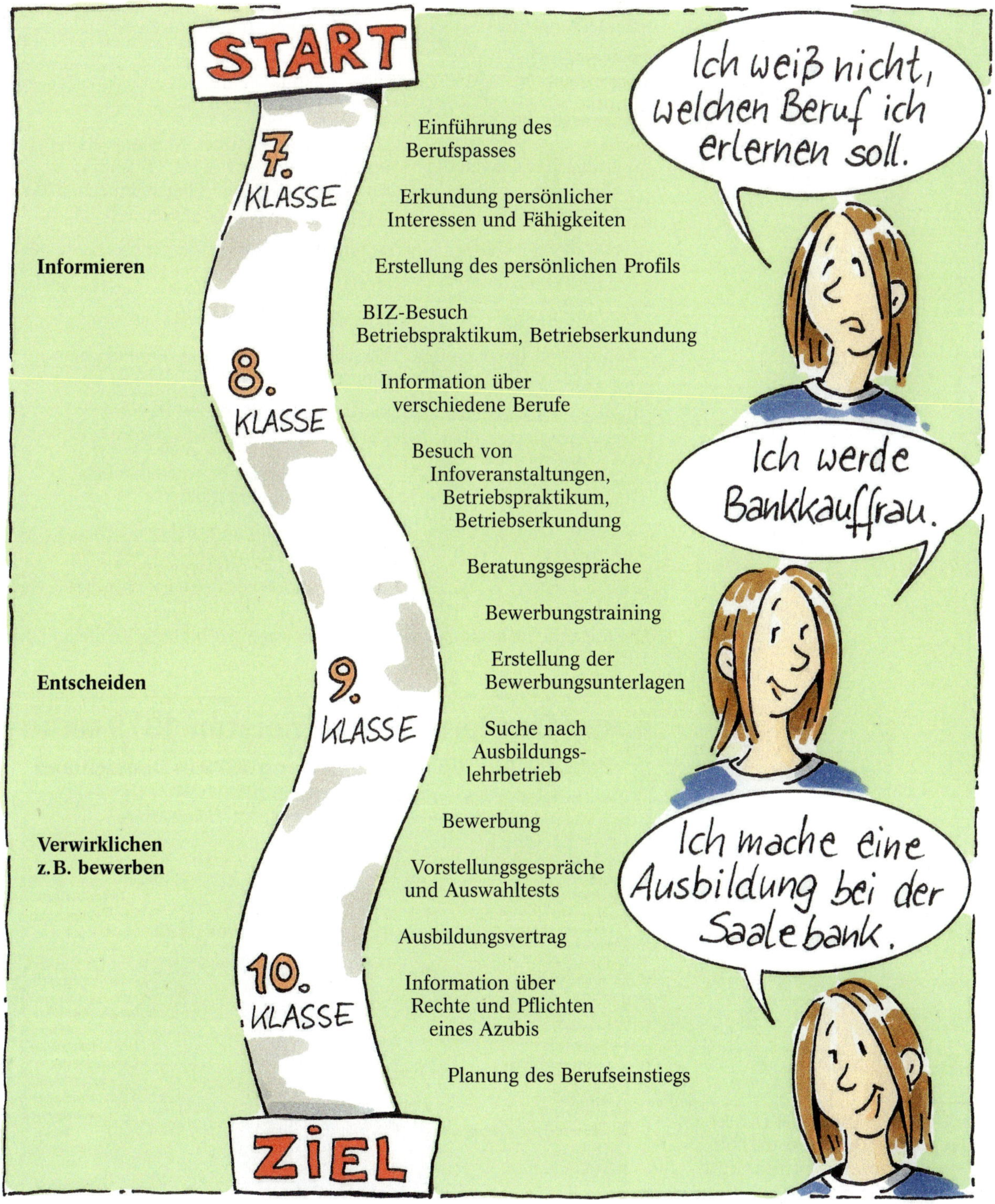

1.2 Informationen über Berufsbilder

Allgemeiner Überblick über die Berufsfelder

Berufsfelder	Beispiele
Bauberufe	Architekt, Maler, Maurer, Zimmerer
Bekleidung, Textilien	Modedesigner, Textilreiniger, Schneider
Berufe im Umgang mit Tieren	Tierarzt, Tierpfleger
Technische Berufe - EDV und Medien - Grafisches Gewerbe - Metall-, Maschinen-, - Elektrotechnik	 IT-Systemelektroniker, Mediengestalter Fotograf, Grafik-Designer, Buchbinder Anlagenmechaniker, Fluggerätmechaniker, Energieelektroniker
Gesundheitswesen	Arzthelfer, Augenoptiker, Physiotherapeut
Gastgewerbe	Hotelfachmann, Koch
Lebensmittelbereich	Bäcker, Metzger, Brauer
Kaufm. und Büroberufe	Versicherungskaufmann, Bankkaufmann, Industriekaufmann
Land-, Forstwirtschaft, Gärtnerei	Florist, Landwirt, Gärtner
Verkauf und Dekoration	Schauwerbegestalter, Einzelhandelskaufmann, Buchhändler
Verkehr, Transport und Tourismus	Speditionskaufmann, Reiseverkehrskaufmann, Kaufmann für Verkehrsservice

Die folgende Darstellung zeigt die beliebtesten Ausbildungsberufe im Jahre 1979.

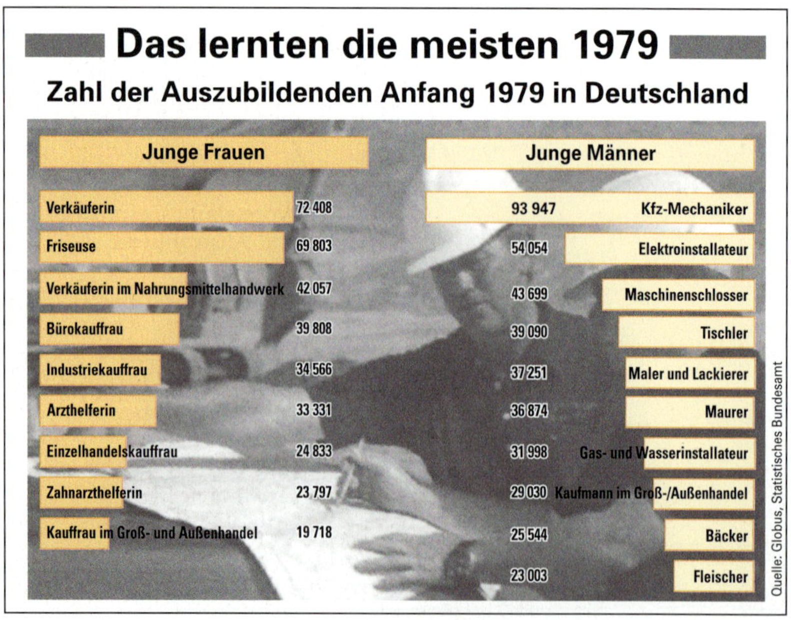

Vergleiche die Berufswahl 1979 mit der Grafik auf der nächsten Seite und finde Gründe, die deiner Meinung nach für die Unterschiede maßgebend sind.

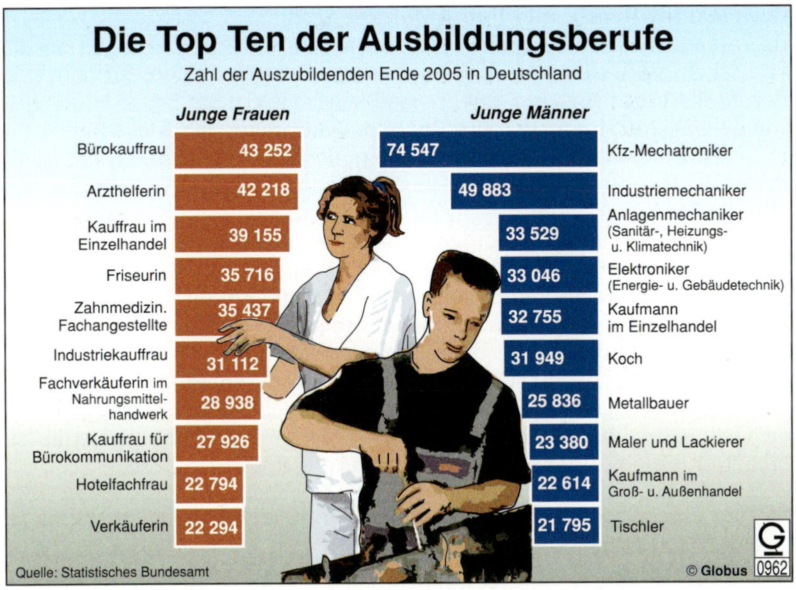

1. Vergleiche die Berufswahl von Mädchen und Jungen.
   Finde Gründe für das Wahlverhalten.
2. Woran erkennst du, dass in der nebenstehenden Grafik nicht nur Schüler mit einem mittleren Bildungsabschluss berücksichtigt sind?

Auch wenn die Mehrzahl der jungen Menschen letztendlich überwiegend sogenannte traditionelle Berufe wählt, interessieren sie sich doch oftmals zuerst für Berufe in sogenannten Trendbranchen.

- **IT-Branche**
  Beispiele: Informatik, Elektrotechnik, Telekommunikation, Industrieelektronik

- **Medien und Design**
  Beispiele: Print- und elektronische Medien, Film, Foto, Fernsehen und Kunsthandwerk

- **Freizeit und Tourismus**
  Beispiele: Sport und Fitness, Hotel- und Gastgewerbe, Verkehrsservice (Flug, Bahn), Reiseveranstaltung

Doch nicht immer erfüllen die Berufswähler die in diesen Berufen geforderten Anforderungen bzw. müssen feststellen, dass viel zu wenige Ausbildungsplätze zur Verfügung stehen und letztendlich Alternativen gefunden werden müssen. Für eine weitere Suche ist es sehr wichtig zu wissen, was die jungen Menschen in diesem Beruf erwartet bzw. was von ihnen erwartet wird.

Infos im Internet:

www.arbeitsagentur.de
www.Machs-richtig.de
www.Berufenet.arbeitsagentur.de
www.IHK.de
www.schule-wirtschaft-thueringen.de
www.wassollwerden.de
www.Berufswahlpass.de
www.bund.de
www.bildungsserver.de
www.thueringen.de

Beispiele für Berufe und ihre Anforderungen

In unserem IT-Zeitalter haben sich nicht nur die Anforderungen an die Menschen verändert, es sind auch neue Bezeichnungen für einzelne Berufe die Folge gewesen bzw. es sind sogar viele neue Berufsbilder entstanden. Dazu zählen z.B. der IT-Systemelektroniker, der Elektroniker für Betriebstechnik, der IT-Systemkaufmann, der Fachinformatiker, der Kaufmann für Bürokommunikation, der Kaufmann für audiovisuelle Medien und der Mediengestalter für Digital- und Printmedien.

In nahezu allen Berufen werden heute IT-Kenntnisse verlangt. IT-Anforderungen unterscheiden sich von Beruf zu Beruf ganz erheblich. Diese reichen von Anwenderkenntnissen in der Textverarbeitung über Verwaltung von Datenbanken bis hin zu Spezialkenntnissen in der Server-Administration. Das zeigen die Berufe, die hier vorgestellt werden.

Natürlich sind nicht für jeden Beruf alle Anforderungen bzw. die einzelnen Anforderungen mit einem anderen Gewicht Voraussetzung. Wenn du Genaueres über einzelne Berufe bzw. deren Anforderungen erfahren möchtest, stehen dir zahlreiche Medien zur Verfügung.

IT-System-Elektroniker/in

Sie beraten und schulen Kunden. Ihr Arbeitsplatz sind Unternehmen, die Produkte und Dienstleistungen der Informations- und Telekommunikationstechnik anbieten bzw. Hersteller und Betreiber von Telekommunikationsanlagen und -netzen usw. Sie planen bzw. installieren kundenspezifische Systeme der IT-Technik, konfigurieren sie und nehmen sie in Betrieb. Sie warten die Systeme, analysieren Fehler und beseitigen Störungen.

Kraftfahrzeugmechatroniker/in

Der neue Beruf Kfz-Mechatroniker/in entstand aus den Berufen Kfz-Mechaniker/in, Kfz-Elektriker/in und Automobilmechaniker/in. Mit dem Beruf wird auf die veränderten Anforderungen im Kraftfahrzeugtechnikerhandwerk reagiert. Kfz-Mechatroniker warten Kraftfahrzeuge, diagnostizieren Fehler in den komplexen mechatronischen Systemen im Kfz, setzen diese instand und sorgen für die Betriebssicherheit moderner Fahrzeuge im Interesse der Kunden. Sie rüsten die verschiedenen Fahrzeugarten mit Zusatzsystemen, Sonderausstattung und Zubehörteilen aus.

Beispiele für Internetseiten mit Berufswahlinformationen aus Thüringen:

www.zukunftschancen.de
www.berufsstart-thueringen.de
www.studienwahl.de
www.meinestadt.de
www.stellungen.eu
www.jobscout24.de

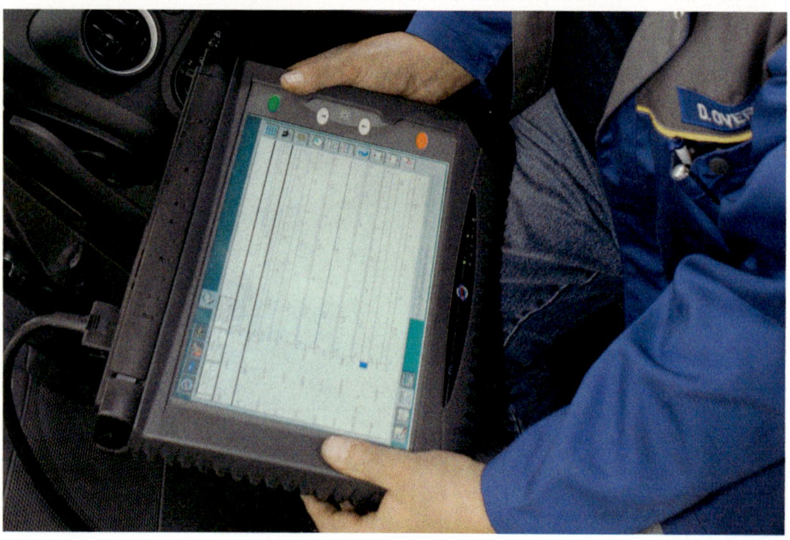

Hotelfachmann/-frau
Sie sind dafür zuständig, dass sich die Gäste von der Anreise bis zur Abreise wohl fühlen. Sie schenken Getränke aus, bedienen im Restaurant, richten Zimmer her und bereiten Veranstaltungen vor. In allen Abteilungen eines Hotels können sie jederzeit Hand anlegen. Auch in der Verwaltung werden sie eingesetzt. Dort kümmern sie sich zum Beispiel um die Buchhaltung, die Lagerhaltung oder das Personalwesen.

Bürokaufmann/-frau
In diesem Beruf befasst man sich vor allem mit dem betrieblichen Rechnungswesen, mit Buchhaltung, Lohn- und Gehaltsabrechnungen, Statistiken, und allg. Verwaltungsaufgaben. Man wickelt Aufträge ab, wie z.B. Rechnungen erstellen und Zahlungseingänge überwachen. Um alle Aufgaben effizient erledigen zu können, ist die sichere Handhabung der aktuellen Hard- und Software selbstverständlich.

Anforderungen
In den dargestellten Berufsbeispielen werden z.T. ganz unterschiedliche Fähigkeiten aber auch ähnliche Fähigkeiten gefordert. Aus den oben dargestellten Tätigkeiten lassen sich gut die wichtigsten Anforderungen herauslesen. Folgendes Anforderungsprofil kann hierzu eine wertvolle Hilfe sein.

Anforderungsprofil						
	IT-System-elektroniker/in			Hotelfachmann/-frau		
	vorteilhaft	wichtig	sehr wichtig	vorteilhaft	wichtig	sehr wichtig
Technisches Verständnis			X	X		
PC-Kenntnisse			X		X	
Logisches Denken			X	X		
Ausdrucksfähigkeit	X				X	
Fremdsprachenkenntnisse		X				X
Flexibilität			X			X
Sorgfalt			X		X	
Eigeninitiative			X		X	
Teamfähigkeit			X			X
Kontaktfähigkeit	X					X
Kommunikationsfähigkeit	X					X
Umfangsformen	X					X
Freundlichkeit	X					X
Verantwortungsbewusstsein			X		X	
Kundenorientierung		X				X

A

Erstelle jeweils für die beiden Berufe Bürokaufmann/frau und Kfz-Mechatroniker/in ein Anforderungsprofil.

1.3 Der Einsatz des Berufswahlpasses

Du kennst einen Reisepass und weißt, dass er den Reisenden dazu berechtigt, geografische Grenzen zu passieren und dass in ihm manche besuchte Länder vermerkt sind. Auch mit dem Berufswahlpass wird eine Grenze überschritten und ein Übergang ermöglicht – der Übergang von der Schule in den Beruf. Der Berufswahlpass soll eine langfristige Orientierung in der Zeit dieses Übergangs und eine Systematisierung der Berufswahlvorbereitung darstellen. Zu diesem Zweck wurde er von einigen Bundesländern entwickelt. Er wird heute in vielen Bundesländern wie z. B. auch in Thüringen eingesetzt.

Der Berufswahlpass ist folgendermaßen aufgebaut:

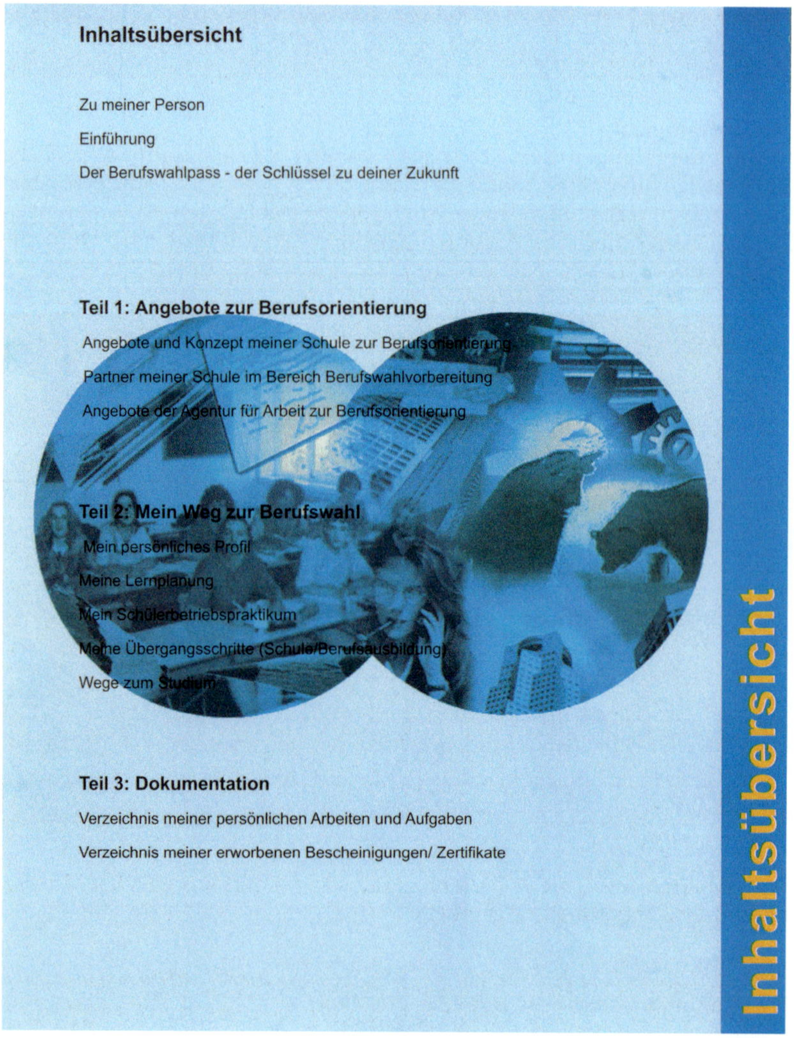

Inhaltsübersicht

Zu meiner Person

Einführung

Der Berufswahlpass - der Schlüssel zu deiner Zukunft

Teil 1: Angebote zur Berufsorientierung

Angebote und Konzept meiner Schule zur Berufsorientierung

Partner meiner Schule im Bereich Berufswahlvorbereitung

Angebote der Agentur für Arbeit zur Berufsorientierung

Teil 2: Mein Weg zur Berufswahl

Mein persönliches Profil

Meine Lernplanung

Mein Schülerbetriebspraktikum

Meine Übergangsschritte (Schule/Berufsausbildung)

Wege zum Studium

Teil 3: Dokumentation

Verzeichnis meiner persönlichen Arbeiten und Aufgaben

Verzeichnis meiner erworbenen Bescheinigungen/ Zertifikate

Inhaltsübersicht

Es gibt drei Varianten:
- Variante A: wendet sich an leistungsschwache Schüler
- **Variante B:** wendet sich an **Schüler mit Realschulabschluss**, die nach der Jahrgangsstufe 10 einen Beruf erlernen wollen.
- Variante C: wendet sich an Schüler, die nach der Jahrgangsstufe 10 ihren Bildungsweg an einer weiterführenden Schule wie z. B. Gymnasium oder Fachoberschule fortsetzen wollen.

A

Welche Variante des Berufswahlpasses wird Katrin wählen? Begründe.

Der Berufswahlpass führt dich durch die gesamte Phase der Berufswahl, d.h., er begleitet dich von der 7. bis zur 10. Jahrgangsstufe. Mit ihm kannst du selbstständig die einzelnen Schritte deiner ganz individuellen Berufswahl ordnen, vorbereiten und dokumentieren. Er ist auch eine wichtige Orientierungshilfe für dich. Der links unten dargestellte Auszug vermittelt einen guten Überblick über die einzelnen Phasen der Berufswahl. Der Auszug sagt dir, was besonders für dich in der 7. Jahrgangsstufe wichtig ist.

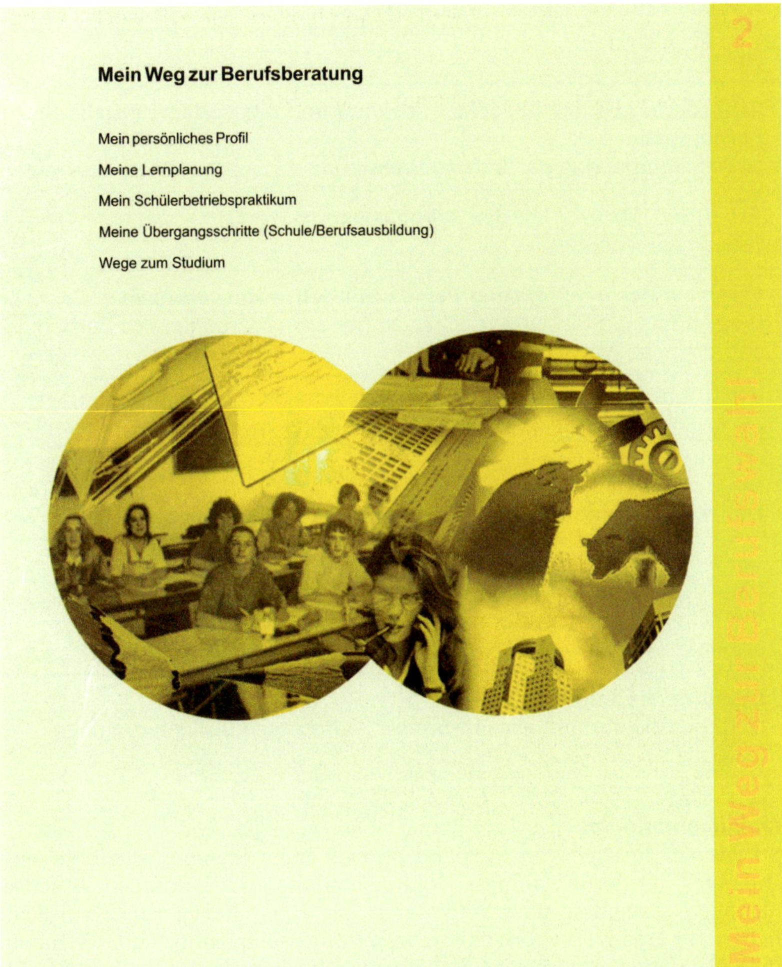
2

Mein Weg zur Berufsberatung

Mein persönliches Profil

Meine Lernplanung

Mein Schülerbetriebspraktikum

Meine Übergangsschritte (Schule/Berufsausbildung)

Wege zum Studium

Mein Weg zur Berufswahl

Auszug aus dem Berufswahlpass: Aktivitäten für die 7. Jahrgangsstufe

Erste Selbsteinschätzung
(Meine Stärken bestimmen und meine Ziele klären/Was kann ich und was will ich?)

Durchführung von Fremdeinschätzungen
(Wie schätzen andere meine Stärken und meine Ziele ein?)

Ermittlung des ersten persönlichen Profils
(Zusammenstellung meiner Stärken und Ziele)

Arbeit mit Lernvereinbarungen
(In welchen Bereichen möchte ich mich verbessern? ...)

Überarbeiten des persönlichen Profils
(Haben sich meine Stärken und Ziele verändert?)

Anforderungen von Betrieben erkunden und auswerten
(z. B. Schnuppertag im Betrieb, Girls' Day, Berufsmessen wie Straße des Handwerks usw.)

Vergleich des persönlichen Profils mit den Anforderungen
(Passen meine Stärken und Ziele zu den Anforderungen der Betriebe/in meinem Wunschberuf?)

Beratung einholen
(z. B. Berufsinformationszentrum der Arbeitsagentur, Unternehmen usw.)

Wie du siehst, ist deine 7. Jahrgangsstufe von möglichst vielseitiger **Information und Orientierung** geprägt.

Partner:
- IHK,
- Handwerkskammern,
- Gewerkschaften,
- ThüKo: Thüringer Koordinierungsstelle Naturwissenschaft und Technik,
- FrITZI: Fragen der Informationsgesellschaft, Technologie, Zukunfts- und IT-Berufen (Bildungswerk der Thüringer Wirtschaft e.V.)

Arbeiten mit dem Berufswahlpass
Möglicherweise habt ihr schon in der 7./8. Jahrgangsstufe begonnen, den Berufswahlpass zu führen. Im Lauf der Klassen 9 und 10 werdet ihr ihn fortführen und weiter mit Informationen füllen. Damit kann der Pass euch immer mehr beim Erkennen eurer Interessen und Fähigkeiten helfen und eure Berufswahl erleichtern. Folgende Aktivitäten sind im Berufswahlpass aufgeführt:

Aktuelles persönliches Profil klären
(Haben sich meine Stärken und Schwächen seit der 7. Klasse verändert?)

Anforderungen der Betriebe erkunden und auswerten/betriebliche Lernaufgabe
(z.B. Schnuppertag im Betrieb, Praktikum)

Arbeit mit Materialien der Arbeitsagentur
(u.a. Mach's richtig)

Vergleich des persönlichen Profils mit den Anforderungen
(Passen meine Stärken und Ziele zu den Anforderungen der Betriebe und meinem Wunschberuf?)

Arbeit mit Lernvereinbarungen
(In welchen Bereichen muss ich mich verbessern, um meine Ziele zu erreichen?
Bei wem suche ich dazu Hilfe?
Und waren meine Anstrengungen erfolgreich?)

Vorbereitung auf das Betriebspraktikum
(Was will ich im Betriebspraktikum überprüfen?
Wie kann ich meinen Berufswunsch im Betriebspraktikum überprüfen?)

Beratung einholen
(z.B. Berufsinformationszentrum der Arbeitsagentur, Unternehmen usw.)

Dokumentationen
So wie der Reisepass im Ausland oftmals einen Stempel erhält, so sind „Stempel" im Berufswahlpass Dokumentationen mit Urkunden, Bescheinigungen, Zeugnisse über Aktivitäten, die einen Bezug zur Berufswahl haben. Ihr ergänzt und erweitert euren Berufswahlpass fortlaufend, indem ihr zielgerichtet erworbene Bescheinigungen sammelt und im Berufswahlpass abheftet. Zu einer solchen Dokumentation eignen sich grundsätzlich alle Leistungen und Tätigkeiten, die eure Interessen und Fähigkeiten deutlich machen.

In dieser Dokumentation ist es sinnvoll, nicht nur schulische Aktivitäten und Leistungen zu zeigen, sondern auch außerschulische Tätigkeiten. Zu den schulischen Aktivitäten gehören z.B. die Teilnahme an Wahlkursen, Wettbewerben und Projekten. Außerhalb der Schule könnt ihr an einem Betriebspraktikum teilnehmen, einen Ferienjob oder ein Ehrenamt in einem Verein ausüben. Über diese Tätigkeiten solltet ihr euch eine Bescheinigung ausstellen lassen, die ihr zunächst im Berufswahlpass sammelt. Später legt ihr sie dann bei einer Bewerbung um einen Ausbildungsplatz zu den Bewerbungsunterlagen und Zeugnissen. Damit zeigt ihr euer Interesse für den Beruf. Für den Betrieb, bei dem ihr euch bewerbt, stellt dies eine zusätzliche Bewertungshilfe dar.

1.4 Das Betriebspraktikum

Zu einer guten Berufswahlvorbereitung gehört unbedingt, den einen oder anderen Berufswunsch in der Praxis zu überprüfen und die Berufs- und Arbeitswelt kennenzulernen. Dazu bietet das Betriebspraktikum die besten Möglichkeiten. In diesem Kontakt mit der Praxis setzt ihr euch in den Ferien während ein, zwei oder drei Wochen mit der Arbeitswelt auseinander und erhaltet auf diese Weise ein zeitgemäßes Verständnis für sie. Die Zusammenhänge wirtschaftlicher, technischer und gesellschaftlicher Natur werden für euch dadurch deutlicher. Betriebspraktika werden in vielen Fällen dazu beitragen, dass ihr eure Eignung für bestimmte Tätigkeiten besser einschätzen könnt. Auch werden eure Vorstellungen über ein bestimmtes Berufsbild häufig vertieft und können ggf. korrigiert werden.

Leider werden immer wieder Berufsausbildungen nach kurzer Zeit abgebrochen. Dies stellt den Auszubildenden vor ein sehr großes Problem, denn nicht immer wird er sofort einen anderen Ausbildungsplatz finden. Aber auch die Ausbildungsbetriebe haben durch einen Abbruch der Ausbildung große Schwierigkeiten. So können sie z.B. den Ausbildungsplatz meist nicht mehr wieder besetzen. Studien haben eindeutig ergeben, dass die Wahrscheinlichkeit des Abbruchs der Berufsausbildung geringer ist, wenn sich der Ausbildungsbetrieb und der Auszubildende vor Beginn der Berufsausbildung durch ein Praktikum kennen gelernt haben. Der Betrieb kann so überprüfen, ob der junge Mensch den eigenen Vorstellungen und Anforderungen der Ausbildung entspricht. Persönlichkeit, Einsatzbereitschaft, Teamfähigkeit sowie praktische Fertigkeiten können so sicherer eingeschätzt werden. Dies zeigt, dass euch durch ein Praktikum der Zugang zu einem bestimmten Ausbildungsplatz erleichtert werden kann.

Vorbereitung des Betriebspraktikums:
Wichtigste Voraussetzung für die Durchführung eines gewinnbringenden Praktikums ist eine ernsthafte Auseinandersetzung mit folgenden Fragen:

1. „Welchen Beruf möchte ich eigentlich erlernen?“

2. „Wo finde ich für mich den geeigneten Praktikumsbetrieb?“

Verschiedenste Quellen stehen hierbei zur Verfügung: Internet, Betriebserkundungen, Tage der offenen Tür, Presseberichte, persönliche Berichte von Freunden, Verwandten oder Lehrern.

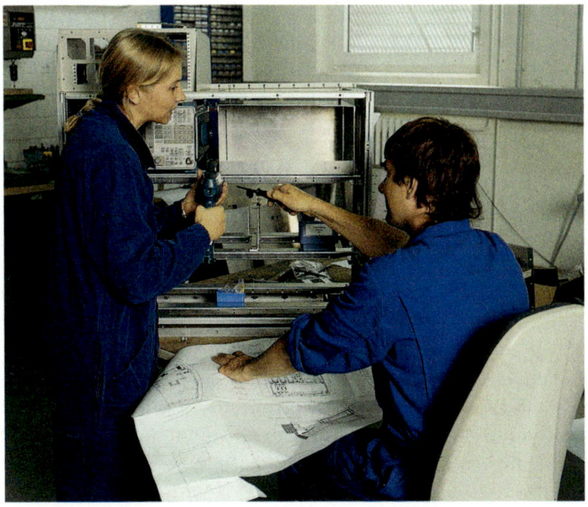

Bei der Vorbereitung des Betriebspraktikums helfen an jeder Schule Lehrkräfte, die Erfahrungen mit der Durchführung von Praktika haben. Sie stellen für die Schüler und die Betriebe eine wichtige Kontaktperson dar und werden mit den Praktikumsbetrieben die organisatorische Durchführung abstimmen.

Durchführung des Betriebspraktikums:
Schüler werden bald feststellen, dass Arbeit und Schulalltag sehr unterschiedlich sind. So muss z. B. mancher Schüler morgens früher aufstehen, da der Weg zum Praktikumsbetrieb länger als der Schulweg ist. Auch sind die Arbeitstage meist länger als der Schultag, der meistens mittags endet.

Die Schüler sind während des Betriebspraktikums keine Arbeitnehmer des Betriebs. Daraus folgt, dass üblicherweise keine Vergütung bezahlt wird. Die Betriebe müssen während des Praktikums darauf achten, dass nur Tätigkeiten ausgeführt werden, die innerhalb des Jugendarbeitsschutzgesetzes zugelassen sind. In diesem Zusammenhang müssen z. B. bestimmte Arbeitszeiten (wie z. B. Verbot von Überstunden) oder die Beschränkung auf erlaubte Tätigkeitsbereiche für Jugendliche (wie z. B. Verbot, in einem Nachtclub zu arbeiten) eingehalten werden. Vorgeschriebene Arbeitsschutzmaßnahmen wie Belehrungen und das Vorhandensein spezieller Schutzkleidung (z. B. Schutzhelme, Gehörschutz, Schutzbrillen, Sicherheitsschuhe, Handschuhe usw.) sind sicherzustellen.

Sollte trotz richtigen Verhaltens ein Unfall passieren, ist sofort der Betriebsarzt aufzusuchen und die Betriebsleitung und auch die Schule zu informieren. Die Unfallversicherung des Betriebes (Fachberufsgenossenschaft) muss in diesem Fall für die Folgen wie z. B. Krankenhauskosten oder Arztkosten aufkommen.

Hier ein paar Verhaltenstipps, die das Praktikum erfolgreich und nutzbringend werden lassen:
- Weisungen des Betriebspersonals Folge leisten
- sorgfältiger und umsichtiger Umgang mit Maschinen und sonstigen Arbeitsmitteln
- Pünktlichkeit, Ordnung und Höflichkeit sind selbstverständlich
- bei Krankheit oder Fehlen aus einem anderen Grund entschuldigen
- ggf. verantwortungsbewusste Führung eines Berichtshefts
- Stillschweigen über Geschäftsgeheimnisse bewahren
- Initiative zeigen
- aufmerksam sein
- Informationen beschaffen
- das Betriebspraktikum zu Ende führen

Für das Betriebspraktikum besteht im Gegensatz zur Unfallversicherung keine gesetzliche Haftpflicht. Es ist empfehlenswert, diese durch die Eltern abschließen zu lassen. Manchmal übernehmen auch die Schulträger diese Finanzierung. Für eine spätere Bewerbung ist eine Praktikumsbescheinigung sehr sinnvoll.

Nachbereitung des Betriebspraktikums:
Nach Beendigung der Praktika ist es für alle Schüler interessant, wie bei den anderen das Praktikum abgelaufen ist. Für einen solchen Informationsaustausch bietet sich gut der Unterricht an. Oftmals wird auch ein Praktikumsbericht geschrieben, in dem die Erfahrungen, das Berufsbild und das Unternehmen beschrieben werden können. Wenn man noch ein größeres Publikum erreichen möchte, bieten Wandtafeln, Jahresberichte, Zeitungsberichte oder Referate hier vielfältige Möglichkeiten der Präsentation.

i

Das Jugendarbeitsschutzgesetz regelt die Arbeitsbedingungen junger Menschen (vom 15. bis zum 18. Lebensjahr) im Arbeits- oder Ausbildungsverhältnis.

Unfallversicherung:
Jeder Schüler ist im Rahmen eines Betriebspraktikums genauso wie alle anderen Mitarbeiter gesetzlich durch den Betrieb bei der entsprechenden Fachberufsgenossenschaft im Falle eines Unfalls versichert.

Haftpflichtversicherung
Die Haftpflichtversicherung übernimmt Vermögensschäden (z. B. Falsches Rausgeben von Wechselgeld) und Sachschäden (z. B. Fallenlassen und Beschädigung eines Laptops), die durch den Praktikanten verursacht worden sind.

Inzwischen hast du schon einiges über das Betriebspraktikum gelesen und gehört. Vielleicht hast du auch schon eines oder mehrere gemacht. In deinem Berufswahlpass kannst du über das Betriebspraktikum Folgendes finden:

Meine Lernplanung
Ermitteln und kennen lernen von beruflichen Anforderungsprofilen: Praktika planen, realisieren, auswerten.
Ein wichtiger Meilenstein deiner Berufsorientierung sind Betriebspraktika. Was dir das Praktikum bringen wird, hängt auch davon ab, ob du
- dein Praktikum rechtzeitig und richtig vorbereitest,
- während des Praktikums auf die richtigen Dinge achtest und genau beobachtest und
- die Ergebnisse in deinem Praktikumsbericht auswertest und dokumentierst.

Vorbereitung
- Entscheide dich früh, welchen Beruf du während des Praktikums erkunden willst.
- Erkundige dich, was du vor Beginn des Praktikums organisieren musst (z.B. Arbeitskleidung, Hinfahrt/Rückfahrt, Bescheinigungen usw.).
- Entscheide dich und halte schriftlich fest:
  - deine Erwartungen an das Praktikum,
  - ob und ggf. welche besondere Lernaufgabe du in Absprache mit dem Betrieb und deinen Lehrerinnen und Lehrern bearbeiten möchtest.
- Vereinbare mit deinem Betrieb vor Beginn des Praktikums den Ablauf.

Durchführung
- Schreibe während des Praktikums auf:
  - die Aufgaben, Zielsetzung und Marktbedingungen des Betriebes,
  - welche Tätigkeiten (Arbeitsschritte und Arbeitsabläufe) du übernimmst und welche Arbeitsmittel du dabei verwendest,
  - welche Anforderungen an dich gestellt werden und welche deiner Fähigkeiten du bei der Ausübung dieser Tätigkeiten anwenden kannst.
- Arbeite an deiner besonderen Lernaufgabe.
- Befrage die Auszubildenden nach ihren Erfahrungen mit der Berufsausbildung.
- Bitte den Betrieb um eine qualifizierte Bescheinigung.
- Bitte die Mitarbeiterinnen und Mitarbeiter des Betriebes um Rückmeldungen über deine Arbeit.

Auswertung
- Erstelle deinen Praktikumsbericht. Untersuche dabei folgende Aspekte:
  - inwieweit deine Erwartungen an das Praktikum (nicht) erfüllt wurden,
  - welche Kenntnisse, Fähigkeiten und Fertigkeiten du während des Betriebspraktikums erworben hast,
  - ob dein persönliches Profil zu den Anforderungen im Betriebspraktikum passt,
  - welche Konsequenzen du für deinen weiteren Bildungsweg aus den Erfahrungen im Betriebspraktikum ziehst.
- Berichte über die von dir angefertigte besondere Lernaufgabe und überprüfe, ob und inwieweit du die von dir selbst gesetzten Ziele erreicht hast.

nach: Bundesagentur für Arbeit

Je mehr Praktika du machst, umso leichter fällt dir die Entscheidung für einen bestimmten Beruf.

1. Nenne Vorteile des Betriebspraktikums.
2. a) Welche beiden Versicherungen sichern die Schüler während des Praktikums ab?
   b) Wodurch unterscheiden sich beide?
3. Erläutere die Aussage „Wir sind auf dem Weg vom Maschinenzeitalter ins Informationszeitalter.“
4. Nenne einige neue Berufe aus dem Dienstleistungsbereich.
5. a) Was bedeutet die Abkürzung „ITK“?
   b) Betrachte das folgende Schaubild und nenne Teilbereiche der ITK-Technik.
   c) Welcher Teilbereich hat den größten Anteil am Absatz?
   d) Berechne den prozentualen Anstieg des Umsatzes der ITK-Unternehmen von 2004 bis 2008.

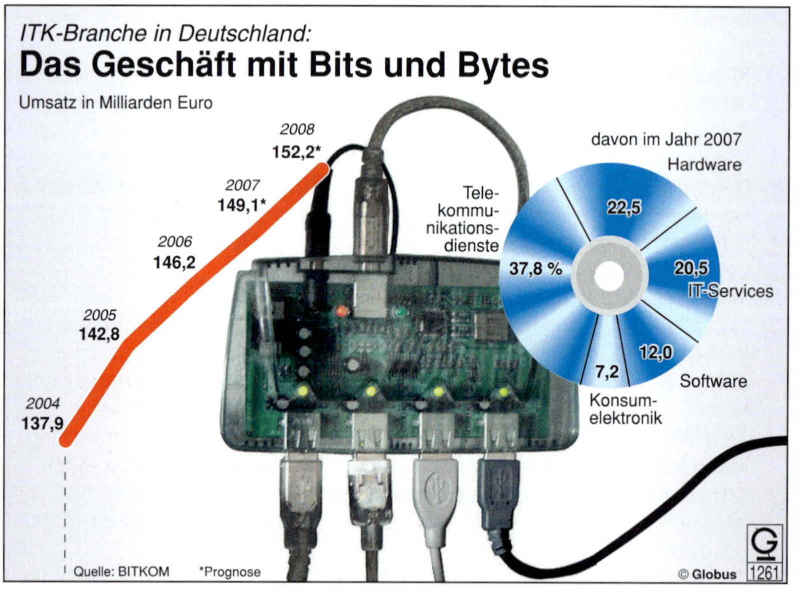

6. Zähle einige neue IT-Berufe auf.
7. Nenne neue Bürotechniken.
8. Welche Möglichkeiten der Kommunikation haben ein deutscher Maschinenhersteller und sein chinesischer Kunde in Peking?
9. Beschreibe anhand folgender Abbildungen, wie sich die Arbeitsweise eines Konstrukteurs durch Computereinsatz geändert hat.

Arbeitsweise bei der Konstruktion mit herkömmlichen Mitteln …

… und mit Hilfe eines Computers (CAD-Technik)

CAD = computer aided design (engl.): computergestütztes Konstruieren

10. Nenne einige neue Anforderungen und Schlüsselqualifikationen an die heutigen Arbeitnehmer.
11. Man kann die Schlüsselqualifikationen u.a. auch in folgende Kompetenzarten einteilen: Fachkompetenz und Sozialkompetenz.
Welche der beiden Kompetenzen stehen für einen Arbeitgeber im Vordergrund, wenn er z.B. einen
    a) teamfähigen und kooperationsbereiten,
    b) gut Englisch sprechenden,
    c) naturwissenschaftlich gut ausgebildeten,
    d) kommunikationsfähigen,
    e) verantwortungsbewussten,
    f) konfliktfähigen,
    g) fairen,
    h) die deutsche Rechtschreibung perfekt beherrschenden,
    i) mit PC-Arbeiten vertrauten,
    j) überzeugend wirkenden,
    k) mit BWL- oder Produktionskenntnissen vertrauten Mitarbeiter sucht?
12. Welche Auswirkungen in Hinblick auf die Qualifikation haben moderne Geld- und Belegautomaten auf das Berufsbild des Bankkaufmanns/der Bankkauffrau?
13. Begründe, warum das Beherrschen der englischen Sprache heute eine wichtige Anforderung der Unternehmen an ihre Mitarbeiter ist.
14. Unternehmen fordern heute vor allem ein hohes Maß an Verantwortungsbewusstsein von ihren Mitarbeitern. Begründe dies.
15. Was versteht man unter Rationalisierung?
16. Heute werden den Arbeitnehmern immer weniger körperliche Belastungen abverlangt. Vielmehr sind sie aufgrund der gestiegenen Anforderungen, wie z.B. immer mehr erwartete Flexibilität oder Leistungsbereitschaft, starken psychischen Belastungen ausgesetzt. Ständiger Termin- und Leistungsdruck, Arbeiten an der Grenze zur Leistungsfähigkeit oder ständige Unterbrechungen bei Tätigkeiten werden von vielen Arbeitnehmern als belastend empfunden.
Welche Erkrankungen können die langfristige Folge solcher Überbeanspruchung sein?
17. Beschreibe anhand der unteren Grafik den Wandel der Anforderungen an die Erwerbstätigen.

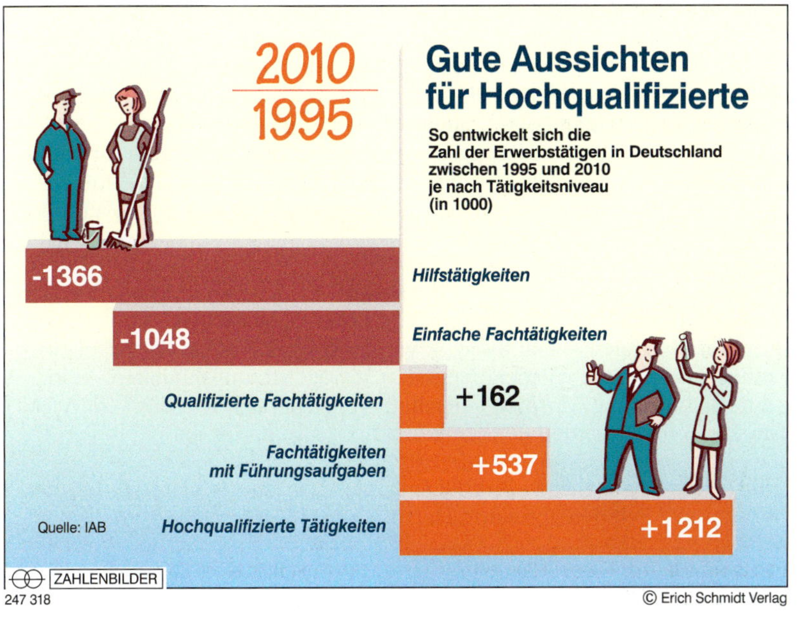

1.5 Die Entscheidung

Diese zweite Phase der Berufswahl beinhaltet folgende Aktionen:

- Erkundung von Aussichten und Chancen in den einzelnen Berufen
- Überprüfung der persönlichen Voraussetzungen
- Wunschberuf festlegen und Alternativen überlegen
  Für jeden Berufswähler gibt es nicht nur einen, sondern stets mehrere Berufe, die mit den vorhandenen Interessen und Fähigkeiten weitgehend im Einklang stehen.
- Überprüfung der gefällten Entscheidung in Beratungsgesprächen (Lehrer, Berufsberater, Fachleute aus Unternehmen) und Gewinnung einer Entscheidungssicherheit
- Beratung mit den Eltern und Freunden
- **Planung der nächsten Phase: Verwirklichung (Bewerbung)**

Für die zukünftige Bewerbungsphase ist ein Arbeits- und Zeitplan sehr nützlich. So kannst du sicher gehen, dass keine Bewerbungsfristen versäumt oder evtl. Zulassungsbeschränkungen usw. übersehen werden. Vielleicht nutzt du auch noch die verbleibende Zeit, um deine schulischen Leistungen deinem Berufsziel anzupassen, einzelne Lernrückstände zu beheben und deine Zeugnisnoten auf diese Weise zu verbessern.

1.6 Die Verwirklichung: Die Bewerbung

Kathrin Steiner hat ihre Entscheidung getroffen: Sie möchte Bankkauffrau werden. Sie bewirbt sich bei zwei Banken. Zuerst schreibt sie an die Erfurter Sparkasse, von der sie in der Tageszeitung folgende Anzeige gefunden hat:

Chancen für Aufgeweckte!

Wir suchen engagierte Schulabgänger, die mit Kopf und Gespür bei der Sache sind, für die

Ausbildung zur/zum Bankkauffrau/-mann

Unser Angebot

moderne Umsetzung der Ausbildungsinhalte – aktive Unterstützung durch junge, dynamische Teams – kontinuierliche Förderung durch unser spezifisches Ausbildungsprogramm – großer Spielraum für eigenverantwortliche Projekte – überdurchschnittliche Sozialleistungen – vielfältige Karrierechancen nach der Ausbildung – sehr gute Weiterbildungsmöglichkeiten in unserer Akademie

Ihr Profil

Realschulabschluss oder höherer Abschluss – gute Noten – erste Praktikumserfahrungen – teamfähig – Verkaufstalent – gutes Ausdrucksvermögen (auch in englischer Sprache) – Begeisterungsfähigkeit – überdurchschnittliche Einsatzbereitschaft – engagiert für Kunden – in Argumenten und in Zahlen denken können – geübt im Umgang mit dem PC

Bitte senden Sie Ihre vollständigen Bewerbungsunterlagen an den Leiter unserer Personalabteilung Herrn Herbert Koch.

Erfurter Sparkasse, Webergasse 1, 94567 Erfurt

Einen zweiten Brief verfasst sie an die Saalebank, bei der sie ihr Betriebspraktikum gemacht hat. Inhaltlich muss das Bewerbungsschreiben natürlich etwas anders formuliert werden, da die Saalebank nicht annonciert hat, sodass Kathrin nicht auf eine Anzeige Bezug nehmen kann.

„Bewerbung“ heißt, für die eigene Person „Werbung“ machen, d.h. jemanden für sich gewinnen. Der Ausbildungsbetrieb erhält durch die Bewerbungsunterlagen einen ersten Eindruck von Kathrin, ohne dass er sie persönlich kennen gelernt hat. Je positiver die Unterlagen beurteilt werden, desto größer sind ihre Chancen auf einen Ausbildungsplatz.

Grundsätzlich, so weiß Kathrin, gehören zu den Bewerbungsunterlagen:
- das Bewerbungsschreiben
- ein Lebenslauf
- ein aktuelles Passbild
- das letzte Zeugnis

Dass die Unterlagen sauber geschrieben, ohne Knicke und „Eselsohren“ beim Adressaten ankommen müssen, versteht sich von selbst. Kathrin entscheidet sich daher, eine Bewerbungsmappe anzulegen.
Normalerweise wird die Bewerbungsmappe per Post geschickt. Aber auch eine andere Zustellungsform ist denkbar:

Die Online-Bewerbung
Unter dem Begriff Online-Bewerbung werden heute einige Sachen zusammengefasst. Es gibt im Wesentlichen drei Formen:
- **Die E-Mail-Bewerbung**
  Die E-Mail-Bewerbung ist die einfachste und kostengünstigste Variante über das Internet. Es gelten hier die gleichen Standards wie bei einer schriftlichen Version mit Bewerbungsmappe (Bewerbungsschreiben und Lebenslauf mit Foto). Wenn diese Unterlagen vom Unternehmen gewünscht werden, können hier die Zeugnisunterlagen digitalisiert angehängt werden.
- **Die Bewerbungshomepage des Unternehmens**
- **Das Bewerbungsformular**
  Große Konzerne haben in der Regel eigene Bewerbungsformulare, die der Bewerber im Internet ausfüllen muss.

Alle Formen haben den entscheidenden Vorteil, dass eine Online-Bewerbung zeitlich unabhängig ist. Vor allem bei Auslandsbewerbungen ist das von Vorteil.

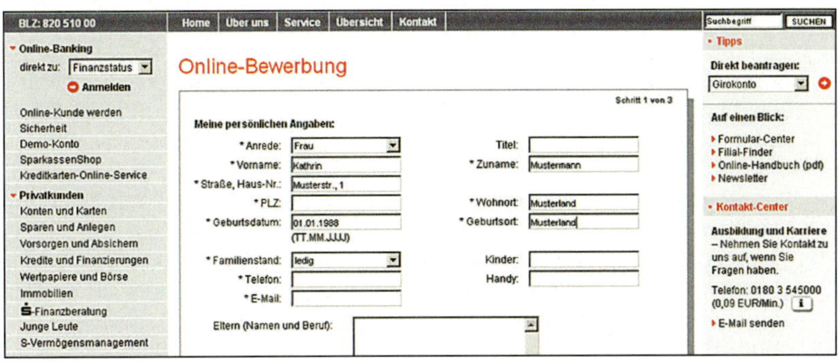

Das Bewerbungsschreiben
Was muss Kathrin alles beachten, damit das Bewerbungsschreiben, das Kernstück der Bewerbung, zur gut gestalteten Visitenkarte ihrer eigenen Persönlichkeit wird?

A

1. Erkläre nachfolgende Aussage und stelle einen Zusammenhang zur Bewerbung her:
   „You never get a second chance to make a first impression.“ (Sparkasse)
2. Besorge dir Musterunterlagen für deine Bewerbungsmappe. Gute Vorlagen stellen dir z.B. die Krankenkassen oder die Agentur für Arbeit zur Verfügung.

i

Manche Unternehmen bevorzugen eine Online-Bewerbung. Die Anbieter halten eigens dafür vorgefertigte Formulare bereit, mit denen man sich dann per Mausklick bewerben kann.

Formale Kriterien

Kathrin orientiert sich in der Form an dem Muster auf der gegenüberliegenden Seite. Sie schreibt ihre Bewerbung auf dem PC und achtet sorgfältig auf korrekte Rechtschreibung und Zeichensetzung.

Inhaltliche Kriterien

Auf jeden Fall möchte Katrin ihrem Schreiben durch individuelle Formulierung eine persönliche Note verleihen und nicht einfach einen Musterbrief abschreiben. Ihre Bewerbung als Bankkauffrau soll sachlich, sinnvoll aufgebaut, auf das Wesentliche beschränkt sein und doch alle nötigen Informationen enthalten.

Bei ihrem Schreiben an die Erfurter Sparkasse nimmt sie Bezug auf die Anzeige in der Tageszeitung und auf die darin geforderten Merkmale. Anders natürlich bei ihrer Bewerbung an die Saalebank. Da es sich hierbei um eine „Blind-Bewerbung", also um eine unaufgeforderte Bewerbung handelt, wählt sie als Anknüpfungspunkt ihr Betriebspraktikum und bezieht sich auf die während dieser Zeit gemachten Erfahrungen vor Ort.

Die Art des Anschreibens hängt auch von der Art der Ausbildung ab. Kathrins Mitschüler Daniel möchte Werbegrafiker werden und wird seine Bewerbung in einem anderen Stil schreiben als Kathrin.
So kann er z. B.
• ohne Weiteres von der o. a. DIN-Form abweichen,
• und auch sonst mehr Kreativität in das Schreiben legen.

Die Form des auf der nächsten Seite abgebildeten Musterbriefes berücksichtigt die DIN-Norm. Auf nachfolgende Bestandteile ist bei einem Bewerbungsschreiben unbedingt zu achten:

Abstand vom oberen Rand: ca. 2 cm, Abstand vom linken Rand: 3 cm

① Absender
② Ort und Datum
③ Anschrift des Empfängers (korrekte Firmenbezeichnung, Personalabteilung und/oder konkreter Ansprechpartner)
④ Betreff (Inhalt des Schreibens: Bewerbung um .../Ihre Anzeige in den Erfurter Neuesten Nachrichten vom ...)
⑤ Anrede (Sehr geehrte Frau ..., Sehr geehrter Herr ..., oder, falls kein Ansprechpartner genannt ist: Sehr geehrte Damen und Herren,)
⑥ Einleitung und Anknüpfungspunkt (hier: Hinweis auf die Anzeige)
⑦ Derzeitige Situation (mit Namen und Sitz der Schule, Art und Zeitpunkt des Abschlusses)
⑧ Ausbildungsberuf und Begründung des Berufswunsches (z. B. eigene Neigung und Fähigkeiten, Gespräche mit Lehrern, Freunden, Eltern, Berufsberater ...)
⑨ Begründung für die Wahl des Unternehmens (z. B. guter Ruf, Bekanntheitsgrad, Sicherheit des Unternehmens, Entwicklungsmöglichkeiten nach der Ausbildung ...)
⑩ Hervorheben der eigenen Fähigkeiten und Neigungen (z. B. EDV-Kenntnisse in Textverarbeitung, Tabellenkalkulation usw., Fremdsprachen, Auslandsaufenthalte, Betriebspraktikum, berufsbezogene, ehrenamtliche Tätigkeiten in Vereinen ...)
⑪ Schlussformel
⑫ Gruß
⑬ handschriftliche Unterschrift
⑭ Anlagenvermerk

① Kathrin Steiner ② 25. April 20..
Berliner Straße 2
94567 Erfurt
Tel.: 0361 123456
E-Mail: Kathrin.Steiner@aox.de
*
*
*
*

③ Erfurter Sparkasse
Personalabteilung
Herrn Herbert Koch
Webergasse 1
94567 Erfurt
*
*
*
*

④ **Bewerbung um einen Ausbildungsplatz als Bankkauffrau zum 1. September 20..**
Ihre Anzeige in den Erfurter Neuesten Nachichten vom ...
*
*

⑤ Sehr geehrter Herr Koch,
*

⑥ mit sehr großem Interesse habe ich Ihre Anzeige gelesen und bewerbe mich um einen Ausbildungsplatz zum 1. September 20..
*

⑦ Derzeit besuche ich die 9. Klasse der Staatlichen Regelschule Am Schlossberg in Erfurt, die ich im Juli 20.. mit dem Realschulabschluss verlassen werde.
*

⑧ In einem einwöchigen freiwilligen Betriebspraktikum bei der Saalebank konnte ich bereits erste Eindrücke über das Berufsfeld und die Arbeitsanforderungen sammeln. Zusätzlich habe ich mich im Berufsinformationszentrum und bei der Berufsberatung ausführlich über die Ausbildung zur Bankkauffrau informiert.
*

⑨ Da ich sehr aufgeschlossen und kontaktfreudig bin, freue ich mich auf die Kundenberatung und -betreuung. Im Team zu arbeiten macht mir sehr viel Spaß. So habe ich mich zum Beispiel im vorigen Jahr in einem Juniorprojekt der Schule engagiert, bei dem wir für den Landkreis Erfurt einen Jugendfreizeitkalender erstellt und verkauft haben. Außerdem beteiligte ich mich am Börsenspiel der Sparkasse.

⑩ Seit zwei Jahren arbeite ich im Schulhomepage-Team mit. Die Berufsberaterin ist ebenso wie ich überzeugt, dass ich den für mich richtigen Beruf gewählt habe und die dafür erforderlichen Anforderungen mitbringe.
*

⑪ Ich kann mir gut vorstellen, dass ich in Ihr junges, ehrgeiziges Team passe. Zu einem persönlichen Gespräch stehe ich gerne zur Verfügung und freue mich über Ihre Einladung.
*

⑫ Mit freundlichen Grüßen
*

⑬ *Kathrin Steiner*
*

⑭ **Anlagen**
Lebenslauf
Lichtbild
Zeugniskopie

Was versprechen sich Ausbilder von einem handgeschriebenen Lebenslauf?

Der Lebenslauf

Der Lebenslauf kann ausführlich oder tabellarisch abgefasst werden. Von den meisten Ausbildungsbetrieben wird ein tabellarischer Lebenslauf gewünscht, weil er in dieser Form übersichtlicher ist. Früher wurde er handschriftlich verlangt, aber dies wird heute nur noch in Ausnahmefällen gefordert.

Zum Bestandteil dieses Dokuments gehört ein aktuelles Passfoto, das aufgeklebt wird und auf der Rückseite mit Datum und Namen versehen werden sollte.

Es empfiehlt sich, das Passfoto bei einem guten Fotografen machen zu lassen. Billigautomaten und auch selbst geschossene Fotos sind meistens nicht dazu geeignet.

Da in der Anzeige der Erfurter Sparkasse keine Vorgaben für die Form des Lebenslaufs genannt werden, entscheidet sich Kathrin für eine Tabelle, die sie auf dem PC schreibt.

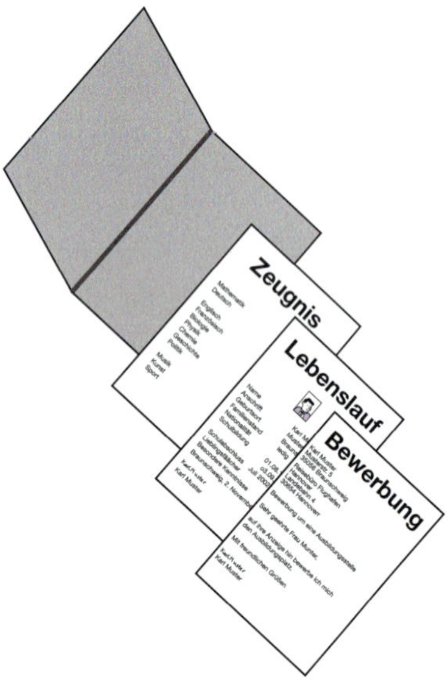

Wie in dem nebenstehenden Muster von Kathrin sollte der Lebenslauf folgende Angaben enthalten:

① Überschrift: „Lebenslauf“
② vollständiger Name
③ Anschrift (mit Telefon und Mailadresse)
④ Geburtsdatum
⑤ Geburtsort
⑥ Staatsangehörigkeit
⑦ Konfession
⑧ Eltern (einschl. Berufsangaben)
⑨ Geschwister
⑩ Schulbildung (mit Schwerpunktfächern) und Schulabschluss
⑪ besondere Kenntnisse (z. B. Textverarbeitung, Tabellenkalkulation)
⑫ besondere Neigungen, Interessen, Hobbys
⑬ Ort
⑭ Datum
⑮ Unterschrift

Zeugnisse, Bescheinigungen, Bestätigungen

Letztendlich gehören zu den vollständigen Bewerbungsunterlagen das letzte Schulzeugnis und, wenn vorhanden, Bescheinigungen über die Teilnahme an Kursen (z. B. an der Volkshochschule etc.) und Bestätigungen über absolvierte Praktika.

Kathrin wird nun keine Zeugnisoriginale mitschicken. Gegebenenfalls wird sie welche bei der persönlichen Vorstellung vorlegen, ansonsten wird sie (beglaubigte) Kopien beifügen.

Versand der Bewerbungsunterlagen

Kathrin steckt die Unterlagen in einen Klarsichtordner, aus dem die einzelnen Blätter leicht zu entnehmen sind, und verschickt diesen in einem Kuvert mit festem Rücken, damit die Unterlagen nicht geknickt werden können.

Kathrins Bewerbungsunterlagen haben dem Personalleiter der Erfurter Sparkasse Herrn Koch gefallen und sie wird zum Einstellungstest eingeladen. Das erste Etappenziel ist erreicht.

Die Bewerbungsmappe enthält
- Bewerbungsschreiben
- Lebenslauf
- Passbild
- Zeugnisse

① **Lebenslauf**

②	Name:	Kathrin Steiner
③	Anschrift:	Berliner Straße 2 94567 Erfurt Tel.: 0361 123456 E-Mail: Kathrin.Steiner@aox.de
④	Geburtsdatum:	28. Januar 19..
⑤	Geburtsort:	Erfurt
⑥	Staatsangehörigkeit:	deutsch
⑦	Konfession:	röm.-kath.
⑧	Eltern:	Dieter Steiner, Polizeikommissar Anne Steiner, Bürokauffrau (Teilzeit)
⑨	Geschwister:	Bruder Maximilian, Student
⑩	Schulausbildung:	Sept. 19.. – Juli 19.. Grundschule Am Bach, Erfurt Sept. 19.. – zurzeit Staatliche Regelschule Am Schlossberg, Erfurt Juli 20.. – voraussichtlich Realschulabschluss
	Praktikumserfahrung:	Betriebspraktikum bei der Saalebank
⑪	Besondere Kenntnisse:	Textverarbeitung EDV-Grundkenntnisse (Word, Excel, Power Point) Praktische Erfahrung bei der Homepage-Erstellung
⑫	Hobbys:	Volleyball beim TSV Erfurt Kino und Fernsehen

⑬ + ⑭ Erfurt, den 25. April 20..

⑮ *Kathrin Steiner*

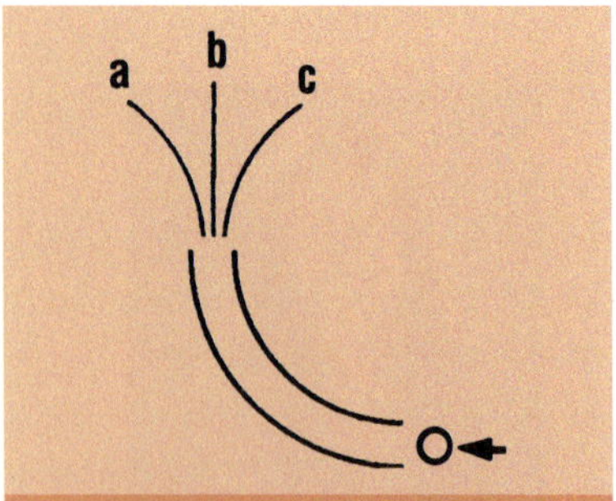

Eine Kugel wird durch ein flach auf dem Boden liegendes Rohr gestoßen. Welchen Weg (a, b oder c) nimmt die Kugel nach Verlassen des Rohres?

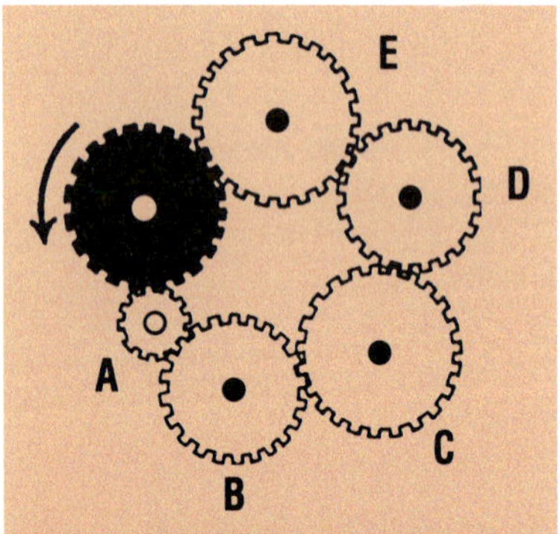

Welche Räder drehen sich in derselben Richtung wie das schwarze Zahnrad?

- ❑ C und E
- ❑ A und D
- ❑ B und D
- ❑ B und E
- ❑ Die Zahnräder können sich nicht drehen.

Der Einstellungstest
In vielen Betrieben ist es üblich, die Bewerber einem Test zu unterziehen. Hier wird nicht nur schulisches Wissen abgefragt, sondern noch andere Fähigkeiten.

Häufig werden folgende Bereiche getestet:
- Grundrechenarten
- weitere mathematische Aufgaben (z. B. Dreisatz, Zinsrechnung, Geometrie)
- logisches Denken und räumliches Vorstellungsvermögen
- Fragen zum Zeitgeschehen (Politik und Wirtschaft)
- Fragen zur Allgemeinbildung (z. B. Geografie und Allgemeines)
- Entscheidungsfragen zu bestimmten Situationen
- Konzentrations- und Ausdaueraufgaben
- Kenntnisse in Rechtschreibung und Zeichensetzung
- schriftliche Ausdrucksfähigkeit und Wortschatz

Die Schwerpunkte werden je nach den beruflichen Anforderungen unterschiedlich gesetzt. Alle Tests haben gemeinsam, dass die Bewerber unter großem Zeitdruck stehen, und sind so angelegt, dass nicht alle Aufgaben gelöst werden können. Wichtig ist vor allem, bei der Lösung Ruhe zu bewahren und zu beweisen, auch in Stresssituationen gut und konzentriert arbeiten zu können.

Diese Testverfahren unterstützen die Entscheidungen über die Einstellung. Zum Üben kannst du an einem Eignungstest bei der Agentur für Arbeit teilnehmen oder du besorgst dir die Broschüre „Orientierungshilfe zu Auswahltests", die du ebenfalls bei der Agentur für Arbeit erhalten kannst. Auch für die Verwaltungslaufbahn im mittleren nicht technischen Dienst muss eine Einstellungsprüfung durchgeführt werden. Im Buchhandel erhältliche Prüfungssammlungen dienen hierfür als gute Vorbereitung.

Das Vorstellungsgespräch
Kathrins Testergebnis war sehr gut und so wurde sie kurz danach von der Sparkasse zum Vorstellungsgespräch eingeladen. Dort möchte man sich ein Bild von ihrer Person machen. Ein weiteres Etappenziel ist erreicht.

Kathrin macht sich nun Gedanken darüber, wie ein solches Gespräch ablaufen kann, welche Fragen ihr möglicherweise gestellt werden und welche Fragen sie an ihren Gesprächspartner richten will.

So wie Kathrin solltest auch du dich gründlich informieren über:
- den gewählten Beruf, Aufgaben und Tätigkeiten (Informationsmöglichkeiten: Internet, BIZ, Broschüren der Agentur für Arbeit usw.),
- den Betrieb, z.B. über Firmenhauptsitz, ggf. Zweigniederlassungen, Produktpalette, Betriebsgröße, Zahl der Mitarbeiter (Informationsmöglichkeiten: Infomaterial vom Betrieb selbst beschaffen, IHK).

Besuche die Homepage des Betriebes, dort erhältst du wichtige Informationen.

Für einen guten Ablauf sind noch weitere Kriterien wichtig:
- passende Kleidung und gepflegtes Äußeres (also: weder schlampig, noch übertrieben schick),
- gut ausgeschlafen sein,
- Vorkehrungen für ein pünktliches Erscheinen treffen (z.B. Fahrtstrecke erkunden),
- Regeln einer guten Gesprächsführung in Erinnerung rufen (z.B. auf Blickkontakt, Haltung und Körpersprache, Höflichkeit achten),
- Vorbereitung einer Liste von Fragen, die du an den Personalchef richten möchtest.

Welche Kleidung für ein Vorstellungsgespräch findest du bei einem zukünftigen
a) Versicherungskaufmann,
b) Kfz-Mechatroniker
angemessen?

Im Vorstellungsgespräch möchte sich der Gesprächspartner des Betriebes ein möglichst objektives Bild vom Bewerber verschaffen. Personalchefs sind erfahrene Leute und wissen, dass die Bewerber in solchen Gesprächen nicht ganz locker sein können. Die meisten Menschen leiden in derartigen Situationen unter Lampenfieber. Trotzdem: Kathrin nimmt sich vor, möglichst gelassen zu bleiben und die Fragen, die ihr gestellt werden, offen und ehrlich zu beantworten.
Auch wenn Vorstellungsgespräche im Einzelnen recht unterschiedlich ablaufen, so gibt es doch bestimmte Themen, die fast immer zur Sprache kommen.

Häufige Fragen an dich	Das will der Betrieb damit erfahren
• Warum haben Sie gerade diesen Beruf gewählt? • Welche anderen Berufe hatten Sie noch im Auge?	• Ob du deine berufliche Entscheidung gründlich getroffen hast und gut überlegt hast, welche Berufe zu dir passen.
• Warum bewerben Sie sich gerade bei uns?	• Ob du dich über das Unternehmen informiert hast.
• Welche Schulfächer liegen Ihnen, welche nicht besonders? • Warum haben Sie im Fach ... keine gute Note?	• Ob du deine Stärken und Schwächen richtig einschätzen kannst.
• Was haben Sie nach Ihrer Ausbildung beruflich vor?	• Ob du dir Gedanken um deine berufliche Zukunft machst.
• Was machen Sie in Ihrer Freizeit am liebsten?	• Wofür du dich interessierst und ob du dich für etwas engagierst.
• Treiben Sie Sport? Welchen?	• Ob du Wert auf deine Gesundheit legst bzw. ob du gesund bist.

Habe den Mut nachzufragen, wenn du etwas nicht verstehst!
Bekunde dein Interesse am Beruf und am Unternehmen, indem auch du Fragen an den Personalchef stellst: zum Unternehmen, zur Aus- und Weiterbildung, zu den Mitarbeitern, zum Ausbildungsvertrag.

Das solltet ihr im Bewerbungsgespräch fragen:

Ladet einen „echten" Personalchef in eure Klasse ein oder nehmt das Angebot von Firmen, Banken und Sparkassen zum Thema „Bewerben und Vorstellen" in Anspruch. Ihr werdet dann meistens in die Geschäftsräume des Personalchefs eingeladen.

Das Vorstellungsgespräch läuft in der Regel in folgenden Phasen ab:

- Eröffnung: Begrüßung, gegenseitige Vorstellung
- Eigentliches Gespräch: Fragen zur persönlichen und schulischen Situation des Bewerbers, Ausübung berufsnaher Tätigkeiten, Fragen zur Vorstellung des Bewerbers über seine Berufswahl, Information über das Unternehmen, Fragen des Bewerbers
- Abschluss: Inhalte des Ausbildungsvertrages, Verabschiedung

Wie kann das Gespräch durch die persönliche Ausstrahlung des Bewerbers beeinflusst werden?

So nicht!

... und auch nicht so!

Kathrins Auftreten wirkt natürlich: nicht zu lässig und nicht verkrampft.

i Das solltest du berücksichtigen:
- eigene Standpunkte nachdrücklich vertreten
- natürlich bleiben
- Argumente mit Überzeugung vortragen
- Gefühle zeigen
- sympathisch wirken

Für die Auswahl der Auszubildenden führen schriftliche Bewerbung, Testverfahren und Vorstellungsgespräch zu einem Gesamtbild des Bewerbers. Wenn es trotz aller Vorbereitung mit dem Ausbildungsplatz nicht auf Anhieb klappt, darfst du dich auf keinen Fall entmutigen lassen. Lerne aus dem Gespräch und überlege in aller Ruhe:
- Wie empfand ich den Gesprächsverlauf?
- Konnte ich alle konkret gestellten Fragen beantworten?
- Muss ich mich noch besser auf diese Fragen vorbereiten?
- Soll ich beim nächsten Mal noch etwas mehr Sorgfalt auf meine äußere Erscheinung verwenden?
- Was möchte ich künftig besser machen?

i Bewerbe dich bei mehreren Unternehmen. Wenn es aber bei einer Firma geklappt hat, sage den anderen rechtzeitig ab, damit du keine Ausbildungsplätze blockierst.

Zusammengefasst noch einmal die Schritte des Bewerbungsverfahrens:

Bewerbungsmappe
(Bewerbungsschreiben, Lebenslauf, Zeugnisse, Bescheinigungen)

→ **Absage** (Die Bewerbung entspricht nicht den Erwartungen.)

1. Vorentscheidung

Testverfahren

→ **Absage** (Das Testergebnis ist schlecht ausgefallen.)

2. Vorentscheidung

Vorstellungsgespräch

→ **Absage** (Andere Bewerber haben einen besseren persönlichen Eindruck gemacht.)

Endgültige Entscheidung

Einstellung
= Abschluss eines Berufsausbildungsvertrags

Manchmal fallen die Entscheidungen an einem Tag (so genannter Bewerbertag).

Rollenspiele

Rollenspiel 1: Vorstellungsgespräch
(Training für ein Einzelgespräch)

Spielt in zwei Rollen (Bewerber und Personalchef) das Gespräch durch. Gut wäre es, wenn ihr von diesem Gespräch eine Videoaufnahme machen könntet.

Wählt unter folgenden Berufsbildern ein Beispiel aus:
- Industriekaufmann/-frau (1)
- Reiseverkehrskaufmann/-frau (2)
- Schreiner/-in (3)
- Kfz-Mechatroniker/-in (4)
- IT-Systemelektroniker/-in (5)

Vorbereitung

1. Vorbereitung

Bereitet euch zu Hause entweder als Bewerber oder als Personalchef auf dieses Gespräch vor:
- Findet einen Betrieb, der diesen Beruf ausbildet, und informiert euch über diesen Betrieb und das gewählte Berufsbild.
- Sammelt Fragen, die
  a) der Personalchef (siehe Seite 115),
  b) der Bewerber (siehe Seite 115)
  stellen könnte und notiert sie euch.

Durchführung

2. Durchführung

Wählt für jedes Rollenspiel (1–5) zwei Personen (Bewerber und Personalchef) aus.

Alle anderen Schüler sind Beobachter.

Für jedes Berufsbild (1–5) wird ein neues Rollenspiel mit anderen Akteuren durchgeführt.

Auswertung

3. Auswertung

Diskutiert miteinander, wie ihr die Vorstellung empfunden habt.

Stellt sowohl positive als auch negative Punkte heraus:
- Wie ist der sprachliche Ausdruck des Bewerbers zu bewerten?
- Wie wirkte seine Haltung, Mimik, Gestik?
- Wirkte er aufgeschlossen?
- War er sicher und voller Selbstvertrauen?
- Gab er sich zu lässig oder zu verkrampft?
- Hat er sich um Blickkontakt bemüht?
- Konnten seine Argumente, Fragen und Antworten überzeugen?
- Wirkte er verantwortungsbewusst und zuverlässig?
- Macht er einen aufrichtigen und ehrlichen Eindruck?
- Lässt er sein Gegenüber ausreden?
- Wirkt er interessiert?
- Ist er höflich? (natürlich?)

- Fällt ein Gesamturteil unter Berücksichtigung des jeweils angestrebten Ausbildungsberufes: Würdet ihr den Bewerber einstellen?
- Falls ihr einen Videofilm aufgenommen habt, schaut ihn euch noch einmal zusammen an und diskutiert die von euch positiv oder negativ empfundenen Situationen noch einmal.
- Macht Verbesserungsvorschläge.

Rollenspiel 2: Auswahlverfahren im Assessmentcenter (Training für ein Gruppengespräch)

Diese Aufgabe sollt ihr im Rahmen eines Assessmentcenters spielen. Die Klasse beobachtet, wie sich der Bewerber bei der Lösung gestellter Aufgaben in der Gruppe bewährt.

Schüler A ist Auszubildender in einer Kfz-Werkstatt. Schüler B ist ein Kunde. Dieser beschwert sich am Telefon, dass sein Auto auch nach der Reparatur nicht richtig anspringt. Er bittet darum, sofort zurückgerufen zu werden. A notiert dies auf einem Zettel, den er dem Meister geben will. Er steckt ihn in seine Hosentasche und vergisst ihn.

Spieler C ist der Meister der Autowerkstatt. Der Kunde ruft am nächsten Tag erbost wieder an und beschwert sich darüber, dass zum einen sein Auto auch nach der Reparatur immer noch nicht anspringt. Zum anderen ist er ärgerlich, weil er bereits gestern um Rückruf gebeten hat, aber nichts passiert ist. Der Auszubildende hat nichts von dem Anruf gesagt. Der Meister holt ihn zu einem Gespräch.

i

Assessmentcenter
Heute vor allem von größeren Betrieben eingesetztes Auswahlverfahren, bei dem die Bewerber simulierten Bewährungssituationen gegenüberstehen und im Wesentlichen psychologisch begutachtet werden.

assessment (engl.) = Einschätzung, Beurteilung

Gespräch 1: Gespräch zwischen dem Kunden (Schüler B) und dem Meister (Schüler C)

Gespräch 2: Gespräch zwischen dem Meister (Schüler C) und dem Auszubildenden (Schüler A)

Vorbereitung

1. Vorbereitung

a) Lest die Beschreibungen durch und entscheidet euch, welche der drei Personen (A, B, C) ihr spielen wollt.
b) Bildet sechs Gruppen (Rollenspieler A, B und C und jeweils eine Beobachtungsgruppe A, B und C).
c) Überlegt, wie sich die Person, für die ihr euch entschieden habt, im Rollenspiel verhalten soll:
   - Welche Argumente, Fragen und Vorschläge können vorgebracht werden?
   - Welche Gegenargumente sind von den anderen Spielern wohl zu erwarten?
   - Überlegt euch schon im Vorfeld gute Reaktionsmöglichkeiten. Macht euch ggf. Notizen.
d) Erstellt einen Beobachtungsbogen, der z. B. folgende Fragen beinhaltet:

- Wie ist die Kommunikation (sprachlicher Ausdruck, Redefluss)?
- Wie ist der Aufbau des Gesprächs und die Argumentation?
- Werden die speziellen Regeln für ein Gruppengespräch beachtet? (höflich bleiben; anderen nicht ins Wort fallen; laut und deutlich sprechen; durch Argumente überzeugen; abweichende Meinungen nicht als störend, sondern als hilfreich empfinden; nicht nachgeben, um mögliche Konflikte zu vermeiden, sondern nur, wenn sachlich überzeugt worden ist; andere auch zu Wort kommen lassen; den Einstieg ins Gespräch nicht verpassen)
- Wie ist das Auftreten (Sicherheit, Selbstvertrauen, Aufgeschlossenheit, Haltung, Stimme, Blickkontakt)?

Durchführung

2. Durchführung

Spielt die Gespräche 1 und 2 nacheinander durch.

Auswertung

3. Auswertung

Die Klasse stellt die Geschäftsleitung dar, die mit Hilfe des Beobachtungsbogens die Situationen verfolgt und über die Bewerbung entscheidet. Würdet ihr den Rollenspieler A, B oder C für eine Ausbildung ins Auge fassen? Begründet eure Entscheidung.

1.7 Die Freiheit der Berufswahl

Das Grundgesetz wurde 1949 geschaffen.

Im Grundgesetz für die Bundesrepublik Deutschland ist die freie Berufswahl als Grundrecht gewürdigt. Dies war eine Reaktion auf den Nationalsozialismus.

Hoheitszeichen der Bundesrepublik Deutschland

Grundgesetz für die Bundesrepublik Deutschland
Art. 12
Die Deutschen haben das Recht, Beruf, Arbeitsplatz und Ausbildungsstätte frei zu wählen. Die Berufsausübung kann durch Gesetz oder auf Grund eines Gesetzes geregelt werden.

Beispiele zum Gesetzestext:
- Ein junger Leipziger erlernt in Stuttgart den Beruf des Karosseriebauers.
- Ein Berliner arbeitet in München als U-Bahn-Fahrer.
- Jeder Metzger muss das Tierschutzgesetz beachten.
- Jeder Arzt muss, wenn er eine Praxis eröffnen möchte, seine Niederlassung beantragen.
- Ein Händler muss das Ladenschlussgesetz beachten.

Die **Thüringer Verfassung** behandelt die Arbeit in den folgenden Artikeln und hat sie unter den menschlichen Grundrechten als schutzwürdig herausgestellt.

Die Thüringer Verfassung wurde 1993 geschaffen.

Verfassung des Freistaates Thüringen
Art. 35
(1) Jeder Bürger hat das Recht, Beruf, Arbeitsplatz und Ausbildungsstätte frei zu wählen. Die Berufswahl, die Berufsausübung sowie die Berufsausbildung können auf Grund eines Gesetzes geregelt werden.
(2) Niemand darf zu einer bestimmten Arbeit gezwungen werden, außer im Rahmen einer herkömmlichen allgemeinen, für alle gleichen öffentlichen Dienstleistungspflicht.

Art. 36
Es ist ständige Aufgabe des Freistaats, jedem die Möglichkeit zu schaffen, seinen Lebensunterhalt durch frei gewählte und dauerhafte Arbeit zu verdienen. Zur Verwirklichung dieses Staatsziels ergreifen das Land und seine Gebietskörperschaften insbesondere Maßnahmen der Wirtschafts- und Arbeitsförderung, der beruflichen Weiterbildung und der Umschulung.

Thüringer Landeswappen

Beispiele zum Gesetzestext:
Der Gesetzgeber hat dadurch den Auftrag, besondere Schutzbestimmungen zu erlassen, z.B. Arbeitszeitregelungen, Kündigungsschutz, Unfallschutz, Lärmschutz.
Auch in der **Allgemeinen Erklärung der Menschenrechte** durch die Vereinten Nationen findet die Arbeit besondere Würdigung:

Allgemeine Erklärung der Menschenrechte
Art. 23
(1) Jeder Mensch hat das Recht auf Arbeit, auf freie Berufswahl, auf angemessene befriedigende Arbeitsbedingungen sowie auf Schutz gegen Arbeitslosigkeit.

A

Herr Kuhn ist arbeitslos geworden. Kann er aus nebenstehenden Gesetzen das Recht auf einen Arbeitsplatz ableiten? Begründe deine Meinung.

1.8 Die schulischen Bildungswege

Kathrin hat ihre Entscheidung getroffen. Aber einige ihrer Klassenkameraden sind noch unentschlossen, denn für Regelschüler bieten sich nach dem Abschluss grundsätzlich zwei Möglichkeiten: sofortiger Eintritt ins Berufsleben oder weiterer Schulbesuch.

Der Besuch von weiterführenden Schulen

Bei entsprechender Eignung ist ein weiterer Schulbesuch z. B. an einem Gymnasium oder einer Fachoberschule (FOS) möglich.
Mit dem Abitur an einem Gymnasium erhält der Schüler die allgemeine Hochschulreife. Mit dem Abitur auf einer Fachoberschule erwirbt er die Fachhochschulreife.

1. Was spricht für ein Studium, was für eine Lehre? Nenne mindestens fünf Argumente.
2. Wo liegt die nächst gelegene FOS?

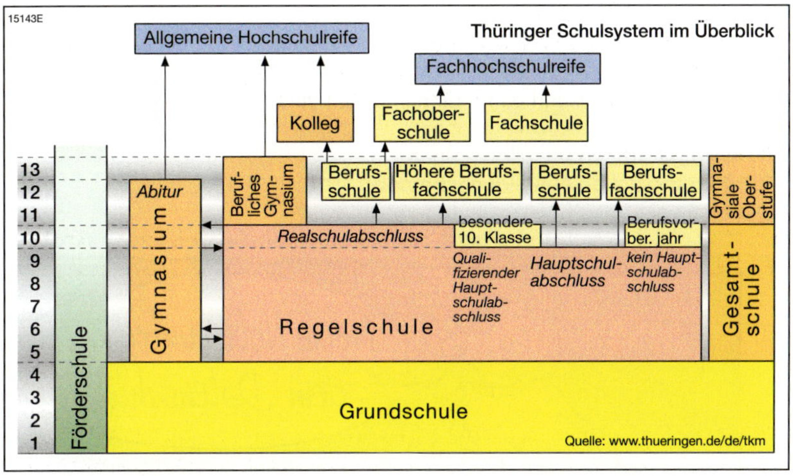

Bildungswege in Thüringen

Die berufliche Ausbildung

Die Ausbildung an Berufsfachschulen
Es gibt eine Reihe von beruflichen Ausbildungsgängen, bei denen die Kenntnisse in Schulen vermittelt werden. So gibt es z. B. **Berufsfachschulen** für Chemie, Sprachen, Grafik und Werbung, Sozialpädagogik, Hotel- und Gaststättengewerbe.

Das **Berufsbildungsgesetz** (BBiG) regelt seit 1969 die berufliche Ausbildung in Deutschland.

Die Ausbildung im dualen System
In Deutschland arbeiten bei der Ausbildung von Jugendlichen **Betrieb und Berufsschule** zusammen. Man nennt dieses System mit zwei voneinander unabhängigen Ausbildungsträgern das **duale System**. Der Unterricht in der Berufsschule und im Betrieb sind aufeinander abgestimmt.
In der Berufsschule erwirbt der Auszubildende die fachtheoretischen Kenntnisse (z. B. beim Bankkaufmann Rechnungswesen oder beim IT-Systemkaufmann Mathematik) sowie vertiefende allgemeinbildende Kenntnisse (Deutsch, Sozialkunde usw.). Der Unterricht erfolgt an ein oder zwei Tagen pro Woche bzw. in Form eines mehrwöchigen Blockunterrichts im Wechsel mit der betrieblichen Ausbildung.
Im Betrieb erwerben die Auszubildenden die berufliche Praxis mit ihren fachbezogenen praktischen Lerninhalten (z. B. der Fertigungsmechaniker das Einrichten einer Maschine) sowie Schlüsselqualifikationen (Teamfähigkeit, Umgang mit Kunden usw.).
Mittlere und größere Unternehmen haben häufig betriebliche Ausbildungswerkstätten eingerichtet oder bieten eigenen Ausbildungsunterricht an, in dem die Auszubildenden neben ihrer praktischen Tätigkeit über ihre schulische Berufsausbildung hinaus noch zusätzlichen Unterricht erhalten.

Die **Ausbildungsordnung**:
Für jeden staatlich anerkannten Beruf gibt es eine Ausbildungsordnung, in der Inhalt, Ablauf und Dauer der Ausbildung (ein bis dreieinhalb Jahre) bundeseinheitlich geregelt sind.

8. a) Welcher Begriff passt nicht in die Reihe?

Ente – Maus – Krähe – Meise – Huhn

Dame – Ass – König – Herz – Bube

Gold – Erz – Silber – Blei – Kupfer

8. b) Das richtige Ergebnis schätzen

Bei dieser Aufgabe soll die Lösung nicht ausgerechnet, sondern durch Überlegen gefunden werden.

7.616 + 8.328 + 3.719 = ?

a) 18.811 b) 19.663
c) 17.525 d) 19.213

8. c) Welches Sprichwort hat den gleichen Sinn?

„Gut Ding will Weile haben."

a) Man soll den Tag nicht vor dem Abend loben.
b) Alle Wege führen nach Rom.
c) Rom ist nicht an einem Tag erbaut worden.
d) Wer lange liegt, muss rosten.

8. d) Textaufgaben:

11 kg Äpfel kosten 22,00 €. Wie viel kosten dann 3 kg?

4 Arbeiter benötigen zum Ausheben eines Grabens 2 Tage. Wie lange bräuchten 2 Arbeiter?

Florian ist größer als Heike. Heike ist größer als Daniel, aber kleiner als Paula. Paula ist größer als Florian. Wer ist der oder die Größte?

1. Kernstück des Bewerbungsschreibens ist der „Betreff". Welche wesentlichen Punkte muss dieser Teil des Anschreibens enthalten?
2. Wie kannst du dich auf ein Vorstellungsgespräch vorbereiten?
3. Was hältst du von folgenden Aussagen:
   a) „Ich mach mich doch nicht verrückt. Wenn ich ihnen nicht gefalle, gehe ich eben zum nächsten Betrieb. Hauptsache, ich gehe locker ins Gespräch. Vorbereiten nutzt doch nichts!"
   Warum kannst du dem nicht zustimmen?
   b) „Also, das mit dem Vorstellungsgespräch ist ja gut und schön. Aber wie ich tatsächlich bin, das kann der Betrieb nicht wirklich feststellen!" Welche Eigenschaften eines Auszubildenden können von einem erfahrenen Ausbilder im Einstellungsgespräch erkannt werden und welche nicht?
4. Warum dürfen Mädchen/Frauen beim Vorstellungsgespräch nicht nach einer ggf. bestehenden Schwangerschaft gefragt werden?
5. Was möchten die Ausbildungsleiter in einem Assessmentcenter im Wesentlichen überprüfen?
6. Welchen Vorteil kann es für dich in einem Vorstellungsgespräch bedeuten, wenn du
   a) im gewählten Ausbildungsberuf,
   b) im gewählten Ausbildungsbetrieb,
   bereits ein Betriebspraktikum gemacht hast?
7. 

   a) Welches Zeugnis wird der junge Mann vermutlich haben?
   b) Erläutere die Aussage eines Ausbilders: „Noten sind wichtig, aber nicht alles!"
8. Löse nebenstehende Musteraufgaben aus einem Einstellungstest.
9. Übe mit deinem Banknachbarn ruhiges und entspanntes Telefonieren. Mach dir eine Vorgehensliste, die so ähnlich wie die nachfolgende aussehen könnte, und lege dir Papier und Stift bereit:
   - Melde dich verständlich und mit Vor- und Zunamen.
   - Nenne den Grund für deinen Anruf. (Vorschläge: Interesse an einem Betriebspraktikum; Interesse an einer Ausbildung; Information, wie die Bewerbungsunterlagen auszusehen haben.)
   - Bitte um Verbindung mit Herrn … aus der … Abteilung.
   - Nach der Verbindung musst du noch einmal deinen Namen nennen. Sprich deinen Gesprächspartner immer mit seinem Namen an. Schildere dort dein Anliegen so ruhig wie möglich. Bemühe dich um kurze und klare Formulierungen. Sprich langsam und deutlich.
   - Lass deinen Gesprächspartner ausreden.
   - Wähle einen höflichen und freundlichen Gesprächsschluss und bedanke dich für das Gespräch.
   - Vereinbarte Termine sofort notieren.

   Warum ist folgender Tipp für alle Telefonate hilfreich?
   „Notiere bei jedem Telefonat deine Gesprächspartner, das Datum und kurz das Ergebnis des Gesprächs."

2 Der Berufsausbildungsvertrag

Kathrin Steiner hat es geschafft! Ihre Bewerbung bei der Erfurter Sparkasse war erfolgreich. Ihr zukünftiger Ausbildungsbetrieb schickt ihr den **Berufsausbildungsvertrag** zur Unterzeichnung.
Nachdem sie unterschrieben hat, gibt Kathrin bei der Saalebank Bescheid, dass sie bereits einen Ausbildungsvertrag unterzeichnet hat. Sie möchte auf keinen Fall einen Platz bei der Saalebank blockieren.
In vielen Ländern, auch in den Staaten der Europäischen Union, erfolgt die Berufsausbildung als „Training on the Job“: Jugendliche erlernen ihren Beruf in der Praxis.
Die betriebliche Ausbildung wird in Deutschland durch das Berufsbildungsgesetz (BBiG) geregelt und basiert auf dem Abschluss eines Berufsausbildungsvertrages zwischen Betrieb und Auszubildenden. Die Ausbildungsbetriebe übernehmen die praktische Ausbildung und werden von den jeweils zuständigen Organisationen wie z.B. Industrie- und Handelskammer, Handwerkskammer usw. beaufsichtigt und beraten.

Lehrvertrag anno 1868

Lehrvertrag

Heinrich Klein in Gründburg einerseits und Hr. Wilhelm Abel in Weidenheim andererseits haben folgende Übereinkunft getroffen:

1. Klein nimmt den Sohn des Hr. Wilhelm Abel mit Namen Gustav auf vier Jahre, und zwar von 15. Oktober 1868 bis dahin 1872 als Lehrling in sein Geschäft auf.
2. Klein macht sich verbindlich, seinem Lehrling in Allen dem, was in seinem Geschäft vorkommt, gewissenhaft zu unterrichten, ein wachsames Auge auf sein sittliches Betragen zu haben und ihm Kost und Logis in seinem Hause frei zu geben.
3. Klein gibt seinem Lehrling alle 14 Tage des Sonntags von 12 bis 5 Uhr frei; dabei ist gestattet, daß er auch an dem Sonntage, wo er Ausgangstag nicht hat, einmal den Gottesdienst besuchen kann.
4. Klein verzichtet auf ein Lehrgeld, hat aber dagegen die Lehrzeit auf vier Jahre ausgedehnt.
5. Hr. W. Abel hat während der Lehrzeit seines Sohnes denselben in anständiger Kleidung zu erhalten und für dessen Wäsche besorgt zu sein.
6. Hr. Abel hat für die Treue seines Sohnes einzustehen und alle Schäden, den derselbe durch bösen Willen, Unachtsamkeit und Nachlässigkeit seinem Lehrherrn verursachen sollte, ohne Einrede zu ersetzen.
7. Der junge Abel darf während der Dauer seiner Lehrzeit kein eigenes Geld führen, sondern die Ausgaben, welche nicht von seinem Vater direct bestritten werden, gehen durch die Hände des Lehrherrn, und der Lehrling hat solche zu verzeichnen.
8. Hat der junge Abel seine Kleidungsstücke und sonstige Effecten auf seinem Zimmer zu verschließen, aber so, daß sein Lehrherr davon Kenntnis hat und dieser solche von Zeit zu Zeit nachsehen kann, so oft es diesem gewahrt ist, um ihn gehörig zu überwachen.
9. Darf der Lehrling während seiner Lehrzeit kein Wirtshaus oder Tanzbelustigung besuchen, er müßte dann ausdrücklich die Erlaubnis hierzu von seinem Vater oder Lehrherrn erhalten haben, und dann besonders darf er nicht rauchen im Geschäft oder außer demselben, es bleibt ganz untersagt.
10. Wenn der junge Abel das Geschäft des Klein verläßt, so darf dieser in kein Geschäft in Gründburg eintreten, ohne daß Klein seine Erlaubnis dazu gibt.

Zur Sicherstellung, daß beide Theile diese Obereinkunft treulich halten und erfüllen wollen, ist dieser Contract doppelt ausgefertigt, jedem ein Exemplar eingehändigt und unterschrieben worden.

Gründburg, am 28. September 1868

i Das Berufsbildungsgesetz (BBiG) regelt seit 1969 die berufliche Ausbildung in Deutschland.

A

1. Warum sind die Kammern beauftragt, die abgeschlossenen Berufsausbildungsverträge zu kontrollieren und zu registrieren?
2. Lies den Ausbildungsvertrag von 1868 und vergleiche mit heute.

Antrag auf Eintragung
in das Verzeichnis der Berufsausbildungsverhältnisse zum nachfolgenden

Berufsausbildungsvertrag

IHK Industrie- und Handelskammer

Zwischen dem Ausbildenden (Ausbildungsbetrieb)

Firmenident-Nr.: 5683334
Tel.-Nr.: 0123/45678
Anschrift des Ausbildenden: Erfurter Sparkasse
Straße, Hausnummer: Webergasse 1
PLZ: 94567 Ort: Erfurt
E-Mail-Adresse des Ausbildenden: koch-herbert@erfurter.de
Verantwortliche/-r Ausbilder/-in Herr/Frau: Herbert Koch
geboren am: 15.01.19..

und der / dem Auszubildenden **männlich** ☐ **weiblich** ☒

Name: Steiner
Vorname: Kathrin
Straße, Hausnummer: Berliner Str. 2
PLZ: 94567 Ort: Erfurt
Geburtsdatum: 28.01.19..
Geburtsort: München
Staatsangehörigkeit: deutsch
Eltern ☒ Elternteil ☐ Vormund ☐
Namen, Vornamen der gesetzlichen Vertreter [1]: Dieter und Anne Steiner
Straße, Hausnummer: Berliner Str. 2
PLZ: 94567 Ort: Erfurt

① Wird nachstehender Vertrag zur Ausbildung im Ausbildungsberuf: Bankkauffrau
mit der Fachrichtung/dem Schwerpunkt:
nach Maßgabe der Ausbildungsverordnung [2] geschlossen.

Vom Auszubildenden zuletzt besuchte Schule [5]: Regelschule am Schlossberg, Erfurt
Abgangsklasse: 10
abgeschlossen mit: Realschulabschluss
davor: Grundschule
Zuständige Berufsschule: Erfurt Nord

② **A** Die Ausbildungszeit beträgt nach der Ausbildungsverordnung 36 Monate.

Die vorausgegangene Berufsausbildung/Vorbildung: Mittlere Reife, Realschule

wird mit 6 Monaten angerechnet, bzw. es wird eine entsprechende Verkürzung beantragt.

Das Berufsausbildungsverhältnis beginnt am 01.09.20.. endet am 28.02.20..

③ **B** Die Probezeit (§ 1 Nr. 2 beträgt 4 Monate. [3])

④ **C** Die Ausbildung findet vorbehaltlich der Regelungen nach D (§ 3 Nr. 12) in

der Hauptstelle der Erfurter Sparkasse

und den mit dem Betriebssitz für die Ausbildung üblicherweise zusammenhängenden Bau-, Montage- und sonstigen Arbeitsstellen statt.

⑤ **D** Ausbildungsmaßnahmen außerhalb der Ausbildungsstätte – Lernorte – (§ 3 Nr. 12) (mit Zeitraumangabe)

nach Maßgabe
(Lehrgänge, Seminare und dergleichen)

⑥ **E** Der Ausbildende zahlt dem Auszubildenden eine angemessene Vergütung (§ 5); diese beträgt zur Zeit monatlich brutto

EUR	646	689	749	---
im	ersten	zweiten	dritten	vierten

Ausbildungsjahr.

F Die regelmäßige tägliche Ausbildungszeit (§ 6 Nr. 1) beträgt 7:42 Stunden. [4] ⑦

G Der Ausbildende gewährt dem Auszubildenden Urlaub nach den geltenden Bestimmungen (§ 6 Nr. 2). Es besteht ein Urlaubsanspruch ⑧

Im Jahr	20..	20..	20..	20..	--
Werktage	--	--	--	--	--
Arbeitstage	09	26	26	05	--

H Sonstige Hinweise auf anzuwendende Tarifverträge oder Dienst-/Betriebsvereinbarungen

es gilt der Manteltarifvertrag für Auszubildende

Kathrin Steiner

Dieter Steiner Anne Steiner

H. Koch M. Lechner

1) Vertretungsberechtigt sind beide Eltern gemeinsam, soweit nicht die Vertretungsberechtigung nur einem Elternteil zusteht. Ist ein Vormund bestellt, so bedarf dieser zum Abschluss des Ausbildungsvertrages der Genehmigung des Vormundschaftsgerichtes.
2) Solange die Ausbildungsordnung nicht erlassen ist, sind gem. § 104 Abs. 1 BBiG die bisherigen Ordnungsmittel anzuwenden.
3) Die Probezeit muss mindestens einen Monat und darf höchstens vier Monate betragen.
4) Das Jugendarbeitsschutzgesetz, Arbeitszeitgesetz sowie die für das Ausbildungsverhältnis geltenden tarifvertraglichen Regelungen oder Dienst-/Betriebsvereinbarungen sind zu beachten.
5) Bei Berufsgrundschuljahr bzw. Berufsfachschule bitte besuchtes Berufsfeld eintragen.

Ergänzende Anmerkungen zum Berufsausbildungsvertrag

§ 1 - Ausbildungszeit

1. **Dauer** (siehe A*)
2. **Probezeit** (siehe B*)
Das Berufsausbildungsverhältnis beginnt mit der Probezeit. Sie muss mindestens einen Monat und darf höchstens vier Monate betragen.
3. **Vorzeitige Beendigung des Berufsausbildungsverhältnisses**
Besteht der/die Auszubildende vor Ablauf der unter Nr. 1 vereinbarten Ausbildungszeit die Abschlussprüfung, so endet das Berufsausbildungsverhältnis mit dem Tag der Bekanntgabe des Gesamtergebnisses der Prüfung.
4. **Verlängerung des Berufsausbildungsverhältnisses**
Besteht der/die Auszubildende die Abschlussprüfung nicht, so endet das Berufsausbildungsverhältnis zur vertraglich vereinbarten Ausbildungszeit. Auf Verlangen des/der Auszubildenden verlängert sich das Berufsausbildungsverhältnis bis zur nächstmöglichen Wiederholungsprüfung, höchstens um ein Jahr.
Bei Inanspruchnahme der Elternzeit verlängert sich die Ausbildungszeit um die Zeit der Elternzeit (§ 20 BerzGG).

§ 2 - Ausbildungsstätte(n)
(siehe C *)

§ 3 - Pflichten des Ausbildenden

Der Ausbildende verpflichtet sich,

1. **Ausbildungsziel**
dafür zu sorgen, dass dem/der Auszubildenden die berufliche Handlungsfähigkeit vermittelt wird, die zum Erreichen des Ausbildungszieles nach der Ausbildungsordnung erforderlich ist, und die Berufsausbildung nach den beigefügten Angaben zur sachlichen und zeitlichen Gliederung des Ausbildungsablaufs so durchzuführen, dass das Ausbildungsziel in der vorgesehenen Ausbildungszeit erreicht werden kann;
2. **Ausbilder**
selbst auszubilden oder eine/-n persönlich und fachlich geeignete/-n Ausbilder/-in ausdrücklich damit zu beauftragen und diesen dem/der Auszubildenden jeweils schriftlich bekannt zu geben;
3. **Ausbildungsordnung**
dem/der Auszubildenden vor Beginn der Ausbildung die Ausbildungsordnung kostenlos auszuhändigen;
4. **Ausbildungsmittel**
dem/der Auszubildenden kostenlos die Ausbildungsmittel, insbesondere Werkzeuge, Werkstoffe und Fachliteratur zur Verfügung zu stellen, die für die Ausbildung in den betrieblichen und überbetrieblichen Ausbildungsstätten und zum Ablegen von Zwischen- und Abschlussprüfungen, auch soweit solche nach Beendigung des Berufsausbildungsverhältnisses und in zeitlichem Zusammenhang damit stattfinden, erforderlich sind;
5. **Besuch der Berufsschule und Ausbildungsmaßnahmen außerhalb der Ausbildungsstätte**
den/die Auszubildende/-n zum Besuch der Berufsschule anzuhalten und freizustellen. Das gleiche gilt, wenn Ausbildungsmaßnahmen außerhalb der Ausbildungsstätte – Lernorte - vorgeschrieben oder nach Nr. 12 durchzuführen sind;
6. **Führen eines schriftlichen Ausbildungsnachweises**
dem/der Auszubildenden vor Ausbildungsbeginn und später die schriftlichen Ausbildungsnachweise für die Berufsausbildung kostenfrei auszuhändigen sowie die ordnungsgemäße Führung durch regelmäßige Abzeichnung zu überwachen, soweit schriftliche Ausbildungsnachweise im Rahmen der Berufsausbildung verlangt werden;
7. **Ausbildungsbezogene Tätigkeiten**
dem/der Auszubildenden nur Aufgaben zu übertragen, die dem Ausbildungszweck dienen und seinen/ihren körperlichen Kräften angemessen sind;
8. **Sorgepflicht**
dafür zu sorgen, dass der/die Auszubildende charakterlich gefördert sowie sittlich und körperlich nicht gefährdet wird;
9. **Ärztliche Untersuchungen**
von dem/der jugendlichen Auszubildenden sich Bescheinigungen gemäß §§ 32, 33 Jugendarbeitsschutzgesetz darüber vorlegen zu lassen, dass diese/-r
a) vor der Aufnahme der Berufsausbildung untersucht und
b) vor Ablauf des ersten Ausbildungsjahres nachuntersucht worden ist;
10. **Eintragungsantrag**
unverzüglich nach Abschluss des Berufsausbildungsvertrages die Eintragung in das Verzeichnis der Berufsausbildungsverhältnisse bei der zuständigen Stelle zu beantragen. Bei Auszubildenden unter 18 Jahren ist eine Kopie oder Mehrfertigung der ärztlichen Bescheinigung über die Erstuntersuchung gemäß § 32 Jugendarbeitsschutzgesetz beizufügen. Entsprechendes gilt bei späteren Änderungen des wesentlichen Vertragsinhaltes;
11. **Anmeldung zu Prüfungen**
den/die Auszubildende/-n rechtzeitig zu den angesetzten Zwischen- und Abschlussprüfungen anzumelden und für die Teilnahme freizustellen sowie der Anmeldung zur Zwischenprüfung bei Auszubildenden unter 18 Jahren eine Kopie oder Mehrfertigung der ärztlichen Bescheinigung über die erste Nachuntersuchung gemäß § 33 Jugendarbeitsschutzgesetz beizufügen;
12. **Ausbildungsmaßnahmen außerhalb der Ausbildungsstätte – Lernorte (§ 2 BBiG)** - (siehe D *)

§ 4 - Pflichten des/der Auszubildenden

Der/Die Auszubildende hat sich zu bemühen, die berufliche Handlungsfähigkeit zu erwerben, die erforderlich ist, um das Ausbildungsziel zu erreichen. Er/Sie verpflichtet sich insbesondere

1. **Lernpflicht**
die ihm/Ihr im Rahmen seiner/ihrer Berufsausbildung übertragenen Aufgaben sorgfältig auszuführen;
2. **Berufsschulunterricht, Prüfungen und sonstige Lernorte**
am Berufsschulunterricht und an Prüfungen sowie an Lernorten außerhalb der Ausbildungsstätte teilzunehmen, für die er/sie nach § 3 Nr. 5, 11 und 12 freigestellt wird; sein/ihr Berufsschulzeugnis unverzüglich dem Ausbildenden zur Kenntnisnahme vorzulegen und ist damit einverstanden, dass sich Berufsschule und Ausbildungsbetrieb über seine/ihre Leistungen unterrichten;
3. **Weisungsgebundenheit**
den Weisungen zu folgen, die ihm/ihr im Rahmen der Berufsausbildung vom Ausbildenden, von Ausbildern oder Ausbilderinnen oder von anderen weisungsberechtigten Personen erteilt werden;
4. **Betriebliche Ordnung**
die für die Ausbildungsstätte geltende Ordnung zu beachten;
5. **Sorgfaltspflicht**
Werkzeug, Maschinen und sonstige Einrichtungen pfleglich zu behandeln und sie nur zu den ihm/ihr übertragenen Arbeiten zu verwenden;
6. **Betriebsgeheimnisse**
über Betriebs-, Dienst- und Geschäftsgeheimnisse Stillschweigen zu wahren;
7. **Führen eines schriftlichen Ausbildungsnachweises**
einen vorgeschriebenen schriftlichen Ausbildungsnachweis ordnungsgemäß zu führen und regelmäßig dem Ausbilder oder der Ausbilderin vorzulegen;
8. **Benachrichtigung**
bei Fernbleiben von der betrieblichen Ausbildung, vom Berufsschulunterricht oder von sonstigen Lernorten außerhalb der Ausbildungsstätte dem Ausbildenden unter Angabe von Gründen unverzüglich Nachricht zu geben und ihm Arbeitsunfähigkeit und deren voraussichtliche Dauer unverzüglich mitzuteilen. Dauert die Arbeitsunfähigkeit länger als 3 Kalendertage, hat der/die Auszubildende eine ärztliche Bescheinigung über die bestehende Arbeitsunfähigkeit sowie deren voraussichtliche Dauer spätestens an dem darauf folgenden Arbeitstag vorzulegen. Der Ausbildende ist berechtigt, die Vorlage der ärztlichen Bescheinigung früher zu verlangen;
9. **Ärztliche Untersuchungen**
soweit auf ihn/sie die Bestimmungen des Jugendarbeitsschutzgesetzes Anwendung finden, sich gemäß §§ 32 und 33 dieses Gesetzes ärztlich
a) vor Beginn der Ausbildung untersuchen,
b) vor Ablauf des ersten Ausbildungsjahres nachuntersuchen zu lassen und die Bescheinigungen hierüber dem Ausbildenden vorzulegen.

§ 5 - Vergütung und sonstige Leistungen

1. **Höhe und Fälligkeit** (siehe E *)
Eine über die vereinbarte regelmäßige Ausbildungszeit hinausgehende Beschäftigung wird besonders vergütet oder wird durch entsprechende Freizeit ausgeglichen.
Die Vergütung wird spätestens am letzten Arbeitstag des Monats gezahlt. Das auf die Urlaubszeit entfallende Entgelt (Urlaubsentgelt) wird vor Antritt des Urlaubs ausgezahlt. Die Beiträge für die Sozialversicherung tragen die Vertragsschließenden nach Maßgabe der gesetzlichen Bestimmungen.
2. **Sachleistungen**
Soweit der Ausbildende dem/der Auszubildenden Kost und/oder Wohnung gewährt, gilt die in der Anlage beigefügte Regelung.
3. **Kosten für Maßnahmen außerhalb der Ausbildungsstätte – Lernorte -**
Der Ausbildende trägt die Kosten für Maßnahmen außerhalb der Ausbildungsstätte – Lernorte – gemäß § 3 Nr. 5, soweit sie nicht anderweitig gedeckt sind. Ist eine auswärtige Unterbringung erforderlich, so können dem/der Auszubildenden anteilige Kosten für Verpflegung in dem Umfang in Rechnung gestellt werden, in dem dieser Kosten einspart. Die Anrechnung von anteiligen Kosten und Sachbezugswerten nach § 17 (2) BBiG darf 75 % der vereinbarten Bruttovergütung nicht übersteigen.
4. **Berufskleidung**
Wird vom Ausbildenden eine besondere Berufskleidung vorgeschrieben, so wird sie von ihm zur Verfügung gestellt.
5. **Fortzahlung der Vergütung**
Dem/Der Auszubildenden wird die Vergütung auch gezahlt
a) für die Zeit der Freistellung gem. § 3 Nr. 5 dieses Vertrages, für die Teilnahme an Prüfungen sowie gemäß § 10 Abs. 1 Nr. 2 und § 43 Jugendarbeitschutzgesetz,
b) bis zur Dauer von 6 Wochen, wenn er/sie
aa) sich für die Berufsausbildung bereithält, diese aber ausfällt,
bb) infolge unverschuldeter Krankheit nicht an der Berufsausbildung teilnehmen kann (unter Berücksichtigung der Regelungen des Entgeltfortzahlungsgesetzes) oder
cc) aus einem sonstigen in seiner/ihrer Person liegenden Grund unverschuldet verhindert ist, seine Pflichten aus dem Berufsausbildungsverhältnis zu erfüllen.

§ 6 - Ausbildungszeit und Urlaub

1. **Tägliche Ausbildungszeit** (siehe F *)
Die tägliche Ausbildungszeit ist gemäß Jugendarbeitsschutzgesetz, Arbeitszeitgesetz, tarifliche Regelungen, Betriebs- oder Dienstvereinbarungen festgelegt.
2. **Urlaub** (siehe G *)
Der Urlaub ist nach dem Jugendarbeitsschutzgesetz, Bundesurlaubsgesetz, tarifvertraglicher Regelungen, Dienst-/Betriebsvereinbarungen festzulegen.
3. **Lage des Urlaubs**
Der Urlaub soll zusammenhängend und in der Zeit der Berufsschulferien erteilt und genommen werden. Während des Urlaubs darf der/die Auszubildende keine dem Urlaubszweck widersprechende Erwerbstätigkeit leisten.

§ 7 - Kündigung

1. **Kündigung während der Probezeit**
Während der Probezeit kann das Berufsausbildungsverhältnis jederzeit ohne Einhaltung einer Kündigungsfrist und ohne Angabe von Gründen schriftlich gekündigt werden.
2. **Kündigungsgründe**
Nach der Probezeit kann das Berufsausbildungsverhältnis nur gekündigt werden
a) aus einem wichtigen Grund ohne Einhalten einer Kündigungsfrist,
b) von dem/der Auszubildenden mit einer Kündigungsfrist von 4 Wochen, wenn er/sie die Berufsausbildung aufgeben oder sich für eine andere Berufstätigkeit ausbilden lassen will.
3. **Form der Kündigung**
Die Kündigung muss schriftlich, im Falle der Nr. 2 unter Angabe der Kündigungsgründe erfolgen.
4. **Unwirksamkeit einer Kündigung**
Eine Kündigung aus einem wichtigen Grund ist unwirksam, wenn die ihr zugrunde liegenden Tatsachen dem zur Kündigung Berechtigten länger als 2 Wochen bekannt sind. Ist ein Schlichtungsverfahren gemäß § 9 eingeleitet, so wird bis zu dessen Beendigung der Lauf dieser Frist gehemmt.
5. **Schadenersatz bei vorzeitiger Beendigung**
Wird das Berufsausbildungsverhältnis nach Ablauf der Probezeit vorzeitig gelöst, so kann der Ausbildende oder der/die Auszubildende Ersatz des Schadens verlangen, wenn der andere den Grund für die Auslösung zu vertreten hat. Das gilt nicht bei Kündigung wegen Aufgabe oder Wechsels der Berufsausbildung (Nr. 2 b). Der Anspruch erlischt, wenn er nicht innerhalb von 3 Monaten nach Beendigung des Berufsausbildungsverhältnisses geltend gemacht wird.
6. **Aufgabe des Betriebes, Wegfall der Ausbildungseignung**
Bei Kündigung des Berufsausbildungsverhältnisses wegen Betriebsaufgabe oder wegen Wegfalls der Ausbildungseignung verpflichtet sich der Ausbildende, sich mit Hilfe der Berufsberatung der zuständigen Agentur für Arbeit rechtzeitig um eine weitere Ausbildung im bisherigen Ausbildungsberuf in einer anderen geeigneten Ausbildungsstätte zu bemühen.

§ 8 - Zeugnis

Der Ausbildende stellt dem/der Auszubildenden bei Beendigung des Berufsausbildungsverhältnisses ein Zeugnis aus. Die elektronische Form ist ausgeschlossen. Hat der Ausbildende die Berufsausbildung nicht selbst durchgeführt, so soll auch der Ausbilder oder die Ausbilderin das Zeugnis unterschreiben. Es muss Angaben enthalten über Art, Dauer und Ziel der Berufsausbildung sowie über die erworbenen Fertigkeiten, Kenntnisse und besondere fachliche Fähigkeiten des/der Auszubildenden, auf Verlangen des/der Auszubildenden auch Angaben über Verhalten und Leistung.

§ 9 - Beilegung von Streitigkeiten

Bei Streitigkeiten aus dem bestehenden Berufsausbildungsverhältnis ist vor Inanspruchnahme des Arbeitsgerichts der nach § 111 Abs. 2 des Arbeitsgerichtsgesetzes errichtete Ausschuss anzurufen.

§ 10 - Erfüllungsort

Erfüllungsort für alle Ansprüche aus diesem Vertrag ist der Ort der Ausbildungsstätte.

§ 11 - Sonstige Vereinbarungen (siehe H *)

Rechtswirksame Nebenabreden, die das Berufsausbildungsverhältnis betreffen, können durch schriftliche Ergänzung im Rahmen des § 11 dieses Berufsausbildungsvertrages oder durch Änderungsvereinbarung des Berufsausbildungsvertrages getroffen werden.

*) Die Buchstaben verweisen auf den entsprechenden Text des Vertrages.

Stand: Juni 2005

Wesentliche Merkmale des Ausbildungsvertrages sind:
① Ausbildungsberuf
② Beginn und Dauer der Ausbildung
③ Dauer der Probezeit
④ Ort der Ausbildung
⑤ zusätzliche Ausbildungsmaßnahmen
⑥ Höhe der Ausbildungsvergütung
⑦ Dauer der regelmäßigen täglichen Ausbildungszeit
⑧ Urlaubsanpruch

Auf der Rückseite des Vertrages (siehe Seite 125) sind Rechte und Pflichten des Auszubildenden und des Ausbildungsbetriebes aufgeführt.

Für den Fall, dass es für Auszubildende finanziell besonders schwierig wird, gibt es soziale Hilfen. So gewährt das Arbeitsamt Berufsausbildungsbeihilfe (BAB), wenn
- die Ausbildungsvergütung zu gering ist,
- die Eltern keine ausreichenden Möglichkeiten haben, den Auszubildenden zu unterstützen und
- der Auszubildende nicht bei den Eltern wohnen kann.

Pflichten des Ausbildenden = Rechte des Auszubildenden	**Pflichten des Auszubildenden = Rechte des Ausbildenden**
• Vergütung • Urlaub • Ausbildung • Zeugnis • Bereitstellung von Ausbildungs- und Prüfungsmitteln • Fürsorge • Freistellung zum Besuch der Berufsschule und anderer Ausbildungsmaßnahmen	• Lern- und Dienstleistungspflicht • Führung eines Berichtsheftes • Entschuldigung und Bescheinigung bei Fernbleiben • Schweigepflicht • Ärztliche Untersuchung • Berufsschulbesuch • Teilnahme an Prüfungen • Befolgen von Weisungen • Sorgfaltspflicht

Beendigung des Berufsausbildungsverhältnisses
Das Berufsausbildungsverhältnis endet
- mit Ablauf der Ausbildungszeit,
- mit Bestehen der Abschlussprüfung, wenn diese vor dem Ende der regulären Ausbildungszeit abgelegt wird,
- mit Kündigung innerhalb der vertraglichen Ausbildungszeit.

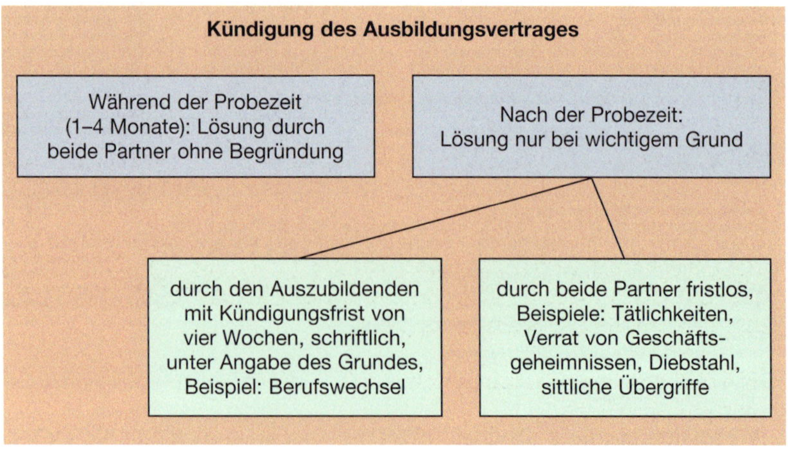

Lies auf der Rückseite des Berufsausbildungsvertrages (siehe Seite 125) den Paragraf 7.
Welche Form ist für die Kündigung notwendig?

Nach dem erfolgreichen Ausbildungsabschluss kann das Ausbildungsverhältnis in ein Arbeitsverhältnis überführt werden. Dies geschieht in der Regel durch den Abschluss eines Arbeitsvertrages. Um zu erfahren, ob er übernommen wird, sollte der Auszubildende mindestens drei Monate vor dem Abschluss um eine klare Stellungnahme seines Ausbilders bitten.

3 Jugendarbeitschutzgesetz

Bestimmungen, die den Schutz des Menschen am Arbeitsplatz zum Ziel haben, bezeichnen wir als Arbeitsschutzgesetz. Es umfasst drei wesentliche Teilgebiete. In diesem Abschnitt wollen wir den Jugendarbeitsschutz genauer untersuchen. Betrachte zunächst die folgende Übersicht.

Teilgebiete des Arbeitsschutzes

- Kündigungsschutz
- Schutz bestimmter Personengruppen z. B. Mutterschutz, Jugendarbeitsschutz
- Schutz vor Gefahren am Arbeitsplatz

Auszubildende trägt die vorgeschriebene Schutzbrille

3.1 Jugendarbeitsschutz

Für jugendliche Arbeitnehmer gilt das **Jugendarbeitsschutzgesetz** oder, wie seine genaue Bezeichnung ist: „Gesetz zum Schutze der arbeitenden Jugend". Es ist nicht mit dem Jugendschutzgesetz zu verwechseln, in dem der Schutz der Jugendlichen in der Öffentlichkeit geregelt ist.

Quelle: Deutsche Arbeitsschutzausstellung (DASA)

A

Das nebenstehende Bild zeigt Kinderarbeit in einer Glasbläserei.

a) Welche Ausbildung werden diese Kinder gehabt haben?

b) Welche Schäden haben sie vermutlich davongetragen?

Die Ziele des Jugendarbeitsschutzgesetzes sind:

- Bessere Ausbildung
  Wer schon in früher Kindheit arbeiten muss, kann nicht zur Schule gehen und hat schlechtere Lebenschancen; je besser die Ausbildung ist, desto sicherer ist im Allgemeinen der Arbeitsplatz.
- Gesundheitsschutz
  Körperliche Überbeanspruchung von Kindern und Jungendlichen kann zu späteren gesundheitlichen Schäden führen, die wiederum den Verlust des Arbeitsplatzes bedeuten können.

Gemäß § 19 (1) des Jugendarbeitsschutzgesetzes erhalten Jugendliche einen längeren Urlaub als Erwachsene.

Maßnahmen zur Verwirklichung der Ziele:
Das Gesetz legt zunächst fest, für welchen Personenkreis es gelten soll. Erinnere dich: Entsprechende Altersregelungen hast du bereits im Kapitel II Privatrecht kennen gelernt. Ferner regelt das Gesetz, in welchem Umfang Jugendliche beschäftigt werden dürfen.

Die Skizze gibt dir einen Überbilck:

Altersregelung

14 Jahre 15 Jahre 18 Jahre

Kinder | **Jugendliche**

Beschäftigung verboten

Beschäftigung mit Einschränkung erlaubt
- 40-Stunden-Woche/5-Tage-Woche*
- 8-Stunden-Arbeitstag/Arbeitszeit zwischen 6 und 20 Uhr*
- zwölf Stunden Freizeit nach Ende der Arbeitszeit
- keine Akkordarbeit

* In der Regel gelten inzwischen die tariflich vereinbarten kürzeren Arbeitszeiten

Ausnahmeregelungen
In einigen Branchen geht eine Arbeits- und Beschäftigungsregelung, wie sie die Darstellung in der vorhergehenden Skizze zeigt, an den Erfordernissen der Ausbildung vorbei. Das könnte sogar dazu führen, dass das Ausbildungsziel nicht erreicht werden kann, wie die nachfolgenden Beispiele zeigen. Daher sieht das Jugendarbeitsschutzgesetz eine Reihe von Ausnahmen vor.

Beispiel Bäckerei
Die Kunden erwarten zum Frühstück frische Brötchen, und aus diesem Grund öffnen Bäckereien meistens ihr Geschäft bereits um 6:30 oder 7:00 Uhr. Zu dieser Zeit muss die Ware in den Körben liegen. Das Jugendarbeitsschutzgesetz sieht dafür Ausnahmen für einen früheren Arbeitsbeginn vor, die vom Alter des Jugendlichen abhängen:
- ab dem 15. Lebensjahr: 6:00 Uhr,
- ab dem 16. Lebensjahr: 5:00 Uhr,
- ab dem 17. Lebensjahr: 4:00 Uhr.

Beispiel Gaststätten
Mario macht eine Ausbildung als Koch. Das Restaurant hat bis Mitternacht geöffnet und bis 23 Uhr werden warme Speisen ausgegeben. Montag ist Ruhetag.

Folgende Paragrafen des Jugendarbeitsschutzgesetzes regeln die Beschäftigungszeiten für Jugendliche und die Ausnahmen:

§ 14 Nachtruhe
(1) Jugendliche dürfen nur in der Zeit von 6 bis 20 Uhr beschäftigt werden.
(2) Jugendliche über 16 Jahre dürfen
1. im Gaststätten- und Schaustellergewerbe bis 22 Uhr ... beschäftigt werden.

§ 16 Samstagsruhe
(1) An Samstagen dürfen Jugendliche nicht beschäftigt werden.
(2) Zulässig ist die Beschäftigung Jugendlicher an Samstagen nur
1. in Krankenanstalten sowie in Alten-, Pflege- und Jugendheimen,
2. in offenen Verkaufsstellen, ... in Bäckereien und Konditoreien, im Friseurhandwerk ...,
...
6. im Gaststätten- und Schaustellergewerbe.
Mindestens zwei Samstage im Monat sollen beschäftigungsfrei bleiben.
(3) Werden Jugendliche am Samstag beschäftigt, ist ihnen die 5-Tage-Woche durch Freistellung an einem anderen berufsschulfreien Arbeitstag derselben Woche sicherzustellen.

A

Wie könnte Marios Arbeitszeitregelung dem Gesetz entsprechend aussehen (der Berufsschultag ist Dienstag)?

Die Sonntagsruhe ist in Paragraf 17 geregelt.

i

Jugendschutz und Jugendarbeitsschutz verfolgen hier die gleichen Ziele.

Beispiel Veranstaltungen
Kinder über sechs Jahre dürfen bei Theaterveranstaltungen in der Zeit von 10 bis 23 Uhr bis zu vier Stunden täglich mitwirken (§ 6 JArbSchG). Das gilt auch für die erforderlichen Proben.

Voraussetzungen:
- Genehmigung des Gewerbeaufsichtsamtes
- Jugendamt muss vor der Genehmigung gehört werden.
- schulisches Fortkommen darf nicht beeinträchtigt werden.
- keine Mitwirkung bei Kabarett, in Vergnügungsparks oder Schaustellergewerbe

Beispiel Arbeit von Kindern
In der Landwirtschaft dürfen Kinder über 13 Jahren im elterlichen Betrieb bis zu drei Stunden täglich beschäftigt werden.
Kinder über 13 Jahren dürfen mit Zustimmung ihrer Eltern bis zu zwei Stunden je Werktag Zeitungen austragen.
Wie steht es mit der Mithilfe im Haushalt, z. B. Geschirrspülen, Wäsche bügeln, Auto waschen?
In § 1619 BGB sind deine Pflichten im Haushalt geregelt:

§ 1619 Dienstleistungspflicht in Haus und Geschäft
Das Kind ist, solange es dem elterlichen Hausstand angehört und von den Eltern erzogen oder unterhalten wird, verpflichtet, in einer seinen Kräften und seiner Lebensstellung entsprechenden Weise den Eltern in ihrem Hauswesen und Geschäft Dienste zu leisten.

Diese Regelung ergibt sich aus dem Charakter der Familie als Wirtschaftsgemeinschaft, hat also mit dem Jugendarbeitsschutzgesetz nichts zu tun.

Zuständigkeit bei Konfliktfällen
Wenn es bei der Einhaltung des Jugendarbeitsschutzgesetzes Probleme gibt, dann sollten sie auch ausgesprochen werden. Dabei gilt der Grundsatz: erst überlegen, dann handeln. Es gibt Einrichtungen zur Konfliktregelung, die der Jugendliche notfalls aufsuchen sollte.
- Innerbetrieblich: Gespräch mit dem Ausbildenden oder Einschaltung des Betriebsrates
- Überbetrieblich: Informieren des Gewerbeaufsichtsamtes, bei Verstößen gegen das Gesetz kann es sogar Bußgelder gegen den Ausbildenden verhängen.

1. Welches Gesetz enthält Regelungen über Ausbildungsverträge?
2. Welche Formvorschrift gilt für den Abschluss von Ausbildungsverträgen?
3. Worüber hat der Auszubildende Stillschweigen zu bewahren? Begründe dies.
4. a) Wie lange dauert die Probezeit?
   b) Welche Bedeutung hat sie?
5. Welche Nachteile hat eine fristlose Kündigung im Gegensatz zu einer ordentlichen Kündigung für den Auszubildenden?
6. Begründe, warum in den nachfolgend aufgeführten Fällen eine fristlose Kündigung berechtigt ist.
   - Ein Auszubildender zündet in der Lagerabteilung Knallkörper, wodurch ein Fahrzeug in Flammen aufgeht.
   - Ein Auszubildender versäumt wiederholt unentschuldigt den Berufsschulunterricht.
7. Nenne je drei typische Rechte und Pflichten des Auszubildenden.
8. Erkläre folgende Aussage: „Das Ausbildungsverhältnis ist kein Arbeitsverhältnis."
9. Im ersten und letzten Ausbildungsjahr gibt es für Kathrin Steiner im Vergleich zu den anderen Jahren weniger Urlaub. Begründe, warum dies so ist.
10. Warum steigt die Ausbildungsvergütung von Jahr zu Jahr an?
11. Wie würdest du dich als Auszubildender in nebenstehenden Situationen angemessen verhalten?

12. Nenne die Teilgebiete des Arbeitsschutzrechts.
13. a) Erkläre die Ziele des Jugendarbeitsschutzgesetzes.
    b) Warum liegen dessen Ziele nicht nur im Interesse des Einzelnen, sondern auch im Interesse der Gesellschaft als Ganzes?
14. Entscheide in folgenden Fällen, ob die Beschäftigung gemäß Jugendarbeitsschutzgesetz erlaubt oder verboten ist:
    a) Der Landwirt Hans Oberdörfer hält zwölf Milchkühe. Sein Sohn Andreas, 14 Jahre, hat die Aufgabe, die Tiere täglich zu versorgen und zu melken.
    b) Die 13-jährige Andrea hilft morgens vor der Schule ihrer Mutter Zeitungen auszutragen. Samstags erledigt sie das allein.
    c) Die 12-jährige Beate besucht die 7. Klasse der Realschule und möchte später einmal einen Beruf in der Altenpflege erlernen. Für eine gehbehinderte, ältere Nachbarin erledigt sie den Haushalt und erhält von der betreuten Dame in unregelmäßigen Abständen nicht unerhebliche Geldbeträge.
    d) Bei der Aufführung eines Bauerntheaters wirken auch die 10-jährige Michaela und der 12-jährige Robin mit. Die Aufführung beginnt um 20.00 Uhr und endet um 22.30 Uhr.
15. Das erste Kinderschutzgesetz von 1903 war eine Art Vorläufer des Jugendarbeitsschutzgesetzes. Es bestimmte:
    - Kinderarbeit bis 13 Jahre ist verboten.
    - Kinder von 13 und 14 Jahren dürfen nur sechs Stunden täglich, Jugendliche von 14 bis 16 Jahren nur bis zu zehn Stunden täglich arbeiten.
    - An Sonntagen dürfen Kinder und Jugendliche nicht arbeiten.

    Denke darüber nach:
    a) Welches Interesse hatten zu dieser Zeit der Staat, die Eltern und die Arbeitgeber an einer derartigen Regelung?
    b) Aus welchen Gründen wurden die Bedingungen im Jugendarbeitsschutzgesetz von heute erheblich verbessert?
16. Nenne Ausnahmen von der allgemein für Jugendliche festgesetzten Arbeitszeit und begründe sie.
17. Was berichten die Medien über Kinderarbeit in anderen Ländern?
18. Lies im Lexikon nach oder suche im Internet, was die Abkürzung UNICEF bedeutet. Welche Ziele verfolgt die Organisation?

X Wirtschaftsordnungen

Wirtschaftsordnungen:
Wir bezeichnen alle für den Ablauf einer Volkswirtschaft geltenden Regeln und Einrichtungen als Wirtschaftsordnungen.

1 Grundfragen der Wirtschaft

In jedem Staat steht die Güterproduktion vor den drei entscheidenden Fragen:

- Was soll produziert werden? Straßen für den Individualverkehr oder Ausbau der Massenverkehrsmittel? Schulen oder Sportstätten, Kleider oder Uniformen? Weizen oder Fleisch?
- Wie soll produziert werden? Mit der Hand oder mit Maschinen? Selbstversorgung oder Austausch mit anderen Staaten? Stromversorgung aus Atomstrom oder aus Sonnenenergie? Konsumgüter oder Schwerindustrie? Flexible oder starre Arbeitszeit?
- Für wen soll produziert werden? Für die junge oder für die alte Generation? Kinderkrippen oder Pflegeheime? Mehr Konsumgüter für den Einzelnen oder mehr Kollektivgüter? Rüstungsgüter oder Nahrungsmittel?

Antworten auf die gestellten Fragen begegnen Euch bei politisch umstrittenen Themen, wie z.B. Solarenergie oder Atomstrom. Sucht weitere Beispiele aus der aktuellen politischen Diskussion.

Zum Teil hängt die Antwort auf diese Fragen von der natürlichen Ausstattung des Landes ab, von der geschichtlichen Tradition, von der Größe der Bevölkerungszahl, von der Zahl der Erwerbstätigen oder dem Entwicklungsstand eines Staates. Wir können sie deshalb als die Grundfragen der Güterproduktion bezeichnen.

Diese Grundfragen sind in jedem Staat gleich. Entscheidender für die Lösung der aufgeworfenen Teilfragen ist jedoch die Steuerung des Wirtschaftsprozesses.

2 Grundsätzliche Ordnungsmodelle und ihre Beurteilung

Grundsätzlich sind zwei Steuerungs- oder Lenkungsmodelle denkbar:

2.1 Zentralverwaltungswirtschaft

Steuerung durch den Staat
Der Staat legt in einem einheitlichen und für alle verbindlichen Plan fest, was, wie und für wen produziert werden soll, und überwacht die Einhaltung des Wirtschaftsplanes. Er legt fest, wie viele Tonnen Ziegel gebrannt, wie viel Paar Schuhe hergestellt werden, welches Einkommen die Beschäftigten erhalten. Alle Wirtschaftseinheiten, also alle Produktionswirtschaften und alle Haushaltungen haben sich diesem Plan unterzuordnen.

Erfolgt die Regelung durch den Staat, so sprechen wir von einer Zentralverwaltungswirtschaft (Planwirtschaft, Befehlswirtschaft).

Eine Zentralverwaltungswirtschaft kann man sich zumindest im Modell ohne Geld vorstellen, weil das System der Produktionsanweisungen und Bezugsberechtigungen der Zentralbehörde das Geld ersetzen. In allen realisierten Wirtschaftsordnungen, die sich an das Modell der Zentralverwaltungswirtschaft anlehnten, gab es zwar Geld und ein System von Preisen. Die Preise waren jedoch keine Knappheitsanzeiger, wie in der Marktwirtschaft, sondern hatten eine reine Verrechnungsfunktion.

2.2 Freie Marktwirtschaft

Steuerung durch die Wirtschaftseinheiten
Die Träger der wirtschaftlichen Entscheidungen sind die Unternehmen und die privaten Haushalte. Sie legen ihren individuellen Wirtschaftsplan fest. Die Unternehmen, was sie produzieren wollen, die Arbeitnehmer verhandeln mithilfe ihrer Gewerkschaften über die Höhe des Lohnes und kaufen jene Güter, von denen sie glauben, den größten Nutzen zu haben. Die Abstimmung der zahlreichen Einzelpläne der Unternehmen und der Haushalte erfolgt über den Markt.

Die Rolle des Staates beschränkt sich im Modell der freien Marktwirtschaft auf die Einhaltung der Gesetze. Er greift jedoch nicht steuernd in das Wirtschaftsgeschehen ein. Seine Aufgabe wird daher oft als „Nachtwächterstaat“ bezeichnet.

Als freie Wirtschaft bezeichnen wir ein Ordnungsmodell, bei dem jeder Beteiligte am Wirtschaftsprozess, Haushalte und Unternehmen, seinen Wirtschaftsplan selbst festlegt und danach handelt.

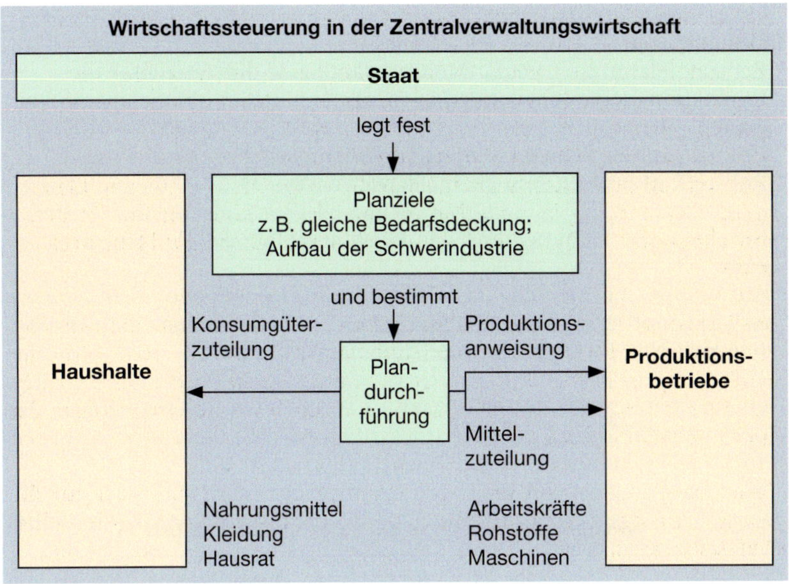

1. Welche Entscheidungen hat nach dieser Darstellung die Zentralbehörde zu treffen?
2. Mit welchen Mitteln kann nach deiner Meinung die Zentralinstanz ihre Entscheidungen durchsetzen?
3. Bei welchem Entwicklungsstand einer Volkswirtschaft könnte nach deiner Meinung ein Überwiegen planwirtschaftlicher Elemente von Vorteil sein?

Beurteilung der freien Marktwirtschaft

Zweifellos hat die freie Marktwirtschaft durch die freie wirtschaftliche Betätigung des Einzelnen und durch den Wettbewerb um die Gunst des Kunden bedeutende wirtschaftliche Aktivitäten ausgelöst und zur Vermehrung des Wohlstandes beigetragen.

Wirtschaftliche Freiheit kann jedoch dazu führen, dass bestehende Ungleichheiten verstärkt oder neue geschaffen werden, sodass ein regulierender Eingriff des Staates notwendig wird.

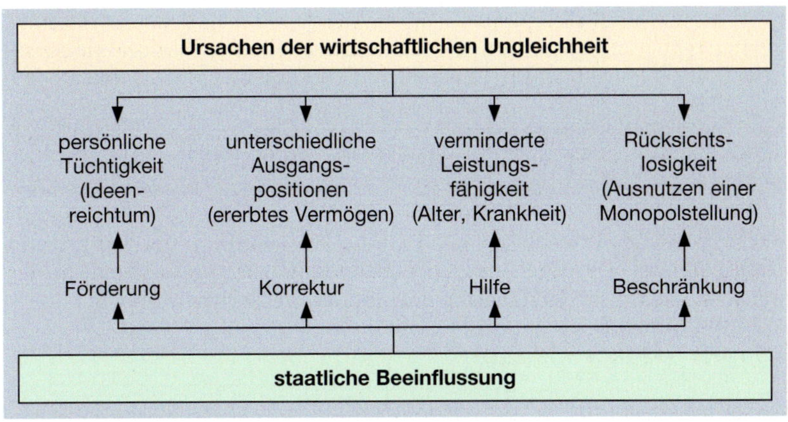

Beurteilung der Zentralverwaltungswirtschaft

Geht die freie Marktwirtschaft von der freien wirtschaftlichen Betätigung des einzelnen aus, so stellt die Zentralverwaltungswirtschaft mehr die Gleichheit und Solidarität in den Vordergrund. Durch staatliche Eingriffe sollen Benachteiligungen ausgeglichen und Produktionszweige, die nach Meinung der Staatsführung zurückgeblieben sind, gefördert werden.

Durch konzentrierten Einsatz der volkswirtschaftlichen Reserven mithilfe der staatlichen Macht kann in verhältnismäßig kurzer Zeit oft viel erreicht werden. Als Beispiele können dienen: Die Beseitigung des Analphabetentums und die Durchführung technischer Großprojekte in den früheren Ostblockländern.

Probleme

- Zentrale Planung ist häufig Mengenplanung. Je differenzierter die Produktion, desto schwieriger ist es, alle benötigten Mengen zentral zu planen.
  Beispiel: In der Schuherstellung ist Leder zweifellos der wichtigste Rohstoff, aber Ösen sind ebenfalls notwendig.

- Bürokratische Planung kann den Leistungswillen des Einzelnen hemmen.
- Auf Verbraucherwünsche kann zu wenig Rücksicht genommen werden; es werden oft nur wenige Standardmodelle einer Warenart hergestellt.
  Beispiel: Nur 10 Tapetenmuster statt einiger hundert.

Der Zusammenbruch der Wirtschaft in den Staaten des ehemaligen Ostblocks ist nicht zuletzt darauf zurückzuführen, dass diese Probleme nicht gelöst werden konnten.

A

1. Wer sind nach dieser Darstellung die Entscheidungsträger?
2. Welche Entscheidungen treffen sie?
3. Auf welche Weise erfolgt die Abstimmung der Einzelpläne?
4. Nenne Beispiele für die vom Staat gesetzten Rahmenbedingungen.

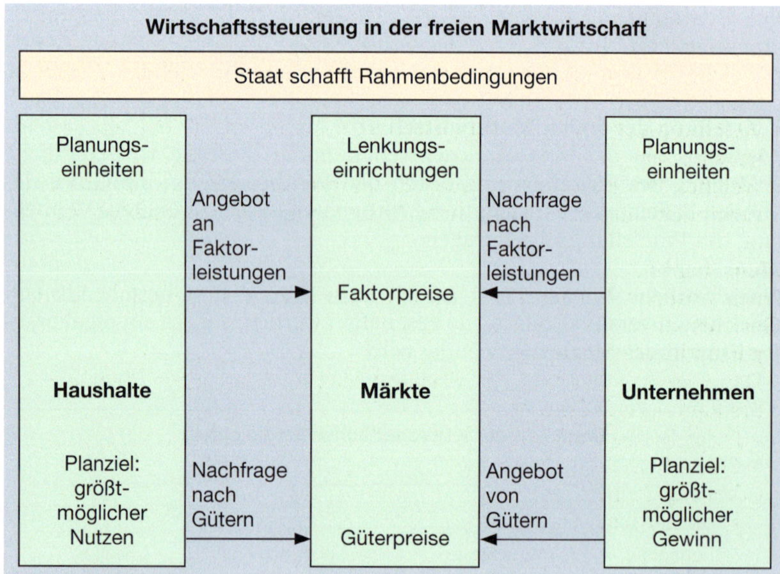

In der freien Marktwirtschaft gehören die Produktionsmittel den privaten Unternehmern. Der Egoismus des einzelnen gilt als größte Triebfeder der wirtschaftlichen Aktivität. Dazu sagt Adam Smith, der „Vater der freien Marktwirtschaft“:

„Das natürliche Bestreben jedes Menschen, seine Lage zu verbessern, ist ... ein so mächtiges Prinzip, dass es nicht nur allein und ohne alle Hilfe die Gesellschaft zu Wohlstand und Reichtum führt, sondern auch hundert unverschämte Hindernisse überwindet, mit denen die Torheit menschlicher Gesetze es nur allzuoft zu hemmen suchte.“
(Adam Smith: „Eine Untersuchung über die Natur und Ursachen des Volkswohlstandes“ 1776)

Planwirtschaft in der ehemaligen DDR: Ein Schaufenster in Leipzig

Da für die Befriedigung der vielfältigen Wünsche eine ebenso differenzierte Güterproduktion notwendig ist, ist eine freie Marktwirtschaft ohne Geld nicht denkbar.
Der Stoff, aus dem das Geld gemacht ist, ist dabei nicht entscheidend. Bedeutsam ist allein das Vertrauen, das dem jeweils existierenden Geld entgegengebracht wird.
Die freie Marktwirtschaft war ein Versuch, das Ordnungsproblem rein verkehrswirtschaftlich, das heißt, nur zwischen Hauswirtschaften und Unternehmen durch Angebot und Nachfrage zu lösen. Dazu schreibt Walter Eucken, einer der geistigen Väter der sozialen Marktwirtschaft:

„... und zugleich sollte dieser alltägliche Wirtschaftsprozess durch Koordination der frei planenden Einzelwirtschaften, also der Haushalte und Betriebe, mittels des Preisautomatismus gelenkt werden ... Die Preise aber, die sich auf freien Märkten bilden, sollen Konkurrenzpreise sein und werden es ermöglichen, dass die Direktion (Anmerkung: die Lenkung) der Produktion bis in alle Teile hinein exakt geführt wird, dass Bedürfnisse optimal gedeckt werden und dass gleichzeitig allen Menschen eine ausreichende Freiheitssphäre gewährt wird.“

Beurteilung der Grundtypen
Die Beurteilung der beiden Modelle kann nach zwei Gesichtspunkten vorgenommen werden:
- Welches Bild vom Menschen als dem Ursprung und Ziel des Wirtschaftens liegt Ihnen zugrunde?
- Welches Modell löst das Problem der Steuerung des Wirtschaftsgeschehens besser?
- Welches Modell ist besser geeignet, die Konzentration von Macht zu verhindern und der Gefahr eines Machtmissbrauchs vorzubeugen?

A

1. Vergleiche die Funktion der Preise in den beiden Grundmodellen.
2. Lest im Grundgesetz für die Bundesrepublik Deutschland insbesondere die Artikel 1, 2, 3, 11 und 22. Beachtet dabei auch die in den Artikeln selbst enthaltenen Einschränkungen.

Menschenbild
Nach unserem Verständnis gehören zur Würde des Menschen folgende Gesichtspunkte:
- persönliche Freiheit
  Dazu gehört auch die freie wirtschaftliche Betätigung des Einzelnen. Sie kann sich äußern in:
  - freier Berufswahl,
  - Gewerbefreiheit,
  - Vertragsfreiheit,
  - Freizügigkeit.

- Gleichheit vor dem Gesetz
  Niemand darf wegen seines Geschlechts, seiner Rasse, seiner Herkunft usw. benachteiligt oder bevorzugt werden.

- Solidarität
  Jeder hat Anspruch auf Schutz und Fürsorge durch die Gesellschaft. Der Staat hat die Aufgabe, ungleiche Ausgangschancen dadurch weitgehend auszugleichen, dass er z.B. durch verbesserte Ausbildung möglichst gerechte Startbedingungen schafft.

Optimale Steuerung
Von einer optimalen Steuerung können wir dann sprechen, wenn
- die Produktionsfaktoren so sparsam wie möglich eingesetzt werden;
- nicht an den Wünschen der Abnehmer vorbeiproduziert wird;
- die Aufteilung des Ertrags der Arbeit als gerecht empfunden werden kann.

3 Die soziale Marktwirtschaft, eine realisierte Wirtschaftsordnung

In keinem Land der Welt sind die Zentralverwaltungswirtschaft oder die völlig freie Marktwirtschaft verwirklicht. Es entstanden gemischte Wirtschaftsordnungen, die sich mehr oder weniger an einen Grundtypus anlehnen, jedoch Elemente des anderen mit enthalten.

3.1 Grundprinzipien der sozialen Marktwirtschaft

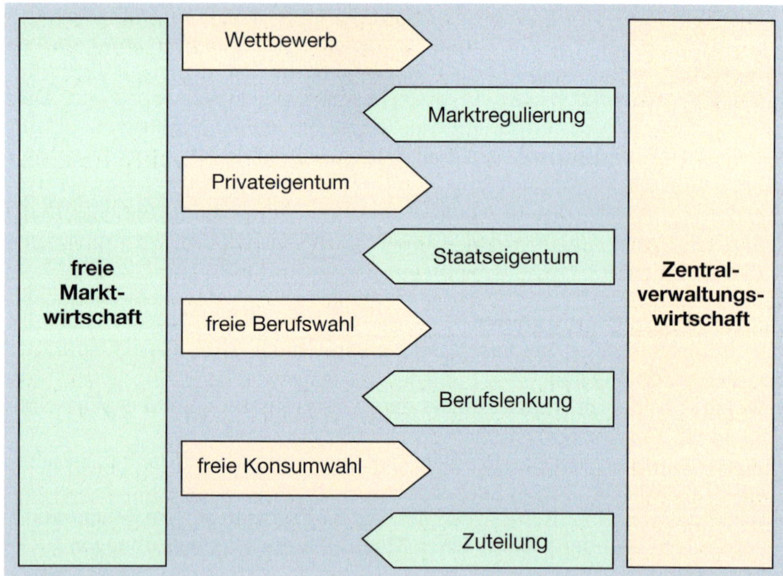

1. Überlege selbst, auf welche Weise der Staat mit marktgerechten Mitteln Einfluss nehmen kann auf:
   a) mehr Wettbewerb,
   b) eine sozial ausgewogene Eigentumsverteilung,
   c) die Berufswahlentscheidung junger und die Beschäftigung älterer Menschen,
   d) auf den Schutz der Verbraucher und auf freie Konsumwahl?
2. Verfolge aktuelle politische Diskussionen in der Presse.

Entscheidung für die Marktwirtschaft
In der Bundesrepublik fiel im Jahre 1949 die Entscheidung zu Gunsten einer **Marktwirtschaft** mit freier Preisbildung und Wettbewerb an Stelle einer Zentralverwaltungs- oder Planwirtschaft mit staatlich vorgegebenen Preisen und Produktionsvorschriften.

Wettbewerb allein schafft jedoch noch keine Gerechtigkeit. Er drängt diejenigen ins Abseits der Gesellschaft, denen wegen Alter, Behinderung, Kinderreichtum oder schlechteren Startvoraussetzungen eine faire Teilnahme nicht möglich ist. Deshalb wurde die Marktwirtschaft durch eine **soziale Komponente** erweitert.

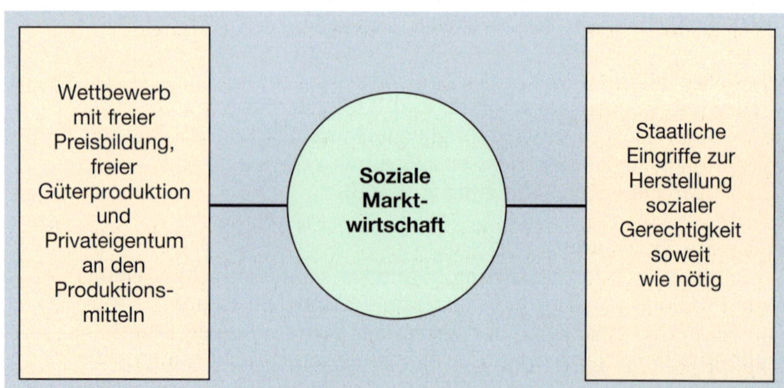

Den Ausdruck „Soziale Marktwirtschaft“ prägte Prof. Dr. Alfred Müller-Armack. Er war nach der Gründung der Bundesrepublik Deutschland im Jahre 1949 Staatssekretär im Bundesministerium für Wirtschaft.

Alfred Müller-Armack

Im „Handwörterbuch der Sozialwissenschaften“, erschienen 1956, beschreibt er „soziale Marktwirtschaft“ folgendermaßen: „Der Begriff der sozialen Marktwirtschaft kann somit als eine ordnungspolitische Idee definiert werden, deren Ziel es ist, auf der Basis der Wettbewerbswirtschaft die freie Initiative mit einem gerade durch die marktwirtschaftliche Leistung gesicherten sozialen Fortschritt zu verbinden.“

Dem damaligen Bundeswirtschaftsminister Prof. Dr. Ludwig Erhard gebührt der Verdienst, die soziale Marktwirtschaft politisch durchgesetzt zu haben. Er war Wirtschaftsminister von 1949 bis 1963, dann Bundeskanzler von 1963 bis 1966.

Ludwig Erhard

3.2 Von der sozialen zur ökologisch-sozialen Marktwirtschaft

Ziel der sozialen Marktwirtschaft ist es, auf der Basis der freien wirtschaftlichen Betätigung des Einzelnen ein Höchstmaß von sozialer Sicherheit und Gerechtigkeit für alle aufzubauen. In der Europäischen Union bekennen sich im Grunde alle Staaten zu einer Wirtschaftsordnung, die mit kleinen Unterschieden im Einzelnen dieses Leitbild verfolgt.

Seit den siebziger Jahren des vorigen Jahrhunderts wird jedoch der Schutz der natürlichen Lebensgrundlagen zunehmend als Problem erkannt.

- Die Temperatur auf der Erde steigt. Durch die Verbrennung von fossiler Energie, z. B. Steinkohle, Braunkohle, Erdöl, wird mehr CO_2 in die Atmosphäre abgegeben, als die Pflanzen in Sauerstoff umwandeln können. Die Anreicherung von CO_2 lässt die Wärme nicht abstrahlen und wirkt deshalb wie ein Treibhaus. Dadurch schmilzt das Eis an den Polarkappen und in den Hochgebirgen ab. Überschwemmungen und Murenabgänge nehmen zu. Die nebenstehenden Bilder zeigen den Gletscher „Mer de Glace“ an der französischen Seite des Montblanc-Massivs im Jahre 1916 und 2001.
- Die Verschmutzung von Wasser und Luft macht nicht an staatlichen Grenzen Halt.
- Die Erwärmung führt dazu, dass sich die Wüsten ausbreiten. Dieser Vorgang wird dadurch gefördert, dass die Bewohner von Trockengebieten aus Mangel an anderen Energiequellen die spärliche Vegetation zu Brennzwecken verwenden.
- Das moderne Konsumverhalten führt zu einem steigenden Verbrauch an Energie.
- Durch Auto und Flugzeug werden die Menschen zunehmend mobiler. Dies erfordert jedoch einen hohen Aufwand an Nutzenergie.

Gletscher früher

Alle Beispiele laufen darauf hinaus, dass die Menschheit von heute mehr an Rohstoffen und Energie verbraucht, als sie selbst zur Regeneration beiträgt. Andererseits überlässt sie ihren Wohlstandsmüll der nachfolgenden Generation.

Wirtschaftliches Handeln ist damit eine zutiefst ethische Frage. Zu den aus der sozialen Marktwirtschaft bekannten Grundsätzen, andere nicht auszubeuten oder zu übervorteilen, kommt unter ökologischen Gesichtspunkten noch die Verantwortung für die nächste Generation.
Die Grundpfeiler der sozialen Marktwirtschaft, Freiheit, soziale Gerechtigkeit und Wohlfahrt müssen um die Bestandteile Nachhaltigkeit und Generationengerechtigkeit erweitert werden.

Gletscher heute

Aufgaben

1. Erkläre den Begriff Wirtschaftsordnung.
2. Beschreibe die Grundtypen der Wirtschaftsordnungen.
3. Nenne Vorzüge und Nachteile der beiden Grundtypen.
4. Finde Argumente für oder gegen die Auffassung von Adam Smith, dass die Freiheit zur Erfüllung der Einzelinteressen auch dem Gesamtinteresse am besten entspricht.
5. In der Wirtschaft der früheren Ostblockstaaten war häufig von „Reibungsverlusten" die Rede. Was stellst du dir darunter vor? Versuche, diese Aussage zu erklären.
6. Beschreibe den Begriff „soziale Marktwirtschaft".
7. Welche der in den Artikeln 1 bis 19 unseres Grundgesetzes enthaltenen Grundrechte sind für unsere Wirtschaftsordnung besonders wichtig?
8. Erkläre die Behauptung: Marktwirtschaft ist Geldwirtschaft.
9. „Ist in einem Staate das Geldwesen zerstört, so tritt an seine Stelle die Kompensationswirtschaft." Erkläre auch diesen Satz und finde Beispiele aus der jüngsten deutschen Geschichte.
10. Von der sozialen zur ökologisch-sozialen Marktwirtschaft! Erkläre dieses Schlagwort mithilfe von Beispielen.
11. Verfolge das politische Tagesgeschehen. Welche Themen bzw. Entscheidungen sind nach deiner Meinung für die Wirtschaftsordnung der Bundesrepublik Deutschland besonders wichtig?
12. Analysiere die beiden folgenden Texte mithilfe der Leitfragen.
    a) Begründe oder widerlege die Aussage: Der Text von David Ricardo ist nichts weiter als die Forderung nach einer völlig freien Marktwirtschaft.
    b) Was versteht Ricardo unter dem natürlichen Preis und dem Marktpreis der Arbeit?
    c) Warum lässt sich die Aussage aus dem Buch: „Politische Ökonomie des Sozialismus ..." weder für die Zeit der DDR noch überhaupt aufrechterhalten?

David Ricardo

1. Der folgende Text stammt von dem berühmten englischen Volkswirtschaftler David Ricardo (1772–1823):
   Arbeit hat, wie alle übrigen Dinge, die man kauft oder verkauft, und die an Menge vermehrt und vermindert werden können, ihren natürlichen und ihren Marktpreis. Der natürliche Preis der Arbeit ist jener Preis, welcher nötig ist, Arbeiter in den Stand zu setzen, einen wie den anderen, sich zu erhalten und ihr Geschlecht fortzupflanzen ohne Vermehrung oder Verminderung ...
   Der Marktpreis der Arbeit ist derjenige Preis, der wirklich für die Arbeit auf Grund des natürlichen Verhältnisses von Angebot und Nachfrage bezahlt wird. Die Arbeit ist teuer, wenn sie selten ist, und billig, wenn sie reichlich ist. Wie weit auch immer der Marktpreis der Arbeit von ihrem natürlichen Preise abweichen mag, so hat er, wie die Güter, eine Tendenz, sich ihm anzupassen.

2. Der folgende Text stammt aus dem Buch: Politische Ökonomie des Sozialismus und ihre Anwendung in der DDR; Berlin (Ost) 1969; (S. 178)
   „Sieg der sozialistischen Produktionsverhältnisse bedeutet, dass mit der Aufhebung des Privateigentums an den Produktionsmitteln sich die Klassen grundlegend geändert haben. In den sozialistischen Betrieben ist das System der Ausbeutung des Menschen durch den Menschen beseitigt. Das freundschaftliche Zusammenwirken zwischen allen Klassen und Schichten, kameradschaftliche Zusammenarbeit und gegenseitige Hilfe wurden zum bestimmenden Prinzip der gesellschaftlichen Entwicklung."

XI Geld

Kaurimuscheln, eines der bekanntesten Naturalgelder in Asien

1 Die Entstehung des Geldes

Wie sich das Geld verändert hat
Der direkte Tausch von Gegenständen war die erste und einfachste Form des wirtschaftlichen Handelns. Schon vor mehr als 20.000 Jahren tauschten die Urvölker Ware gegen Ware (Pfeile gegen Felle, Schmuck gegen Fleisch). Bei dieser Form des **Naturaltausches** oder **Warentausches** war es nicht immer leicht, den richtigen Tauschpartner zu finden, der seine Ware gegen die eigene zu tauschen wünschte. Außerdem war es auch schwierig, sich über die Tauschmenge zu einigen. Im Laufe der Zeit stellte sich heraus, dass manche Güter begehrter waren als andere, und dass man mit ihnen alle anderen Güter eintauschen konnte. Das waren Nahrungsmittel wie Vieh und Salz, aber auch Schmuckgegenstände oder seltene Muscheln.

Salzgeld

Diese ersten allgemein gültigen Tauschmittel bezeichnet man als **Warengeld** oder **Naturalgeld**. Es brachte mehrere Vorteile: Der Wert war allgemein bekannt und anerkannt und es konnte zum Teil aufbewahrt werden. Diese Form des Geldes wurde noch bis ins 19. Jahrhundert in Afrika oder Asien verwendet.

Mit der Zunahme der Tauschbeziehungen stellte sich heraus, dass das Warengeld einige entscheidende Nachteile hatte:
- Es war nicht wertbeständig (Vieh konnte krank werden; Salz durfte nicht mit Wasser in Verbindung kommen),
- es war schwer transportierbar,
- es war schlecht teilbar,
- die Einheiten waren oft ungleich (z. B. unterschiedlich große Rinder).

Metallgeld in Schmuckform

Diese Nachteile hatten Edelmetalle nicht, sodass sie nach und nach das Naturalgeld als Tauschmittel ablösten. Das **Metallgeld**, zunächst Eisen und Kupfer, später Gold und Silber, wurde in Form von Klumpen, Barren, Stäben oder Schmuckgegenständen gegossen. Dieses musste jedoch immer abgewogen werden.

Diesen Nachteil des dauernden Abwiegens von Metallen wurde dadurch vermieden, dass man Metallstücke gleichen Gewichts und gleicher Form mit einheitlichen Zeichen versah, das **Münzgeld** war geboren. Die ersten uns bekannten Münzen wurden ca. 650 vor Christus von den Lydern (König Krösos) in Kleinasien hergestellt. Dort fand man bei Ausgrabungen gegossene Klümpchen aus Elektron (so nennt man die in der Natur vorkommende Verbindung von Gold und Silber), auf denen Zeichen eingeprägt waren (Stier- und Löwenkopf). Auch in Griechenland sollen um 600 vor Christus die ersten Silbermünzen geprägt worden sein. Sie hießen Drachmen und wurden von König Phaidon von Argos eingeführt. Alle Münzen wurden mit Wappentieren, mit Figuren aus der griechischen Sagengeschichte (Mythologie) oder Herrscherköpfen versehen.

Vorder- und Rückseite der ersten bekannten Münze (Lydien)

Pegasus

Kopf der Pallas Athene

Kopf des Caesar

Das Entstehen des Münzgeldes hängt eng zusammen mit dem Entstehen der Städte in Europa. Vor allem die Römer bauten das Münzwesen in den von ihnen beherrschten Gebieten aus. Der von ihnen geschaffene Typ der Münze, Bildnis des Herrschers mit umlaufender Schrift, hat sich bis heute gehalten.

Im Mittelalter gelangte das Münzgeld zu hoher Blüte. Jeder Landesherr prägte sein eigenes Geld. Begünstigt waren Landesherren, auf deren Gebiet Gold oder Silber gefunden wurde. Beispiele: Die Grafen Schlick in St. Joachimsthal im Erzgebirge, die Wettiner in Sachsen (Freiberg) oder die Habsburger in Tirol.

Mit der Zunahme des Handels zu Beginn der Neuzeit (etwa mit dem Ende des 15. Jahrhunderts) wurde das ständige Umwechseln der Münzen immer hinderlicher.

Stellen wir uns vor, ein Augsburger Kaufmann wollte in Venedig Waren aus fernen Ländern einkaufen. Er hinterlegte bei einem Augsburger Geldwechsler sein Geld und erhielt darüber eine Quittung, mit der er nach Venedig reiste. Dort tauschte er bei einem Bankier diese Quittung gegen venezianische Münzen ein. Später ersparte man sich auch dieses Umwechseln und bezahlte die in Venedig gekauften Waren mit der in Augsburg ausgestellten Quittung. Die **Banknote** oder das **Papiergeld** war geschaffen.

Übrigens hatten bereits im 10. Jahrhundert die Chinesen den Vorteil des Papiergeldes erkannt. In Europa waren es die Schweden und Franzosen, die erste Banknoten ausgaben. Erst um 1850 setzten sich Banknoten endgültig als Geld durch.

Tetradrachme mit dem Bildnis der Athene und der Eule (600 v. Chr.)

Der Geldwechsler, M. van Reymerswalde, 1539

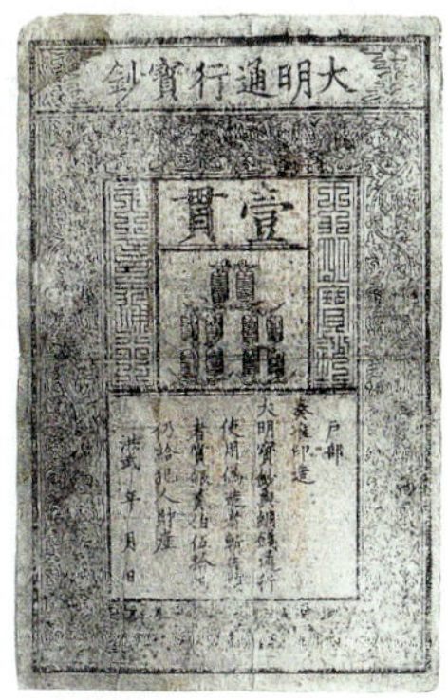

Banknote aus China

Assignat aus der französischen Revolution.

Banknote aus Frankreich

2 Funktionen des Geldes

Geld als Zahlungsmittel

Geld hat in der Wirtschaft unterschiedliche Aufgaben:

Allgemeines Tauschmittel
Im Gegensatz zum speziellen Tauschmittel (Ware) kann Geld gegen jedes Gut und jedes Gut gegen Geld eingetauscht werden.

Geld ist also ein „Zwischentauschgut" beim Gütertausch.

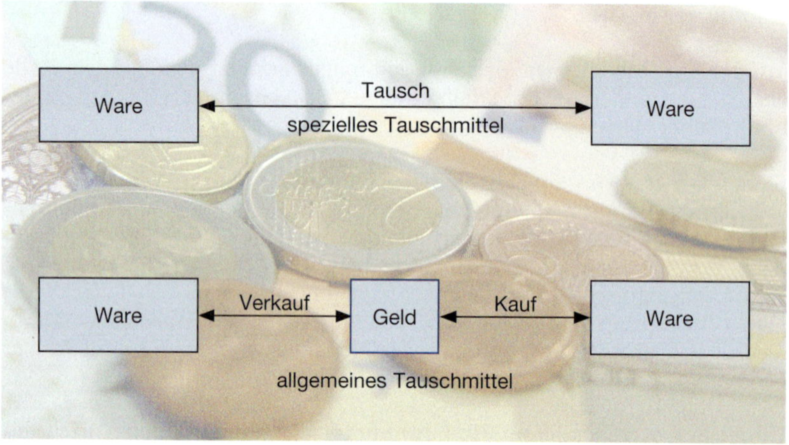

Geld als Recheneinheit und Tauschmittel

Wertmesser und Recheneinheit
Wer ein Gut oder eine Leistung auf dem Markt eintauschen möchte, muss wissen, wie viel es/sie „wert" ist. Wir bestimmen den Wert aller Waren und Leistungen durch die Anzahl der Geldeinheiten, die wir zu zahlen bereit sind, d.h. durch den Preis. Dadurch lassen sich auch die Werte der Güter miteinander vergleichen.

Wertübertragungsmittel
Geld kann von einer Person an eine andere weitergegeben (= übertragen) werden und gibt dieser die Möglichkeit, Güter zu kaufen. Jede Schenkung (z.B. Taschengeld), jede Lohnzahlung, aber auch jede Kreditaufnahme ist dafür ein Beispiel.

Wertaufbewahrungsmittel
Schon immer haben Menschen Güter, die sie im Moment nicht benötigten, für Zeiten, in denen es diese nicht gab, gesammelt und aufbewahrt (z.B. Kartoffeln und Äpfel für den Winter). Auch Geld kann man sparen und damit die Kaufmöglichkeit auf einen späteren Zeitpunkt verschieben. Vielleicht möchte man auch eine teurere Ware (ein neues Jugendzimmer) oder Leistung (z.B. eine Urlaubsreise) erwerben. Außerdem eignet sich Geld auch sehr gut, um Vermögenswerte einer Familie von einer Generation (Opa/Oma) auf die nächste (Vater/Mutter) zu übertragen, man spricht dann von Erbschaft.

Geld als Wertaufbewahrungsmittel

Gesetzliches Zahlungsmittel
Durch Gesetz sind die Bürger verpflichtet, Geld als Gegenwert für eine Ware oder Leistung anzunehmen. Es bestimmt außerdem, welches Geldwesen im Lande gelten soll (= Währung) und legt die Geldeinheiten und ihre Unterteilung fest (z.B. 1 Euro = 100 Cent).
Wenn dieses Geld allgemein anerkannt und nicht zu viel davon gedruckt wird, es gut transportierbar, aufbewahrbar und vor Fälschungen gesichert ist, dann kann Geld alle oben genannten Aufgaben erfüllen.

3 Formen des Zahlungsverkehrs

Barzahlung
Bei der Barzahlung erfolgt die Zahlung in Banknoten und/oder Münzen. Als Nachweis für die geleistete Zahlung soll eine Quittung oder ein Kassenzettel verlangt werden. Der Kassenzettel stellt im rechtlichen Sinne keine Quittung dar, da eine Quittung eigenhändig unterschrieben werden muss. Allerdings wird der Kassenzettel bei Reklamationen als Kaufnachweis anerkannt.

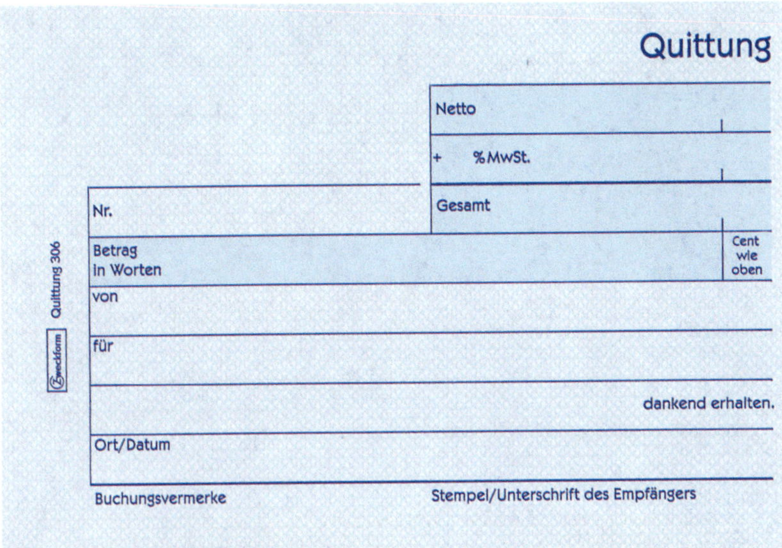

Quittung

Netto
\+ %MwSt.
Gesamt
Nr.
Betrag in Worten | Cent wie oben
von
für
dankend erhalten.
Ort/Datum
Buchungsvermerke
Stempel/Unterschrift des Empfängers

Zweckform Quittung 306

```
      Kaufhaus am Bahnhof
            Erfurt

     Die neue CLUB-Karte
  mit 3% Dankeschön-Rabatt

Verkäufer: 111
094             2
Süsswaren                3,99
094             2
Süsswaren               12,00
Summe                   15,99 *

Gegeben Bar             20,00
Zurück                   4,01

Mwst 2 ( 7,00 %)         1,05
 VIELEN DANK FÜR IHREN KAUF
026 718 1 ONLINE 22.11... 10:51
```

Unser europäisches Bargeld
Es gibt acht Euro-Münzen im Wert von 2 und 1 Euro sowie 50, 20, 10, 5, 2 und 1 Cent. Jede Euro-Münze hat eine gemeinsame europäische Seite. Die Rückseite wurde von jedem Mitgliedstaat nach Belieben gestaltet.
In Deutschland sind dies der Eichenzweig (1/2/5 Cent), das Brandenburger Tor (10/20/50 Cent) und das traditionelle Hoheitssymbol, der Bundesadler (1 und 2 Euro). Die gemeinsame Bildseite stellt immer die Karte der Europäischen Union dar, vor dem Hintergrund schräg laufender Linien, an denen die Sterne der europäischen Flagge hängen. Die Abbildungen auf den 1-, 2- und 5-Cent-Münzen symbolisieren die Stellung Europas in der Welt, die 10-, 20- und 50-Cent-Münzen die Union als Bund von Nationen. Die 1- und 2-Euro-Münzen stellen Europa ohne Grenzen dar.

Rückseiten: national verschieden (hier für Deutschland)

Vorderseiten: im Euroland einheitlich

Es gibt sieben Euro-Scheine. Sie haben einen Wert von jeweils 5, 10, 20, 50, 100, 200 und 500 Euro. Die Abbildungen symbolisieren keine realen Baudenkmäler, sondern zeigen Stilelemente von Epochen der europäischen Kulturgeschichte. Die Vorderseite jeder Banknote zeigt Fenster und Portale als Symbol der Offenheit und Zusammenarbeit in der Europäischen Union. Die Rückseite jeder Banknote zeigt eine Brücke aus einer bestimmten Epoche als Symbol der Verbindung zwischen den Völkern Europas und zwischen Europa und dem Rest der Welt.

dargestellte Epoche:
Klassik

Größe: 12 x 6,2 cm

dargestellte Epoche:
Romanik

Größe: 12,7 x 6,7 cm

dargestellte Epoche:
Gotik

Größe: 13,3 x 7,2 cm

dargestellte Epoche:
Renaissance

Größe: 14 x 7,7 cm

dargestellte Epoche:
Barock und Rokoko

Größe: 14,7 x 8,2 cm

dargestellte Epoche:
Eisen- und Glasarchitektur

Größe: 15,3 x 8,2 cm

dargestellte Epoche:
Moderne Architektur
des 20. Jahrhunderts

Größe: 16 x 8,2 cm

Halbbare Zahlung
Bei der halbbaren Zahlung wird die Geldbewegung beim Käufer (Schuldner) **oder** beim Verkäufer (Gläubiger) durch eine Buchung auf dessen Girokonto (Abbuchung bzw. Gutschrift) ersetzt.

Zahlschein
Mit einem Zahlschein oder Kassenbeleg kann man bei jeder Bank oder Sparkasse jeden beliebigen Betrag bar einzahlen. Er wird dann auf dem Konto des Empfängers gutgeschrieben. Diese Form der halbbaren Zahlung wird oft von Versandhäusern bevorzugt. Sie senden ausgefüllte Zahlscheine (z. B. mit vorgedruckter Kundennummer, Betrag, Empfänger) mit, damit sich ihre Kunden einen Teil der Arbeit sparen können.

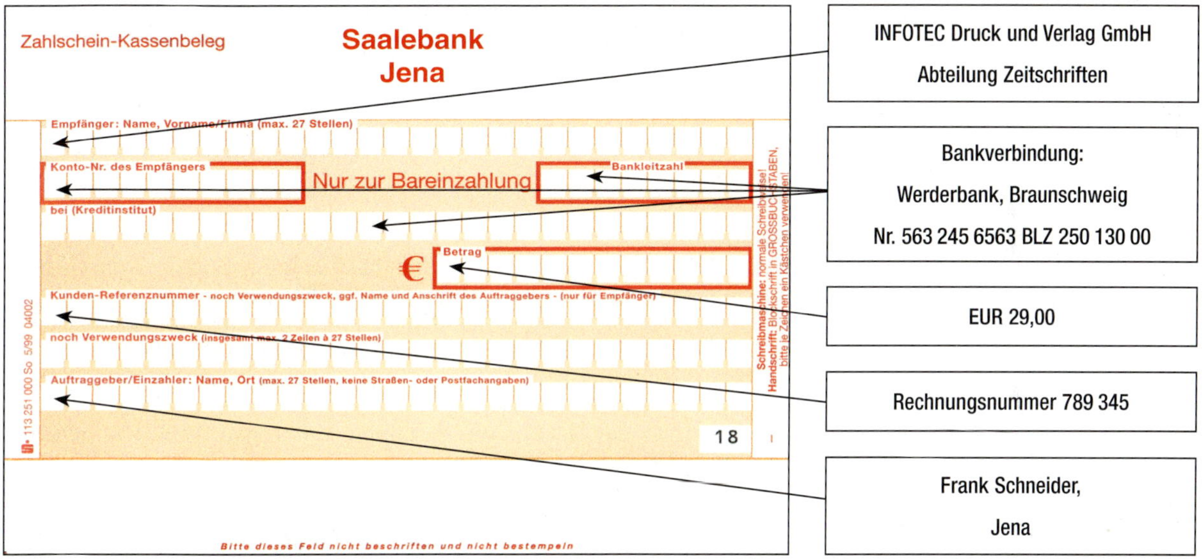

Barscheck
Besteht der Gläubiger auf Barzahlung, kann der Schuldner einen Barscheck ausstellen. Der Verkäufer erhält dann das Geld bei einem Geldinstitut bar ausbezahlt. Der Betrag wird dem Konto des Scheckausstellers belastet. Schreibt man hingegen auf der linken Scheckseite quer den Vermerk „Nur zur Verrechnung“, so wird der Scheck nicht mehr bar ausgezahlt, sondern nur einem Konto gutgeschrieben (bargeldlose Zahlung).

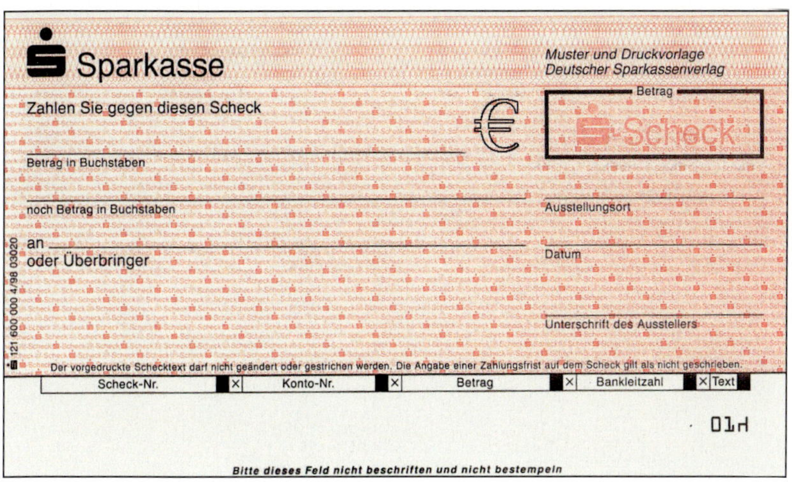

Das Scheckgesetz
enthält genaue Vorschriften, welche Bestandteile ein Scheck haben muss:
- die Bezeichnung „Scheck“ im Text der Urkunde,
- die unbedingte Anweisung, eine bestimmte Geldsumme zu zahlen,
- den Namen dessen, der zahlen soll,
- die Angabe des Zahlungsortes,
- die Angabe des Tages und des Ortes der Ausstellung,
- die Unterschrift des Ausstellers.

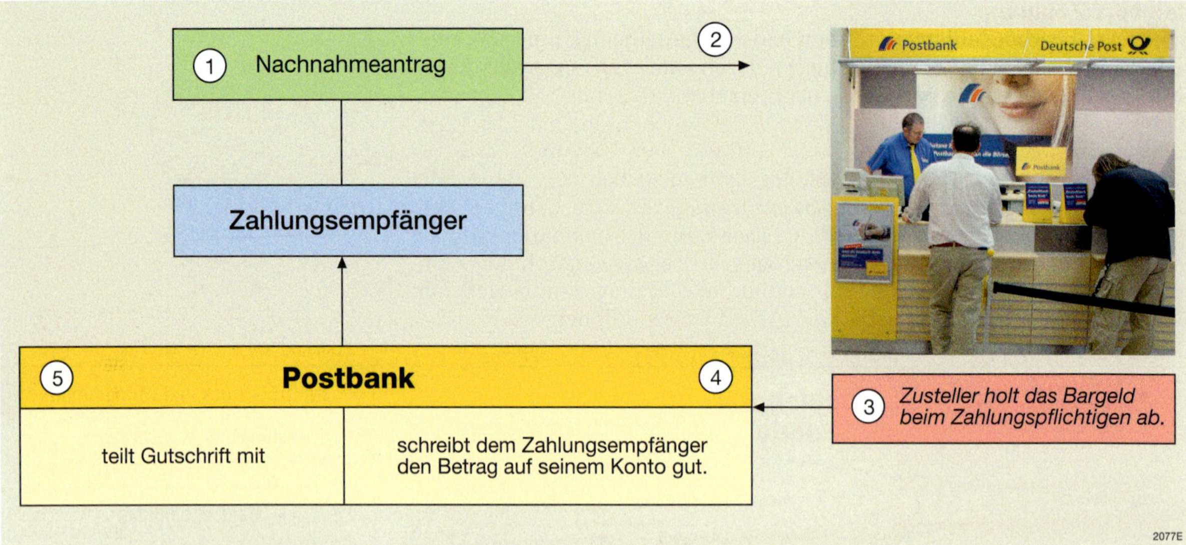

Etikett für einen Nachnahme-Brief

Nachnahme
Einige Unternehmen des Versandhandels (auch im Internet) verschicken ihre Waren nur gegen Nachnahme. Der Käufer muss sofort bei Erhalt der Ware den auf der Nachnahme genannten Betrag an den Paketzusteller bar bezahlen (einschließlich der Nachnahmegebühr). Dem Verkäufer wird dann der Rechnungsbetrag auf seinem Bankkonto gutgeschrieben.

Achtung: Nur per Nachnahme bezahlen, wenn man weiß, was geliefert (also bestellt) wurde!

Bareinzahlung
Bareinzahlungen auf das eigene Konto benötigt man, wenn das Guthaben aufgefüllt oder Bargeld sicher aufbewahrt werden soll (allerdings ohne oder mit sehr geringem Zinsertrag). Hierzu benötigt man als Formular den Bareinzahlungsbeleg. Auf ein Konto eingezahltes Geld ist vor Diebstahl oder Verlust gesichert. Man erhält als Nachweis für die Bareinzahlung eine Quittung.

Bareinzahlung am Bankschalter

Bargeldlose Zahlung

Lohn- und Gehaltszahlungen, Mietzahlungen, Zahlung der Telefongebühren oder der Stromrechnung werden heute abgewickelt, ohne dass bares Geld (Banknoten und Münzen) bei Schuldner und Gläubiger zu sehen ist. Voraussetzung ist, dass sowohl Zahlender als auch Empfänger über ein Konto bei einer Bank oder Sparkasse verfügen. Die Zahlungen werden durch Kontoabbuchungen und Kontogutschriften getätigt. Das ist sicher, zweckmäßig, kostensparend und bequem. In unserer modernen, hochentwickelten Gesellschaft wird der Zahlungsverkehr mittlerweile zu großen Teilen auch ohne Formulare per Karten oder PC abgewickelt.

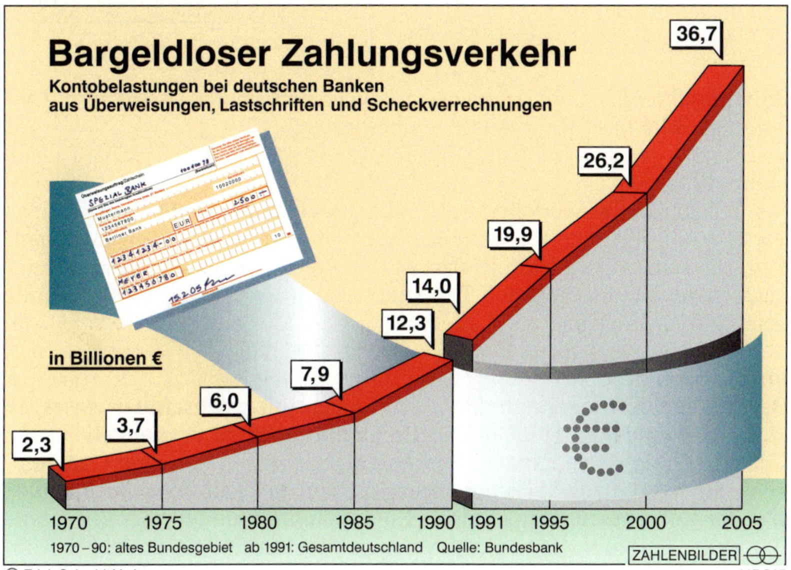

© Erich Schmidt Verlag 445 215

Instrumente des bargeldlosen Zahlungsverkehrs
- Überweisung
- Dauerauftrag
- Einzugsermächtigung
- Eurocheque
- Reisescheck
- Scheck- und Kreditkarten
- Telefon- und Online-Banking

Überweisung

Das am weitesten verbreitete Instrument der bargeldlosen Zahlung in Deutschland ist die Überweisung. Rechtlich gesehen ist die Überweisung eine Anweisung eines Kontoinhabers an seine Bank, einen bestimmten Betrag vom eigenen Konto abzubuchen und auf das Konto des Zahlungsempfängers zu übertragen.

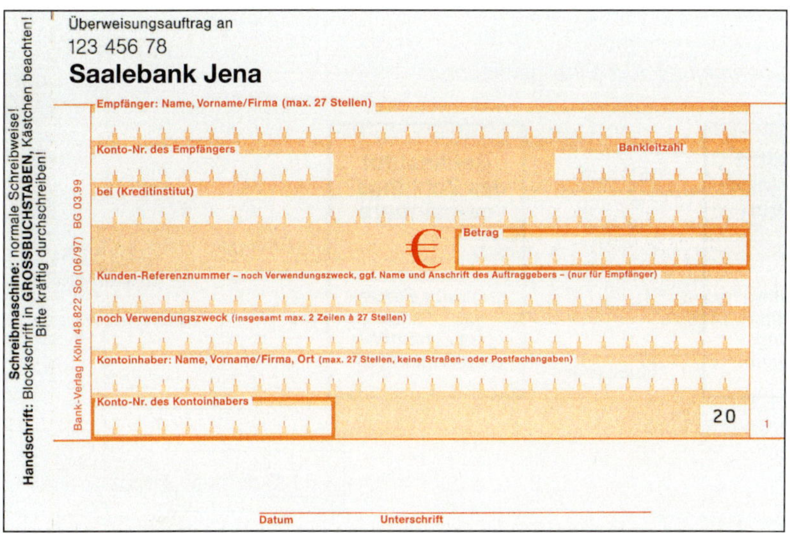

Schreibmaschine: normale Schreibweise! Handschrift: Blockschrift in GROSSBUCHSTABEN, Kästchen beachten! Bitte kräftig durchschreiben!

Überweisungsauftrag an
123 456 78
Saalebank Jena

Empfänger: Name, Vorname/Firma (max. 27 Stellen)

Konto-Nr. des Empfängers | Bankleitzahl

bei (Kreditinstitut)

€ Betrag

Kunden-Referenznummer - noch Verwendungszweck, ggf. Name und Anschrift des Auftraggebers - (nur für Empfänger)

noch Verwendungszweck (insgesamt max. 2 Zeilen à 27 Stellen)

Kontoinhaber: Name, Vorname/Firma, Ort (max. 27 Stellen, keine Straßen- oder Postfachangaben)

Konto-Nr. des Kontoinhabers | 20

Bank-Verlag Köln 48.822 So (06/97) BG 03.99

Datum | Unterschrift

1. Betrachte das oben abgebildete Schaubild und gib an, um wie viel Prozent der bargeldlose Zahlungsverkehr seit 1970 zugenommen hat.
2. Bei Überweisungen ins Ausland muss man einige Besonderheiten beachten. Informiere dich bei deiner Bank über die benötigten Formulare und Gebühren bei Überweisungen ins europäische und außereuropäische Ausland.

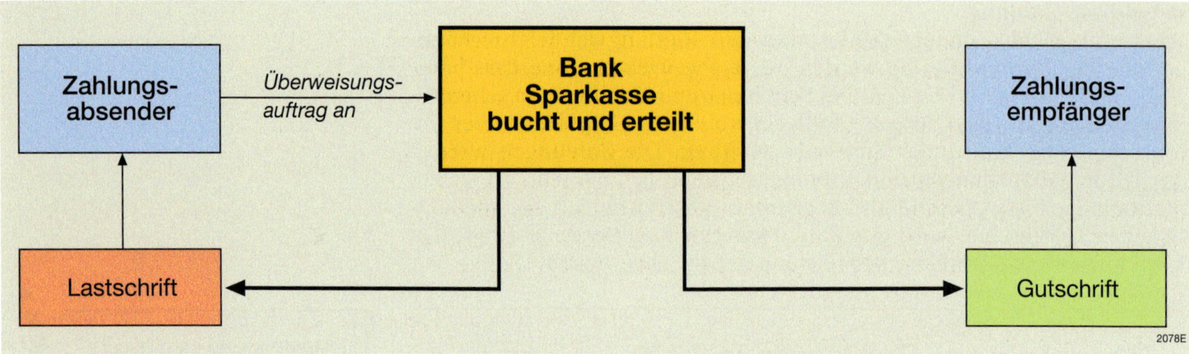

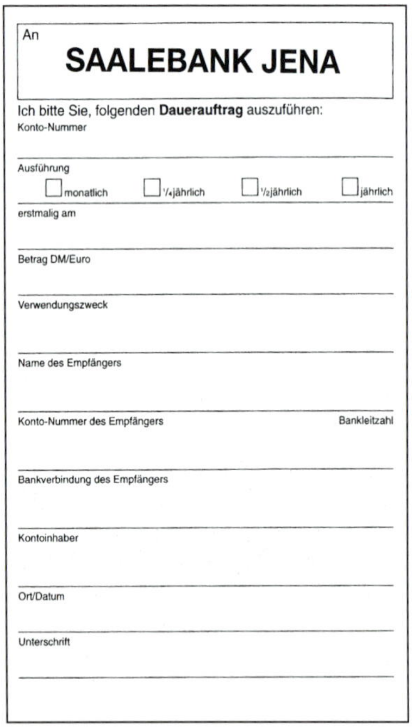

An

SAALEBANK JENA

Ich bitte Sie, folgenden **Dauerauftrag** auszuführen:

Konto-Nummer

Ausführung

☐ monatlich ☐ ¼jährlich ☐ ½jährlich ☐ jährlich

erstmalig am

Betrag DM/Euro

Verwendungszweck

Name des Empfängers

Konto-Nummer des Empfängers — Bankleitzahl

Bankverbindung des Empfängers

Kontoinhaber

Ort/Datum

Unterschrift

Muster eines Formulars zur Erteilung eines Dauerauftrages

Zahlungsabsender und Zahlungsempfänger können die bargeldlose Zahlung mit Hilfe ihrer Kontoauszüge überprüfen.

Dauerauftrag

Bei regelmäßig wiederkehrenden, **gleichbleibenden** Zahlungen (Miete, Versicherungsbeiträge u.a.) erteilt der Kunde am besten einen Dauerauftrag. Die Bank (Sparkasse) überweist dann die betreffenden Beträge automatisch zu den angegebenen Terminen an den Empfänger, bis der Kunde den Auftrag widerruft.

Einzugsverfahren

Bei regelmäßig wiederkehrenden Zahlungen mit **wechselnden** Beträgen (z.B. Telefonrechnung) kann kein Dauerauftrag erteilt werden. Hier muss sich der Zahlungsempfänger von dem, der zu zahlen hat, eine Genehmigung für das Einzugsverfahren geben lassen. Bei Fälligkeit der Zahlung gibt der Zahlungsempfänger einen Einzugsauftrag (direkt oder über seine Bank) an die Bank desjenigen, der zu zahlen hat. Bei regelmäßiger Kontrolle der Kontoauszüge kann dem Schuldner grundsätzlich kein Schaden entstehen. Stellt man fest, dass ein falscher Betrag oder gar unrechtmäßig Geld vom Konto abgebucht wurde, kann man von seiner Bank oder Sparkasse eine Rückbuchung fordern. Eine Einzugsermächtigung kann gegenüber dem Vertragspartner auch widerrufen werden; Grund dafür könnten zum Beispiel vorangegangene Unregelmäßigkeiten sein. Von der Zahlungspflicht ist man damit allerdings nicht befreit. Dann muss die Zahlung auf einem anderen Weg, zum Beispiel mittels einer Überweisung, erfolgen.

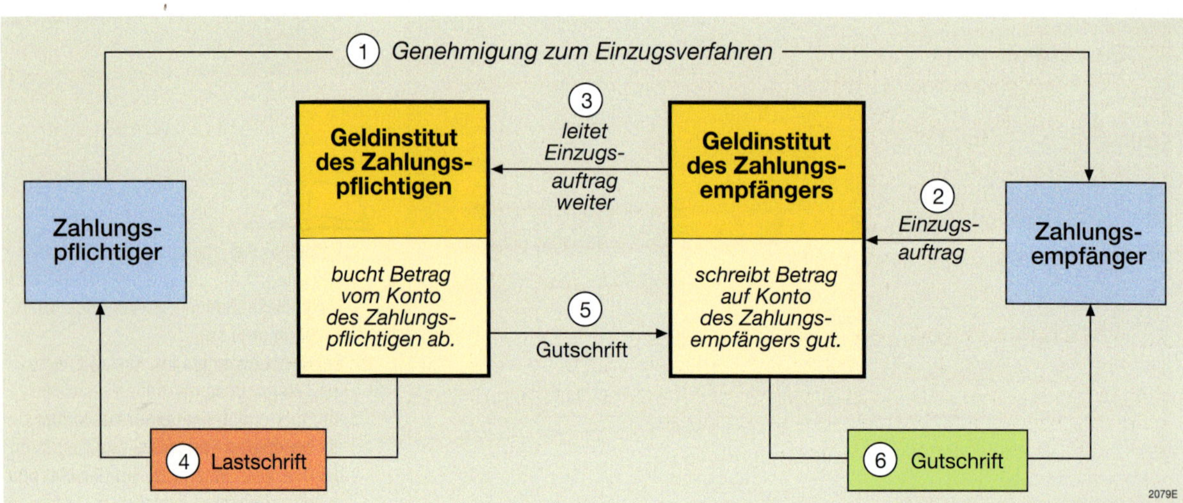

Verrechnungsscheck
Wenn Firmen Schecks per Post versenden wollen (z. B. für Gutschriften an ihre Kunden) werden in der Regel Verrechnungsschecks genutzt. Hier wird durch den Vermerk „Nur zur Verrechnung“ auf dem Scheck erreicht, dass der Scheck nur im Wege der Kontogutschrift eingelöst werden kann. Dies dient der Sicherheit im Zahlungsverkehr, da nur der Empfänger die Möglichkeit der Scheckverwendung hat. Der Verrechnungsscheck ist somit gewissermaßen eine Sonderform des Barschecks, der allerdings von der Bank nicht bar ausgezahlt werden darf. Der Empfänger muss den Scheck in der Regel bei seiner Bank einreichen und diese bucht eine Gutschrift des Gegenwerts auf seinem Konto.

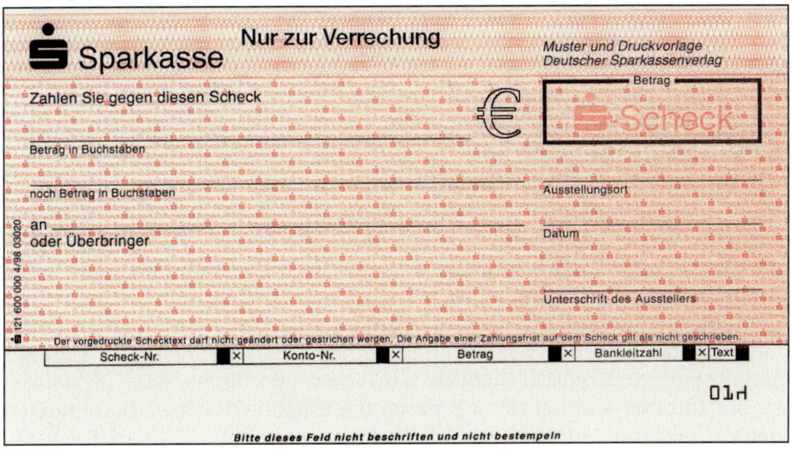

Reisescheck
Urlauber und Geschäftsreisende benötigen oft größere Bargeldbeträge für ihre Auslandsreise. Dies ist aber im Hinblick auf Diebstahl oder anderweitigen Verlust problematisch. Hier bietet sich der Reisescheck als Zahlungsmittel an. Beim Reisescheck ist der Betrag bereits vorgedruckt (z. B. in € oder $) und muss beim Kauf in der Bank und später beim Verkauf (Einlösen) im Ausland nochmals unterschrieben werden.

Bezahlen auf Reisen mit Reiseschecks

Die **Vorteile** des Reiseschecks:

- Bei Verlust oder Diebstahl wird der Wert innerhalb kürzester Zeit vor Ort (also im Reiseland) zurückerstattet. Hierbei muss allerdings zuerst eine Anzeige bei der örtlichen Polizei erfolgt sein.
- Reiseschecks werden weltweit bei Banken, Hotels und Geschäften akzeptiert.
- Die Gebühr ist niedrig (ca. 1 % vom Betrag).

A

Die Bundesbürger gehören zu den reisefreudigsten Menschen der Welt.

1. Gib die drei beliebtesten internationalen Reiseziele der Deutschen an.
2. Nenne zwei Probleme, die der Massentourismus verursachen kann.

Kreditkarte

Kundenkarte

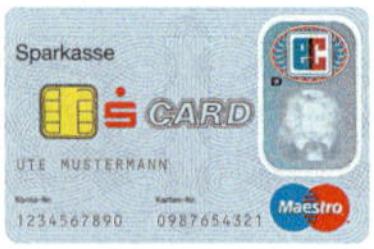

EC-Karte

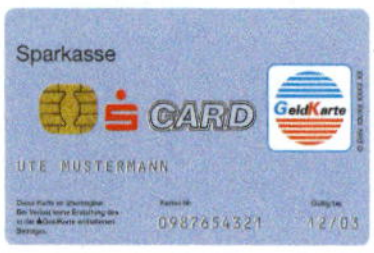

Geldkarte

Zahlungskarten

Das Bezahlen mit „Plastikgeld“ hat sich durchgesetzt. Zwar wird in Deutschland im Vergleich mit anderen Ländern immer noch viel mit Bargeld bezahlt, aber allein die Tatsache, dass rund 50 Millionen EC-Karten und 20 Millionen Kreditkarten in Deutschland ausgegeben sind, zeigt, dass diese Form der Bezahlung immer wichtiger wird.
Wir können vier Arten von „Plastikgeld“ unterscheiden:
Kreditkarten, Kundenkarten, EC-Karte, Geldkarte.

Kreditkarten
Es gibt vier große Kreditkartenanbieter. Diners Club und American Express werden ausschließlich von diesen Unternehmen ausgegeben, während VISA und Eurocard von Banken oder auch anderen Partnern (z.B. BMW oder TUI) vertrieben werden. Sie kosten im Jahr zwischen 0 und ca. 50 €.

Das Bezahlen mit einer Kreditkarte ist sehr einfach: Alle Geschäfte, die Kreditkarten akzeptieren, haben dies mit einem Aufkleber an ihren Schaufenstern oder Türen deutlich gemacht. Die Bezahlung erfolgt mit Hilfe eines dreiteiligen Zahlungsbeleges. Die Kreditkarte wird in ein spezielles Gerät (Imprinter) eingelegt und damit werden die Kartendaten auf den Beleg übertragen. Jetzt muss der Kreditkarteninhaber nur noch unterschreiben und erhält einen Teil als Kontrollbeleg. Ein Beleg geht zur Kreditkartengesellschaft und der dritte Beleg verbleibt im Geschäft. Nach einigen Wochen erhält der Kreditkartenkunde eine Abrechnung und der Betrag wird vom entsprechenden Girokonto abgebucht. Auch Bestellungen im Internet werden oftmals durch die Eingabe der Kreditkartendaten abgewickelt.

Unterschrift beim Kreditkartenkauf

Kreditkarten werden an über einer Million Stellen in Deutschland akzeptiert und erstrecken sich auf alle Branchen: Hotels, Tankstellen, Reisebüros, Apotheken usw. Auch Bahnfahrkarten und selbst Geldbußen bei Verkehrsdelikten können mit Kreditkarte beglichen werden.

Ein weiterer Vorteil liegt in den Zusatzleistungen, die Kreditkartenunternehmen gewähren. Dazu gehören das Abheben von Bargeld, besondere Vergünstigungen in Hotels oder bei Flugreisen und je nach Wertigkeit der Kreditkarte spezielle Versicherungen wie Unfall-, Haftpflicht- und Auslandskrankenversicherung.

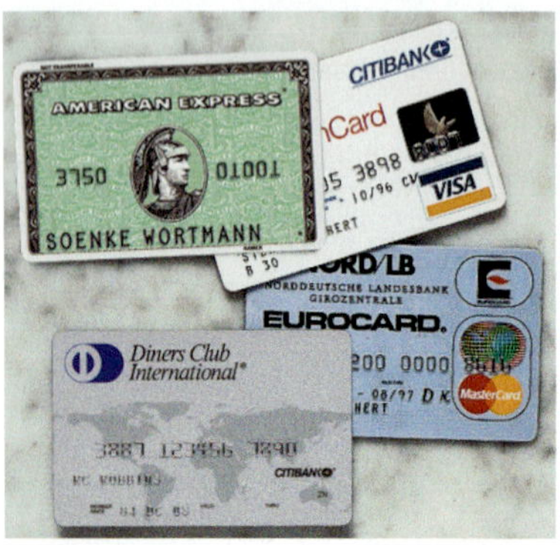

Kreditkarten

Es gilt allerdings auch einen großen Nachteil zu beachten: Bei der Einfachheit der Benutzung kann man eventuell die Übersicht über die geleisteten Zahlungen verlieren.

Tagtäglich verwenden auch viele Menschen ihre Kreditkarte zum Bezahlen im Internet. Finanzexperten raten zur Vorsicht bei der Weitergabe der Kreditkarten-Daten über das Internet. Erst die Technologie SET „Secure Electronic Transaction™“ soll Sicherheit bringen, da man die Kreditkartennummer beim Einkauf nicht mehr nennen muss.

Kreditkartenlesegerät

Kundenkarten
Kundenkarten dienen dazu, Stammkunden zu erkennen und sollen die Kunden an das Unternehmen binden. Oft sind sie mit einer Rabattfunktion ausgestattet, d.h. bei Vorlage der Karte wird ein kleiner Teil des Rechnungsbetrages als Rabatt auf einem Kundenkonto gutgeschrieben, über das bei einem späteren Einkauf verfügt werden kann. Manche Unternehmen lassen ihren Kunden eine bevorzugte Behandlung (z.B. Sitzplatzreservierung bei Reisen) zukommen. Die meisten Kundenkarten werden kostenlos oder gegen eine geringe Schutzgebühr abgegeben.

EC-Karte
Die EC-Karte ist die in Deutschland am meisten verbreitete Zahlungskarte. Sie bietet eine Reihe von nützlichen Funktionen und wird deshalb auch als Multifunktionskarte bezeichnet. Für viele Funktionen benötigt man eine **PIN** (**P**ersönliche **I**dentifikations-**N**ummer). Diese Nummer darf man niemals auf der Karte schriftlich vermerken, da sonst damit Missbrauch getrieben werden kann (z.B. kann ein Dieb über einen Geldautomaten das Konto plündern). Man muss sie auswendig lernen und darf sie auch niemals einem anderen mitteilen.

Hinweis auf EC-Zahlung

Auf der Vorder- und Rückseite der Karte sind verschiedene Symbole aufgedruckt, die Auskunft über die Funktionen geben:

In Europa und den außereuropäischen Staaten ums Mittelmeer kann man, wo man dieses **EC-Zeichen** sieht, mit der EC-Karte und Eurocheques wie mit Bargeld bezahlen.

Auf dem **Magnetstreifen** sind die wichtigsten Kartendaten gespeichert. Nach dem Erhalt der EC-Karte unterschreibt man auf dem Feld der Karte, das unter dem Magnetstreifen liegt. Die Jahreszahl auf der Vorderseite zeigt die Gültigkeit der Karte.

Geldautomat

Wo dieses **Maestro-Zeichen** abgedruckt ist, kann man weltweit mit der EC-Karte und der persönlichen Geheimzahl (PIN) oder mit Unterschrift bezahlen. Außerdem kann man weltweit an allen Geldausgabeautomaten Bargeld abheben.

PIN (Persönliche Identifikations-Nummer)
Die PIN besteht aus vier Ziffern. Sie darf nirgends schriftlich vermerkt sein (also auswendig lernen!).

Das **EC-Geldautomaten**-Symbol sieht man in Europa an vielen Geldautomaten. Hier kann man mit EC-Karte und persönlicher Geheimzahl Bargeld abheben, egal, ob man sich im Inland oder im Ausland aufhält.

Das **Electronic-Cash**-Zeichen ist ein rein deutsches Symbol. Überall in Deutschland, wo man dieses Zeichen in Geschäften, Kaufhäusern, Tankstellen und Restaurants sieht, kann man mit EC-Karte und persönlicher Geheimzahl bargeldlos bezahlen.

Das **EUFISERV**-Symbol ist ein Zeichen des europäischen Sparkassenverbundes. An allen Geldautomaten in Deutschland und Europa, die dieses Symbol aufweisen, kann man mit der EC-Karte und der PIN Bargeld abheben.

Bezahlen mit Electronic Cash

Wo dieses Zeichen abgebildet ist, kann man, ähnlich wie bei Electronic Cash, an einer Kasse bezahlen. Statt der PIN genügt aber bereits die Unterschrift und EC-Karte zum bargeldlosen bezahlen.

Neben diesen Möglichkeiten kann man mit der EC-Karte auch Kontoauszüge ausdrucken lassen oder Informationen über Sparkonten einholen.

Geldkarte
Man kann seine EC-Karte oder Kundenkarte auch als Geldkarte nutzen. Hierfür wird ein Chip in die Karte integriert. Diesen kann man bei speziellen Ladestationen mit einem Betrag bis zu maximal 200 € aufladen. Damit kann man überall dort, wo das Geldkartensymbol abgebildet ist, ohne zusätzliche PIN bezahlen. Die Geldkarte ist vor allem für Kleinstbeträge gedacht (Fahrscheine, Briefmarken, Telefon, Parkscheine, Fastfood).

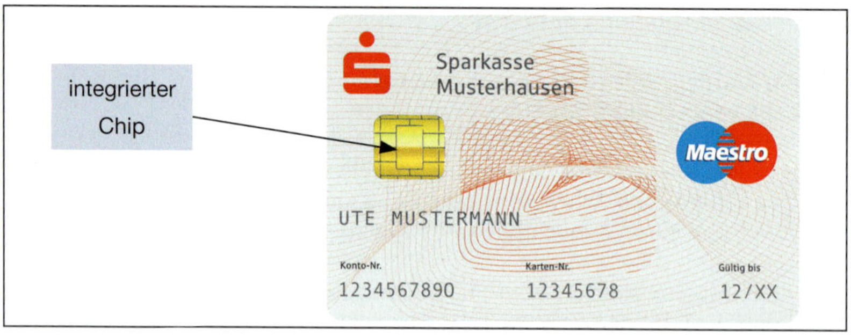

Wenn man mit der Geldkarte bezahlt, steckt man diese in das Zahlterminal an der Kasse. Das Display zeigt das Geldkartenguthaben an. Man bestätigt per Knopfdruck den Geldbetrag, der anschließend vom Chip abgebucht wird. Das Restguthaben der Geldkarte wird jetzt im Display angezeigt. Falls man unabhängig von einem Zahlterminal wissen will, wie viel Guthaben man noch auf seiner Geldkarte hat, kann man dies bei jeder Aufladestation oder mit Hilfe eines Taschenkartenlesers erfahren. Dabei werden auch noch weitere Informationen, wie die letzten Einkäufe und Ladevorgänge, angezeigt.

Wichtig: Da die Geldkarte unabhängig von einer PIN benutzt werden kann, ist sie so gut wie Bargeld. Bei Verlust oder Diebstahl kann der noch zur Verfügung stehende Betrag von einem nicht berechtigten Finder verwendet werden. Es gibt Kartenlesegeräte, welche die Nutzung der Geldkarte im Internet ermöglichen. Der zu zahlende Betrag wird dem Besitzer der Karte am Display noch einmal angezeigt und muss vor dem Abbuchen bestätigt werden.

Ablauf beim Bezahlen mit der Geldkarte

Geldkarte am Geldkarten-Ladegerät laden

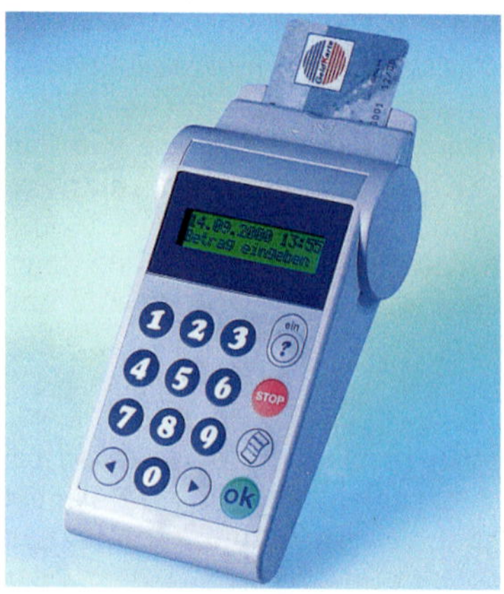

Betrag am Geldkarten-Zahlterminal zahlen

Guthaben auf dem Chip mit Geldkarten-Taschenleser abfragen

Homebanking

Heutzutage können Bankgeschäfte unabhängig vom Besuch einer Bankfiliale getätigt werden. Von zu Hause aus können per Telefon oder PC Bankgeschäfte abgewickelt werden.

Homebanking per Telefon oder Personalcomputer

Telefonbanking

Wer bei seiner Bank oder Sparkasse einen Vertrag über Telefonbanking unterschrieben hat, kann per Fernsprecher, meistens rund um die Uhr, einfache Dienstleistungen in Auftrag geben. Dazu zählen:

- Überweisungen,
- Daueraufträge anlegen, ändern und löschen,
- Kontostandsabfragen,
- Umsatzabfragen,
- Bestellung von Zahlungsverkehrsvordrucken (Formulare),
- Bestellung von Kreditkarten,
- Bestellung von Reisezahlungsmittel und
- Sperrung von Schecks.

Entweder nehmen Mitarbeiter der Bank oder Sprachcomputer die Anrufe der Kunden entgegen. Zunächst muss sich der Kunde durch Angabe von Namen, Kontonummer und Geheimwort (beim Sprachcomputer Geheimzahl) legitimieren (= sich ausweisen). Danach kann er die oben genannten Dienste in Anspruch nehmen. Besonders sogenannte Direktbanken verfügen über ein ausgedehntes Telefonbankingsystem, da sie ohne Filialen auskommen müssen.

Welchen Vorteil des Homebanking zeigt die Karikatur?

Onlinebanking

Bankkunden, die einen PC zur Verfügung haben, können diesen in Verbindung mit einem Modem oder einer ISDN-Karte zur Abwicklung der Bankgeschäfte von zu Hause aus nutzen, wenn ihr Konto für das Online-Banking freigeschaltet wurde.

Beispiel für den Ablauf beim Online-Banking:

- Verbindung zum Internet-Provider (z.B. T-Online, AOL, Bürgernetz) herstellen,
- www-Browser aufrufen (Netscape Navigator oder Microsoft Internet Explorer u.a.) starten,
- Web-Site der Bank eingeben („http://www.xxxx.de"),
- Überprüfung der Verbindung und Verbindungsaufbau,
- Eingabe von Kontonummer und **PIN**,
- Dienst aufrufen (Überweisung, Dauerauftrag, Kontostandsabfrage, Umsatzabfrage, Wertpapierkauf oder -verkauf, PIN-Änderung usw.) und
- sechsstellige **TAN** (Trans-Aktions-Nummer) zur Sicherheit eingeben (z.B. bei einer Überweisung).

PIN

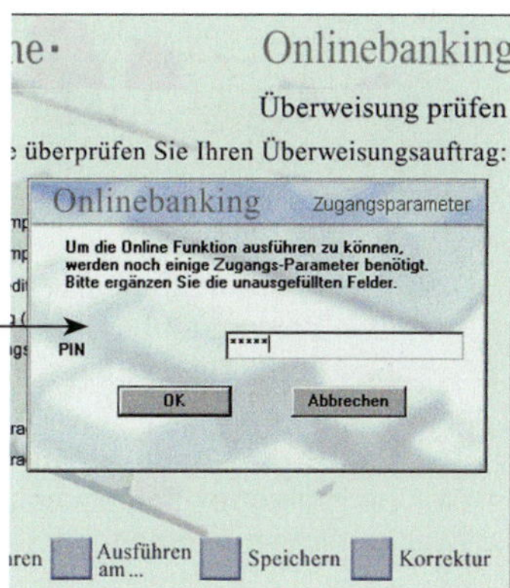

TAN

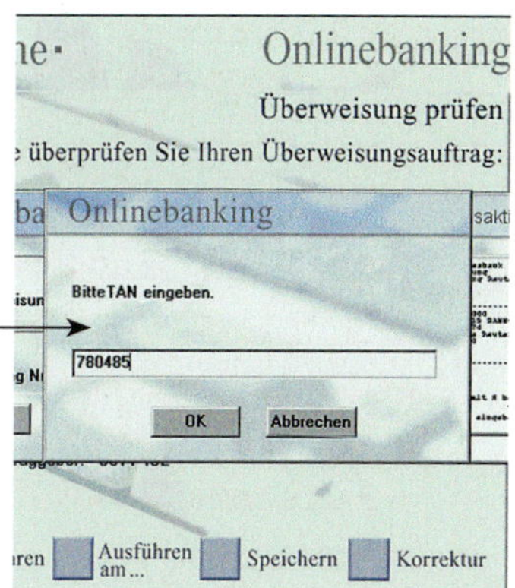

§ 146 StGB
Geldfälschung

(1) Mit Freiheitsstrafe nicht unter einem Jahr wird bestraft, wer
1. Geld in der Absicht nachmacht, dass es als echt in Verkehr gebracht oder dass ein solches Inverkehrbringen ermöglicht werde, oder Geld in dieser Absicht so verfälscht, dass der Anschein eines höheren Wertes hervorgerufen wird,
2. falsches Geld in dieser Absicht sich verschafft oder
3. falsches Geld, das er unter den Voraussetzungen der Nummern 1 oder 2 nachgemacht, verfälscht oder sich verschafft hat, als echt in Verkehr bringt.

(2) Handelt der Täter gewerbsmäßig oder als Mitglied einer Bande, die sich zur fortgesetzten Begehung einer Geldfälschung verbunden hat, so ist die Strafe Freiheitsstrafe nicht unter zwei Jahren.

(3) In minder schweren Fällen des Absatzes 1 ist auf Freiheitsstrafe von drei Monaten bis zu fünf Jahren, in minder schweren Fällen des Absatzes 2 auf Freiheitsstrafe von einem Jahr bis zu zehn Jahren zu erkennen.

1. Schildere, wie sich das Geld vom Naturaltausch bis zum Papiergeld entwickelt hat.
2. Welche Funktionen (Aufgaben) hat das Geld in folgenden Fällen:
   a) Familie Schneider spart für ein neues Auto.
   b) Familie Schneider kauft einen neuen Kühlschrank für 300,00 €.
   c) Herr Schneider erhält sein Gehalt von der Firma Grundner.
   d) Auf einem Preisschild für einen Computer steht „999,00 €".
   e) Du findest in einer Schublade noch einen 50,00 DM-Schein. Der örtliche CD-Laden verweigert die Annahme des Scheines.
3. Warum und wie lange sollte man Zahlungsquittungen aufbewahren?
4. a) Nimm eine Euro-Banknote zur Hand und beschreibe die Motive auf der Vorder- und Rückseite.
   b) Nenne fünf Sicherheitsmerkmale einer Euro-Banknote.
   c) Welche Werte haben unsere sieben Euro-Banknoten?
5. a) Nimm eine Euro-Münze zur Hand und beschreibe die Motive auf der Vorder- und Rückseite.
   b) Welche Werte gibt es als Münzen?
   c) Welche Besonderheit zeichnen die 1- und 2-Euro-Münzen aus?
6. Wodurch unterscheidet sich die halbbare Zahlung von der reinen Barzahlung?
7. Mit welchem Strafmaß hat der Geldfälscher von folgendem Artikel laut Gesetz (siehe Gesetzestext links oben) mindestens zu rechnen? Warum ist Geldfälschung mit schweren Strafen bedroht?

Geldscheine selbst gemacht
Einen Geldfälscher schnappten LKA-Fahnder in Bramfeld: Der 30-Jährige hatte seit Sommer letzten Jahres 10-, 20- und 100-€-Scheine gefälscht und in Umlauf gebracht. Die Scheine tauchten in Läden, Lokalen und bei Taxifahrern auf, fielen jedoch erst beim Einzahlen bei einer Bank auf. Silberstriche täuschten auf den Kopien den Sicherheitsfaden vor. Der 30-Jährige gestand. Seine „Blüten" und ein Farbkopierer wurden sichergestellt.

8. Nenne fünf Möglichkeiten der bargeldlosen Zahlung.
9. Beschreibe den Unterschied zwischen dem Dauerauftrag und dem Einzugsverfahren.
10. a) Beschreibe den Vorgang bei der Benutzung von Reiseschecks.
    b) Welche Vorteile bietet der Reisescheck?
    c) In welchen Fällen sollte man Reiseschecks mit sich führen?
11. a) Nenne die vier wichtigsten Arten von Zahlungskarten.
    b) Nenne je einen Vorteil und einen Nachteil bei der Bezahlung mit einer Kreditkarte.
    c) Warum geben immer mehr Unternehmen eigene Kundenkarten heraus?
12. Welche Bedeutung haben diese Symbole jeweils?
13. Die EC-Karte wird auch als Multifunktionskarte bezeichnet. Nenne fünf mögliche Verwendungsarten dieser Karte.
14. Beschreibe die Benutzung einer Geldkarte vom Ladevorgang bis zur Bezahlung.
15. Beschreibe den Ablauf einer Überweisung per Online-Banking.
16. Welche Probleme können sich beim Zahlungsverkehr per PC ergeben?
17. Welche Sicherheitsmaßnahmen empfiehlst du im Umgang mit einer EC-Karte?

XII Der erweiterte Wirtschaftskreislauf

Bankenviertel in Frankfurt

1 Erweiterung des Wirtschaftskreislaufs um den Sektor Banken

Die Banken nehmen in unserem Wirtschaftssystem eine wichtige Stellung ein. Neben vielen anderen Geldgeschäften verleihen die Banken Geld, d.h. sie geben Kredite aus. Als „Leihgebühren“ erheben die Banken Zinsen, die zusammen mit dem geliehenen Geld meist in Raten zurückgezahlt werden müssen. Woher hat die Bank das Geld?
Betrachten wir zunächst einen einfachen Wirtschaftskreislauf:

Konsument = lat. consumere: verbrauchen
Produzent = lat. producere: hervorbringen

Wir leben aber nicht mehr in Zeiten des Naturaltausches, also erweitern wir das Modell des Wirtschaftskreislaufs um die Komponente **Geld**.

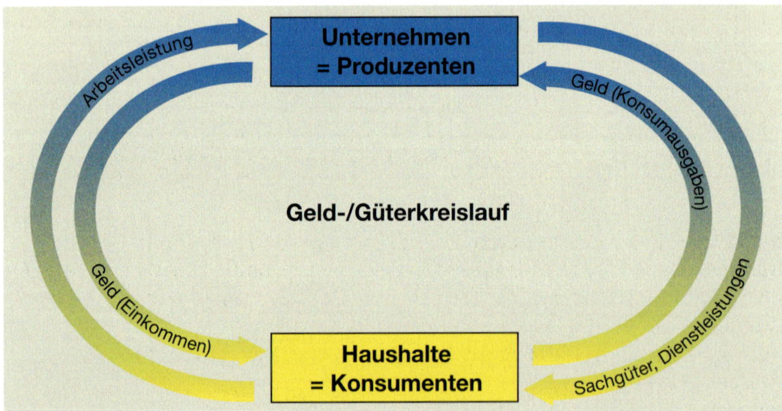

Geld ist
- gesetzliches Zahlungsmittel
- Wertübertragungsmittel
- allgemeinesTauschmittel
- Wertaufbewahrungsmittel

1.1 Banken als Vermittler

Nur in den seltensten Fällen zahlen die Unternehmen Lohn direkt, also bar, an ihre Mitarbeiter aus. Genauso nimmt die Häufigkeit der Barzahlung von Kunden bei ihren Konsumausgaben immer mehr ab. Die Banken treten als Vermittler zwischen Konsument und Produzent.

Erkläre den Satz:
Banken kaufen und verkaufen Geld.

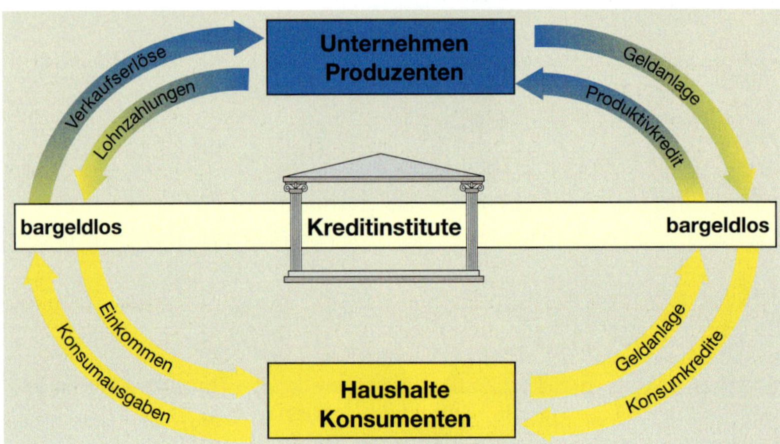

Nutze die Informationsmöglichkeit des Bundesverbandes deutscher Banken:

www.bdb.de

Jedes Unternehmen, das seine produzierten Güter verkauft, gibt sie natürlich zu einem Preis ab, der höher ist als die Summe der Kosten, die zur Produktion angefallen sind. Ein zu erwartender Gewinn wird ebenfalls in den Verkaufspreis einbezogen. Banken handeln ähnlich. Sie „verkaufen" (verleihen) Geld teurer als sie es „einkaufen" (z.B. Spargelder). Diese Differenz nennt man die Zinsspanne. Für die Gewährung eines Kredites verlangen die Banken einen so genannten Sollzinssatz. Für die ihnen anvertrauten Einlagen (Spargelder) gewähren sie den Habenzinssatz.

Erkundige dich bei deiner Bank nach den aktuellen Soll- und Habenzinsen. Sie müssen im Schaufenster sichtbar aushängen.

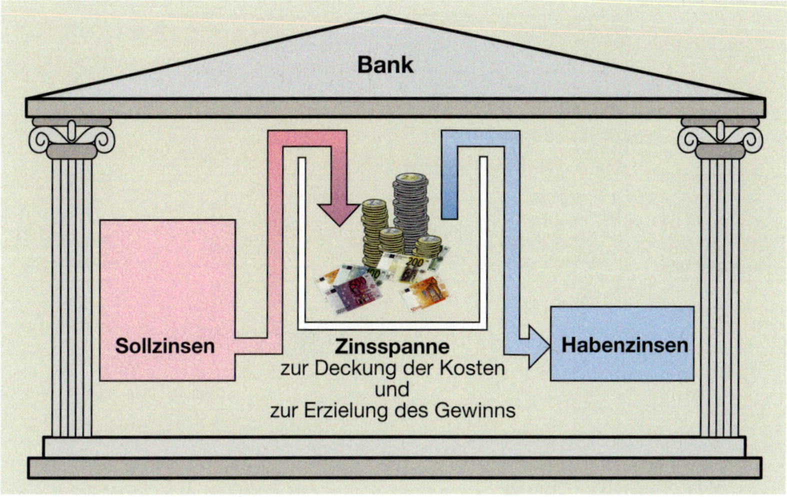

Das Wort „Bank" kommt aus dem italienischen banco = Ladentisch.

Die „Ware", mit der Banken „handeln", ist fremdes Geld. Diese setzt eine besondere Vertrauenswürdigkeit voraus. Deshalb wurde ein eigenes Gesetz, das Gesetz über das Kreditwesen (KWG), geschaffen.
Es regelt
- welche Unternehmen sich als Banken bezeichnen dürfen und
- welche Art von Geschäften Banken tätigen dürfen.

Dadurch sollen die Einlagen gesichert werden.
Das Bundesamt für Finanzdienstleistungen wacht über die Einhaltung des Gesetzes.

1.2 Arten von Banken

Deutschland verfügt über ein vielgestaltiges Bankensystem.

Gliederung des Bankensystems:

Universalbanken			Spezialbanken
Privatbanken (Kreditbanken)	Öffentlich-rechtliche Sparkassen mit ihren Landesbanken	Genossenschaftsbanken	z.B. • reine Hypothekenbanken • Bausparkassen

universal:
Angebot von Bankgeschäften aller Art

spezial:
Angebot nur bestimmter Geschäftsbereiche

Zwischen den großen drei Gruppen herrscht heftiger Wettbewerb, denn alle arbeiten nach dem gleichen Grundprinzip: Sie sind Universalbanken. Das heißt, sie bieten alle Bankdienstleistungen an. Neben diesen Universalbanken gibt es noch Spezialbanken, die sich auf einzelne Geschäftszweige oder auf bestimmte Kundenkreise beziehen, z.B. die Bank für Haus- und Grundbesitz oder die Apotheker- und Ärztebank.

2 Die Bankgeschäfte

Du hast nun die Vermittlerfunktion der Kreditinstitute kennen gelernt. Jetzt wollen wir deren wichtigste Aufgaben und Geschäftstätigkeiten noch näher betrachten. Wie alle Unternehmen stellen auch die Kreditinstitute Bilanzen auf, die **Aktiva** und **Passiva** unterscheiden.

Erkläre den Satz:
Banken kaufen und verkaufen Geld.

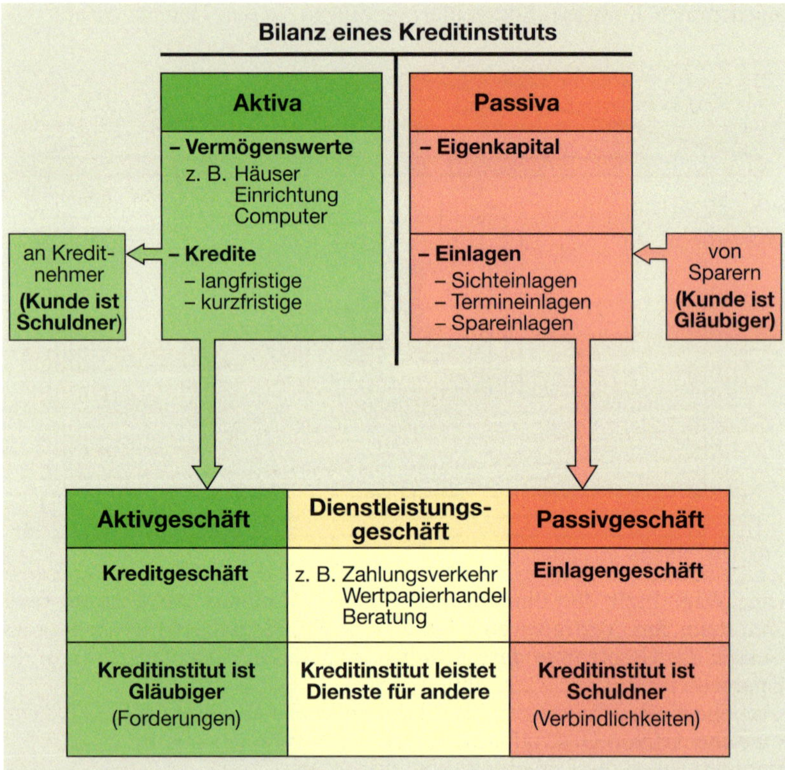

2.1 Passivgeschäfte - Einlagengeschäfte

Alle Formen der einer Bank leihweise übertragenen Gelder nennt man **Einlagen**. Die Gelder werden entgegengenommen, verwaltet und verzinst. Die Bank ist gewissermaßen Schuldner des Bankkunden, deshalb stehen diese Gelder in der Bankbilanz auf der Passivaseite. Die Unterscheidungsmerkmale der Einlagen liegen darin, wie lange der Kunde seiner Bank das augenblicklich nicht benötigte Geld überlässt.

Sichteinlagen
Man nennt sie auch **täglich fällige Gelder**. Das heißt, über sie kann jederzeit und in uneingeschränkter Höhe verfügt werden: Durch Barabhebung am Geldautomaten oder durch Überweisung. Für diese Einlagen zahlen viele Banken keinen oder nur einen sehr geringen Zins, denn sie wissen nicht, wie lange ihnen das Geld zur Verfügung steht. So gut wie alle Privatpersonen verfügen mittlerweile über diese sogenannten laufenden Konten oder Girokonten. Sie sind für die Unternehmen und für die Privatpersonen die „Arbeitskonten", über die der laufende Zahlungsverkehr abgewickelt wird.

Sicht- und Termineinlagen bilden die sogenannten Depositen (= hinterlegte Beträge).

Termineinlagen
Sie stehen der Bank für einen **bestimmten Zeitraum** (bis zu einem bestimmten Termin) zur Verfügung. Sie können ohne Zinsverlust nur mit

einer festgelegten Frist gekündigt werden. Bis zum Ablauf des vereinbarten Zeitraums bleiben diese Fest- oder Kündigungsgelder auf dem Konto stehen und dienen nicht dem Zahlungsverkehr.
Festgelder, deren Termin abgelaufen ist und nicht weiter verlängert wurde, stehen dann als Sichteinlagen auf dem Konto. Sie sind also an einem im voraus bestimmten Tag zur Rückzahlung fällig. Über Kündigungsgelder kann erst nach Kündigung und Ablauf einer bestimmten vereinbarten Frist wieder verfügt werden.

Beispiel für Kündigungsgelder:

Unbefristetes Kündigungsgeld — Sichteinlage

- 20.5. Geldanlage als Kündigungsgeld, Kündigungsfrist: ein Monat
- 20.8. Kündigung
- 20.9. Geld verfügbar

Beispiel für Festgelder:

z. B. sechs Monate fest

- 15.3. keine Verfügung möglich
- 15.9. frei verfügbar (Ausnahme: Es wurde eine Verlängerung vereinbart.)

i

Zahlenbeispiel:

• Spareinlage	11.000,00 €
• Festzinssatz	3,0 % p.a.
• Zeitraum	6 Monate
• Kündigungsfrist	ein Monat
• Beginn	30.06. . .
• Ende	31.12. . .
• Kündigungstermin	30.09. . .
• Zinsen pro Monat Ø	27,50 €
• Zinsen als Sichteinlage z. B. bei 0,25 %	2,30 €

Spareinlagen

Sparguthaben werden in ein Sparbuch eingetragen und haben entweder eine vereinbarte Kündigungsfrist von drei Monaten, wobei der Sparer innerhalb von dreißig Tagen 1.500 € ohne Kündigung abheben kann, oder eine längerfristig vereinbarte Kündigungsfrist. Ohne Zinsverlust kann der Sparer sein Geld erst nach Ablauf dieser Frist abheben.
Das Sparbuch ist nur eine „Beweisurkunde" für das Bestehen eines Sparguthabens. Obwohl das Sparbuch auf den Namen des Inhabers ausgestellt wird, ist die Bank berechtigt, aber nicht verpflichtet, an jeden Vorleger dieses Dokuments Zahlung zu leisten und ihn als zur Kündigung berechtigt anzusehen.
Sparen heißt: für die Zukunft vorsorgen. Der Sparer sichert dadurch nicht nur seine eigene wirtschaftliche Lage, sondern er erfüllt - ohne vielleicht darüber nachgedacht zu haben - eine wichtige volkswirtschaftliche Aufgabe. Denn nur dadurch, dass er über die Banken der Wirtschaft sein Sparkapital zur Verfügung stellt, ermöglicht er den Kreditinstituten, diese gesammelten Gelder für Investitionskredite zu vergeben.
Für Termin- wie für Spareinlagen gilt: Je länger diese Gelder der Bank überlassen werden, d. h., je längerfristig das Kreditinstitut über das Geld verfügen kann (mit ihm „arbeiten" kann), umso höher sind die Zinsen, die der Kunde bekommt. In den letzten Jahrzehnten nahm die Bedeutung der Sparbücher immer mehr ab.

A

1. Informiere dich über die derzeit geltenden Zinssätze für die verschiedenen Einlagearten.
2. Überprüfe die Aussage: „Je länger die Dauer der Geldanlage, desto höher der Zinssatz!"
3. Erläutere die verschiedenen Motive von Unternehmen und Privatleuten für die Wahl bestimmter Einlagearten.

Zusammenfassung:

- Einlagen
  - Spareinlagen
  - Depositen
    - Termineinlagen
      - Festgelder
      - Kündigungsgelder
    - Sichteinlagen

2.2 Aktivgeschäfte - Kreditgeschäfte

Die Kreditgeschäfte umfassen alle Bankgeschäfte, die die Positionen der Aktivseite einer Bankbilanz betreffen. Die Banken geben dabei die im Einlagengeschäft hereingekommenen Gelder leihweise an ihre Kunden aus. Neben der Vereinbarung, dass der Kredit in voller Höhe nach einer festgelegten Zeit wieder zurückbezahlt werden muss, verpflichtet sich der Kreditnehmer zur Zinszahlung. Das heißt, das Kreditinstitut erhält für die Überlassung des Nutzungsrechts an seinem Geld Zinsen. Daneben werden oft auch noch Bearbeitungsgebühren erhoben.

Diskutiert in der Klasse die Frage: „Vor welchen Problemen stünde ein Unternehmer/ein Privathaushalt ohne die Möglichkeit der Kreditbeschaffung?"

Die Kredite können eingeteilt werden nach:

Laufzeit	**Verwendungszweck**
• **kurzfristige Kredite** (bis sechs Monate) z. B. Kontokorrentkredite, Wechselkredite • **mittelfristige Kredite** (bis zu vier Jahren) z. B. persönliche Kleinkredite • **langfristige Kredite** (länger als vier Jahre) z. B. Hypothekenkredite	• **Produktivkredite** z. B. Betriebsmittelkredite, Investitionskredite • **Konsumentenkredit** z. B. Anschaffungsdarlehen, persönliche Kleinkredite

Aus der Fülle der Kreditarten sollen hier nur einige typische und wichtige vorgestellt werden:

Kontokorrentkredit (für Geschäftskunden)
Die Bank stellt dem Kreditnehmer Geld auf seinem Girokonto zur Verfügung. Ein solcher Kredit, dessen Sicherheit im Geschäftsvermögen (Anlage- oder Umlaufvermögen) liegt, kann dem Kunden einmalig für einen bestimmten Zweck oder auch laufend bis auf Widerruf eingeräumt werden.
Die Höhe des Kreditbetrages ist innerhalb eines vereinbarten Rahmens (Kreditlimit) flexibel. Der Kredit wird nur bei Bedarf und ohne weitere Formalitäten in Anspruch genommen. Die Zinszahlung fällt nur für den tatsächlich beanspruchten Kreditbetrag an.

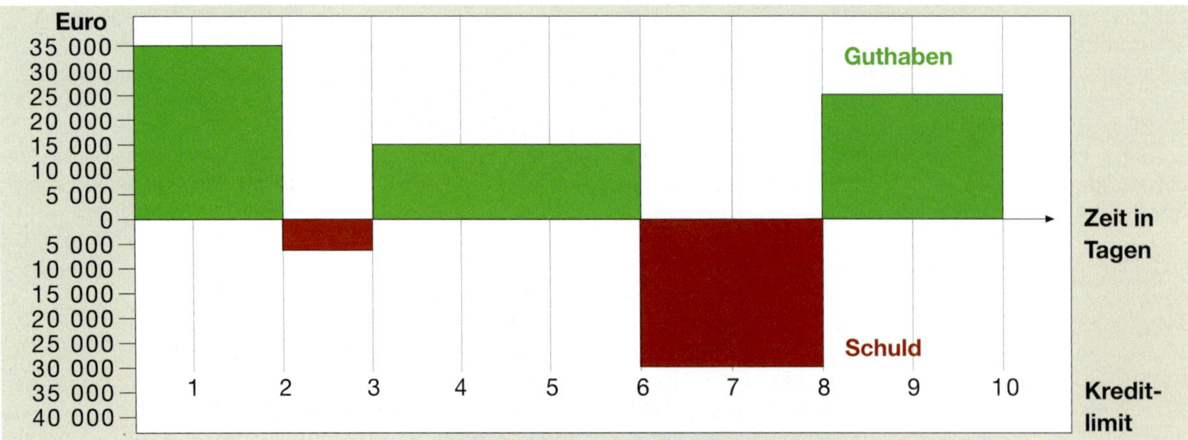

Beispiel für Kontobewegungen

Für den Kreditbedarf von 5.000 € werden nur für einen Tag und für die 30.000 € nur für zwei Tage Sollzinsen berechnet.

Dispositionskredit (Konsumentenkredit)
Er wird auch kurz **Dispokredit** genannt und dient dem kurzfristigen Geldbedarf der Girokonteninhaber (der Kunde kann seine Einkäufe disponieren, d.h. einteilen, verfügen). Wie beim Kontokorrentkredit kann das Konto bis zu einer bestimmten Grenze (Limit) ohne weitere Formalitäten und vorherige Rücksprache überzogen werden.
Als Grenze dient im Allgemeinen das zwei- bis dreifache Nettoeinkommen. Darin liegt auch die Sicherung für die Bank. Da die Kreditinstitute die Gelder laufend zur Verfügung stellen, sind die Zinsen relativ hoch. Der Kunde zahlt diese Zinsen jedoch stets nur für den Betrag, mit dem er auf dem Konto im Soll ist.
Die Rückzahlung erfolgt durch die folgenden Lohn- oder Gehaltseingänge. Dadurch wird dem Kunden eine einfache und bequeme Überbrückungshilfe geboten.

Die große Bequemlichkeit verleitet allerdings dazu, das Konto regelmäßig zu überziehen. Schwerwiegende finanzielle Probleme können entstehen, wenn sich das Einkommen plötzlich mindert (z.B. durch Arbeitslosigkeit oder Scheidung) oder wenn auf Dauer zu wenig Geld für den notwendigen Bedarf vorhanden ist. Nicht selten kommt dann eine „Abwärtsspirale“ in Gang, die immer tiefer in die Verschuldung führt. Untersuchungen des Bundesfamilienministeriums zeigen, dass im Jahre 2006 mehr als 2 Millionen Haushalte überschuldet waren, d.h. das Einkommen reicht nach Abzug des notwendigen Lebensbedarfs nicht mehr aus, die laufenden Zahlungsverpflichtungen zu erfüllen.

A

1. Warum dürfen Jugendliche ihr Konto nicht überziehen?
2. Wie viel Euro sind auf einem Konto verfügbar, wenn ein Dispokredit von 5.000 € eingeräumt wurde und das Konto bereits mit 1.200 € im Soll steht?

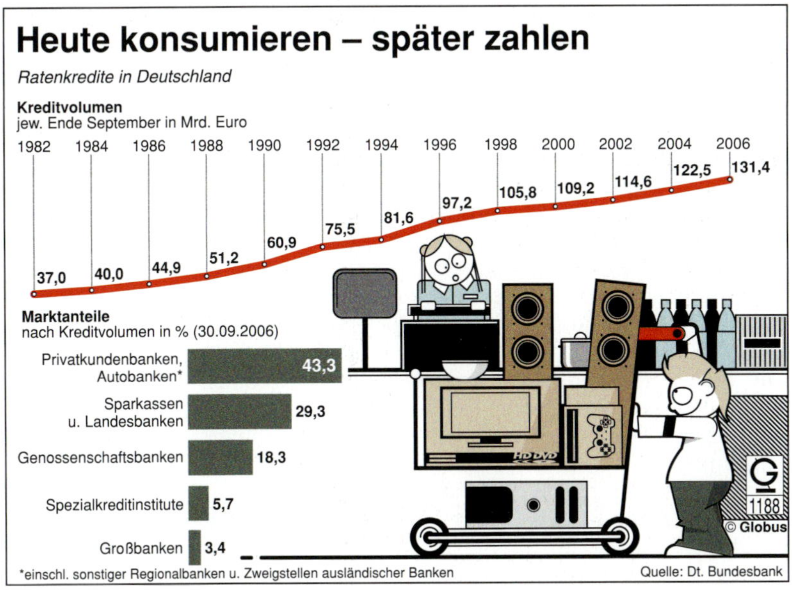

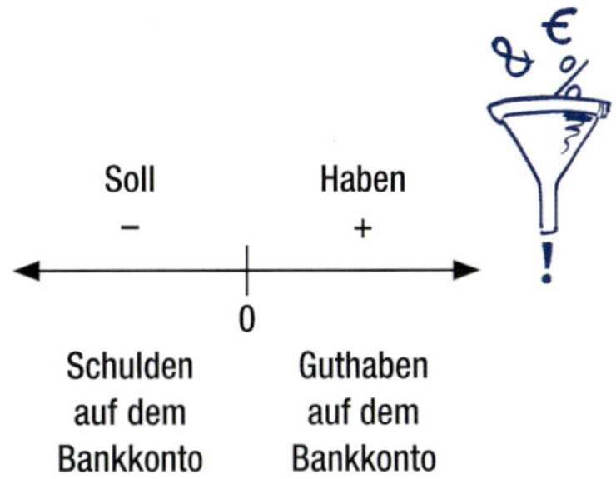

Anschaffungsdarlehen
Das sind Kredite, die Privatpersonen ohne besondere Sicherheiten für persönliche Zwecke - vor allem für größere Anschaffungen - eingeräumt werden. Höhe, Laufzeit und Rückzahlung (Tilgung) werden bei diesen Krediten den speziellen wirtschaftlichen Verhältnissen der Kreditnehmer angepasst. Diese Kredite, deren Höchstbetrag bei ca. 25.000 bis 30.000 € liegt, werden meist in vereinbarten Rückzahlungsraten in einem festgelegten Zeitraum getilgt. Als häufigste Verwendungszwecke stehen neben dem Kauf von Pkws größere Anschaffungen für den Haushalt (z.B. Wohnungseinrichtungen) im Vordergrund.
Auf der folgenden Seite siehst du einen Tilgungsplan.

Tilgungsplan
Kreditbetrag 20.000,00 €
Zinssatz 8,00 %
jährl. Zahlung 2.400,00 €

Jahr	Restschuld	Zinsen	Tilgung	Gesamtzinsen	Gesamte Zahlung
1	20.000,00 €	1.600,00 €	800,00 €	1.600,00 €	2.400,00 €
2	19.200,00 €	1.536,00 €	864,00 €	3.136,00 €	4.800,00 €
3	18.336,00 €	1.466,88 €	933,12 €	4.602,88 €	7.200,00 €
4	17.402,88 €	1.392,23 €	1.007,77 €	5.995,11 €	9.600,00 €
5	16.395,11 €	1.311,61 €	1.088,39 €	7.306,72 €	12.000,00 €
6	15.306,72 €	1.224,54 €	1.175,46 €	8.531,26 €	14.400,00 €
7	14.131,26 €	1.130,50 €	1.269,50 €	9.661,76 €	16.800,00 €
8	12.861,76 €	1.028,94 €	1.371,06 €	10.690,70 €	19.200,00 €
9	11.490,70 €	919,26 €	1.480,74 €	11.609,95 €	21.600,00 €
10	10.009,95 €	800,80 €	1.599,20 €	12.410,75 €	24.000,00 €
11	8.410,75 €	672,86 €	1.727,14 €	13.083,61 €	26.400,00 €
12	6.683,61 €	534,69 €	1.865,31 €	13.618,30 €	28.800,00 €
13	4.818,30 €	385,46 €	2.014,54 €	14.003,76 €	31.200,00 €
14	2.803,76 €	224,30 €	2.175,70 €	14.228,06 €	33.600,00 €
15	628,06 €	50,25 €	628,06 €	14.278,31 €	34.278,31 €
16	0,00 €				

Hypothekarkredit

Ein Hypothekarkredit ist ein **langfristiger Kredit**, der vor allem zur Finanzierung besonders langlebiger Güter, z.B. einer Eigentumswohnung oder eines Eigenheims dient. Für die meist hohen Kreditsummen werden Grund und Boden als Sicherheit verpfändet.

Die Hypothek ist die Belastung eines Grundstücks als Sicherung der Geldforderung. Sie wird durch einen notariellen Vertrag in das bei den Amtsgerichten geführte Grundbuch eingetragen. Wenn das Darlehen nicht fristgerecht zurückgezahlt wird oder die Rückzahlungsraten nicht mehr bezahlt werden können, haftet der Kreditnehmer zunächst persönlich. Der Kreditgeber hat außerdem das Recht, das Grundstück versteigern zu lassen. Der Erlös dient dann zur Begleichung der Schuld.

Die Frage der **Kreditsicherung** spielt für die Banken eine große Rolle. Bevor die Bank einen Kredit gewährt, muss sie gewissenhaft prüfen, ob der Kreditnehmer nach seinen persönlichen Eigenschaften und materiellen Verhältnissen auch in der Lage ist, den Kredit zurückzuzahlen.

Ein Beispiel für Kreditsicherung ist die **Bürgschaft**. Durch sie verpflichtet sich der Bürge, für die Begleichung des Kredits einzustehen, falls der Schuldner seine Schulden nicht bezahlen kann.

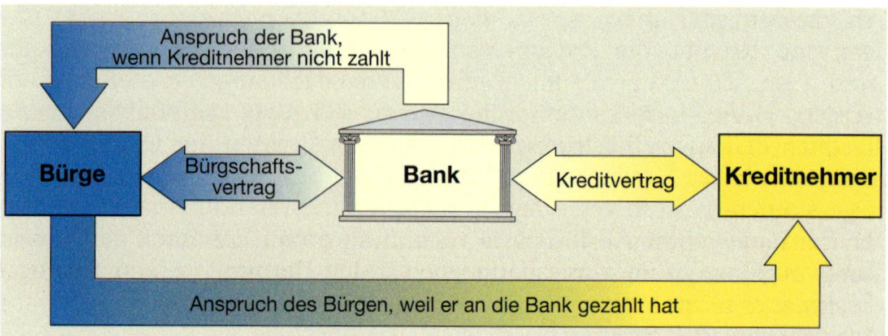

1. Verfolge in oben stehendem Beispiel den Verlauf der Tilgungsbeträge und vergleiche ihn mit den zu zahlenden Zinsen.
2. Versuche mit Hilfe eines Tabellenkalkulationsprogramms einen Tilgungsplan zu erstellen.
3. Erläutere, warum die Finanzierung eines Eigenheims durch einen Dispositionskredit (siehe S. 161) nicht möglich ist.

Vorsicht bei Bürgschaften!
Grundregel: Verbürge dich niemals leichtfertig für einen anderen, auch wenn er ein noch so guter Freund ist!

2.3 Dienstleistungsgeschäfte

Bankgeschäfte
- Aktivgeschäfte
- Dienstleistungsgeschäfte
- Passivgeschäfte

Die Kreditinstitute übernehmen für ihre Kunden die Abwicklung des bargeldlosen Zahlungsverkehrs, sie vermitteln Wertpapierkäufe und -verkäufe und beraten in allen Geldanlage- und Finanzierungsfragen. Immer mehr zählen auch Vermittlungen von Immobiliengeschäften sowie von Versicherungen aller Art zu den Leistungen. Einige dieser Geschäfte sind kostenfrei, für andere berechnen die Banken Gebühren, bzw. verlangen Provisionen.

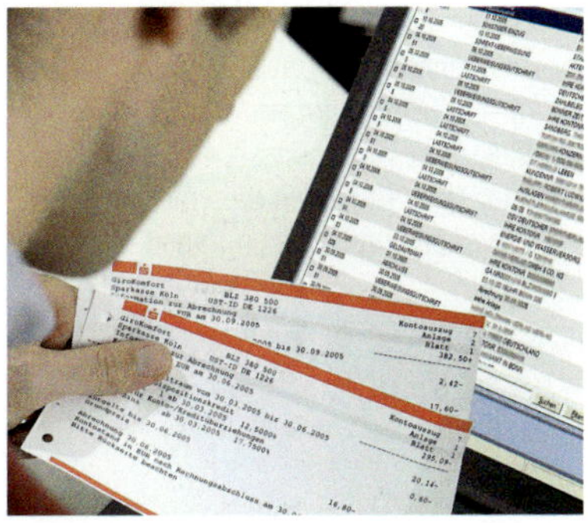

Homebanking per PC

Bargeldloser Zahlungsverkehr
Auf diese Weise werden Zahlungen durch Buchungsvorgänge von Konto zu Konto oder von Bank zu Bank erledigt, ohne dass Bargeld in Umlauf gebracht wird. Dem Kunden erwachsen daraus verschiedene Vorteile:
- Die Verwendung von Bargeld wird reduziert, Geld ist dadurch vor Verlust, Diebstahl, Brand oder ähnlichen Schäden sicher.
- Der Zahlungsverkehr kann bequem von zu Hause oder vom Schreibtisch aus – z.B. per PC oder Telefon – erledigt werden.
- Der Kontenstand ist jederzeit abrufbar, d.h., der Überblick und die Kontrolle über die Ein- und Ausgänge sind gegeben.

Der Ablauf eines Überweisungsauftrages sieht folgendermaßen aus:

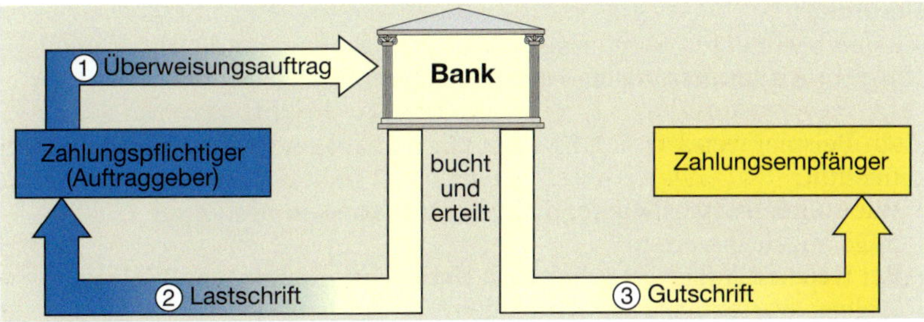

Wenn Auftraggeber- und Empfängerkonto bei verschiedenen Kreditinstituten geführt werden, erfolgt die Verrechnung des Überweisungsbetrages über die Landeszentralbank bzw. über die Girozentrale bei den Sparkassen.

ec-Karte
Neben der Bargeldbeschaffung am Geldautomaten können ec-Karteninhaber an den POS-Kassen (Point-of-sale) nach Eingabe der vierstelligen Geheimnummer (PIN = **p**ersonal **i**dentify **n**umber) Einkäufe oder Rechnungen bezahlen. Dieses kleine Plastikkärtchen macht Karriere: Rechnerisch hat jeder Bürger Deutschlands eine ec-Karte: 87 Mio. (Stand: 1. Quartal 2002) Karten öffnen den Weg zum Bargeld oder zum bargeldlosen Kauf. Insgesamt stehen den Karteninhabern fast 6 Mio. Kassenterminals und 700.000 Geldautomaten zur Verfügung; und das nicht nur in Deutschland, sondern weltweit in mehr als 110 Ländern.

Geht die ec-Karte verloren oder wird sie gestohlen, ist eine unkomplizierte Sperrung unter der Telefonnummer 01 80/021 021 möglich. Sie bewahrt den Karteninhaber vor Missbrauch und Schaden.

Kreditkarten
Die weltweit am verbreitetsten Karten sind die MasterCard (früher EUROCARD) und VisaCard. Sie werden für die Bezahlung von Waren oder Dienstleistungen bei ausgewählten Vertragsunternehmen genutzt. Dies sind vor allem Fluggesellschaften, Hotels, Restaurants, Autovermietungen und Einzelhandelsgeschäfte. Kreditkartennutzer sind unabhängig von Bargeld, verfügen im Ausland über die richtige Währung und nutzen ein modernes, sicheres Zahlungsmittel.

Dauerauftrag
Durch einen einmal erteilten Dauerauftrag erhält die Bank die Anweisung, regelmäßig zu vorgeschriebenen festen Terminen einen Betrag in bestimmter Höhe auf ein anderes Konto zu überweisen (z.B. Mietzahlung, Versicherungsbeiträge).

In den letzten 30 Jahren hat der bargeldlose Zahlungsverkehr enorm zugenommen.

1. Für welche Art der Zahlung würdest du dich entscheiden?
   a) beim Einkauf im Supermarkt
   b) bei der Begleichung der Telefonrechnung
   c) bei der Zahlung einer Versandhausrechnung
   d) bei Mietzahlungen
2. Diskutiert in der Klasse, welche Vor- oder auch Nachteile die unterschiedlichen Zahlungsweisen haben.

Lastschriftverfahren

Im Gegensatz zum Überweisungsverkehr wird die Zahlung durch den Empfänger veranlasst.

Der Zahlungspflichtige erteilt dem Zahlungsempfänger schriftlich die Ermächtigung, zu Lasten seines Kontos Forderungen einzuziehen. Dieses Verfahren eignet sich insbesondere für den Einzug regelmäßig wiederkehrender Beträge, z. B. Zeitschriftenabonnement, Mitgliedsbeiträge.

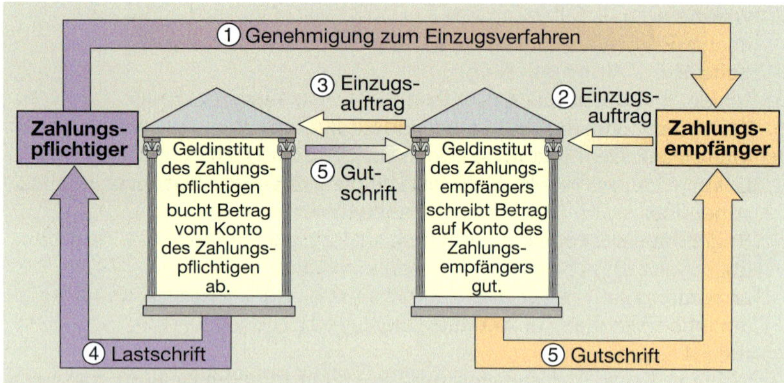

Beratung

Zu den besonderen Serviceleistungen einer Bank zählt die Beratung ihrer Kunden in allen Vermögens- und Versicherungsangelegenheiten.

Zum Beispiel wenden sich Kunden mit nachfolgenden Fragen an ihr Kreditinstitut:

- Wie sollen frei verfügbare, nicht für den Konsum bestimmte Geldbeträge angelegt werden?
- Bei welcher Anlageart erhalte ich die höchste Verzinsung?
- Welche Wertpapiere soll ich kaufen?
- Ist die Geldanlage in Edelmetallen (Gold, Silber oder Platin) ertragreich?
- Wie finanziere ich am günstigsten das neue Auto, die Eigentumswohnung oder ähnliche größere Anschaffungen?
- Welche Möglichkeiten bietet die Bank an, eine Unternehmensgründung zu finanzieren?
- Soll ich das Geld in einer Kapital-Lebensversicherung anlegen?

Informiere dich über die Angebote z. B. unter

www.comdirect.de
www.cortalconsors.de
www.ing-diba.de

Wertpapiergeschäft

Wer Wertpapiere kaufen oder verkaufen will, muss seiner Bank einen entsprechenden Auftrag erteilen. In der Regel wird der Kunde die Wertpapiere nicht zu Hause aufbewahren, sondern übergibt sie zur Verwahrung und Verwaltung seiner Bank in ein Depot.

Veränderungen im Bankgeschäft

Zwei Gründe haben in den letzten Jahren grundlegend die „klassischen" Geschäfte der Banken beinflusst. Zum einen ist dies die technische Entwicklung und zum anderen die fortschreitende Globalisierung.

Die Technik führte zu einer Umwälzung in der Abwicklung der Bankgeschäfte. Die Auszahlung von Bargeld verlagerte sich weitgehend von den Schaltern auf Automaten. Die Kommunikationstechnik führte in erheblichem Umfang zur Elektronisierung der Bankdienstleistungen.

Im **Electronic Banking** kann der Kunde Überweisungen tätigen, Kontostände und Umsätze abrufen, sich über sein Wertpapierdepot informieren und darüber verfügen. Er kann einen großen Teil seiner Bankgeschäfte von zu Hause aus tätigen (Homebanking).

1. Woher kommt die Bezeichnung „Bank“ für die Kreditinstitute?
2. Was ist unter dem Begriff „Kapitalausgleich“ als Aufgabe der Banken zu verstehen?
3. Woraus decken die Banken ihre Kosten, z. B. die Gehaltszahlungen an ihre Mitarbeiter?
4. Beschreibe, was man unter der „Zinsspanne“ versteht.
5. Erkläre den Unterschied zwischen Sollzinssatz und Habenzinssatz.
6. Stelle einen Wirtschaftskreislauf unter Einbeziehung der Banken dar.
7. Welche Arten von Banken kannst du in deiner Gemeinde oder der nächstgelegenen Stadt finden? Ordne nach dem Schema von Seite 157.
8. Erkläre den Unterschied zwischen Sicht- und Termineinlagen.
9. Worin unterscheiden sich Fest- und Kündigungsgelder?
10. Warum geht die Bedeutung der Sparbücher immer mehr zurück?
11. Beschreibe die Vorteile der Inanspruchnahme eines Kontokorrentkredits gegenüber einem Anschaffungsdarlehen?
12. Begründe rechnerisch, ob es sich lohnt beim Begleichen einer Rechnung über 9.860 € den Kontokorrentkredit mit einem Zinssatz von 11 % in Anspruch zu nehmen, um den Skontoabzug ausnutzen zu können; Zahlungsbedingungen: Ziel 30 Tage oder 3 % Skonto bei Zahlung innerhalb von 14 Tagen.
13. Warum ist es z. B. für einen Schreinermeister nicht sinnvoll, Holzbearbeitungsmaschinen, die er mit einem Bankkredit gekauft hat, an die Bank zu verpfänden?
14. Welche Kredite eignen sich
    a) für die Finanzierung von Umlaufvermögen und
    b) welche zur Finanzierung des Anlagevermögens eines Unternehmens?
15. Wie kann ein Arbeitnehmer seine Kreditwürdigkeit gegenüber der Bank nachweisen?
16. Wie heißt der Kontokorrentkredit für Privatleute?
17. Bei welcher Kreditart verlangen die Banken die höchsten/die geringsten Zinsen?
18. Beschreibe die Dienstleistungsgeschäfte der Banken im Bereich des bargeldlosen Zahlungsverkehrs.
19. Beschreibe folgende Zeichen:

3 Geldanlage in Wertpapieren

Der Handel mit Wertpapieren gehört ebenso wie der Zahlungsverkehr zum Dienstleistungsgeschäft der Kreditinstitute. Wertpapiere sind im strengen Wortsinne Papiere, die einen bestimmten Wert darstellen. Sie sind Urkunden über Rechte, die unter Vorlage des (gedruckten bzw. beschriebenen) Papiers geltend gemacht werden können; kurz ausgedrückt: Wer das Papier in seinem Besitz hat, kann das Recht ausüben. Dieses Recht ist am deutlichsten zu sehen, wenn du dir einen Geldschein als Wertpapier vorstellst. Auch ein Fahrschein im öffentlichen Verkehrswesen (U-Bahn, S-Bahn, Straßenbahn, Omnibus), eine Eintrittskarte zum Kino-, Theater- oder Konzertbesuch oder ein Scheck verkörpert ein bestimmtes erworbenes Recht. Doch diese Wertpapiere werfen keinen Ertrag ab, sie werden nicht gehandelt und man kann sie nicht beliebig austauschen. Das folgende Kapitel informiert dich über die (Kapital-)Wertpapiere, die über die Banken gehandelt werden und der Geldanlage dienen. Diese Wertpapiere nennen wir **Effekten**.

3.1 Vergleich von Anlagemöglichkeiten

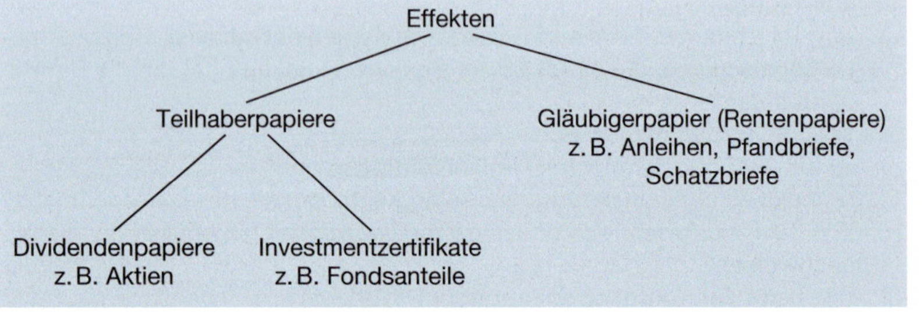

Bei der Geldanlage in Wertpapieren spielen die Kreditinstitute eine zentrale Rolle. Sie beraten und nehmen die Aufträge der Sparer entgegen. Welche Produkte der von den Banken angebotenen Anlageformen in Frage kommen, hängt im Wesentlichen von den Sparmotiven ab. Hierzu zählen z. B. Zukunftssicherung, Zwecksparen für größere Anschaffungen oder reine Vermögensanlage.

A

1. Warum sind Kinokarten und Fahrscheine Wertpapiere?
2. Werte das nebenstehende Schaubild aus:
   a) Beschreibe das Liniendiagramm.
   b) Vergleiche die Balkendiagramme für das erste und das letzte Jahr. Welche Entwicklung kannst du feststellen?

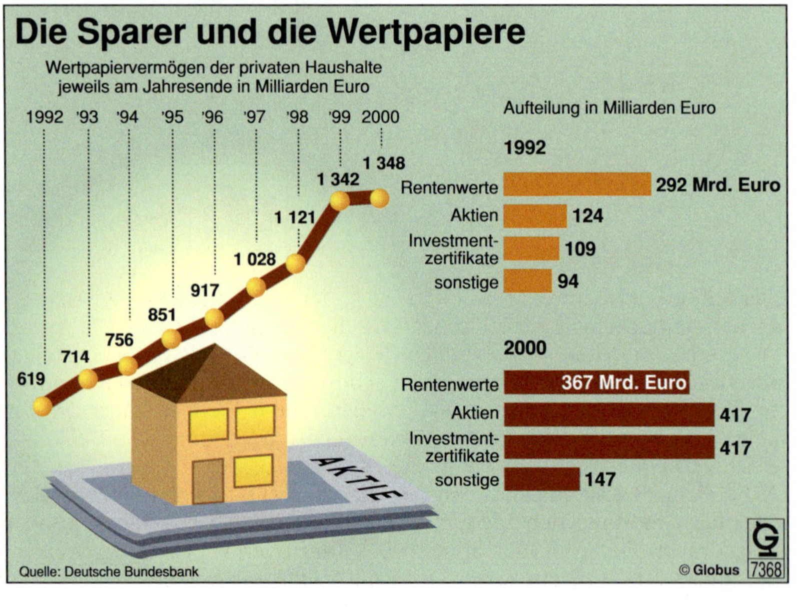

Aktien

An dem Namenszusatz AG (= Aktiengesellschaft) kannst du die Unternehmen erkennen, deren Eigenkapital auf viele Geldgeber aufgeteilt ist. Möchte z. B. ein Autos produzierendes Unternehmen ein neues Zweigwerk errichten, um dort eine bestimmte Modellreihe zu fertigen, oder will eine Fluggesellschaft einige Großraumjets erwerben, benötigen diese Unternehmen viel Kapital, das sie aus den Gewinnen der vergangenen Jahre nicht aufbringen können. Um diese Projekte dennoch in die Tat umzusetzen, werden Geldgeber gesucht, die sich am Unternehmen beteiligen. Die zur Finanzierung erforderlichen Kapitalsummen werden portioniert, d. h. in kleine Stücke aufgeteilt, über deren Wert eine Urkunde ausgestellt wird: **die Aktie**. Dieses Wertpapier dokumentiert, dass der Inhaber einen Bruchteil vom Unternehmen besitzt und damit das Recht hat, an dessen Gewinn teilzuhaben. Jederzeit kann der Geldgeber die Aktie, so wie er sie bei seinem Kreditinstiut gekauft hat, auch wieder verkaufen und sich z. B. an einem anderen Unternehmen beteiligen.

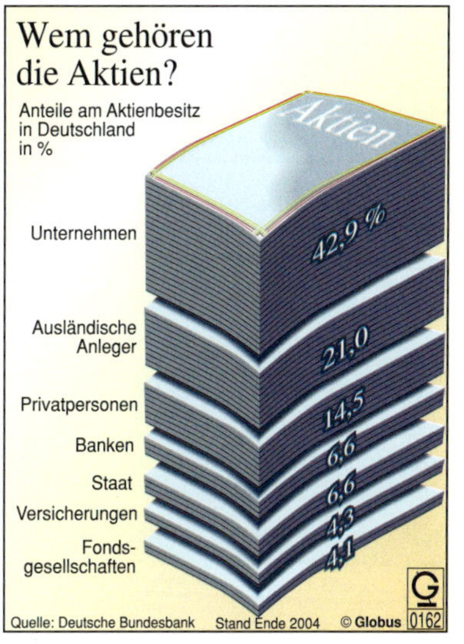

Dabei achtet jeder Aktionär (Besitzer einer Aktie) auf den Erfolg des Unternehmens, denn der Gewinn fließt im Allgemeinen wieder an den Geldgeber zurück. Diese Gewinnausschüttung nennt man **Dividende**. Es kann allerdings auch vorkommen, dass Überschüsse ganz oder teilweise genutzt werden, um z. B. Erweiterungen zu finanzieren. Das Kapital wird also wieder angelegt, um künftig die Erträge zu steigern.

Gewinn
- Thesaurierung (Einbehaltung, Ansparen)
- Ausschüttung (Dividendenzahlung an Aktionäre)

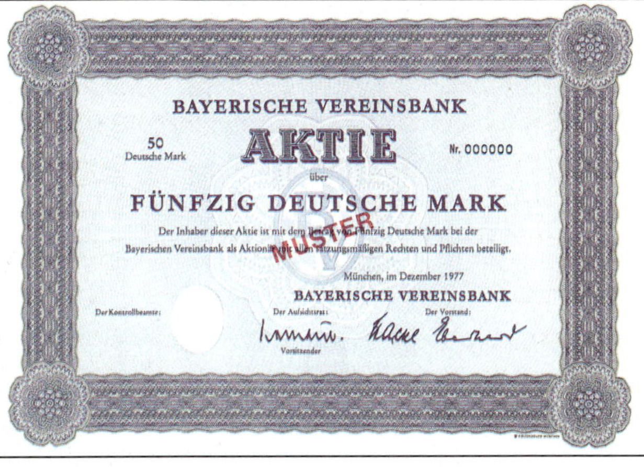

Die **Aktie** war zu Beginn des letzten Jahrhunderts ein Wertpapier des Großbürgertums. Wer Aktien besaß, galt als reich. Immer kleinere Stückelungen und letzlich auch die nennwertlose Aktie haben dazu beigetragen, dass immer mehr Menschen bei der Geldanlage an den Erwerb von Aktien denken können.

Der auf der Aktie aufgedruckte Betrag ist der Wert, mit dem der Aktionär an dem Unternehmen beteiligt ist. Durch die Multiplikation der Anzahl der Aktien mit dem Nennwert ergibt sich das Grundkapital. Die oben abgedruckte Aktie (Urkunde) gehört schon bald der Geschichte an, denn es gibt mittlerweile nur noch Stückaktien, deren Wert sich aus der Teilung des Kapitals durch die Anzahl der Aktien bestimmt, z. B.: Bei einem Gesamtkapital von 10 Mio. € und 2 Mio. ausgegebener Aktien, hat eine Aktie einen Beteiligungswert an der Aktiengesellschaft von 5 €. Im Zeitalter der elektronischen Medien werden kaum noch einzelne Urkunden ausgedruckt. Der Aktionär braucht bei Kauf oder Verkauf nur noch die Bestandsveränderung in seiner Depotmitteilung zu verfolgen.

- Der Eigentümer einer Aktie ist am Grundkapital der Gesellschaft beteiligt.
- Er stellt der AG sein Eigenkapital zur Verfügung und ist am Gewinn beteiligt.

to invest (engl.) = anlegen

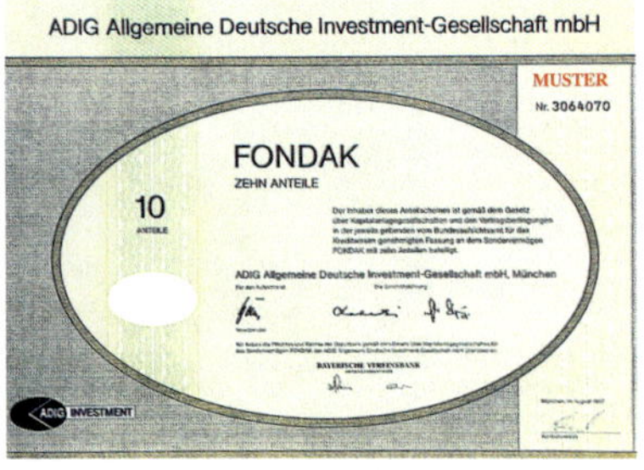

Investmentfonds

Für Kleinsparer ist es oft schwer, sich Vermögenswerte durch Aktienbesitz zu schaffen. Meist fehlt es den Anlegern an gezielten Informationen über die Aktiengesellschaft, an der sie beteiligt sind. Aus diesem Grund hat sich in den letzten Jahrzehnten die Idee immer mehr durchgesetzt, das Geld mehrerer tausend Sparer zusammenzulegen und es professionell verwalteten Wertpapierfonds zu überlassen.
Das Prinzip ist einfach: Die Geldanleger geben ihr Erspartes speziellen Investmentfirmen – sie heißen auch Kapitalanlagegesellschaften (KAG). Diese KAGs sammeln und häufen das Geld in einem „Topf" (= Fonds) und legen es in vielen verschiedenen Aktien unterschiedlichster Unternehmen an. Das Fondsvermögen wird dann in einzelne kleine Anteile aufgeteilt. Diese Fondsanteile sind Wertpapiere – genauso wie einzelne Aktien. Sparer können über die Anteile Urkunden, so genannte Investmentzertifikate, erhalten. Davon machen allerdings heutzutage nur noch Wenige Gebrauch. Die Fondsanteile werden von den Kreditinstituten verwaltet und über die Girokonten abgerechnet.

Die Grundidee des Investmentgeschäfts ist es, Anlegern eine **Vermögensanlage bereits mit kleinen Beträgen** zu ermöglichen, die von Fachleuten betreut und verwaltet wird.

Internetadressen, die u. a. Auskunft über die verschiedenen Fonds geben:

www.bawe.de
www.finanzplatz.de
www.dm-online.de

Der Eigentümer eines Investmentzertifikats besitzt ein Miteigentum am Sondervermögen einer Investmentgesellschaft.

Bedeutung des Investmentsparens für den Anleger	
Vorteile	**Nachteile**
• Risikomischung (Wertpapiere vieler Unternehmen) • kleine Anlagebeträge möglich (Erstausgabepreis unter 50 €) • Verwaltung durch Fachleute (Experten der Kapitalanlagegesellschaften = KAG) • Sicherheit (gesetzliche Vorgaben im Kapitalanlagegesellschaftsgesetz) • Rücknahmeverpflichtung der KAG (jederzeitige Rücknahme zum Inventarwert) • tägliche Veröffentlichung der Ausgabe-Rücknahmepreise (offene Informationen über die KAG)	• häufig nur durchschnittliche Preisentwicklung (Durch die breite Streuung müssen Kursrückgänge eines Wertpapieres durch die Kurssteigerung eines anderen ausgeglichen werden.) • unflexible große Fondsvermögen (Umschichtungen sind kurzfristig nicht möglich) • höhere Kosten gegenüber Direktanlage (Ausgabeaufschläge und Verwaltungskostenabzüge)

Gläubigerpapiere (Rentenpapiere)
Durch den Kauf von Aktien oder Aktienfonds beteiligt sich der Geldanleger an einem Unternehmen. Geht es dem Unternehmen gut, profitiert auch der Geldanleger davon. In schlechten Zeiten, wenn die Erträge ausbleiben, büßen allerdings die Papiere deutlich an Wert ein. Wem dieses Risiko zu groß ist, stellt sein Geld nur leihweise zur Verfügung, er wird also nicht Miteigentümer, sondern „Kreditgeber" oder Gläubiger. Für das verliehene Kapital erhält der Wertpapierbesitzer in regelmäßigen Abständen gleichbleibende Zinsen. Warum heißen diese so genannten festverzinslichen Wertpapiere „Rentenpapiere"? Die Erklärung ist einfach: Genauso wie die Ruhestandsbezüge (Renten) regelmäßig ausbezahlt werden, bringen diese Wertpapiere in festen Abständen (halbjährlich oder jährlich) die Zinseinnahmen. Der Anlagezeitraum bewegt sich meist im mittel- oder langfristigen Bereich, d.h., nach ca. zwei, fünf, zehn oder 30 Jahren wird das geliehene Geld vom Schuldner zurückbezahlt. Da der Schuldner die Kreditsumme in kleine Beträge aufteilt und sie auf der Urkunde (Mantel) vermerkt, bezeichnet man diese Wertpapiere auch als Schuldverschreibungen. Neben dem eigentlichen Dokument, dem Mantel, wird der so genannte Zinsscheinbogen (Zinsschein = Kupon) mitgeliefert. An festen Zinsterminen trennt der Anleger einen Zinsschein ab, reicht ihn bei der Bank ein und erhält die ihm zustehende Zinszahlung. Heutzutage werden allerdings in den meisten Fällen keine wirklichen Urkunden ausgehändigt, sondern Kauf- und Verkaufsabrechnungen über das Bankkonto abgewickelt. Je nachdem, vom wem die Schuldverschreibungen emittiert wird, unterscheidet man folgende Arten:

i
emittieren: (lat.) emittere = ausgeben

Anleihen
Durch die Ausgabe von Anleihen ist es dem Bund (der Bundesrepublik Deutschland), den Ländern (z.B. Bayern, Thüringen o.a.) und Gemeinden möglich, sich Mittel für größere Ausgaben zu beschaffen, die über die laufenden Einnahmen des Haushalts (vor allem Steuereinnahmen) nicht finanzierbar sind. Auch Unternehmen beschaffen sich Kapital mit Hilfe von Anleihen, wenn dies zur Finanzierung langfristiger Investitonsvorhaben günstiger erscheint als die Ausgabe neuer Aktien.

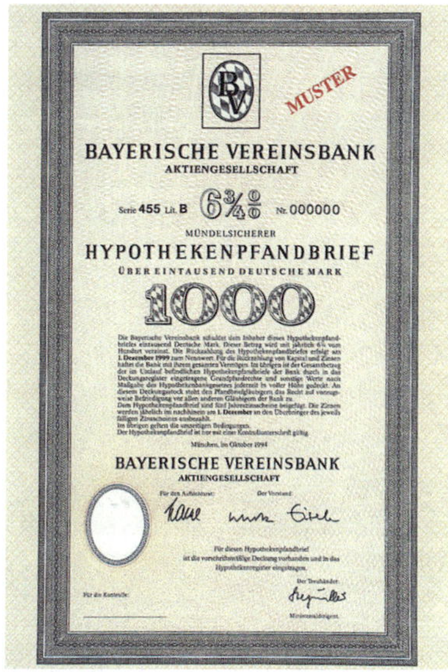

Kommunalobligationen
Sie werden meist von den öffentlich-rechtlichen Kreditinstituten (Sparkassen) ausgegeben. Das Kapital aus dem Verkauf der Schuldverschreibungen wird anschließend an Länder und Gemeinden (Kommunen) ausgegeben um damit den Bau von Schulen, Straßen oder anderen öffentlichen Einrichtungen zu finanzieren.

Pfandbriefe
Auch Pfandbriefe werden von den Kreditinstituten (Hypothekenbanken) ausgegeben. Das Geld aus dem Wertpapierverkauf wird ausschließlich zur Finanzierung von Grundstücken und Gebäuden wieder vergeben, die gleichzeitig als Sicherheit (Pfand) dienen.

Wertpapiere und Kurs
Neben den regelmäßig ausbezahlten, gleichbleibenden Zinsen kann sich der Wert (Preis, Kurs) der Rentenpapiere nach oben oder unten verändern, jedoch sind die Schwankungen bei Weitem nicht so groß wie bei den Aktien. Wenn der Sparer keinerlei Kursrisiko eingehen möchte, bietet sich ihm die Geldanlage in Bundeswertpapieren.

Folgende Internetadresse gibt Auskunft über Bundeswertpapiere:

www.bsv.de

Bundeswertpapiere
Zur Finanzierung seines Haushaltes gibt der Bund (Bundesrepublik Deutschland) Bundeswertpapiere aus. Der Staat bürgt mit seinem Vermögen und seinen Steuereinnahmen für die Schulden, die er bei den Bürgern

Durch den Besitz von festverzinslichen Wertpapieren (= Rentenpapiere) erhält der Kapitalanleger Forderungsrechte. Der Aussteller (z. B. die Bundesrepublik Deutschland) ist Kreditnehmer, also Schuldner.

macht, die diese Wertpapiere kaufen. Bundeswertpapiere gelten deshalb als besonders sicher. Sie sind damit für den Kleinanleger interessant, der seine Ersparnisse gewinnbringend, aber ohne Risiko anlegen möchte. Banken und Sparkassen dienen als Verkaufsstellen. Sie müssen alle Neuausgaben spesenfrei verkaufen. Bleiben die Wertpapiere allerdings im Bankdepot, werden jährlich Depotspesen fällig. Die Wertpapiere können auch im Depot der Bundesschuldenverwaltung in Bad Homburg eingetragen werden. Dort werden sie kostenlos verwahrt und verwaltet.

3.2 Die Börse

Deutsche Börsenplätze:
Berlin, Bremen, Düsseldorf, Frankfurt, Hamburg, Hannover, München und Stuttgart

Die Börse ist ein Handelsplatz für Aktien, Anleihen und andere Wertpapiere. Allerdings findest du an diesem Handelsplatz weder Waren noch Geld. Die Abwicklung des Wertpapiergeschäftes geschieht zwar im Börsensaal, die Erfüllung erfolgt jedoch außerhalb. Jeder Kauf und jeder Verkauf wird an die Bank gemeldet, bei der die Wertpapiere lagern. Die Stücke werden dann, ähnlich wie bei der Geldüberweisung vom Girokonto, nur umgebucht.
Die Börse ist zwar ein Markt, in dem Angebot und Nachfrage den Preis bestimmen, jedoch muss die Ware nicht vorhanden sein. Jede Aktie bietet die gleichen Rechte und Pflichten, die Qualität braucht vor dem Kauf nicht überprüft zu werden. Trotzdem kennt der Handelsplatz Börse genaue Regeln und Richtlinien.
Alle hier tätigen Personen müssen namentlich vom Börsenvorstand zugelassen werden:

Deute den Spruch: „Wenn die Wall Street niest, bekommt die Welt einen Schnupfen."

Kursmakler (Broker)
Sie vermitteln Geschäfte mit bestimmten, zum amtlichen Handel zugelassenen Wertpapieren und stellen dabei die Kurse fest, die auch in den Medien veröffentlicht werden.
Jeder Makler ist für einen bestimmten Bereich zuständig, z. B. Aktien von Unternehmen mit den Anfangsbuchstaben F bis K. Üblicher ist jedoch die Aufteilung nach Branchen, z. B. Bankaktien, Chemieaktien, Energieversorger. Makler sind selbstständige Kaufleute, deren Einnahmequelle die Maklerprovision, auch Courtage genannt, ist. Diese Gebühr wird bei jedem Kauf oder Verkauf gleichermaßen erhoben.

Wall Street: Börsensaal

Freie Makler
Sie dürfen mit allen Wertpapieren handeln, also auch mit Wertpapieren von kleineren Aktiengesellschaften.

Kreditinstitute
Sie betreiben Handel mit Wertpapieren auf eigene oder fremde Rechnung, indem sie die Aufträge zum Kauf oder Verkauf von Wertpapieren an die Börse bringen.

Die **Börse** ist ein Markt für vertretbare Güter (vertretbar, z. B.: ein Geldschein eines bestimmten Wertes kann durch einen anderen mit demselben Wert ersetzt werden).

Ein Markt ist ein Ort, an dem Angebot und Nachfrage zusammentreffen.

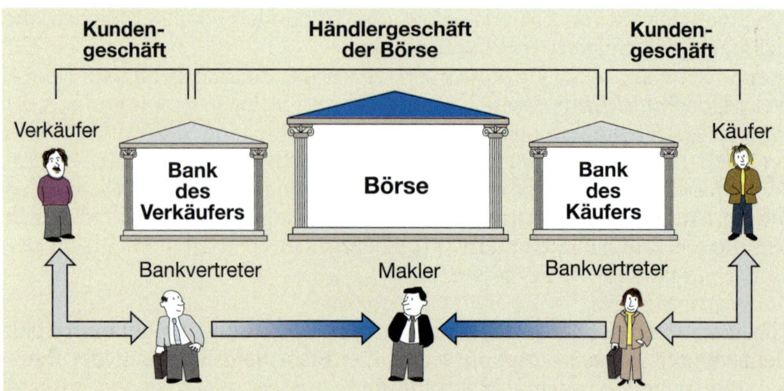

Wie bereits am Beginn dieses Kapitels beschrieben wurde, nennt man die über Banken gehandelten Wertpapiere auch Effekten. Teilmärkte dieses Effektenhandels sind:

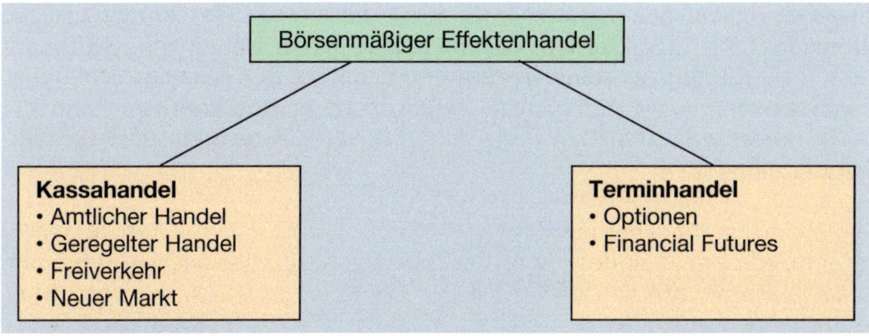

> *i* Das Börsengeschehen ist ein Spiegelbild der jeweiligen Wirtschaftslage. Nationale und internationale politische Ereignisse wirken sich auf das Steigen (durch Nachfrage nach Wertpapieren) oder Fallen (durch Verkauf von Wertpapieren) der Kurse aus.

Der **Kassahandel** ist der Markt für Wertpapiere, an dem Kauf- bzw. Verkaufsabschlüsse **sofort oder ganz kurzfristig** (innerhalb von zwei Tagen) erfüllt werden müssen.

Arten des Kassahandels

Amtlicher Handel	Geregelter Markt	Freiverkehr	„Neuer Markt“
• strenge Zulassungsvoraussetzung • Handel mit Wertpapieren von Unternehmen mit gutem Ruf und hohen Umsätzen • Das Unternehmen muss schon drei Jahre bestehen und die Bilanzen und Gewinn- und Verlustrechnungen veröffentlicht haben.	• gemilderte Zulassungsvoraussetzung • Handel mit Wertpapieren, die die Voraussetzungen zur Zulassung zum amtlichen Handel nicht oder noch nicht erfüllen	• keine besonderen Zulassungsvoraussetzungen • Banken und Börsenmakler entscheiden, ob sie die Aktien zum Handel zulassen oder nicht.	Handel mit Aktien von jungen, wachstumsstarken Unternehmen vorwiegend aus der Medien-, Software- oder Biotechnikbranche. Die Versuchung, diese Aktien zu kaufen, ist groß, denn größere Gewinnchancen dieser modernen Branchen eröffnen die Aussicht auf steigende Aktienwerte. Allerdings muss man das Risiko größerer Verluste in diesem Wirtschaftsbereich bedenken.

Terminbörse
Bei den Termingeschäften (Optionen) unterscheidet man zwei verschiedene Arten:

Kaufoptionen (Calls)
Durch den Kauf einer Option erwirbt man das zeitlich begrenzte Recht, eine bestimmte Anzahl von Aktien zu einem vorher bestimmten Preis zu kaufen. Der Käufer setzt auf steigende Kurse.

Verkaufsoptionen (Puts)
Die Verkaufsoption versetzt den Anleger in das Recht, Aktien nach einer bestimmten Zeit zu einem vereinbarten Preis zu verkaufen. Hier setzt der Käufer auf fallende Aktienpreise.

In beiden Fällen ist der Anleger, wenn seine Erwartungen nicht eintreffen, nicht verpflichtet seine Option wahrzunehmen. Sein Risiko ist die Optionsprämie (Preis für den Call oder Put).

> *i* **Optionen** von optare, lat. = wünschen, verlangen

Wie viel Prozent Gewinn hätte der Anleger erzielt, wenn er die Aktie direkt gekauft hätte?
Bedenke dabei zweierlei:
Wie groß ist der Unterschied zwischen Verkaufs- und Kaufpreis?
Wie hoch wäre der Einsatz gewesen?

Vereinfachtes Beispiel (ohne Spesen):
Angenommen, ein Anleger beabsichtigt, in zwei Monaten Aktien eines bestimmten Unternehmens zu kaufen. Er erwartet, dass die Aktien bis dahin deutlich über dem Wert von z. B. 50 € liegen.
Die Option auf den Erwerb einer Aktie kostet 5 €. Der Käufer erwirbt einen Call auf diese Aktien. Nach zwei Monaten stehen die Aktien auf 70 €. Der Käufer löst seine Option ein, der Kauf der Aktie zu 50 € muss (vom so genannten „Stillhalter") erfüllt werden. Anschließend kann die Aktie sofort zum aktuellen Preis von 70 € verkauft werden. Der Gewinn beträgt damit 15 €.

Beispiel Call: Optionstyp
BMW: Basiswert
Juni: Verfallmonat
28: Basispreis zu einem bestimmten Termin
Durch Zahlung einer Optionsprämie erwirbt der Anleger das Recht, die BMW-Aktie im Juni zum Preis von 28 EUR erwerben.

Verkaufspreis der Aktie	70,00 €
minus Kaufpreis	50,00 €
minus Optionspreis	5,00 €
= Gewinn	15,00 €

$$\text{Gewinnsatz} = \frac{\text{Gewinn (€)} \cdot 100\ (\%)}{\text{Einsatz (€)}}$$

Der Gewinn beträgt damit satte 300 %!

Achtung:
Erreicht der Kurs der Aktie allerdings die 50,00 € nicht, liegt er z. B. zum Termin nur um 1,00 € darunter bei 49,00 €, ist der Wert der Option zu 100 % verloren.

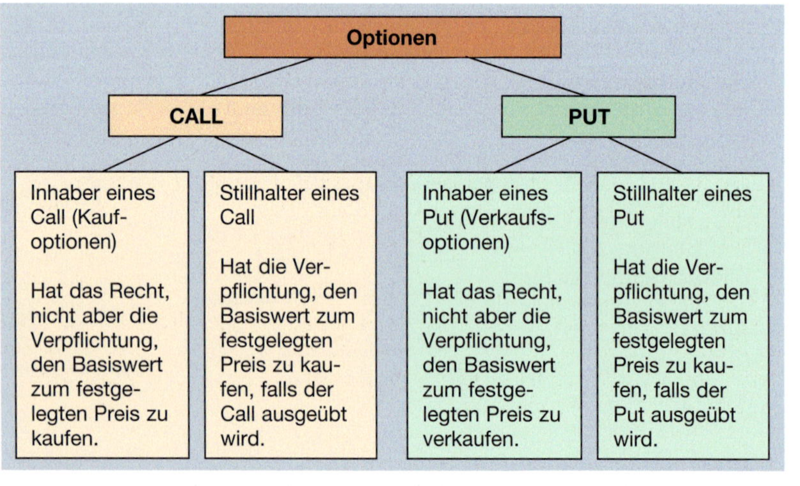

Terminhandel:
- Vertragsabschluss heute
- Erfüllung zu einem späteren Zeitpunkt

3.3 Die Kursbildung

An der Börse treffen Angebot und Nachfrage zusammen. Je nachdem, ob die Kauf- oder Verkaufsaufträge überwiegen, verändert sich der Preis nach unten oder oben. Der Fachausdruck für den Preis eines Wertpapiers ist: der Kurs.

Im Folgenden lernst du weitere Fachausdrücke kennen:

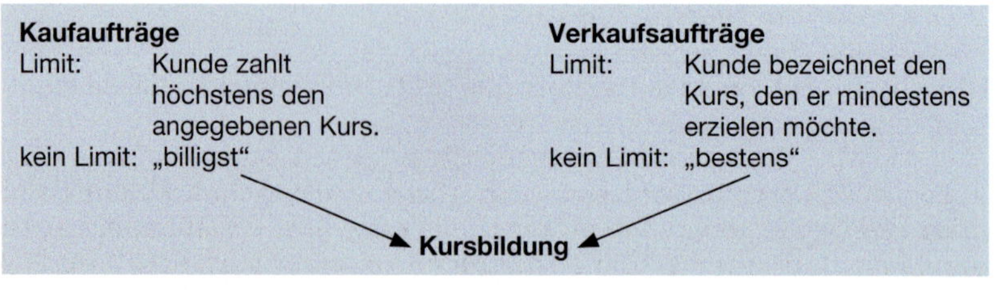

Beispiel:
Dem Makler liegen folgende Aufträge für die NEWS-AG vor:

Käufe	Limit	Verkäufe	Limit
30	billigst	20	bestens
10	43,4	40	43,4
50	43,5	30	43,5
40	43,6	10	43,7

Der Makler rechnet und vergleicht, zu welchem Kurs die meisten Umsätze (Käufe und Verkäufe) zu realisieren sind:

Kurs	Käufe	Verkäufe	Umsatz
43,4	130 (30 + 10 + 50 + 40)	60 (bestens + 40)	60
43,5	120 (30 + 50 + 40)	90 (20 + 40 + 30)	90
43,6	70 (30 + 40)	90 (20 + 40 + 30)	70
43,7	30 (billigst)	100 (alle)	30

Einheitskurs ← 43,5 | 90 → größtmöglicher Umsatz

Diese Bedingungen gelten für die Festsetzung des Einheitskurses:
- Zum Einheitskurs muss der größtmögliche Umsatz zustande kommen.
- Alle ‚bestens' und ‚billigst' – Aufträge werden erfüllt.

In Tageszeitungen werden täglich die Kurse von Wertpapieren veröffentlicht. Suche dir fünf Aktien heraus und verfolge deren Entwicklung über den Zeitraum einer Woche.

Kurszusätze
Der Kurs wird in der Kurstabelle mit 43,5 bG veröffentlicht (b = bezahlt, G = Geld), das heißt: Die zu diesem Kurs limitierten Kaufaufträge konnten nicht voll ausgeführt werden. Auf diesem Niveau bestand also weitere Nachfrage von Seiten der Käufer.

Weitere mögliche Kurszusätze (Auswahl):
bB = bezahlt Brief: Die zu diesem Kurs limitierten Verkaufsaufträge wurden zu einem Teil ausgeführt. Auf diesem Niveau bestand also weiteres Angebot von Seiten der Verkäufer.

B = Brief: Bei diesem Kurs bestand nur Angebot seitens möglicher Verkäufer, aber keine Nachfrage durch Käufer. Auf diesem Niveau fanden keine Umsätze statt.

G = Geld: Bei diesem Kurs bestand zwar Nachfrage von Seiten möglicher Käufer, dem stand aber kein vergleichbares Angebot gegenüber. Auf diesem Kursniveau fanden keine Umsätze statt.

T = Taxe: Der Kurs ist lediglich geschätzt. Es gab keine Umsätze.

b = bezahlt – oder kein Zusatz hinter dem Kurs: Angebot und Nachfrage waren bei dem genannten Kurs ausgeglichen. Alle nicht limitierten Aufträge, alle Kaufaufträge, deren Limits höher und alle Verkaufsaufträge, deren Limits niedriger waren, konnten zu diesem Kurs abgewickelt werden.

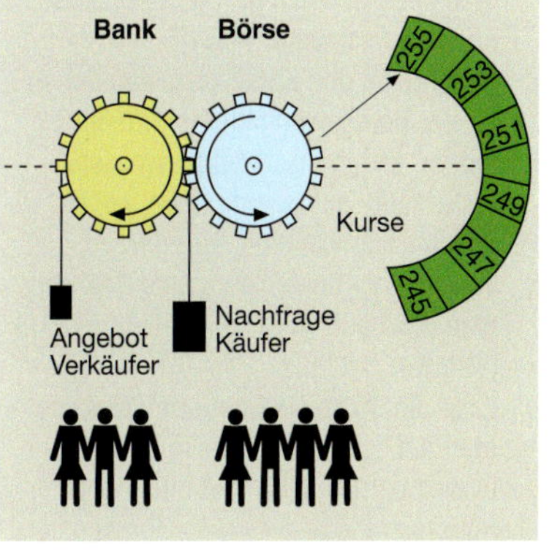

Kurs = Preis für das Wertpapier

Kursverlauf
Für all das, was an der Börse geschieht, haben die Fachleute ihre eigene Sprache. Sind die Kurse auf breiter Front gestiegen, so reden die Profis gern von einer „freundlichen" Börse. Sie gilt hingegen als „lustlos" bei nur geringen Umsätzen. Von einer „behaupteten" Börse spricht man, wenn sich die Kurse im Großen und Ganzen kaum verändert haben. Ist das Kursniveau insgesamt abgesunken, verwenden die Experten das Bild vom „schwachen" oder „abbröckelnden" Markt.

Bulle und Bär vor der Börse in Frankfurt am Main

Da die Kurse täglich (werktäglich) festgestellt werden, gibt es immer ein Auf und Ab, mal gehen die Kurse rauf, mal runter. Bei einem Anstieg über einen längeren Zeitraum, z. B. in den Jahren 1997, 1998 und 1999, wird von einer „Hausse" gesprochen. Das Wort kommt aus dem Französischen und wird „hoss" oder frz.: „oss" ausgesprochen. Als Symbol dafür gilt der Bulle (Stier), weil er Kraft, Stärke und Dynamik ausstrahlt.

Der Bär, der die Schwerfälligkeit und Trägheit zum Ausdruck bringt, steht als Bild für einen zurückgehenden Aktienmarkt. Das Fachwort hierfür heißt: „Baisse". Auch dieses Wort kommt aus dem Französischen und wird „bäss" gesprochen. Eine Baisse ist in den Jahren 2000 und 2002 zu beobachten gewesen.

Unterscheide: Hausse - Baisse - Crash
Entscheidend ist, wenn man von Hausse oder Baisse spricht, dass ein nachhaltiger Trend über mehrere Wochen oder Monate nach oben oder unten erkennbar wird.

Sinkt jedoch der Kurs innerhalb eines Tages oder ein paar Stunden dramatisch ab, so spricht man von einem Crash (engl.: crash = krachen, einstürzen, abstürzen). Ein Crash hat meistens politische Ursachen, wie z. B. ein Kriegsausbruch oder die terroristischen Anschläge vom 11. September 2001 auf New York und Washington.

Ein Börsianer sagte einmal: „Die Bullen wirbeln mit ihren Hörnern die Kurse in die Höhe, während die Bären sie mit ihren Tatzen hinunterschlagen."

3.4 Der Deutsche Aktienindex (DAX)

Was ist eigentlich der DAX?
Dachs - DAX? Während im Wertpapiergeschehen „Hausse" und „Baisse" durch Bulle und Bär symbolisiert werden, hat man sich unter der Bezeichnung „DAX" keineswegs ein Tier vorzustellen. Vielmehr versteht man darunter eine Zusammenfassung von 30 Kursen von großen und bekannten deutschen Unternehmen. Daneben gibt es auch noch den DAX 100, in dem weitere 100 Aktiengesellschaften notiert werden.

Der Deutsche Aktien Index wurde 1988 von der Arbeitsgemeinschaft der Deutschen Wertpapierbörsen und der Börsenzeitung ins Leben gerufen. Mit dieser statistischen Messziffer (= Index) lassen sich eher Aussagen über längerfristige Kursentwicklungen treffen als mit dem Kurs von einzelnen Unternehmen. Der DAX wird während der amtlichen Börsenzeit jede Minute neu berechnet. Einmal im Jahr wird seine Zusammensetzung überprüft. Der DAX spiegelt aufgrund seiner ausgewählten Unternehmen – es gehören z. B. Siemens, Allianz, Volkswagen, BMW, DaimlerChrysler dazu – den Kursverlauf der führenden deutschen Aktiengesellschaften wider. Diese Unternehmen werden in der Fachsprache auch „Blue Chips" genannt. Ursprünglich nannte man so in Amerika die Spitzenwerte großer bekannter und solider Firmen, z. B. IBM, Ford, Microsoft.

A

1. Verfolge den Ausschlag des Zeigers, wenn das Gewicht der Nachfrage/des Angebots schwerer wird.
2. Beschreibe den Kursverlauf (Tendenz) an der Börse, wenn die Kommentare lauten: fest, haussierend, schwach, abwartend, uneinheitlich, freundlich, leichter, schwankend, baissierend.
3. Verfolge die Entwicklung des DAX über eine Woche hinweg. Zeichne eine Grafik (Chart).
4. Liste die 30 im DAX notierten Unternehmen auf.
   In welcher Branche sind diese Unternehmen tätig?

1. Nimm Stellung zu folgender Aussage:
   „Jeder Aktionär ist an der Entwicklung der Wirtschaft beteiligt."
2. Welche Rechte hat ein Aktionär?
3. Begründe, warum es möglich ist, dass ein Unternehmen trotz eines Gewinnes keine Dividende ausschüttet.
4. Wie und wo kannst du dich über den Erfolg eines Unternehmens informieren?
5. a) Nenne Standorte von wichtigen Weltbörsen.
   b) Wo ist die bedeutendste Börse Deutschlands?
6. Unterscheide: Stammaktie – Vorzugsaktie.
7. Woran ist ein Anleger beteiligt, der sich Investmentzertifikate kauft?
8. Welche festverzinslichen Wertpapiere kennst du?
9. Weshalb bezeichnet man die Aktien als variabel verzinsliche Wertpapiere?
10. Wie wird der DAX ermittelt?
11. Ein Kursmakler berechnet aus folgenden Kauf- und Verkaufsaufträgen den Einheitskurs eines Werpapiers:

Kauf: 50 Stk. für höchst. 52,30 €	Verkauf: 60 Stk für mind. 52,30 €
50 Stk. für höchst. 52,60 €	Verkauf: 70 Stk für mind. 52,60 €
75 Stk. für höchst. 53,00 €	Verkauf: 70 Stk für mind. 53,30 €
40 Stk. für höchst. 53,30 €	Verkauf: 5 Stk. bestens
15 Stk. billigst	

   a) Bei welchem Wert wird der Einheitskurs festgesetzt?
   b) Beschreibe die Kursermittlung.
   c) Welchen Kurszusatz erhält dieser Kurs?
12. Nenne je zwei Ereignisse, die zu einem Kursanstieg bzw. Kursabschwung führen.
13. Welche Wertpapierart würdest du deiner Mutter empfehlen, wenn sie eine Erbschaft in Höhe von 20.000 € anlegen möchte? Begründe deinen Rat.
14. Beschreibe im folgenden Chart eine Baisse und eine Hausse.

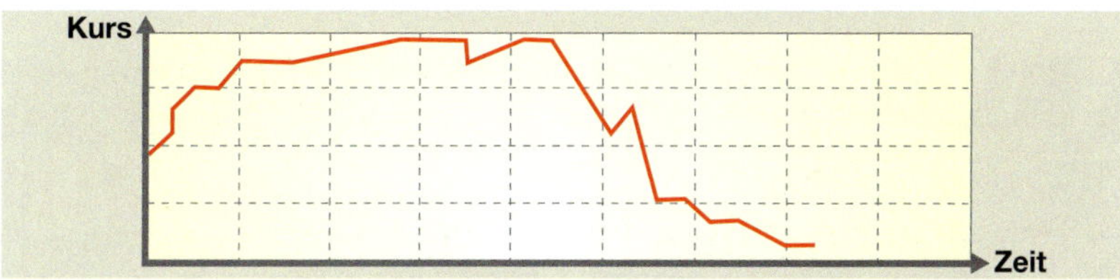

15. Welche Arten von Wertpapieren bieten geringes, welche hohes Risiko?
16. Weshalb ist die Börse Spiegelbild der jeweiligen Wirtschaftslage?
17. Begründe, wieso behauptet werden kann, die Wertpapierbörse verwirkliche alle Prinzipien einer freien Preisbildung.
18. Beschreibe die Zielsetzung von Anlageentscheidungen bezüglich Sicherheit, Liquidität und Rentabilität.
19. Wie unterscheiden sich Bundesanleihen von Bundesschatzbriefen?
20. Lohnt sich Sparen? Begründe.
21. Werte nebenstehendes Schaubild aus. Wie groß ist der prozentuale Anstieg der Wertpapierbesitzer von 1997 bis 2001? Wie viel Prozent der Bevölkerung besitzen im Jahr 2004 Aktien, wie viel Investmentfonds?
22. Wo Geld zu verdienen ist, gibt es auch Menschen, die die damit verbundenen Mühen und Risiken scheuen und versuchen, ihr Vermögen stattdessen auf illegalem Weg zu vermehren. Ein solch illegales Verhalten auf den Aktienmärkten ist der so genannte Insiderhandel, bei dem Personen, die beispielsweise aufgrund ihrer Tätigkeit in den Besitz vertraulicher Informationen gekommen sind, diese an der Börse umsetzen.
    Diskutiert in der Klasse, welchen Schaden Insidergeschäfte verursachen können.

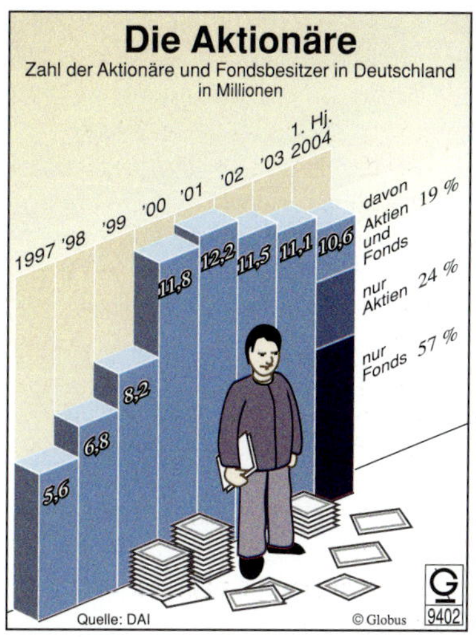

4 Die Rolle des Staates im Wirtschaftskreislauf

4.1 Die staatlichen Ebenen

Wenn von „Staat“ gesprochen wird, denkt man in der Regel zunächst an den Bund. Tatsächlich tritt uns „der Staat“ jedoch auf drei Ebenen gegenüber, von denen jede für bestimmte Aufgaben zuständig ist. Das sind
- der Bund
- die Bundesländer (auch die sogenannten Stadtstaaten wie Hamburg oder Bremen)
- die Gemeinden, zu denen wir der Einfachheit halber auch die Landkreise zählen. Wir sprechen hier oft von der „kommunalen Ebene“.

Bund, Länder, Gemeinden: die öffentliche Hand

Bund, Länder und Gemeinden umfassen jeweils ein bestimmtes Gebiet. Wir bezeichnen Sie deshalb auch als Gebietskörperschaften. Jede von ihnen stellt jährlich einen eigenen Haushalt auf, in dem die geplanten Einnahmen und Ausgaben gegenübergestellt werden. Neben den Gebietskörperschaften gehören auch die Träger der Sozialversicherung zum Staat. Für beide zusammen, Gebietskörperschaften und Träger der Sozialversicherung, ist auch der Sammelbegriff „öffentliche Hand“ üblich.

Beispiele für Zuständigkeiten:
- Um den Straßenverkehr zu verbessern, wurde das Netz der Autobahnen immer mehr verdichtet. Zuständig ist der Bund.
- Die Lehrkräfte an den Schulen werden von den Bundesländern bezahlt. Andere Schulträger, wie z. B. die Kirchen, erhalten erhebliche Zuschüsse zu den Personalkosten.
- Für den Sachbedarf an Ihrer Schule, vom Computer über die Schulbänke bis zum Schreibmaterial im Sekretariat, ist der Landkreis zuständig (bei kreisfreien Städten die Stadt).
- In deiner Heimatgemeinde wird ein neues Wohngebiet erschlossen. Straßenbau und Kanalisation sind Aufgaben der Gemeinde.

4.2 Die Aufgaben des Staates unter volkswirtschaftlichen Gesichtspunkten (Staatsausgaben)

Der Staat erstellt **Leistungen**. Dazu gehören zum Beispiel die Aufrechterhaltung von Sicherheit und Ordnung, angefangen von der Regelung des Straßenverkehrs bis zum Justizwesen. Auch der Unterhalt der Schulen und Hochschulen gehört dazu. Für diese Leistungen ist der etwas irreführende Begriff Staatskonsum üblich. In Wirklichkeit handelt es sich um Leistungen, für die der Bürger keine unmittelbare Gegenleistung erbringen muss.

Der Staat **verteilt um**. Einkommen, das jemand erzielt hat, wird ihm genommen, um es anderen zukommen zu lassen, die es nicht oder nicht mehr erzielen können. Dazu gehören Kindergeld, Sozialhilfe, Zahlungen von Renten und Pensionen, Arbeitslosengeld. Auch Subventionen an bestimmte Wirtschaftszweige gehören dazu.

Der Staat **investiert**, z.B. beim Bau von Autobahnen, Straßen, Kanälen, Schulen, Krankenhäusern. Wir bezeichnen diese vom Staat zur Verfügung gestellten Einrichtungen, die für uns das Leben wesentlich erleichtern, als Infrastruktur.
Die zur Verfügung gestellten Gemeinschaftsgüter verursachen dem Staat Kosten. Er kauft von den Privatunternehmen Röntgenapparate, Verkehrsampeln, Schulcomputer. Zur Deckung dieser Ausgaben erhebt er Steuern.

Die beim Staat Beschäftigten erhalten Löhne und Gehälter (Einkommen) für ihre Arbeitsleistung.

Im Jahre 2005 gab der Staat pro Bürger etwa 12.500 € aus. Im Jahre 1980 waren es umgerechnet 3.850 €.

4.3 Staatseinnahmen

Steuern
Zur Erfüllung seiner Aufgaben braucht der Staat **Mittel**, die er sich auf verschiedene Weise beschaffen kann.

Steuern sind der weitaus wichtigste Teil der Staatseinnahmen. Wir verstehen darunter Abgaben an den Bund, die Länder oder die Gemeinden, ohne dass wir dafür einen direkten Anspruch auf eine Gegenleistung erwerben. Auch Zölle zählen zu den Steuern.

Nach Art der Steuererhebung kann man Steuern einteilen in
- direkte Steuern: Sie werden durch die Finanzbehörden bei demjenigen erhoben, der auch die Steuern zu tragen hat, z.B. Lohn- und Einkommensteuer, Grundsteuer, Gewerbesteuer.
- indirekte Steuern: Sie werden bei einer bestimmten Stufe der Güterproduktion erhoben, z.B. Mineralölsteuer bei den Raffinerien, Biersteuer bei den Brauereien, Kaffeesteuer bei den Röstereien.
  Der Steuerpflichtige trägt sie jedoch nicht selbst, sondern kann sie auf die Endverbraucher abwälzen.
  Auch die Umsatzsteuer ist eine indirekte Steuer.

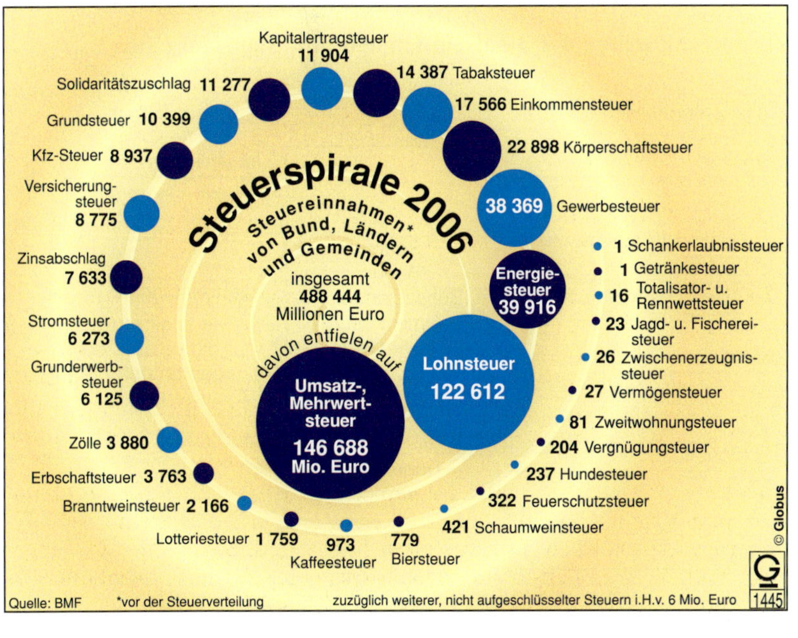

Die Einnahmen von Bund, Ländern und Gemeinden betrugen im Jahre 2002 rund 920 Mrd. €.
Ihnen standen Ausgaben von 987 Mrd. € gegenüber.
Die Differenz wurde mit Krediten finanziert.
Im Jahre 2007 nahm der Bund „nur“ 19,6 Mrd. € Kredit auf.

A

1. Stelle bei den zehn wichtigsten Steuerarten fest, ob es sich um direkte oder um indirekte Steuern handelt.
2. Lohnsteuer und Umsatzsteuer sind die beiden ergiebigsten Steuerarten. Welche Schichten treffen sie in erster Linie? Errechne auch ihren Anteil am Gesamtsteueraufkommen.
3. Wer zahlt Einkommensteuer? Suche Gründe, weshalb die Einkommensteuer, gemessen an der Lohnsteuer, recht niedrig ist.

Gebühren
Wir verstehen darunter Einnahmen für Verwaltungsleistungen.
Einige dieser Leistungen muss der Staatsbürger in Anspruch nehmen, bei anderen steht es ihm frei. Die von uns gezahlten Gebühren sind nur selten kostendeckend.

Beispiele: Gebühr für einen Reisepass oder für die Ausstellung eines Führerscheins, Eintrittsgebühr für den Besuch eines Museums oder eines öffentlichen Schwimmbades.

In den neunziger Jahren des vorigen Jahrhunderts und in den ersten Jahren des 21. Jahrhunderts wurde wegen der Wiedervereinigung und wegen der schlechten Wirtschaftslage ein erheblicher Teil der Staatsausgaben über Kredite finanziert. Seit 2005 wird die staatliche Kreditaufnahme verringert. Bis zum Jahre 2012 soll ein ausgeglichener Haushalt vorgelegt werden.

Beiträge
Das sind Abgaben, mit denen wir einen unmittelbaren Anspruch auf eine Gegenleistung erwerben.

Beispiele: Jeder Hausbesitzer ist daran interessiert, dass die Gemeinde eine Zufahrtsstraße zu seinem Grundstück anlegt und unterhält. Er zahlt dafür einen Anliegerbeitrag.

Auch Sozialversicherungsbeiträge fallen hierunter. Mit der Zahlung erwerben wir einen Anspruch, z. B. auf Rente oder auf Arbeitslosengeld.

Geldbußen
So genannte Ordnungswidrigkeiten können mit Geldbußen geahndet werden. Sie fließen derjenigen Verwaltungsbehörde zu, die sie verhängt hat.

Beispiel: Das Landratsamt verhängt eine Geldbuße wegen einer nicht genehmigten Baumaßnahme, einem so genannten „Schwarzbau“.

Kredite
Bund, Länder und Gemeinden können zur Erfüllung ihrer Aufgaben auch Kredite aufnehmen. Dies erfolgt vor allem für die Durchführung von Investitionen. Die Kreditaufnahme wird damit begründet, dass die Maßnahmen, die mit den Krediten finanziert werden, wie z.B. Schulen, Stadthallen, Krankenhäuser, den Bürgern auch in späteren Jahren zur Verfügung stehen. Durch die Rückzahlung der Kredite aus den Steuereinnahmen in den folgenden Jahren werden die Lasten auf mehrere Jahre verteilt. Die Gemeinde verhält sich hier nicht anders als jeder private Bauherr.

Verfolge in der Presse die Diskussion über die Aufstellung des Staatshaushalts.

Zusammenfassung der Staatseinnahmen und Staatsausgaben

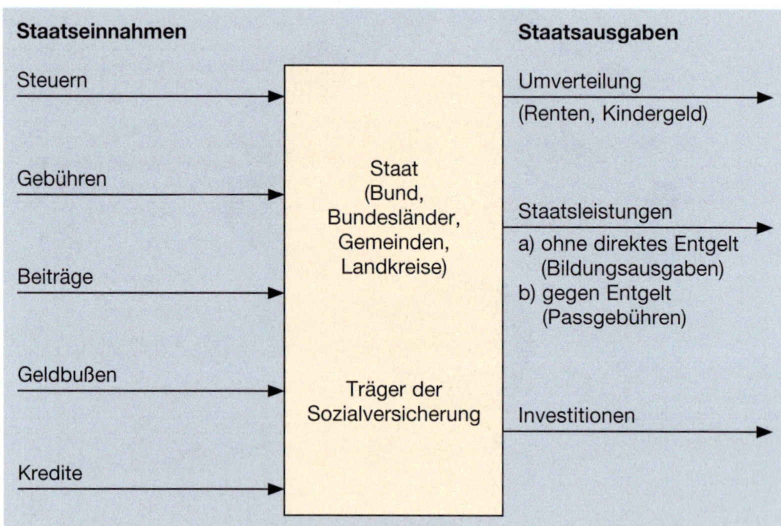

1. Finde unter den folgenden Begriffen diejenigen heraus, die nicht in das Schema passen. Setze über die übrigen den richtigen Oberbegriff: Thüringen, Bundesrepublik Deutschland, Gera, Bayern, Sonneberg, Saale, Kyffhäuser, München, Hamburg.
2. Beschreibe die Aufgaben des Staates unter volkswirtschaftlichen Gesichtspunkten.
3. Ordne die folgenden Steuern nach direkten und indirekten Steuern: Lohnsteuer, Erbschaftssteuer, Tabaksteuer, Branntweinsteuer, Hundesteuer, Mehrwertsteuer, Biersteuer, Kfz-Steuer. Begründe deine Einteilung.
4. Gebühren und Beiträge sind zwei weitere Quellen staatlicher Einnahmen.
   - Wodurch unterscheiden sie sich?
   - Grenze sie gegenüber den Steuern ab.
   - Nenne je zwei Beispiele für Gebühren und Beiträge.
5. Führt zu folgenden Aussagen ein Streitgespräch innerhalb der Klasse:
   - Der Staat sollte keine Kredite aufnehmen dürfen, sondern mit den Einnahmen eines Jahres auskommen müssen.
   - Staatliche Kreditaufnahmen sind vertretbar, weil die damit getätigten Investitionen auch künftigen Generationen zugute kommen.
6. Nenne zwei staatliche Einrichtungen, für deren Benutzung wir Gebühren zahlen müssen. Warum sind diese Gebühren selten kostendeckend?
7. a) Erkläre den Begriff Infrastruktur und gib dazu drei Beispiele an.
   b) Welche Infrastrukturmaßnahmen werden in deiner Gemeinde zurzeit durchgeführt oder wurden vor kurzem abgeschlossen?
8. Verfolge in der Presse eine Debatte über Steuersenkungen oder über Steuererhöhungen. Wie wird die Maßnahme begründet?
9. Betrachtet den nebenstehenden Bundeshaushalt:
   a) Wie viel Prozent der Staatseinnahmen betrug im Jahre 2007 die Neuverschuldung des Bundes?
   b) Welcher Prozentsatz der Gesamteinnahmen entfällt auf die Umsatzsteuer?
   c) Was stellst du dir unter dem Ausgabeposten „Arbeit und Soziales" vor? Bilde Beispiele.
10. Betrachte die unten stehende Grafik. Die deutsche Schuldenkurve weist ab einem bestimmten Jahr besonders steil nach oben.
    a) Um welches Jahr handelt es sich?
    b) Welches politische Ereignis ist dafür in erster Linie verantwortlich?

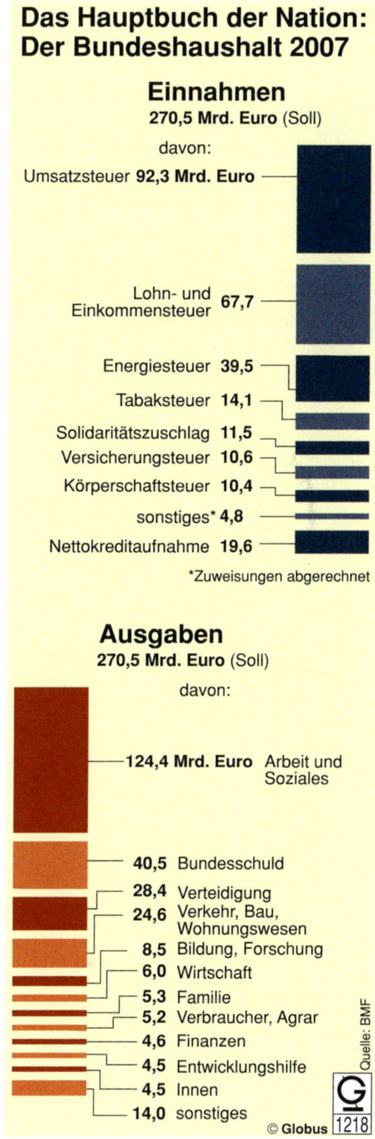

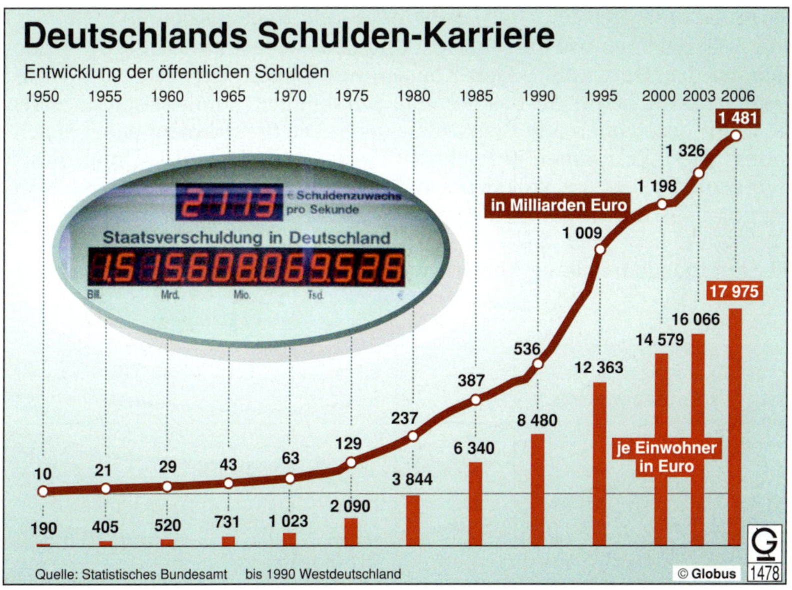

5 Das Kreislaufmodell, ein „Bauplan" der Volkswirtschaft

5.1 Das Zwei-Sektoren-Modell

Das Arbeiten mit Modellen kennst du bereits aus anderen Fächern, z. B. das Atommodell und den Schaltkreis in der Physik, die Strukturformel für eine chemische Verbindung, den Globus aus der Erdkunde. Modelle dienen dazu, dass man sich die oft komplexe Wirklichkeit besser vorstellen kann.

Die Erkenntnisse aus dem Arbeiten mit Modellen nutzt man auch in den Wirtschaftswissenschaften, hier am Beispiel der Volkswirtschaftlehre. Die Vielzahl der wirtschaftlichen Entscheidungsträger fasst man zu Gruppen zusammen, die man als **Sektoren** bezeichnet. Alle Produktionseinheiten, also Betriebe der Landwirtschaft, der Industrie, des Handwerks und der Dienstleistungen gehören zum Sektor Unternehmungen. Man bezeichnet diesen Vorgang der Zusammenfassung auch als Aggregation. Alle Verbrauchswirtschaften gehören zum Sektor **Haushalte**. Dazu gehören alle Privathaushalten, egal wie viele Personen sie umfassen. Auch Vereine gehören zum Sektor Haushalte.

Die Sektoren treffen Entscheidungen über wirtschaftliche Sachverhalte. Beispiele: Wir kaufen Lebensmittel, wir tanken Benzin, wir verreisen und nehmen die Dienste eines Arztes oder Rechtsanwalts in Anspruch. Diese Entscheidungen fassen wir wiederum zusammen und bezeichnen sie als Ströme. Sie verbinden die einzelnen Sektoren miteinander.
Als zeitliche Bezugseinheit wählt man das Jahr. Als weitere Vereinfachung, die wir jedoch später weglassen, nehmen wir an, es gäbe keinen Staat und kein Ausland. Geld- und Güterkreislauf verlaufen entgegengesetzt. Wir lassen jedoch auch den Güterkreislauf weg und betrachten nur den Geldkreislauf.

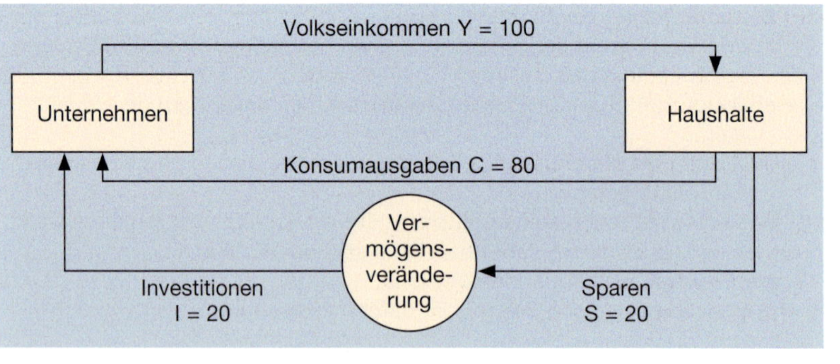

Mit Y bezeichnen wir das Volkseinkommen. Es fließt von den Unternehmen zu den Haushalten. Den Konsum bezeichnen wir mit C. Die Haushalte verbrauchen nicht das gesamte Einkommen, sondern sparen einen Teil. Wir bezeichnen alle Ersparnisse als S. Die Sparform ist dabei gleichgültig. Die Investitionen bezeichnen wir mit dem Symbol I. Unter diesen Annahmen bildet die Volkswirtschaft Vermögen. Diese Vermögensveränderung erfassen wir auf dem Konto VV (= Vermögensveränderung).

Diese Modelldarstellung können wir auch in Form einer Gleichung darstellen.

Gleichung der Einkommensentstehung	**Gleichung der Einkommensverwendung**
$Y = C + I$	$Y = C + S$
Das Volkseinkommen entsteht durch die Produktion von Konsum- und Investitionsgütern.	Das Volkseinkommen wird für Konsumausgaben und für Sparen verwendet.

Investition bedeutet: Nichtverbrauch von Gütern in der Rechnungsperiode, in der sie produziert wurden. Sparen bedeutet: Nichtverbrauch von Einkommensteilen in der Rechnungsperiode, in der sie entstanden sind. Nach dieser Darstellung hat der Vermögensstock im Jahre t um 20 Geldeinheiten zugenommen. Dies geschah in folgender Form: bei den Unternehmen hat sich der Bestand an Realvermögen (z. B. Maschinen, Bauten) um 20 Geldeinheiten erhöht. Bei den Haushalten hat sich das Geldvermögen (Spareinlagen, Aktion, Zertifikate) um 20 GE erhöht.

Die angenommene Gleichheit von Sparen und Investieren ist jedoch nur im Nachhinein, d.h. am Ende des angenommenen Zeitraums gegeben. Verbraucher und Unternehmen entscheiden jedoch nach Zukunftserwartungen. Beispiel: Die Hersteller von Autos erwarten einen hohen Absatz und produzieren entsprechend mehr Autos. Die Haushalte gehen zum gleichen Zeitraum von wirtschaftlicher Unsicherheit in der Zukunft aus und sparen mehr. Die Unternehmen können die produzierten Autos nicht absetzen. Dies führt zu ungeplanten Lagerinvestitionen in der laufenden Periode. Die Summe der Investitionen muss dann folgendermaßen dargestellt werden:

I = I (geplant) + I (ungeplant)

In der folgenden Periode wird die Produktion von Autos eingeschränkt und es werden Arbeiter entlassen.

Zu einem in der Auswirkung gleichen Ergebnis kommt man unter folgender Annahme: In Erwartung steigender Preise geben die Verbraucher ihr Einkommen weitgehend aus und sparen weniger. Die Unternehmen können die Preise erhöhen und verschaffen sich das für Investitionen notwendige Kapital über die Preise. Die Gleichung lautet dann

I = S (freiw.) + S (unfreiw.)

Unterscheide: Gleichheit und Gleichgewicht! Die Gleichheit von Sparen und Investieren ist nachträglich immer erfüllt. Die Volkswirtschaft befindet sich jedoch nicht im Gleichgewicht. Gleichgewicht ist dann gegeben, wenn die Erwartungen auch realisiert werden können.

Zusammenfassung

Realer (= güterwirtschaftlicher) Ausgleich über Lagerhaltung	
S (freiw.) > I (gepl.)	I (gepl.) > S (freiw.)
• Lageraufbau (ungeplante Investition)	• Lagerabbau (ungeplante Desinvestition)
Monetärer (= geldwirtschaftlicher) Ausgleich über Preisbewegungen	
• Preissenkungen • Gewinnverkleinerungen bei den Unternehmungen	• Preissteigerungen • Gewinnerhöhungen bei den Unternehmungen

5.2 Das Kreislaufmodell in einer offenen Volkswirtschaft mit wirtschaftlicher Aktivität des Staates

Wir nähern uns nun der Wirklichkeit stärker an und führen als weitere Sektoren den Staat und das Ausland ein, daher auch die Bezeichnung „offene Volkswirtschaft".

Unter Staat verstehen wir den Bund, die 16 Bundesländer, die rund 24 000 Gemeinden, die Landkreise und die Träger der Sozialversicherung. Auch hier nehmen wir wieder eine Aggregation vor. Unter Ausland verstehen wir die rund 160 Staaten dieser Erde ohne Rücksicht auf ihre Größe, Einwohnerzahl und ihre wirtschaftliche Bedeutung. Frankreich und die USA sind für unsere Wirtschaft viel bedeutender als z. B. Burkina Faso in Afrika.

Damit haben wir neben den Unternehmen und Haushalten zwei weitere Sektoren, **Staat** und **Ausland** gebildet.

Zu den bisher bekannten Strömen der Einkommensentstehung und -verwendung kommen nun weitere hinzu.

Der Staat kassiert Steuern, die wir in direkte (z. B. Einkommenssteuer) und indirekte Steuern (z. B. Mineralölsteuer) einteilen.

T = T (direkt) + T (indirekt)

Einen weiteren, durch den Staat verursachten Strom, bilden die Umverteilungen (Übertragungen). Wir fassen sie mit dem Buchstaben Z zusammen. Übertragungen an die Haushalte sind z.B. Renten, Wohngeld, Kindergeld. Zu den Übertragungen an die Unternehmen gehören die Subventionen. Es gilt die Gleichung

Z = Z (Haushalte) + Z (Unternehmen)

Mit dem Ausland sind wir durch Zahlungen verbunden, die wir durch den Export von Sachgütern und Dienstleistungen empfangen oder die wir durch Import von Gütern an das Ausland leisten. Hierzu gehören auch die Zahlungen für den Reiseverkehr. Bezeichnen wir den Strom der empfangenen Zahlungen mit X, den der geleisteten Zahlungen mit M, so kann man die geldlichen Verbindungen mit dem Ausland zusammenfassen mit X – M. Ist der Saldo positiv, so führt dies zu einem Zuwachs an Volksvermögen.

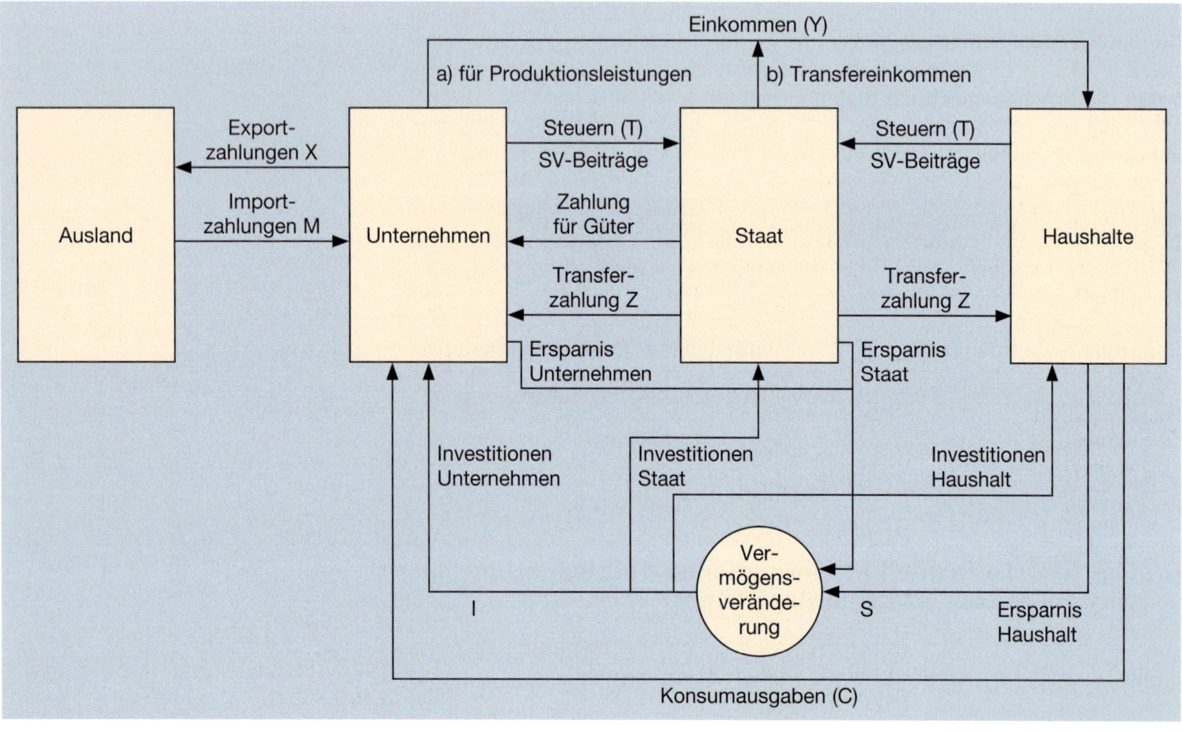

6 Außenwirtschaftliche Verflechtungen

In keinem anderen Land vergleichbarer Größe sind die Unternehmen so in die internationale Arbeitsteilung eingebunden. Sie verdienen fast ein Drittel im Export von Waren und Dienstleistungen und fast jeder vierte Arbeitsplatz in unserem Land hängt vom Außenhandel ab. Ohne Einbindung in die Weltwirtschaft wären die Einkommen und der Lebensstandard niedriger. Leistungs- und Wettbewerbsfähigkeit unserer Wirtschaft wiederum sind wesentliche Grundlage unserer außenpolitischen Beziehungen.

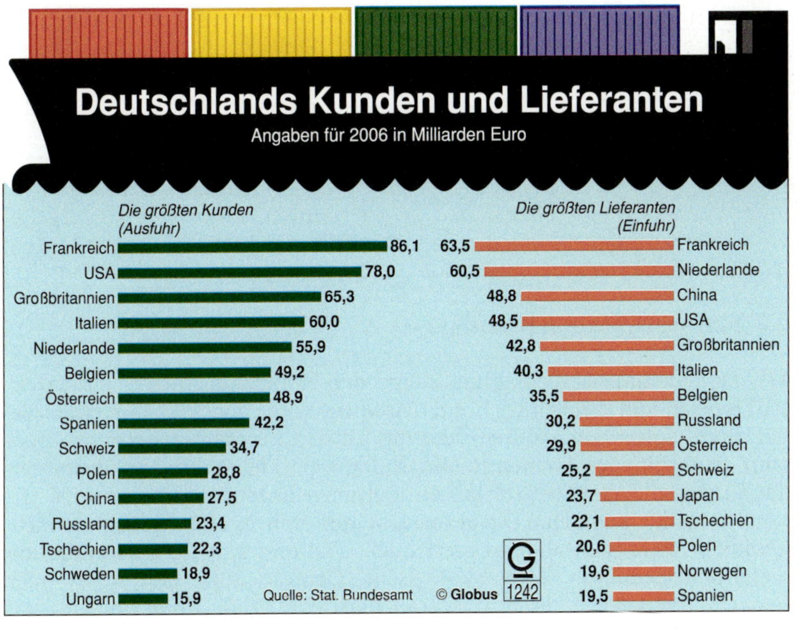

Werte nebenstehende Infografik aus.
Nenne jeweils die fünf wichtigsten Handelspartner Deutschlands

1. gegliedert nach Import und Export.
2. geordnet nach Ländern der EU und außerhalb der EU.

6.1 Außenhandelsstatistiken

Außenhandelsstatistiken ermöglichen nationalen und internationalen Behörden die Vorbereitung von Verhandlungen in verschiedenen Organisationen und Gremien und sind damit unverzichtbare Informationsquellen für die volkswirtschaftliche Gesamtrechnung oder die Konjunkturanalyse. Die Zahlungsbilanz ist die systematische Darstellung aller Transaktionen zwischen Inländern und Ausländern innerhalb einer Wirtschaftsperiode. In der Zahlungsbilanz sind mehrere Teilbilanzen zusammengefasst: Die wichtigsten sind (verkürzte und vereinfachte Darstellung):

Bilanzart	Posten	Posten
Handelsbilanz	Warenausfuhr	Wareneinfuhr
Dienstleistungsbilanz	Reiseverkehr von Ausländern im Inland, Frachtleistungen	Reiseverkehr von Inländern im Ausland, Frachtleistungen
Übertragungsbilanz	Überweisungen von • im Ausland beschäftigten Inländern • von internationalen Organisationen	Überweisungen • von ausländischen Arbeitnehmern ins Ausland • an internationale Organisationen
Kapitalbilanz	Kreditaufnahmen im Ausland und Kapitalstrom aus dem Ausland	Kreditrückzahlungen aus dem Ausland und Kapitalflucht

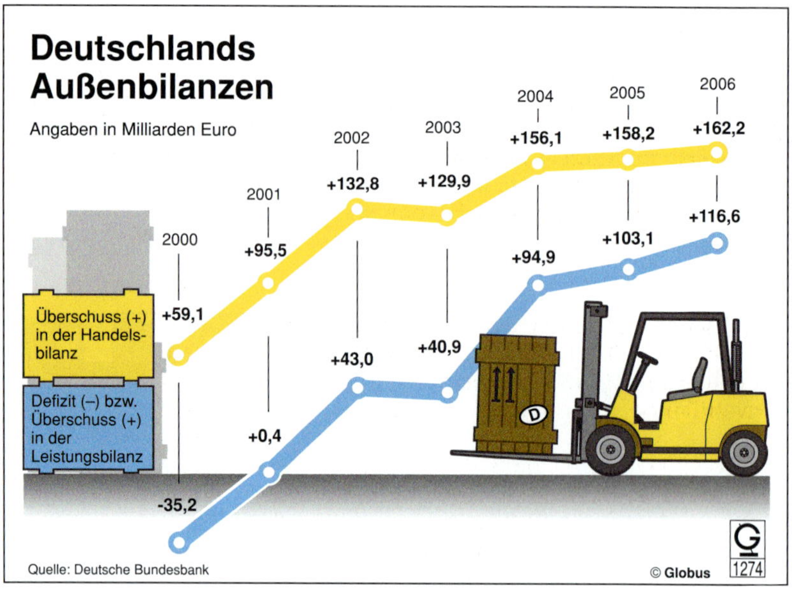

Betrachte das Schaubild „Deutschlands Außenbilanzen“.

1. Wann spricht man von einem Handelsbilanzüberschuss?
2. Wie ist der enorme Anstieg in den Jahren 2001 und 2002 zu erklären?
3. Berechne: Wie groß ist in etwa der Anteil der ersten drei Warengruppen am Gesamtexport?

6.2 Standort Deutschland

Mit zunehmendem Welthandel steige der Konkurrenzdruck, außerdem sei Deutschland mit seinen hohen Arbeitskosten, den kurzen Arbeitszeiten, dem teuren Sozialsystem kein attraktiver Produktionsstandort, hört man Unternehmer jammern. Die Zahlen der Handelsbilanz beweisen das Gegenteil. Anscheinend haftet deutschen Produkten immer noch ein einzigartiges Qualitätsmerkmal an. Die gute und in aller Welt geschätzte Qualität reicht von der weitgehenden Fehlerlosigkeit bis zum hohen Sicherheitsstandard. Auch ökologische Gründe (z.B. Gütesiegel oder Recycling-Fähigkeit), die bei Verbrauchern eine große Rolle spielen, sind Argumente, die für deutsche Produkte sprechen.

Wer außerdem gutes Design für langlebige Produkte bietet, hat gegen die große Konkurrenz auf den Weltmärkten Erfolg. Die in aller Welt geschätzte Qualitätsbezeichnung „Made in Germany“ wird weiterhin für Produkte stehen, die sich durch sparsamen Ressourceneinsatz und geringst mögliche Umweltbelastung auszeichnen. Die deutsche Industrie darf auf Grund der Abhängigkeit von Rohstoff- und Energiepreisen nicht auf die Massenproduktion billiger Wegwerfgüter setzen. Deutsche Produkte müssen eindeutig zu identifizieren sein, innovative Merkmale aufweisen und so über ein Gütezeichen verfügen, damit die Verbraucher in aller Welt bereit sind, einen entsprechenden Preis dafür zu bezahlen.

Ressource:
(französische Schreibweise) z.B.: Rohstoffquellen, Hilfsmittel wie Luft, Wasser, Boden

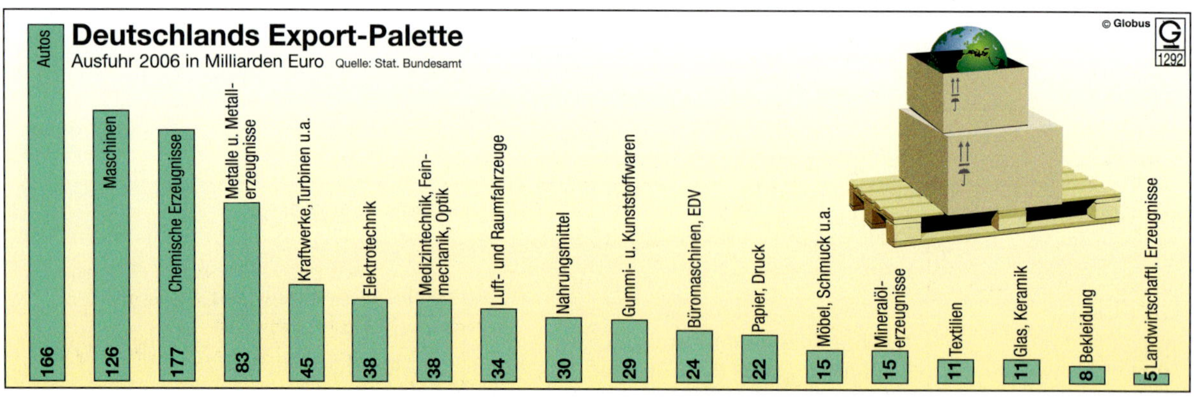

6.3 Globalisierung

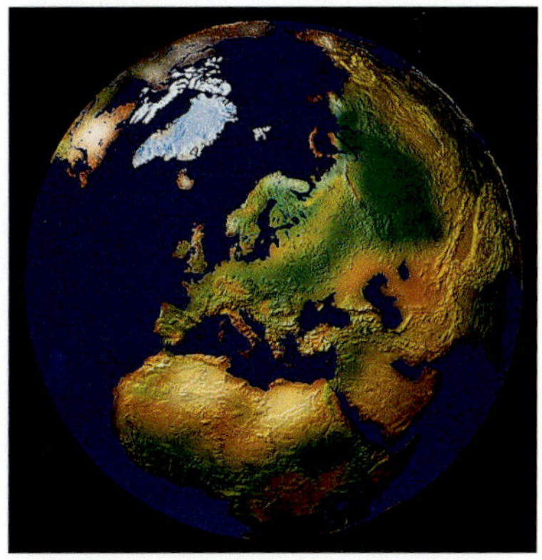

Der Begriff Globalisierung gehört zu den Schlagwörtern des letzten Jahrzehnts. Redewendungen, wie „den Globus beherrschende Weltkonzerne", „freier Welthandel", „schrankenloser Wettbewerb" beschreiben dieses Modewort und verbinden damit unterschiedliche Vorstellungen, Erwartungen und Ängste. Zunehmend wird für uns wichtig, was in anderen Teilen unseres Globus geschieht. Beachtenswert sind vor allem das Ausmaß und die rasante Zunahme dieser globalen Beziehungen, insbesondere durch:

- wachsende Konkurrenz auf den Weltmärkten, z. B. Autos aus Japan, Textilien aus China, Wein aus Südafrika,
- zunehmende weltweite Finanzmärkte, z. B. Geldanlagen und andere Investitionen in den Ländern, wo die größeren Gewinne zu erwarten sind,
- immer größer werdende Bedeutung übernationaler Unternehmen („Global Players"), z. B. weltweit vertriebene Software, Zusammenschlüsse ehemals konkurrierender Autounternehmen,
- vermehrte weltweite Kommunikation durch Internet, aber auch durch immer preisgünstigeren Ferntourismus.

Die Globalisierung betrifft und verändert das Leben fast aller Menschen. Allerdings sind Nutzen und Kosten sehr unterschiedlich verteilt. Unternehmen vorwiegend in der Informations- und Kommunikationsbranche begrüßen den weltweiten Wettbewerb als Chance und Produktivitätsschub. Andererseits empfinden viele Arbeitnehmer diesen Prozess als Gefährdung ihrer Arbeitsplätze und sozialer Errungenschaften, ja sogar als Existenzbedrohung.

Globalisierung
(Globus = lat.: Kugel, übertragen auf die Erde, die ganze Erdoberfläche) meint die Intensivierung (Verstärkung) internationaler Beziehungen in unterschiedlichen Bereichen (Ökonomie, Ökologie, Politik, Kultur, Kommunikation u. a.).

Diese Ängste, aber auch das Bewusstsein um die Chancen der Globalisierung sind nicht nur in Deutschland zu finden. Allerdings spielt sich der größte Teil dieser Dynamik in dem Bereich der „Industrieländer" ab. Der Welthandel mit Industriegütern, modernen Dienstleistungen, Auslandsinvestitionen, die Nutzung der modernen Kommunikationsmittel konzentriert sich auf das Dreieck: USA, Japan (und einzelne Länder Asiens), Europa. Der Anteil der „Entwicklungsländer" ist demgegenüber gering.

Diese Länder sind zwar ausgesprochen exportorientiert, jedoch besteht der Export vorwiegend aus agrarischen (landwirtschaftlichen) und mineralischen (Bodenschätze) Rohstoffen. So liegt z. B. der Anteil Schwarzafrikas am Welthandel bei ca. 2 %.

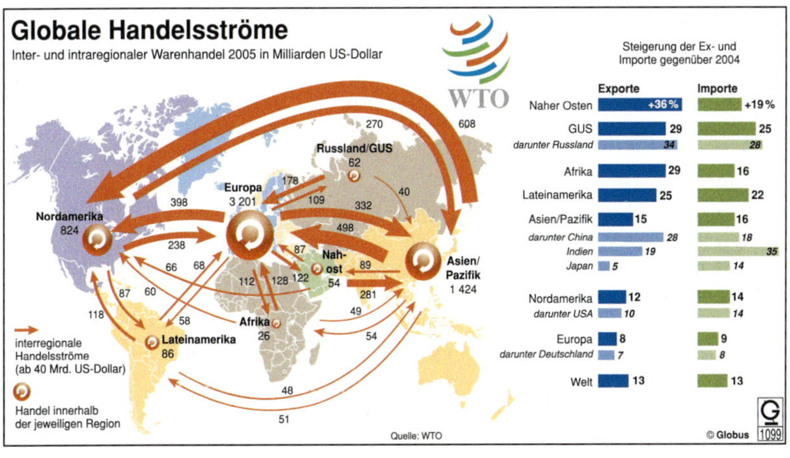

Diskutiert in der Klasse zum Thema:
„Keine Hälfte der Welt kann ohne die andere überleben."
Denkt dabei nicht nur an den weltweiten Handel.

Referat zum Thema: „Globalisierung - Unheil oder Segen?“

Erarbeitet ein Referat zum vorhergegangenen Kapitel. Die nachfolgenden Stichworte sollen euch bei der Planung, Aufbereitung und Durchführung helfen.

Planung

1. Planung
- Team von drei Schülern
- Klärung, wer welches Teilthema übernimmt, z.B.:
  Schüler A: Einführung, Begriffsdefinition, Statistik, Zusammenfassung
  Schüler B: Segen der Globalisierung (positive Auswirkungen)
  Schüler C: Unheil der Globalisierung (negative Auswirkungen)
- Zeitumfang: insgesamt ca. 10 bis 15 Minuten
- Kenntnisstand der übrigen Mitschüler ermitteln

Aufbereitung

2. Aufbereitung
- Material sammeln in Büchereien (Schüler-, Lehrer-, Gemeinde-, Jugend-, Pfarrbüchereien), eigenen „Unterlagen“ (Lexika, CD-ROM), im Internet. (Nehmt die Suchmaschinen in Anspruch!)
- Auswertung des Materials,
- Zusammenfassen, stichpunktartige Gliederung des Materials,
- Besprechung im Team, um Wiederholungen zu vermeiden,
- Beachtung des logischen, für den Zuhörer nachvollziehbaren Aufbaues,
- Einstieg: Eyecatcher! (Interessen wecken evtl. durch exotische Produkte),
- keine wortwörtliche Ausformulierung des Vortragstextes, Notizen mit Kernsätzen auf DIN-A5-Blätter (Querformat),
- Veranschaulichung mit Folien (Overheadprojektor), evtl. Power-Point-Präsentation mit PC und Beamer,
- Informationsblatt für jeden Schüler (und für den Lehrer!) mit der Gliederung, evtl. mit Zahlenmaterial, Quellenangaben.

Durchführung

3. Durchführung
- Sprache: laut, deutlich und langsam
- Blickkontakt mit den Mitschülern
- gerade Körperhaltung, Hände nicht in Hosentaschen, keinen Kaugummi!
- Veranschaulichungen zeitlich wirken lassen!
- Zusammenfassung nicht vergessen!
- am Ende eigene Meinung vertreten
- Aufforderung an die Mitschüler, Fragen zu stellen
- Dank für die Aufmerksamkeit aussprechen!

1. Erkläre die Begriffe „Haushalt" und „Unternehmen". Bilde dazu Beispiele.
2. Auch deine Wohngemeinde stellt einen Haushalt auf. Warum ist dieser nicht in dem Sektor Haushalte enthalten?
3. Was stellst du dir unter den Begriffen „Bruttoinvestitionen", „Nettoinvestition", „Ersatzinvestition" vor? Bilde dazu Beispiele.
4. Angenommen, in einer Volkswirtschaft unterbleiben die Ersatzinvestitionen. Welche Folgen hätte dies, wenn dieser Vorgang über mehrere Perioden hinweg erfolgen würde?
5. Von einer Volkswirtschaft sind folgende Größen bekannt: Y = 200, C = 170. Errechne die fehlenden Größen und stelle diese im Kreislaufmodell dar.
6. Von einer Volkswirtschaft sind folgende Größen bekannt: Y = 200, S (freiw.) = 40, C = 150.
   a) Stelle für diese Volkswirtschaft den Ausgleich her.
   b) Welche Folgen erwartest du für diese Volkswirtschaft in der nächsten Periode?
7. Eine offene Volkswirtschaft mit staatlicher Aktivität hat einen positiven Außenbeitrag von 20. Wie wirkt sich dieser für den Vermögensbestand der Volkswirtschaft aus?
8. Von einer offenen Volkswirtschaft mit staatlicher Aktivität sind folgende Größen bekannt: Y = 150, C = 100, X = 45, M = 40, S = 90. Errechne die fehlenden Größen und erstelle das Kreislaufmodell.
9. Welche Bedingung muss erfüllt sein, damit eine Volkswirtschaft als wachsend bezeichnet werden kann?
10. Betrachte den Politik- und Wirtschaftsteil einer überregionalen Tageszeitung. Was wird über wirtschaftliche Teilströme berichtet, für die ein Ungleichgewicht zu erwarten ist?
11. Erkläre den Unterschied zwischen Wirtschaftswachstum und Konjunkturwachstum.
12. Nenne Gründe für eine Zunahme des Exports und des Imports.
13. Setzt euch mit folgender Behauptung auseinander: „Wir sollten möglichst viel exportieren und möglichst wenig importieren. Dadurch käme Geld ins Land, was den Reichtum unserer Volkswirtschaft erhöhen würde."
14. Benenne Gründe, unter denen eine Kreditaufnahme des Staates nicht nur volkswirtschaftlich unschädlich, sogar erwünscht sein kann.
15. Wie wirkt sich eine geringere Inflationsrate, z. B. in der Bundesrepublik, auf den Export und auf den Import unseres Landes aus?

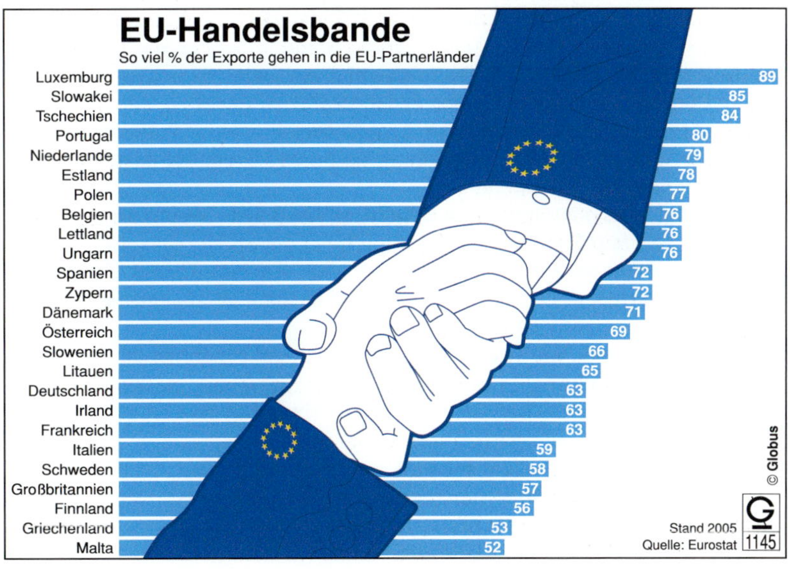

Protektionismus aus dem Lateinischen: protegere = beschützen

16. Inwiefern wird die Globalisierung oft als Gefahr dargestellt?
17. Die USA betreiben in manchen Bereichen eine protektionistische Handelspolitik. Beschreibe diese Aussage.
18. Dem Globalisierungsprozess steht weltweit auch
    a) ein Regionalisierungsprozess gegenüber. Suche und beschreibe hierfür Beispiele aus dem europäischen Raum.
    b) Siehst du darin einen Widerspruch zum Globalisierungsprozess? Begründe deine Aussage.
19. Inwiefern kann die Globalisierung deine Berufsausübung beeinflussen?
20. „Mitmachen, nicht Abschottung sichert unseren Zukunft."
    Finde Gründe für die Beurteilung dieser Aussage hinsichtlich der Globalisierung.
21. Welchen Anteil hat die EU an der Weltbevölkerung? Vergleiche den Anteil mit der Wirtschaftsleistung.
22. Nenne andere wirtschaftliche bzw. politische Zusammenschlüsse von Staaten außerhalb Europas.
23. Stimmt folgende Behauptung: Durch die EU wurde das Warenangebot für den Verbraucher vielfältiger? Begründe deine Aussage.
24. Beschreibt den Welthandel am Beispiel folgender Karikatur. Achtet auf alle Einzelheiten, die in der Zeichnung dargestellt sind.

25. Betrachte die Grafik „EU-Handelsbande" auf Seite 187.
    a) Erläutere, was die einzelnen Prozentsätze bedeuten.
    b) Versuche zu erklären, warum gerade die wirtschaftlich stärksten Länder wie Deutschland, Frankreich, Italien und Großbritannien eher am Schluss der Liste stehen.
26. Berichte, was man unter dem Begriff „global player" versteht. Finde konkrete Beispiele dafür.
27. Organisiert in der Klasse ein Streitgespräch über das Thema „Ausweitung der EU – Pro und Contra". Ihr könnt es auch als Rollenspiel durchführen.
28. Nenne Beispiele, wie sich die Globalisierung auf zunehmende Umweltschäden auswirkt.
29. Erkundige dich, welchen Sachverhalt der Begriff „global sourcing" beschreibt.
30. Finde heraus, welche fünf Staaten
    • die größten Importeure
    • die größten Exporteure
    der Welt sind.

XIII Gesamtwirtschaftliche Zusammenhänge

1 Sozialprodukt und Bruttoinlandsprodukt als Maßstab für die volkswirtschaftliche Gesamtleistung

Um die allgemeine wirtschaftliche Situation ihres Landes beurteilen zu können, braucht jede Regierung eine Reihe von Informationen. Die grundlegendste dieser Informationen ist, wie viel Güter und Dienstleistungen innerhalb eines Jahres in den Unternehmen der einzelnen Wirtschaftsbereiche insgesamt erstellt worden sind. Daran wird der Wohlstand eines Landes und damit auch der seiner Bürger gemessen.

Bruttoinlandsprodukt: Wert aller Waren (Sachgüter) und Dienstleistungen, die in einem Jahr in einem Land wie z.B. Deutschland hergestellt worden sind. (Wertschöpfung).

In der Bundesrepublik Deutschland ist im Wesentlichen das Statistische Bundesamt in Wiesbaden damit beauftragt, alle Güter und Dienstleistungen, die produziert worden sind, quartalsweise zu erfassen. Diese Summe stellt einen wichtigen Gradmesser für die Leistungsfähigkeit einer Volkswirtschaft dar und man nennt sie Bruttosozialprodukt bzw. Bruttoinlandsprodukt (BIP).

1.1 Die Unterscheidung von Bruttosozialprodukt, Bruttonationalprodukt und Bruttoinlandsprodukt

früher: **Bruttosozialprodukt** heute: **Bruttonationalprodukt**	**Bruttoinlandsprodukt**
Wert aller Güter, die in einem Jahr durch Inländer, d.h. durch Erwerbstätige, die innerhalb der Bundesrepublik Deutschland leben, hergestellt wurden.	Wert aller Güter, die in einem Jahr im Inland, d.h. innerhalb der Bundesrepublik Deutschland, hergestellt wurden.
Personenbezogen/Inländerprinzip	Gebietsbezogen/Inlandsprinzip

Beispiele:
- Eine Kiefersfeldener Skilehrerin arbeitet in einer Kufsteiner Skischule. Sie trägt zum deutschen Bruttonationalprodukt, aber nicht zum deutschen Bruttoinlandsprodukt bei.
- Ein Kufsteiner (Österreicher) arbeitet in einem Kiefersfeldener (Deutschland) Zementwerk. Er trägt zum deutschen Bruttoinlandsprodukt bei, aber nicht zum deutschen Bruttonationalprodukt. In kleineren Ländern jedoch kann der Unterschied beträchtlich sein, wenn viele Staatsangehörige in einem anderen Land arbeiten.

Die Höhe des deutschen Bruttoinlandsprodukts unterscheidet sich unwesentlich von der Höhe des Bruttosozialprodukts. Wir werden deshalb überwiegend den häufiger gebrauchten Begriff Bruttoinlandsprodukt verwenden.

1.2 Die Entstehung des Bruttoinlandsprodukts

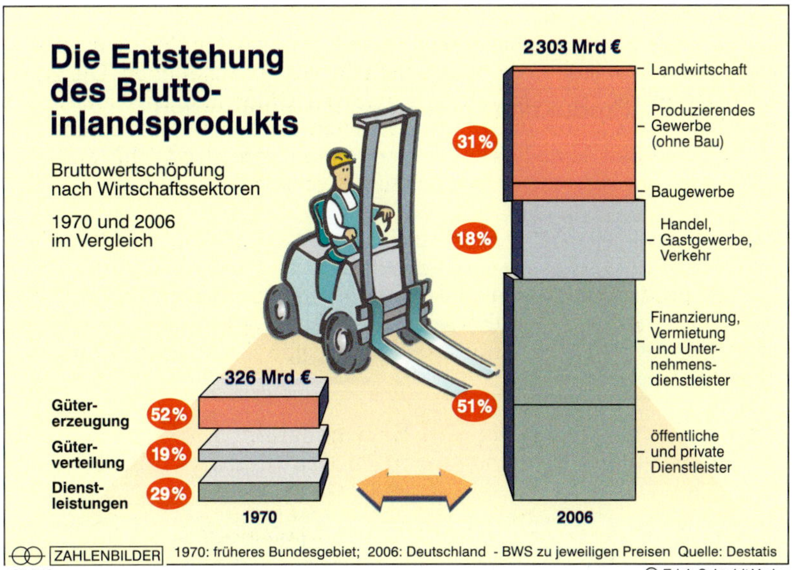

497 549 © Erich Schmidt Verlag

Wirtschaftsbereiche (Wirtschaftssektoren):
Primärer Sektor:
z. B. Land- u. Forstwirtschaft
Sekundärer Sektor:
Verarbeitung in Handwerk und Industrie
Tertiärer Sektor:
Dienstleistungen z. B. Handel, Verkehr

Zur Ermittlung des Bruttoinlandsprodukts, werden zunächst alle Leistungen oder Umsätze der einzelnen Wirtschaftsbereiche (Wirtschaftssektoren) zusammengefasst.

Um Mehrfachzählungen zu vermeiden, die auf Grund der Weiterverarbeitung von Gütern eines Unternehmens durch ein anderes entstehen würden, zählt man zum Bruttoinlandsprodukt nur den Wert der Endprodukte. Da die Zwischenprodukte (Vorleistungen) schon im Preis des Endprodukts enthalten sind, müssen sie von der Summe aller Leistungen (Bruttoproduktionswert) abgezogen werden.

A

1. Nenne jeweils zwei Unternehmensbeispiele für jeden oben in der Grafik aufgeführten Wirtschaftsbereich.
2. Finde Ursachen für die Vergrößerung des Bruttoinlandsprodukts seit 1970.
3. Wie haben sich die Anteile der Wirtschaftssektoren seit 1970 verschoben?

  Bruttoproduktionswert
\- Vorleistungen
= Bruttoinlandsproduktion (Wertschöpfung)

Beispiel:
Eine Druckerei kauft zur Herstellung ihrer Bücher (= Endprodukte) Papier (= Zwischenprodukt). Diese Einkäufe müssen als Vorleistungen vom Produktionsergebnis abgezogen werden, um den wirklichen Beitrag zum Bruttoinlandsprodukt ermitteln zu können. Den Wertzuwachs, den die Druckerei dem Papier durch seinen Kapital- und Arbeitseinsatz hinzufügt, bezeichnen wir auch als Wertschöpfung oder aber auch den von dieser Druckerei geleisteten Beitrag zum Bruttoinlandsprodukt.

Verfolgen wir nun den Wertschöpfungsprozess am Beispiel des vom Verlag hergestellten Buches: Der Forstwirt verkauft sein Holz für 10 GE (Geldeinheiten) an die Papierfabrik und diese das Papier für 30 GE an die Druckerei. Das Holz stellt für die Papierfabrik eine Vorleistung dar, ebenso das Papier für die Druckerei. Der Preis des neu erzeugten Buches beträgt 60 GE. In die volkswirtschaftliche Gesamtrechnung geht die Produktion dieses Buches nicht mit dem Bruttoproduktionswert von 100 GE, sondern mit der erzielten Wertschöpfung der einzelnen Produktionsstufen in Höhe von 60,00 € (= Preis des Endprodukts).

Produktionsstufen und Wertschöpfung
Die Volkswirtschaft eines Landes fasst alle in ihm angesiedelten Unternehmen zusammen. Somit kann man die Summe aller Beiträge als Bruttoinlandsprodukt eines Landes bezeichnen.

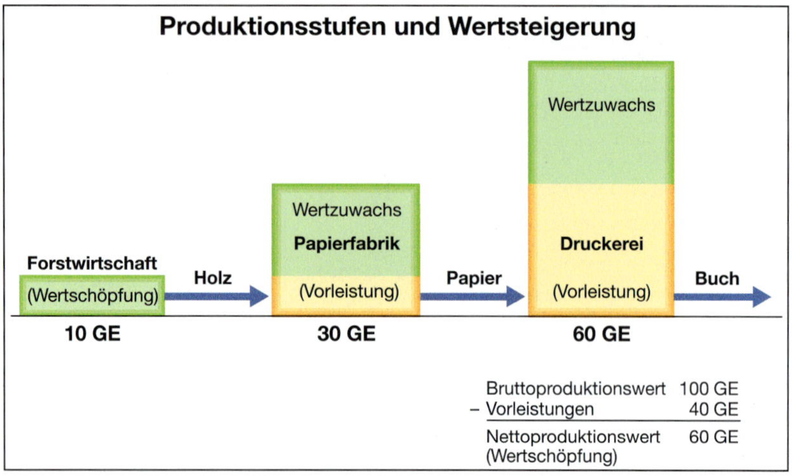

1.3 Das Bruttoinlandsprodukt als Maßstab

Man betrachtet die Zahl Bruttoinlandsprodukt jedoch nie isoliert, sondern setzt sie mit anderen Größen in Beziehung. Dies kann in folgender Weise geschehen:

Die Bedeutung des BIP:
- Maßstab für die wirtschaftliche Leistungsfähigkeit eines Landes im internationalen Vergleich
- Instrument zur Wirtschaftsbeobachtung
- Instrument zur Erstellung von Wirtschaftsprognosen

Der Maßstab als Ländervergleich
Dabei ist es wenig sinnvoll, die absolute Höhe des BIP zu vergleichen, weil sowohl die Zahl der Bevölkerung als auch die Zahl der Erwerbstätigen, die das BIP erwirtschaftet haben, sehr unterschiedlich ist. Man vergleicht daher das Bruttoinlandsprodukt pro Kopf oder pro Erwerbstätigen.

In dem folgenden Schaubild wird das Bruttoinlandsprodukt innerhalb der EU pro Kopf für das Jahr 2005 dargestellt.

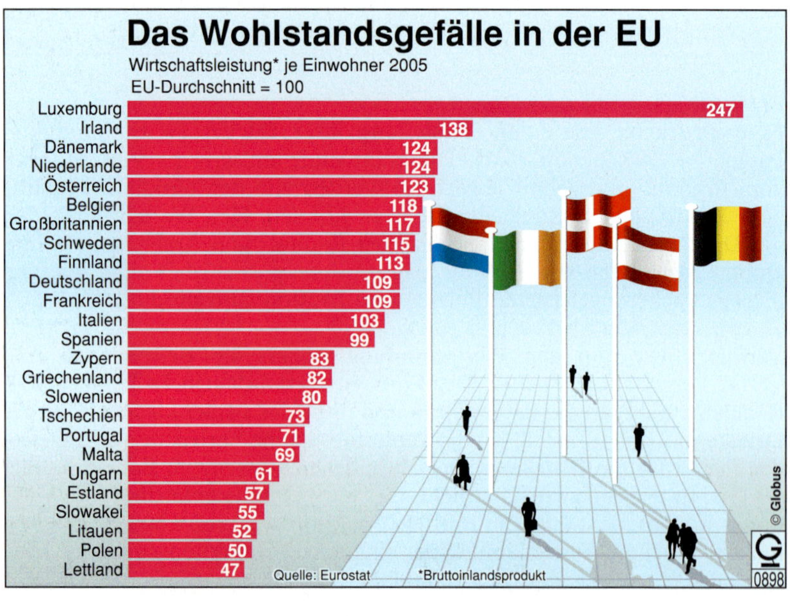

1. Beurteile mit Hilfe des nebenstehenden Schaubildes die wirtschaftliche Stellung der BRD in der EU.
2. Um wie viel Prozent übersteigt das wirtschaftlich stärkste Land den Mittelwert?

Der Maßstab als Zeitvergleich –
Die Unterscheidung von nominalem und realem Bruttoinlandsprodukt
Das Bruttoinlandsprodukt besteht aus Gütern, wie z. B. Semmeln, Bücher, Autos, Maschinen, Urlaubsreisen, Telefongebühren usw., d. h. aus **realen Werten**. Um diese Sachgüter oder Dienstleistungen messen zu können, werden sie mit ihren augenblicklichen Marktpreisen bewertet. Nur durch eine solche Messgröße (z. B. Währungseinheit Euro) können die verschiedenen Güter zum Inlandsprodukt zusammengefasst werden.
Es wäre allerdings irreführend, einfach den in Euro ausgedrückten Geldwert der Produktion zweier Jahre miteinander zu vergleichen und daraus Schlüsse über die Veränderung der verfügbaren Güter zu ziehen. Der Wert kann sich nämlich allein durch allgemeine Preissteigerungen nominal (dem Nennwert nach) erhöht haben, ohne dass tatsächlich mehr Güter produziert worden sind. Um nun echte Aussagen über die Güterversorgung und die wirtschaftliche Leistungsfähigkeit einer Volkswirtschaft machen zu können, sind daher nicht nominale, sondern nur reale Veränderungen des Inlandsprodukts von Interesse.
Dazu bewertet man alle Güter mit konstanten Preisen (z. B. Preise des Jahres 1996, das in diesem Fall das sogenannte Basisjahr darstellt).

Beispiel:
Wir untersuchen nun eine Volkswirtschaft, die der Einfachheit halber nur Hamburger produziert.
Im Jahr 2002 wurden 50 Stück produziert und für jeweils 2,00 € verkauft (Beitrag zum Bruttoinlandsprodukt: 100 €).
Die Hamburger gehen mit 100 € in das Bruttoinlandsprodukt ein. Im Jahr 2003 steigt der Preis eines Hamburgers auf 3,00 € und es werden 100 Stück verkauft (Beitrag zum Bruttoinlandsprodukt: 300 €). Im Jahr 2004 steigen der Umsatz noch einmal auf 150 Stück und der Preis auf 4,00 € (Beitrag zum Bruttoinlandsprodukt: 600 €).

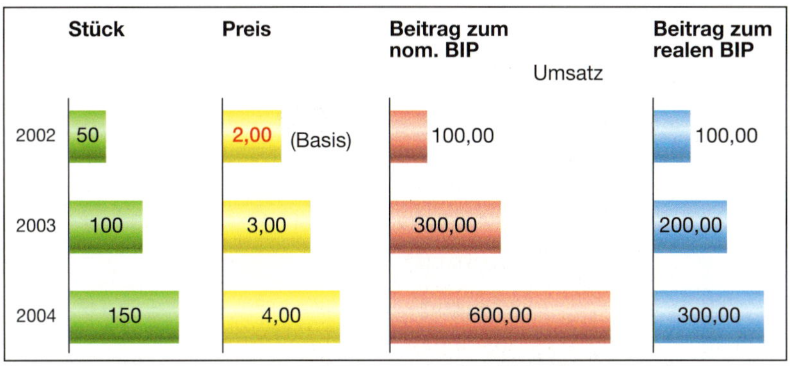

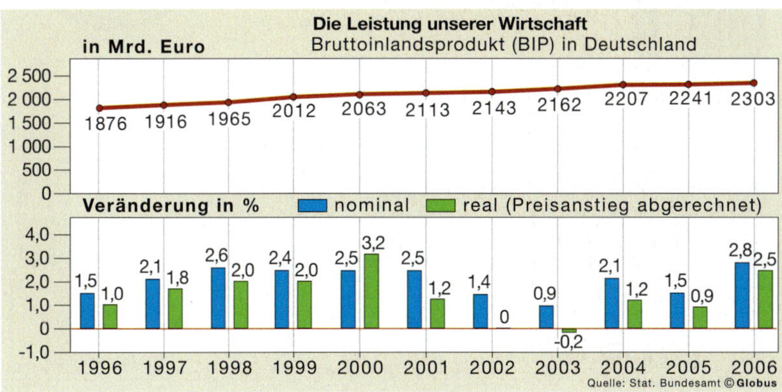

nominal: dem Nennwert nach; rein zahlenmäßige Betrachtung einer Entwicklung
real: wirklich; Betrachtung unter Berücksichtigung anderer einwirkenderer Faktoren (hier z. B. Preissteigerungen)

Das nominale Bruttoinlandsprodukt verwendet die laufenden (aktuellen) Preise. Es stellt keinen geeigneten Maßstab für die tatsächliche Entwicklung einer Volkswirtschaft dar. **Das reale Bruttoinlandsprodukt** wird mit konstanten Preisen eines Basisjahres errechnet. Es ist ein Maßstab für die wirtschaftliche Entwicklung einer Volkswirtschaft unter Ausschaltung von Preissteigerungen.

Errechne aus der oben stehenden Grafik die Steigerung des Bruttoinlandsprodukts von 2002 bis 2003
a) nominal,
b) real.
Kontrolliere dein Rechenergebnis mit Hilfe der unteren Infografik.

2 Konjunktur und Konjunkturphasen

2.1 Konjunktur

Konjunktur:
Allgemeines Auf und Ab der wirtschaftlichen Entwicklung.

Wir wissen, dass das Bruttoinlandsprodukt und sein Wachstum ein wichtiger Anzeiger für den Zustand einer Volkswirtschaft sind. Diese periodisch wiederkehrenden Schwankungen bezeichnet man auch als Konjunktur. Aus der oberen Grafik kann man ersehen, dass nicht nur das Bruttoinlandsprodukt für die gesamtwirtschaftliche Entwicklung ausschlaggebend ist.

Katastrophe 11. September

Der 11. September 2001 hat eine weltweite schlechte Konjunkturlage zu einer richtigen Konjunkturkrise verstärkt.

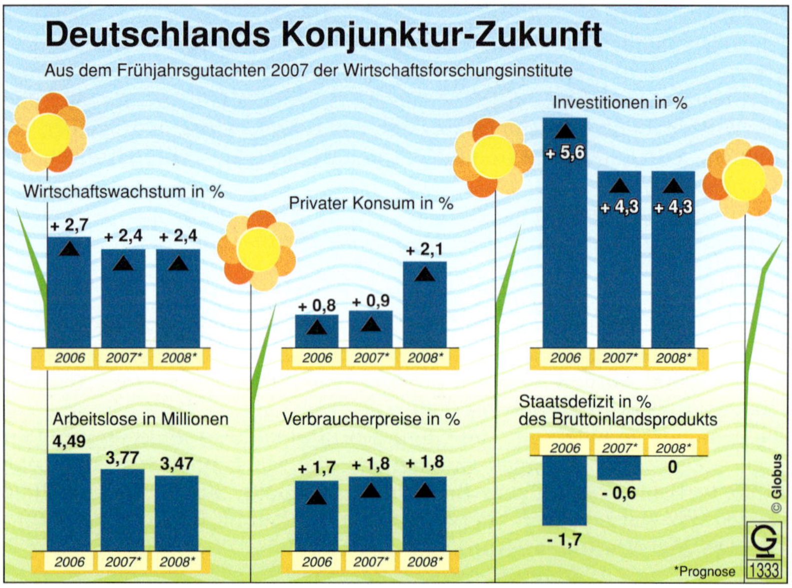

Veränderungen der konjunkturellen Lage einer Volkswirtschaft hat es schon immer gegeben. So sind uns z. B. aus der Bibel die so genannten „sieben fetten und sieben mageren Jahre" überliefert.
Will man den Verlauf der Konjunktur grafisch darstellen, nimmt man i. d. R. die Wachstumszahlen des Bruttoinlandsprodukts zu Hilfe.

Pharao sagte zu Joseph: Mir träumte, ich stände am Ufer bei dem Wasser und sähe aus dem Wasser steigen sieben schöne fette Kühe, und gingen an der Weide im Grase. Und nach ihnen sähe ich andere sieben dürre, sehr hässliche und magere Kühe heraus steigen.

Das ist nun, was ich gesagt habe zu Pharao, Siehe, sieben reiche Jahre werden kommen in ganz Ägyptenland. Und nach denselben werden sieben Jahre teure Zeit kommen, dass man vergessen wird aller solcher Fülle in Ägyptenlande; und die teure Zeit wird das Land verzehren.
Quelle: Genesis

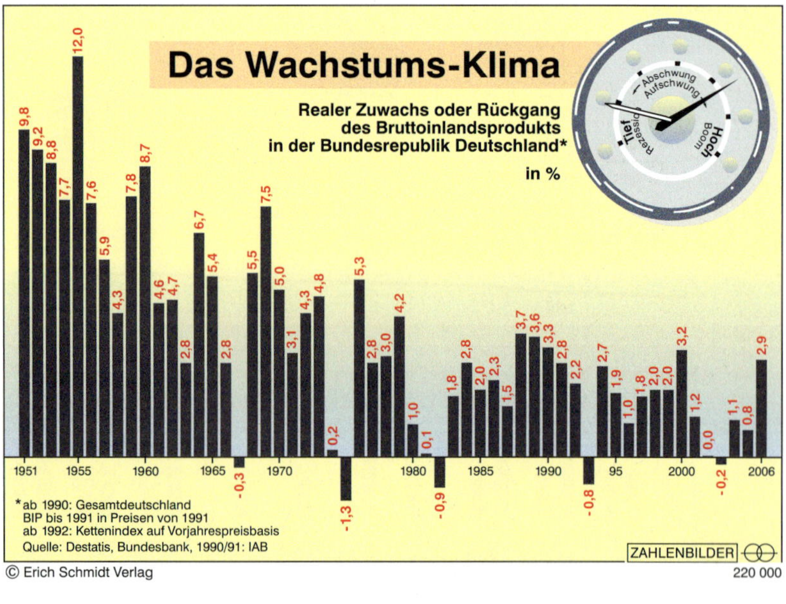

2.2 Konjunkturphasen

Nach diesem Gesamtüberblick über nahezu 60 Jahre Bundesrepublik können wir gewisse Regelmäßigkeiten erkennen. So sehen wir z.B. die regelmäßige „zyklische" Abfolge von „Wellenbergen" auf „Wellentälern". Diese bezeichnen wir als Konjunkturzyklen. Sie dauern normalerweise 4–6 Jahre. Betrachten wir nun einen einzelnen Zyklus etwas genauer. Wir stellen fest, dass er in mehrere Phasen zerfällt.
Obwohl der Rhythmus des wirtschaftlichen Auf und Ab nicht ganz gleichmäßig verläuft, lässt sich ein typisches allgemeines Grundmuster feststellen:

Unter **Konjunkturzyklus** versteht man den Zeitabschnitt von der ersten bis zur letzten Konjunkturphase.

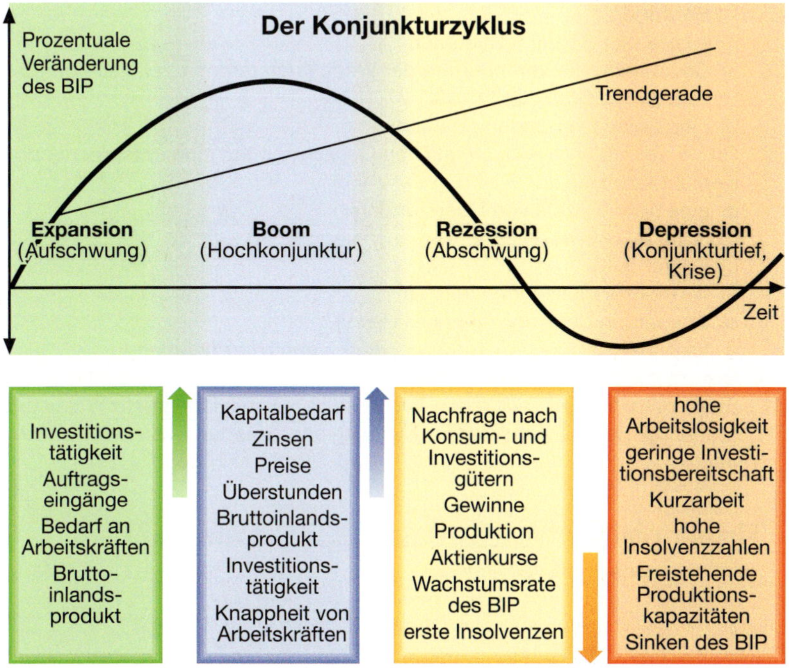

1. Prüfe kritisch folgende Behauptung: In der Talsohle ist die Zuwachsrate des realen Bruttoinlandsprodukts gleich null (Nullwachstum).
2. Erkläre anhand der nebenstehenden Grafik den Begriff „Negatives Wachstum".

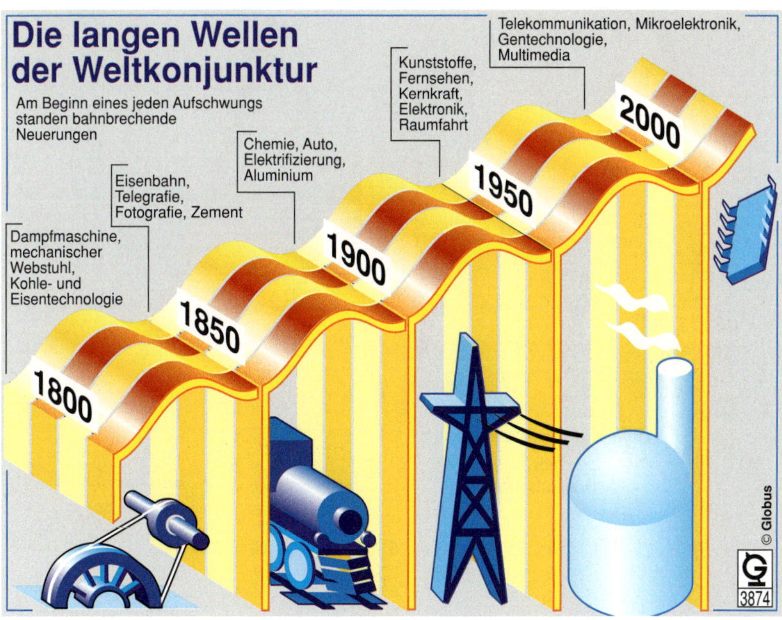

Langfristige Schwankungen ergeben sich aus neuen Erfindungen wie z.B. der Dampfmaschine oder der Mikroelektronik, die daher häufig als „Motoren" der Weltkonjunktur bezeichnet werden.

Mechanische Webstühle

www.destatis.de
(Statistisches Bundesamt)

1. Unterscheide folgende Begriffe:
   - Bruttosozialprodukt und Bruttonationalprodukt
   - Bruttoinlandsprodukt, Nettoinlandsprodukt
2. Was versteht man unter Volkseinkommen?
3. Erkläre den Begriff Wertschöpfung.
4. Welcher Wirtschaftssektor hat heute den größten Anteil an der Entstehung des deutschen Bruttoinlandsprodukts?
5. Was trägt in höherem Maße zum Bruttoinlandsprodukt bei?
   - die Herstellung von einem Kilo Hamburger oder die Produktion eines Kilos Kaviar. Begründe.
6. a) Definiere das reale und das nominale Wachstum.
   b) Welches ist ein besserer Maßstab für ökonomischen Wohlstand? Begründe.
7. Erläutere den Begriff Konjunktur.
8. a) Beschreibe die Veränderung der Wachstumsraten in der Nachkriegszeit. (siehe Grafik Seite 195)
   b) Finde eine Begründung dafür.
9. Ordne den unteren wirtschaftlichen Gegebenheiten eine entsprechende Konjunkturphase zu:
   a) eine hohe Anzahl von Überstunden
   b) hohe Arbeitslosenquote
   c) Kurzarbeit
   d) Vermehrte Investitionstätigkeit
   e) Steigerung der Kapazitätsauslastung
   f) Verschlechterung der Gewinnchancen von Unternehmen
10. Grenze die beiden Begriffe Konjunkturphase und Konjunkturzyklus ab.
11. Stelle mithilfe der Grafik einen Zusammenhang zwischen dem Wachstum (Zunahme des BIP) und der Entwicklung von Unternehmensinsolvenzen dar.

Insolvenz:
Zahlungsunfähigkeit
(Schuldner können ihre Geldschulden nicht mehr zurückzahlen.)

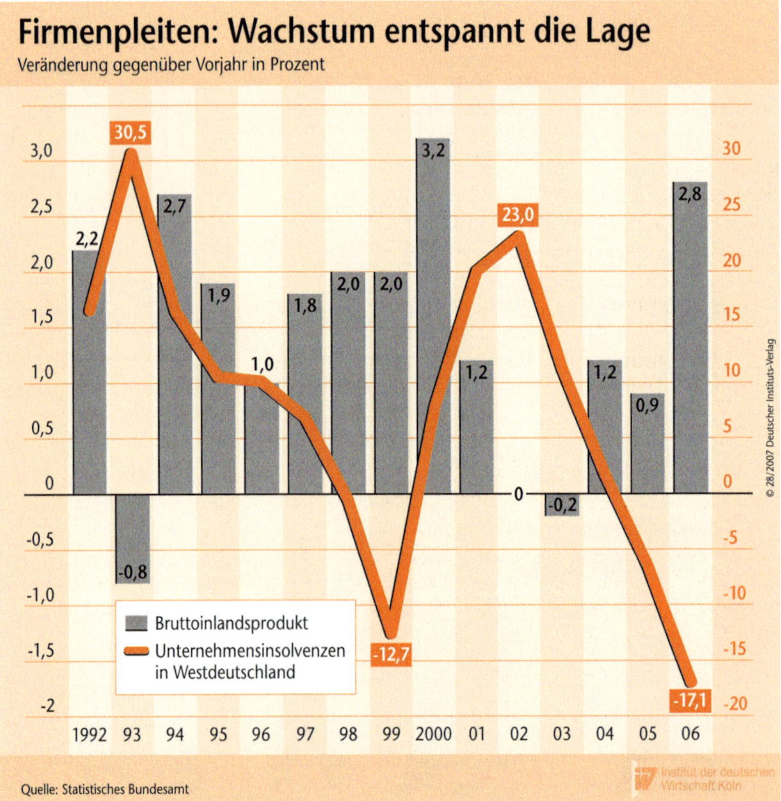

3 Ziele der Wirtschaftspolitik in der sozialen Marktwirtschaft

3.1 Wirtschaftspolitische Handlungsziele des Staates

Viele Menschen setzen sich in ihrem Leben bestimmte Ziele. Ein Leichtathlet möchte die Strecke von 100 Metern in einer bestimmten Zeit schaffen. Ein Schüler will in der Abschlussprüfung ein gutes Ergebnis erzielen. Ein Unternehmer strebt in einem Jahr die Steigerung seines Gewinns um einen bestimmten Prozentsatz an. Wer sein Ziel erreichen will, muss dazu bestimmte Maßnahmen treffen.
Neben derartigen individuellen Zielen gibt es auch andere, die alle Menschen gemeinsam haben. Dazu gehören:

- Sicherheit,
  z. B. des Einkommens, des Arbeitsplatzes, der Ersparnisse.
- Schutz
  von Leben und Gesundheit, des eigenen Vermögens, vor Gefahren am Arbeitsplatz.
- Wohlfahrt.
  Dieses Ziel schließt die Verbesserung der materiellen Lage mit ein, geht jedoch weit darüber hinaus. Beispiele: Teilhabe an den Kulturgütern durch Hören von Musik, Besuch von Museen, Reisen, Entfaltung der eigenen Kreativität durch Hobbys. „Der Mensch lebt nicht nur vom Brot allein." Man könnte es auch als persönliches Glücksgefühl bezeichnen.

Nur in eingeschränktem Maße kann der Einzelne diese Ziele selbst verwirklichen. Er braucht dazu die Hilfe des Staates. Um das Gefühl von Zufriedenheit und Gerechtigkeit herzustellen, muss der Staat diese Lebensziele seiner Bürger zu Zielen seiner Politik machen. Soweit diese über das wirtschaftliche Wohlergehen angestrebt werden, sprechen wir von **Zielen der Wirtschaftspolitik**.

> **i** Die Unabhängigkeitserklärung der Vereinigten Staaten von Amerika vom 4. Juli 1776 leitet diese Ziele aus der Würde des Menschen ab:
> „Wir erachten diese Wahrheiten als unzweifelhaft: Dass alle Menschen gleich geschaffen sind, dass sie vom Schöpfer mit gewissen unveräußerlichen Rechten begabt sind, so mit Leben, Freiheit und dem Streben nach Glück."

Gleichgewicht als Hauptziel staatlicher Wirtschaftspolitik
Finden beispielsweise Arbeitswillige keine Beschäftigung oder verlieren unsere Ersparnisse an Wert, so ist dies ein Zeichen für ein Ungleichgewicht in der wirtschaftlichen Entwicklung. Es muss daher durch den Staat angestrebt werden, diese „Schlingerbewegung" zu vermeiden und die wirtschaftliche Entwicklung im Gleichgewicht zu halten. Dies ist das wichtigste Ziel der Wirtschaftspolitik.

Dieses Hauptziel der Wirtschaftspolitik können wir in einige Teilziele aufgliedern, die im **Gesetz zur Förderung der Stabilität und des Wachstums der Wirtschaft** vom 8. Juni 1967 formuliert sind.
Paragraf 1 lautet:

> Bund und Länder haben bei ihren wirtschafts- und finanzpolitischen Maßnahmen die Erfordernisse des gesamtwirtschaftlichen Gleichgewichts zu beachten. Die Maßnahmen sind so zu treffen, dass sie im Rahmen der marktwirtschaftlichen Ordnung gleichzeitig zur Stabilität des Preisniveaus, zu einem hohen Beschäftigungsstand und außenwirtschaftlichem Gleichgewicht bei stetigem und angemessenem Wirtschaftswachstum beitragen.

A: Wirtschaftspolitik ist nur ein Teilbereich der staatlichen Politik. Kennst du weitere?

Die Erfahrung lehrt, dass zu keiner Zeit alle im Stabilitätsgesetz genannten Ziele gleichzeitig verwirklicht werden konnten. Sie werden daher häufig als **„magisches Viereck" der Wirtschaftspolitik** bezeichnet.

> **i** Im Jahre 1967 nahm das BIP erstmals leicht ab. Dies war der Grund für die Schaffung des Stabilitätsgesetzes.

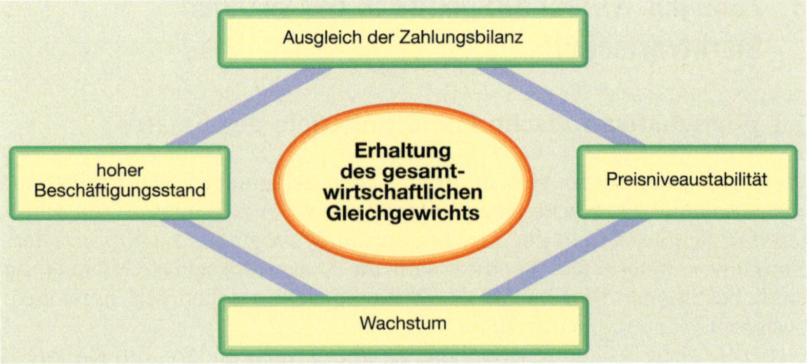

1. Welche der genannten Ziele werden nach deiner Meinung derzeit weitgehend erreicht? Welche nicht?
2. Erkläre das Wort „magisch" in diesem Zusammenhang. Schlage dazu die Bedeutung des Wortes „Magie" im Lexikon nach.
3. Nenne Gründe dafür, weshalb die nebenstehenden Ziele ebenfalls wichtig sind.

Die Ziele dieses magischen Vierecks sind zwar die bekanntesten, keineswegs aber die einzigen Ziele der Wirtschaftspolitik. Wichtig sind außerdem:

- Eine sozial gerechte Einkommens- und Vermögensverteilung, z.B. Steuerfreiheit für niedrige Einkommen, höhere Steuersätze für höhere Einkommen.
- Eine möglichst gute Ausstattung mit Gemeinschaftsgütern, z.B. ein leistungsfähiges Schienen- und Straßennetz, gut ausgebaute und ausgestattete Schulen und Hochschulen, Freizeiteinrichtungen.
- Erhaltung des Wettbewerbs, insbesondere Schutz des Verbrauchers, z.B. Verbot irreführender Werbung, Kontrolle von Lebensmitteln, um gesundheitliche Schäden zu vermeiden.
  Schutz und Erhaltung einer gesunden Umwelt, z.B. Verbot von „wilden" Mülldeponien, der Einleitung von Schadstoffen in Gewässer.

Statt von einem magischen Viereck spricht man daher besser von einem **„magischen Vieleck"**. Mit der Zunahme der Ziele wachsen jedoch auch die Zielkonflikte.

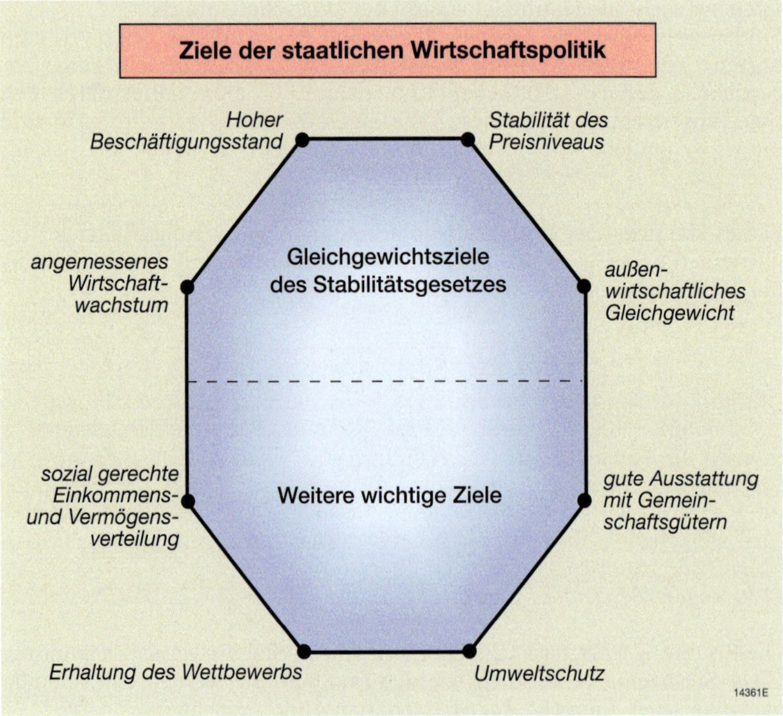

3.2 Maßstäbe für die Erreichung der Ziele

Wer beurteilen möchte, ob und in welchem Umfang die Ziele erreicht wurden, braucht dafür einen Maßstab. Für jedes Ziel der Wirtschaftspolitik gibt es einen eigenen Maßstab.
Die **Stabilität des Preisniveaus** messen wir an der Veränderung der Verbraucherpreise. Dabei ist nicht jeder Einzelpreis wichtig. Das Statistische Bundesamt stellt einen Warenkorb mit etwa 750 Gütern zusammen, deren Preise laufend beobachtet werden. Vergleicht man die Preise der im Warenkorb enthaltenen Güter in zwei aufeinander folgenden Jahren, so kann man ihre prozentuale Veränderung errechnen.

Die Bedeutung von Maßstäben habt ihr bereits in Kapitel X.1 erfahren.
Andere Maßstäbe kennt ihr aus den Fächern Chemie und Physik (Thermometer zur Messung der Temperatur, Barometer zur Messung des Luftdrucks).

Die **Höhe des Beschäftigungsstands** kommt in der Arbeitslosenquote zum Ausdruck.

$$\text{Arbeitslosenquote} = \frac{\text{Anzahl der Arbeitslosen} \times 100}{\text{Erwerbstätige} + \text{Arbeitslose}}$$

Das **außenwirtschaftliche Gleichgewicht** ist dann gegeben, wenn die Einnahmen und Ausgaben aus dem Warenverkehr, aus dem Reiseverkehr und aus den Übertragungen (z.B. Renten, Zahlungen an überstaatliche Organisationen) ausgeglichen sind (Ausgleich der Leistungsbilanz).
Das **außenwirtschaftliche Gleichgewicht** ist dann gegeben, wenn die vom Ausland empfangenen Zahlungen mit den an das Ausland geleisteten Zahlungen übereinstimmen (Ausgleich der Zahlungsbilanz).

Suche in der Tagespresse oder im Internet aktuelle Daten, die zeigen, ob und in welchem Umfang die genannten Ziele erreicht wurden.

Als Maßstab für das **Wachstum der Wirtschaft** gilt die reale Zunahme des Bruttoinlandsprodukts. Sie wird ebenfalls in Prozent angegeben.
Die folgende Grafik zeigt die Entwicklung der vier wirtschaftspolitischen Ziele des magischen Vierecks im Laufe von sechs Jahren.

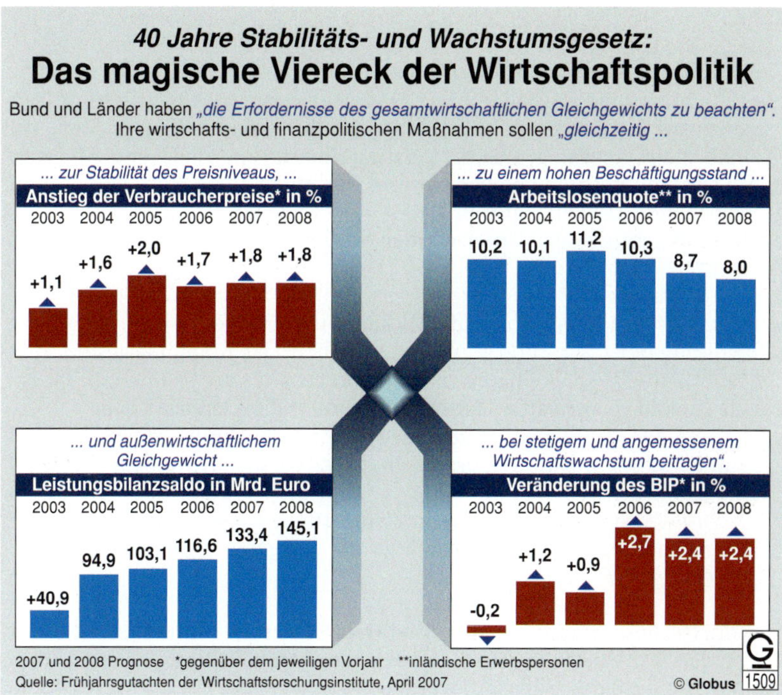

Die Einnahmen von Bund, Ländern und Gemeinden betrugen im Jahre 2002 rund 920 Mrd. €.
Ihnen standen Ausgaben von 987 Mrd. € gegenüber.
Die Differenz wurde mit Krediten finanziert.
Im Jahre 2007 nahm der Bund „nur“ 19,6 Mrd. € Kredit auf. Bis 2012 soll der Bundeshaushalt ausgeglichen sein.

3.3 Maßnahmen der Wirtschaftspolitik in der sozialen Marktwirtschaft

In Kapitel XII 4.3 haben wir kennen gelernt, woher der Staat die Mittel für seine Maßnahmen bezieht (Staatseinnahmen wie z.B. Steuern, Gebühren etc.).

Das vielleicht wichtigste Ziel der Wirtschaftspolitik ist die Erhaltung des gesamtwirtschaftlichen Gleichgewichts. Aus der Fülle möglicher Maßnahmen zur Erreichung dieses Zieles wollen wir einige betrachten.

Antizyklische Haushaltspolitik
Würde sich der Staat wie jeder Privathaushalt verhalten, so müsste er bei einem Rückgang der Steuereinnahmen auch seine Ausgaben drosseln, während er in guten Jahren seine Ausgaben erhöhen könnte. Ein derartiges Verhalten wäre prozyklisch.

In einer entwickelten Volkswirtschaft kommt jedoch dem Staat neben der allgemeinen Ordnungsfunktion noch eine weitere Aufgabe zu: Er muss gestaltend in den Wirtschaftsablauf eingreifen. Dazu kann er seine Einnahmen und Ausgaben so festlegen, dass er dem Verhalten der übrigen Wirtschaftssektoren - private Haushalte und Unternehmen - entgegenwirkt.

Diese dem allgemeinen Konjunkturverlauf entgegengesetzte Gestaltung der Staatsausgaben bezeichnet man als antizyklische Haushaltspolitik.

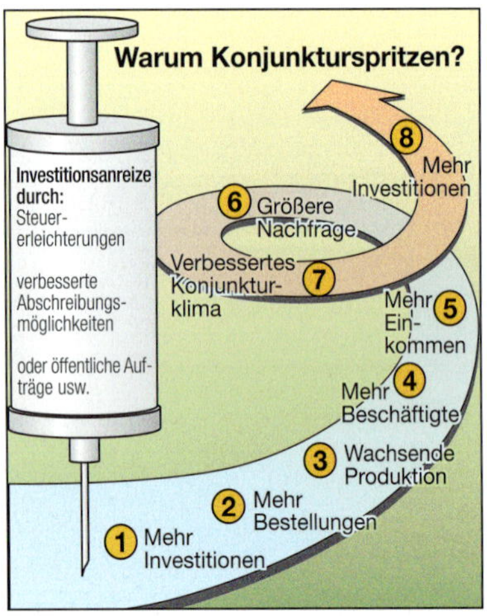

Konjunkturfördernde Maßnahmen
In der Rezession, also in der Phase eines konjunkturellen Rückgangs, ist die gesamtwirtschaftliche Nachfrage niedriger als die mögliche Leistungsfähigkeit der Volkswirtschaft. Es sind freie Kapazitäten vorhanden und Arbeitswillige finden keinen Arbeitsplatz.
Das Schema auf Seite 202 zeigt, auf welche Weise der Staat durch seine Steuer- und Geldpolitik ausgleichend in den Wirtschaftsablauf eingreifen kann.

Konjunkturdämpfende Maßnahmen
Die Hochkonjunktur ist dadurch gekennzeichnet, dass die Gesamtnachfrage größer ist als die Leistungsfähigkeit der Wirtschaft. Der Staat soll deshalb zur Dämpfung dieser Nachfrage beitragen. Ziele und Maßnahmen verlaufen deshalb entgegengesetzt wie in der Rezession. Durch seine gesetzgebende Gewalt kann er dabei sowohl seine eigene Nachfrage als auch die Nachfrage der Unternehmen und der privaten Haushalte beeinflussen.

Unter anderem können folgende Maßnahmen ergriffen werden:
- Erhöhung der Lohn- und Einkommensteuer. Das Stabilitätsgesetz erlaubt zum Beispiel eine befristete Erhöhung bis zu 10 Prozent. Dies trifft sowohl die privaten Haushalte als auch die Unternehmen.
- Kürzung der staatlichen Ausgaben, z.B. Zurückstellung geplanter Baumaßnahmen. Dadurch erhält die Privatwirtschaft weniger Staatsaufträge.
- Beschränkung der Kreditaufnahme von Bund, Ländern und Gemeinden. Auch diese Maßnahme schränkt die Ausgabemöglichkeit der drei Gebietskörperschaften ein.

Die durch diese Maßnahmen vermehrten Steuereinnahmen und die Einsparungen bei Staatsausgaben müssen als Konjunkturausgleichsrücklage bei der Bundesbank stillgelegt werden.

A

1. Welche der im magischen Viereck aufgeführten Ziele werden mit den dargestellten Auswirkungen staatlicher Konjunkturspritzen in erster Linie angestrebt?
2. Überlege: Ob die Ziele auch erreicht werden können, wenn z.B. die Bevölkerung mehr spart? Begründe deine Aussage.
3. Begründe, warum die vermehrten Steuereinnahmen bei der Bundesbank stillgelegt werden müssen.

1. a) Nenne die im Stabilitätsgesetz von 1967 formulierten Ziele der Wirtschaftspolitik.
   b) Warum werden diese Ziele als „magisches Viereck der Wirtschaftspolitik“ bezeichnet?
   c) Welche Maßstäbe kennst du, die angeben, ob und in welchem Umfang ein wirtschaftspolitisches Ziel erreicht wurde? Beschreibe diese Maßstäbe.
2. Unter den weiteren Zielen werden auch eine sozial gerechte Einkommens- und Vermögensverteilung sowie eine gute Ausstattung mit Gemeinschaftsgütern genannt. Warum ist es in beiden Fällen nicht möglich konkrete Maßstäbe für das Erreichen der Ziele anzugeben?
3. a) Was verstehen wir unter „Zielkonflikt“?
   b) Nenne zwei wirtschaftspolitische Zielkonflikte.
   c) Nenne ein Beispiel für einen Zielkonflikt aus deinem persönlichen Umfeld.
4. Nimm kritisch Stellung zu folgender Behauptung: „Ein wichtiges Ziel der deutschen Wirtschaftspolitik sollte es sein, möglichst viel zu exportieren und möglichst wenig zu importieren. Dadurch käme Geld ins Land, das unseren Reichtum erhöht.“
5. Deute die nebenstehende Karikatur.

6. Verfolge im Internet, ob und in welchem Umfang die im Stabilitätsgesetz formulierten Ziele im vergangenen Jahr erreicht wurden.
7. Zum 01. Januar 2007 hat der Deutsche Bundestag den allgemeinen Mehrwertsteuersatz von 16 auf 19 Prozent erhöht. Angenommen, ein T-Shirt habe vor der Erhöhung 12,00 €, ein PKW 20.000 € gekostet.
   a) Berechne den neuen Preis dieser Güter, wenn angenommen werden soll, dass die Erhöhung der Mehrwertsteuer voll auf den Verbraucher abgewälzt wird.
   b) Kannst du dir eine Situation vorstellen, in der trotz Erhöhung der Mehrwertsteuer sich die Preise für den Endverbraucher nicht ändern? Begründe deine Meinung.
   c) Stimmst du der Auffassung zu, dass der Staat, der ein Interesse an stabilen Preisen haben sollte, bei einer Erhöhung der Mehrwertsteuer selbst zum Preistreiber wird? Begründe deine Meinung! Bedenke dabei, dass sich auch für den Staat ein Zielkonflikt ergeben kann.
8. Nimm Stellung: „Eine freie Preisbildung ist unsozial, weil sie gerade die wirtschaftlich Schwachen benachteiligt.“
9. Stimmt die Aussage: „Der öffentliche Haushalt ist der Haushalt des Bundes“? Begründe deine Aussage.
10. Wer legt den Haushalt des Bundes, eines Bundeslandes, einer Gemeinde fest?
11. a) Was verstehen wir unter Steuern?
    b) Wie können sie gegliedert werden?
    c) Welche anderen Pflichtabgaben außer Steuern gibt es noch?
12. Ordne die folgenden Beispiele den jeweiligen Staatsaufgaben zu:
    - Die Schule bezahlt ihre Telefonrechnung.
    - Die Stadt Erfurt lässt eine Ampelanlage reparieren.
    - Eine Autobahn wird von vier auf sechs Spuren erweitert.
    - Eine Stadt baut ein neues Heizkraftwerk.
    - Betreiber von Windkraftanlagen erhalten Zuschüsse.
    - Der Schneepflug räumt die Straßen.
    - Familie Huber erhält Kindergeld.
    - Bauherren von Einfamilienhäusern erhalten einen Zuschuss für den Einbau einer Solaranlage.
    - Studenten erhalten Ausbildungsbeihilfe.
    - Die Gemeinde Falkenhausen baut ein neues Feuerwehrhaus.

13. Wie ist nach deiner Meinung zu erklären, dass Tabak, Kaffee und Bier eigens besteuert werden, Fleisch, Honig und Küchenmöbel dagegen nicht.

14. Was bedeutet antizyklische Finanzpolitik?
15. In einer Rezession möchte der Staat die Lohn- und Einkommensteuer generell um zehn Prozent senken.
    a) Welches Ziel verfolgt er damit?
    b) Angenommen, der Staat erwägt zur Gegenfinanzierung folgende Möglichkeiten:
       - Aufnahme von Krediten in Höhe der beabsichtigten Steuersenkung,
       - Streichung anderer Staatsausgaben.

    Beurteile, ob die Maßnahmen zielgerichtet sind.
16. Zur Anregung der Konjunktur hat der Staat die Lohn- und Einkommensteuer gesenkt. Die Verbraucher sparen jedoch die Beträge und geben sie nicht aus.
    Beurteile dieses Verhalten.
17. „Staatliche Maßnahmen im Rahmen der antizyklischen Finanzpolitik sind Angebote an Unternehmen und Verbraucher."
    Belege die Richtigkeit dieses Satzes.
18. Belege oder widerlege die beiden folgenden Sätze:
    - „Staatsschulden von heute sind die Steuererhöhungen von morgen."
    - „Staatsschulden von heute belasten die künftige Generation."
19. Nimm zur folgenden Aussage Stellung: „Ein hoher Schuldenstand nimmt dem Staat seine Handlungsfähigkeit."
20. Überlege mit Hilfe des unten stehenden Schemas:
    - In welcher Konjunkturphase werden konjunkturdämpfende Maßnahmen ergriffen?
    - Welche Maßnahmen kommen infrage?

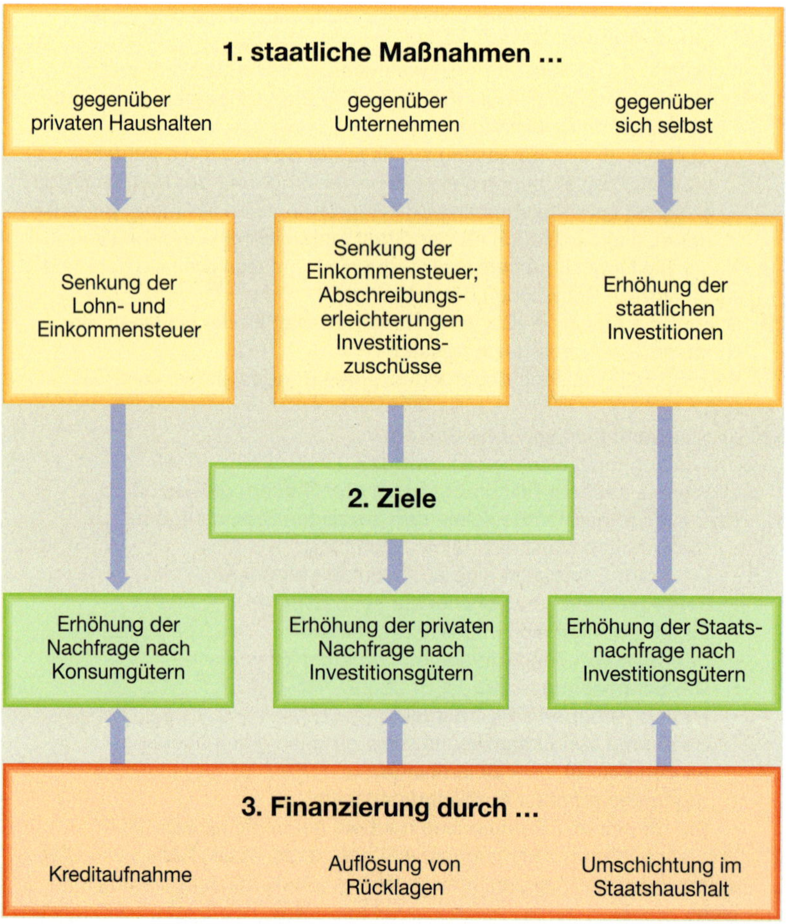

XIV Das Unternehmen

Sektor:

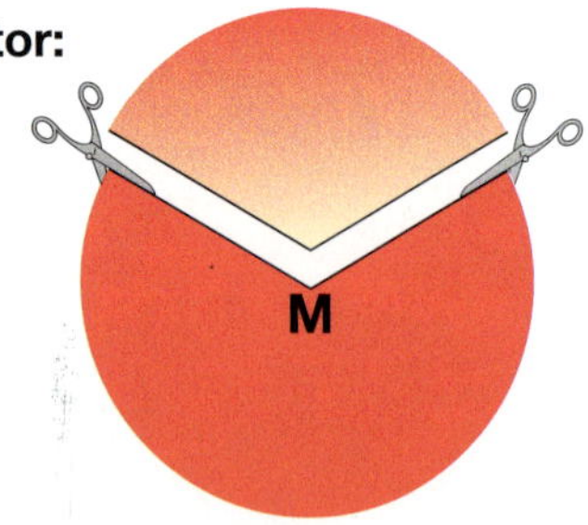

1 Wirtschaftsbereiche und deren Strukturwandel

Durch technischen Fortschritt vollzog sich ein Strukturwandel von der Agrargesellschaft über die Industrie- und Dienstleistungsgesellschaft zur Informationsgesellschaft. Hierdurch hat sich in den letzten 200 Jahren die Verteilung der Erwerbstätigen auf die einzelnen Wirtschaftsbereiche (Wirtschaftssektoren) gravierend verändert.

In welchen Wirtschaftsbereichen arbeiten die Menschen?

Die Wirtschaftsbereiche	
Produktionsbereich (primärer und sekundärer Bereich)	**Dienstleistungsbereich (tertiärer Bereich)**
Güter- und Rohstoffgewinnung (Urproduktion) (primärer Bereich) • Bergbau • Öl- und Gasgewinnung • Land- und Forstwirtschaft • Fischerei **Güterbearbeitung/ Güterverarbeitung** (sekundärer Bereich) • Industrie • Handwerk	• Handel (Groß- und Einzelhandel) • Gastgewerbe • Verkehrsbetriebe • Transportbetriebe **Sonstige Dienstleistungen** • Forschung und Entwicklung • Banken • Versicherungen • Vermietung • Gesundheitswesen • Schulen • Entsorgungsbetriebe • Informationsdienste, Telekommunikation • Beratungsdienste (Rechts- und Steuerberatung, Unternehmensberatung) • Werbung • Gebäudereinigung

Wie hat sich die Beschäftigung entwickelt?

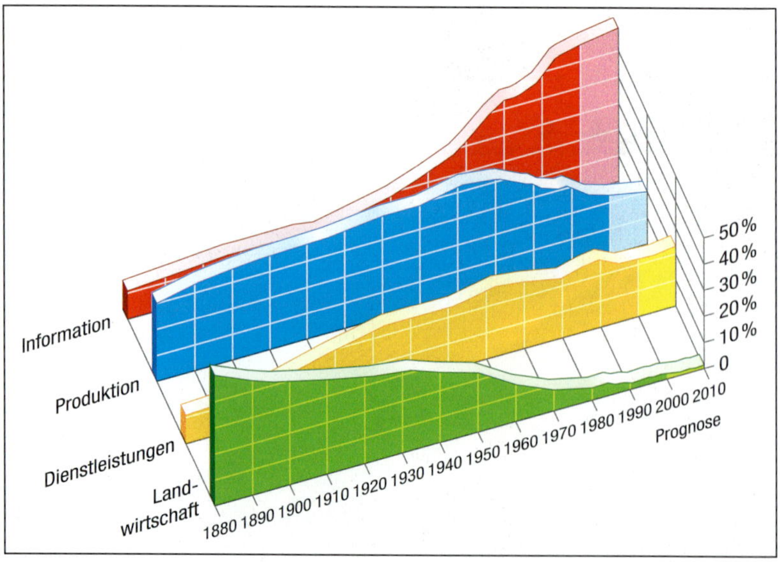

1. Beschreibe für die letzten 120 Jahre die Entwicklung der Beschäftigungslage innerhalb der einzelnen Wirtschaftsbereiche.
2. Finde Beispiele für Berufsgruppen, die ihre Arbeit im Wirtschaftsbereich „Information“ leisten.
3. Warum gewinnt der tertiäre Bereich in der Arbeitswelt immer mehr an Bedeutung?

Wandel in der Landwirtschaft

Die Darstellung auf der vorhergehenden Seite zeigt dir, dass vor 120 Jahren fast die Hälfte aller Erwerbstätigen in der Landwirtschaft arbeitete. Vor 50 Jahren war nur noch jeder Vierte in diesem Wirtschaftssektor tätig und heute sind es sogar nur noch 2 % (Stand 2005).

Was war die Ursache für diesen Wandel? Durch technischen Fortschritt kann heute eine größere Gütermenge mit immer weniger Arbeitskräften produziert werden. Düngemittel und besseres Saatgut haben einerseits die Produktion erhöht; Maschineneinsatz hat andererseits den Arbeitskräftebedarf erheblich verringert.

Wandel in der Industrie

Vor fünf Jahrzehnten arbeitete fast jeder zweite Erwerbstätige im produzierenden Gewerbe wie z.B. Handwerk oder Industrie. Auch in diesen Bereichen hat der technische Fortschritt, beispielsweise der Einsatz von Robotern, zahlreiche Arbeitsplätze vernichtet: So ist heute nur noch ein Drittel der Erwerbstätigen in diesem Sektor tätig.

A

Was sagt die Zeichnung über die Problematik des deutschen Arbeitsmarktes aus?

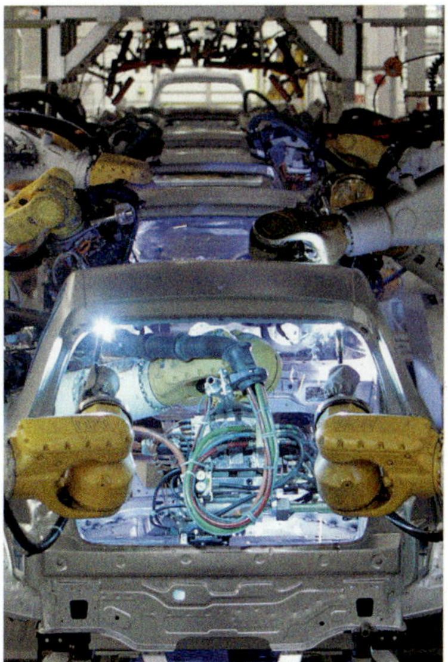

Wandel zur Dienstleistungsgesellschaft

Als die industrielle Entwicklung eine bestimmte Entwicklungsstufe erreicht hatte, nahm der Anteil der in der Industrie beschäftigten Arbeitskräfte nicht mehr zu. Eine Steigerung der Güterproduktion war durch den technischen Fortschritt auch so möglich. Im Dienstleistungsbereich dagegen führten die wachsende Nachfrage und die Erweiterung des Leistungsangebots (z. B. bessere gesundheitliche Versorgung der Bevölkerung, großer Rechts- und Finanzberatungsbedarf von Unternehmen, Zunahme des Freizeitkonsums) zu einem größeren Arbeitskräftebedarf. Rationalisierungsmöglichkeiten sind im Gegensatz zum Industriesektor im Dienstleistungsbereich nur begrenzt möglich; denken wir dabei nur an die Tätigkeiten einer Krankenschwester, eines Lehrers, eines Steuerberaters, einer Verkäuferin, einer Friseurin, eines LKW-Fahrers, eines Finanzberaters usw.

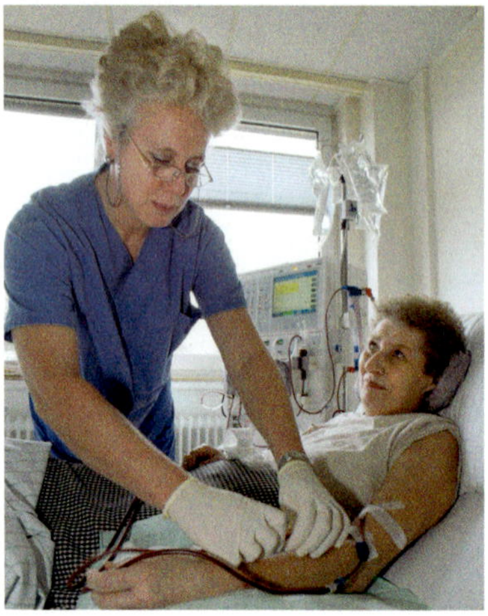

ITK:
Informations- und Telekommunikationstechnologie
Beispiele für Kommunikationstechnik: Digitalisierung der Fernsprechnetze, Teletext, Bildschirmtext
Beispiele für Informationstechnik: Groß- und Bürorechner (z. B. PC)

Wandel zur Informationsgesellschaft

Sowohl die Industrie- als auch die Dienstleistungsgesellschaft hat durch die Informations- und Kommunikationstechniken ein völlig neues Gesicht erhalten. Weltumspannende Information wird heute verarbeitet, gespeichert und in Sekundenschnelle in die ganze Welt transportiert.

Die Urzelle der IT-Techniken stellt die Mikroelektronik dar. Sie ist die Basis aller Schlüsseltechniken und damit die Grundlage unserer durch diese Techniken geprägten Informationsgesellschaft.

Schlüsseltechniken sind diejenigen Techniken, die die wirtschaftliche Entwicklung (Wachstum und Arbeitsplätze) und den sozialen Wandel entscheidend beeinflussen wie z. B.

- Biotechnik
- Lasertechnik
- Sensortechnik
- Mikroelektronik

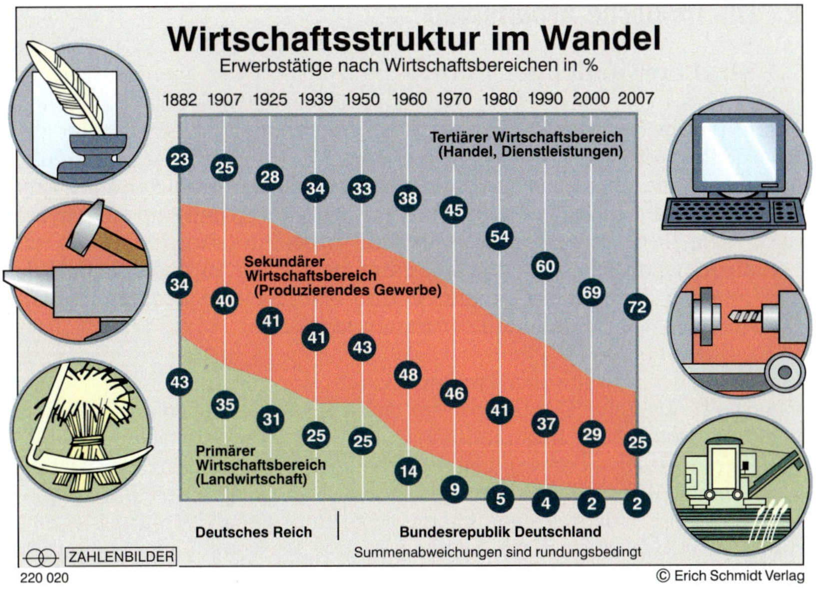

1. a) Erkläre mit jeweils zwei Beispielen die einzelnen Wirtschaftsbereiche.
   b) Erläutere anhand der Infografik die Aussage „Wir sind auf dem Weg vom Maschinenzeitalter zum Informationszeitalter“.
   c) Nenne einige Berufe aus dem Dienstleistungsbereich.
   d) Errechne die prozentuale Abnahme der in der Landwirtschaft Beschäftigten von 1882 bis heute und finde eine Erklärung dafür.

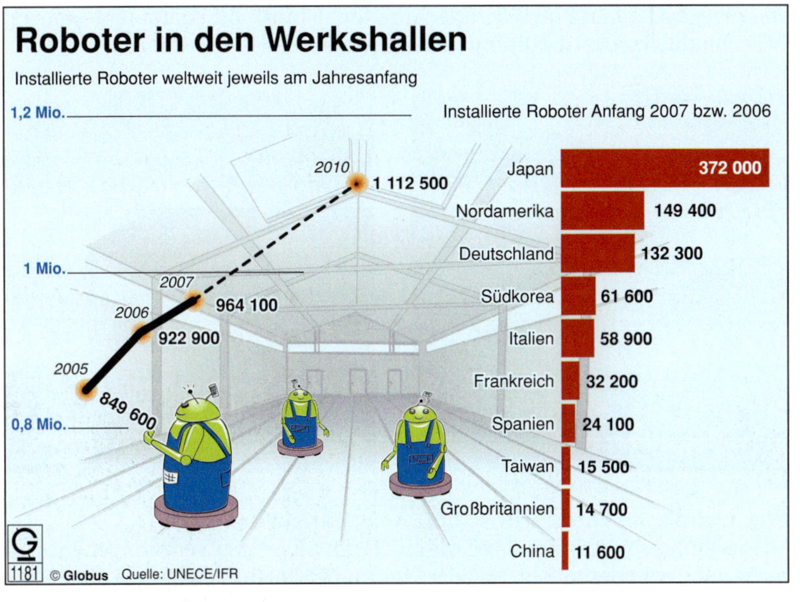

2. a) Während 1997 in der deutschen Industrie 66.800 Roboter im Einsatz waren, betrug ihre Zahl 2006 136.400.
   Finde einen Zusammenhang zur oben stehenden Grafik „Wirtschaftsstruktur im Wandel“.
   b) Berechne die prozentuale Steigerung des weltweiten Robotereinsatzes von 2005 bis 2007.
   c) In welchem Land werden die meisten Roboter eingesetzt? Um wie viel Prozent werden sie dort mehr verwendet als in Deutschland?

2 Die moderne Arbeitswelt

Rationalisierung:
z. B. Ersetzung menschlicher Arbeitskraft durch Maschinen

2.1 Strukturwandel der Berufe

Heute gibt es ca. 30.000 Berufe und ca. 350 anerkannte Ausbildungsberufe. „Alles beim Alten“ – das gilt heute nur noch für ganz wenige Berufe. Mit den Änderungen der Techniken, der Werkstoffe und der ständigen Zunahme internationaler Handelsbeziehungen waren und sind auch heute noch viele Berufe einem starken Strukturwandel unterworfen. Wenn wir von einem technischen Wandel sprechen, meinen wir im Wesentlichen die Veränderung der Arbeitswelt, die die Informations- und Telekommunikationstechniken (IT-Techniken) verursacht haben.

Video-Konferenz

Die Form der Kommunikation ändert sich

Innerhalb nur einer Generation hat sich die Arbeitswelt durch die Entwicklung moderner Informations- und Kommunikationstechniken in atemberaubender Geschwindigkeit verändert. Computer, Fax und Datenübertragung über Internet gehören heute zum alltäglichen Büroablauf. Internationale Hochgeschwindigkeitsnetze und globale Multimediakommunikation beherrschen die Arbeitswelt. Die Telekommunikation schafft eine neue Dimension von Raum, Entfernung und Zeit. Nicht mehr der klassische Arbeitsplatz, sondern Videokonferenzen und Telearbeit werden das künftige Berufsleben prägen.

Maschinen ersetzen die menschliche Arbeitskraft

Die beiden folgenden Bilder aus der Automobilproduktion zeigen dir ganz deutlich, wie im Laufe der Zeit die menschliche Arbeitskraft durch die Technik ersetzt worden ist. Genau betrachtet übernehmen die neuen Techniken im Wesentlichen manuelle und sich wiederholende Tätigkeiten, d. h. überwiegend niedrig qualifizierte Arbeiten. Chips und computergesteuerte Maschinen ersetzen traditionelle Arbeitsplätze.

Der technische Fortschritt schafft neue Tätigkeiten

Wenn einerseits Arbeitsplätze durch Rationalisierung verlorengehen, entsteht auf der anderen Seite wieder eine starke Nachfrage nach Arbeitskräften. Den größten Beschäftigungszuwachs gab es bei denjenigen Dienstleistungen, die speziell die Industrie- und Handwerksbetriebe versorgen, z. B. Telekommunikations- und Informationsdienste, Forschung, Entwicklung, Konstruktion, Beratung, Marktforschung, Wartung, Inspektion, Montage und Entsorgung.
Aber auch personenbezogene Dienstleistungen (z. B. im Gesundheits-, Sozial- und Erziehungsbereich) und Dienstleistungen im Freizeitbereich (z. B. Hotel-, Gaststätten-, Touristik-, Sport- und Medienangebot) werden in Zukunft verstärkt nachgefragt werden.

Der technische Fortschritt - die Einführung des Computers - hatte die Folge, dass in vielen Berufen viel mehr technisches Verständnis gefordert wird. Einerseits nehmen Computer Arbeit ab, anderseits aber werden die verbleibenden Tätigkeiten anspruchsvoller.

2.2 Neue Qualifikationsanforderungen an die Menschen

Durch all diese Veränderungen werden die Menschen heute anders als früher beansprucht. Auf dem Arbeitsmarkt kommen deshalb andere Anforderungen auf sie zu.

A

Vergleiche die beiden Bilder unten und stelle fest, wie sich dabei die Anforderungen an die Menschen verändert haben.

Steigende Qualifikation und Verantwortung
Mit dem Einsatz neuer, vor allem elektronischer, Fertigungstechniken sind höhere Qualifikationsanforderungen verbunden. Die Chancen für Ungelernte und Angelernte werden immer geringer. Einfache manuelle Tätigkeiten können am ehesten durch Maschinen ersetzt werden, die in der Regel schneller, genauer und billiger produzieren.

Gefragt ist heutzutage nicht mehr der Maschinenbediener, sondern der Facharbeiter mit Verständnis für technisch-organisatorische Zusammenhänge. Er muss in der Lage sein, ein teilweise kompliziertes Fertigungssystem zu betreuen und zu überwachen. Dazu braucht er natürlich ein technisch orientiertes Fachwissen (Fachkompetenz). Im Umgang mit teurer Technik wird Verantwortungsbewusstsein erwartet.

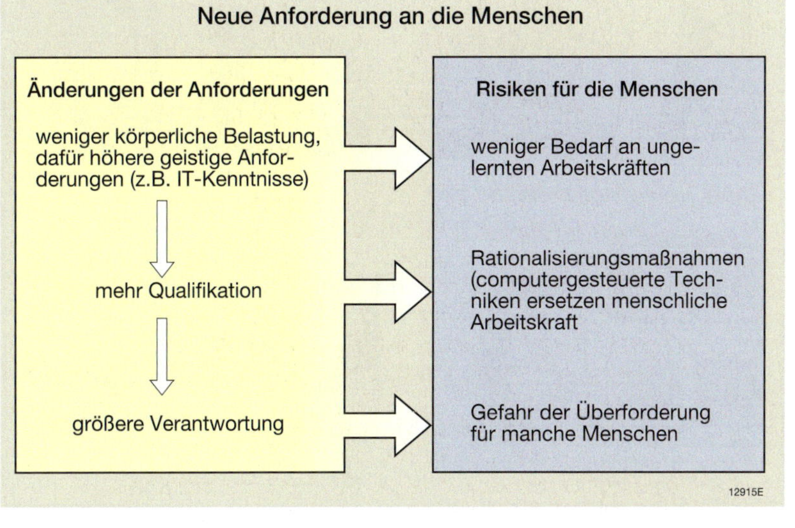

2.3 Mobilität und Flexibilisierung der Arbeitszeit

Mobilität
(Mobilitas = lat.: Beweglichkeit), (meist) räumliche Mobilität: Bereitschaft, den Wohnort zu verändern.

Mobilität

Nicht überall in Deutschland sind Ausbildungs- und Arbeitsplätze gleich gut vorhanden. Azubis und Arbeitnehmer aus strukturschwachen Regionen sind daher oft gezwungen, ihren Wohnort für einen Arbeits- oder Ausbildungsplatz zu wechseln.

Im Rahmen immer stärker werdender internationaler Wirtschaftsbeziehungen gehören für die Mitarbeiter Geschäftsreisen ins Ausland zur Tagesordnung. Mitarbeiter, die außerdem in der Lage sind, längere Zeit im Ausland für ihren Arbeitgeber tätig zu sein, sind gefragt.

Flexibilisierung
(Flectere = lat: biegen, beugen), die Auflösung vormals festgefügter Strukturen

Flexibilisierung der Arbeitszeit

Deutsche Unternehmen haben zur ganzen Welt Geschäftsbeziehungen. Dadurch veränderten sich die Anforderungen an die Mitarbeiter noch in einer anderen Weise: So ist nicht mehr der Mitarbeiter gefragt, der sich lebenslang einem Unternehmen verpflichtet, ihm treu ergeben ist und sein Leben lang von 8 bis 17 Uhr arbeitet. Neue Mitarbeiter sind gefragt, nämlich Mitarbeiter, die bereit sind, ihre Arbeitszeit den Notwendigkeiten

A

1. Welche Probleme können sich aufgrund eines mangelnden Ausbildungsplatzangebotes ergeben?
2. a) Welche sozialen Folgen fehlender Lehrstellen werden in der Karikatur angesprochen?
   b) Finde Lösungsmöglichkeiten.

anzupassen. So müssen z.B. auch mal in der Nacht mit Geschäftspartnern in Übersee Telefonkonferenzen abgehalten werden, da dort gerade Geschäftszeit ist. Oder man muss auch mal am Samstag arbeiten, weil ein Projekttermin einzuhalten ist.

Teamfähigkeit
Heutzutage müssen die Menschen in der Lage sein, im Team zusammenzuarbeiten. Nur wer mit seinen Kollegen harmonisch zusammenarbeitet, kann in Projektgruppen erfolgreich sein.

Fremdsprachenkenntnisse
Zunehmende weltwirtschaftliche Verflechtungen (Globalisierung), Handelsbeziehungen mit der Dritten Welt und immer enger werdende europäische Zusammenarbeit sind nur durch den Ausbau internationaler Informations- und Transportsysteme ermöglicht worden. Dazu ist es unerlässlich, dass die Vertragspartner eine Sprache sprechen. Alle weltweit arbeitenden deutschen Unternehmen müssen daher von ihren Mitarbeitern Grundkenntnisse in der englischen Sprache erwarten können. Eine zweite oder dritte Fremdsprache ist oftmals erwünscht.

Kommunikationsfähigkeit
Verkaufsgespräche zu führen und Kunden in Vermögens- und Finanzierungsfragen beraten zu können, wird heutzutage immer wichtiger. Wenn du z.B. das Berufsbild des Bankkaufmanns betrachtest, kannst du diesen Wandel gut beobachten. Heute stehen Vermögens- und Anlageberatung im Vordergrund. Aufgaben wie Kontoführung oder Bargeldauszahlung werden zum großen Teil durch Automaten erledigt. Für diese neuen Tätigkeiten ist vor allem eine gute Kommunikationsfähigkeit Voraussetzung.

IT-Kompetenz (Medienkompetenz)
Alle höher qualifizierten Tätigkeiten erfordern Kenntnisse im Umgang mit dem Computer. Je qualifizierter ein Arbeitsplatz ist, desto häufiger werden computergesteuerte Arbeitsmittel eingesetzt. Zum Registrieren an der Kasse oder zum Verwalten von Lagerbeständen wird der Computer genauso benutzt wie in Werkhallen und in Büros. Mit dem PC werden Serienbriefe, Rechnungen und Kalkulationen erstellt, Datenbanken verwaltet, Statistiken gefertigt, Präsentationen sowie Vorträge vorbereitet.

i

Soft Skills:
soziale Kompetenzen, die der Arbeitgeber von seinen Mitarbeiter fordern kann, wie z.B.
- Disziplin
- Umgangsformen
- Höflichkeit
- Freundlichkeit
- Motivation
- Sprachliche Kompetenz
- Selbstständigkeit
- Verantwortungsbewusstsein
- Durchsetzungskraft
- Mut
- Konfliktlösungsfähigkeit

Die Entwicklung der Informations- und Kommunikationstechnik und die Veränderungen der Arbeitsorganisation stellen auch die schulische und berufliche Bildung vor neue Aufgaben: Es müssen heute Qualifikationen vermittelt werden, mit denen die Schüler und Auszubildenden den künftigen Anforderungen gewachsen sind: **Schlüsselqualifikationen**.

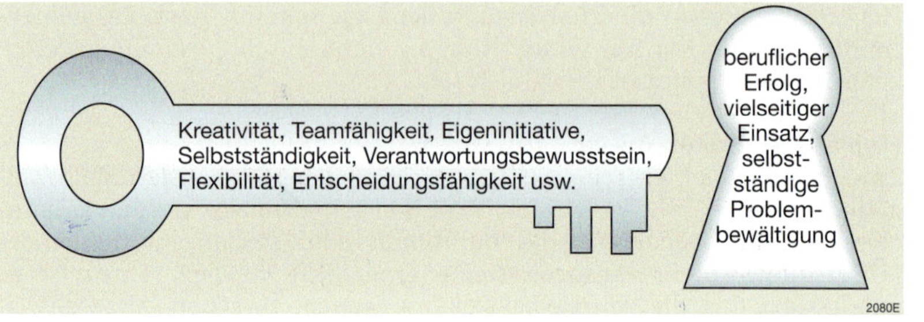

A

Werte die Stellenanzeigen unten aus und überprüfe, inwieweit die aufgeführten Schlüsselqualifikationen gefordert werden.

Stellenanzeigen beweisen uns, welches Anforderungsprofil (Fähigkeiten, Kenntnisse und Eigenschaften) die Arbeitgeber von ihren zukünftigen Mitarbeitern erwarten.

Telefon 03641 90…

Konstrukteur/in

Wir sind ein international erfolgreicher, mittelständiger Hersteller hochwertiger technischer Kunststoffteile für den Maschinen- und Anlagenbau mit Sitz im Raum Erfurt. Für unsere Auftragskonstruktion suchen wir Verstärkung. Neben der Erstellung von Angebots- und Konstruktionszeichnungen liegt ein wichtiger Schwerpunkt Ihrer Tätigkeit in der konstruktiven Lösung kundenspezifischer Problemstellungen.

In unserer Idealvorstellung sind Sie Techniker/in der Fachrichtung Kunststoff bzw. des Maschinenbaus mit erster Konstruktionspraxis und fundierten CAD-Kenntnissen. Konstruktive Kreativität und Engagement sehen wir als ebenso wichtige Voraussetzungen wie Teamdenken und einen kooperativen Arbeitsstil.

Wenn Sie diese Aufgabe reizt, möchten wir Sie gerne kennen lernen. Erste wichtige Fragen vorab können Sie telefonisch bei Frau Vollmer klären. Ihre schriftlichen Unterlagen senden Sie bitte mit Angaben zum mög… Eintrittstermin und Ihren Gehaltsvorstellungen unter der Kennziff… 3200 an:

Villmer GmbH
Personal…

Vertriebs-Ingenieur (m/w)

Ihr Aufgabengebiet umfasst die selbstständige technische Kundenberatung und die Erarbeitung von Problemlösungen für den Kunden. Außerdem sind Sie für die Durchsetzung von Zielvorgaben und Umsetzung der Kundeninteressen sowie interne Koordinierung zwischen Fertigung, Entwicklung und Vertrieb verantwortlich.

Ihr Profil:
- Sie haben Ihr Ingenieurstudium der Fachrichtung Maschinenbau erfolgreich abgeschlossen.
- Idealerweise verfügen Sie Sie über mehrjährige Berufserfahrung in der Kfz-Zulieferindustrie
- Zu Ihren persönlichen Stärken gehören Teamgeist, Leistungsbereitschaft und Flexibilität
- Gute englische Sprachkenntnisse und den versierten Umgang mit dem PC setzen wir voraus

Reizt Sie die Herausforderung und wollen Sie Ihre Fähigkeiten unter Beweis stellen? Dann senden Sie Ihre Bewerbungsunterlagen an:

…aße 21 D 994…

klinger

Dienstleistungsunternehmen sucht ab sofort oder später einen

Projektleiter/in

als Vollzeitkraft in Dauerstellung

- Initiative und selbstständige Arbeitsweise sind Ihre Stärke
- Sie sind fit im Umgang mit PC und neuen Medien
- Flexibilität in der Arbeitszeit

- Wir bieten Ihnen ein leistungsorientiertes Gehalt und einen eigenen Firmen-Pkw

… Unterlagen mit Ihren Referenzen

Wir sind eine Tochtergesellschaft einer großen Luftfahrtgesellschaft und suchen schnellstmöglich eine/n

Teamassistent/in

als Teilzeitkraft in Dauerstellung

Wir erwarten:
Einsatzbereitschaft, Teamfähigkeit, Belastbarkeit und Flexibilität. Ausgeprägte PC-Kenntnisse (MS-Office, SAP R/3), Englischsprachkenntnisse sind erwünscht.

Wir bieten:
eine interessante Tätigkeit in einem jungen kreativen Umfeld mit angenehmer Arbeitsatmosphäre und überdurchschnittlichem Gehalt.

Rufen Sie an, Frau Renate Schillern beantwortet Ihre Fragen und vereinbart gerne einen Gesprächstermin.

design and more

Wir sind eine Tochtergesellschaft eines weltweit tätigen Unternehmens, die ganzheitliche Lösung auf dem Gebiet der Gestaltung anbieten. Unsere Tätigkeitsfelder sind Communication Design, Internet Solutions, Industrial Design, User Interface und Special Projects.

Teamassistent/in

Teilzeit (nachmittags) für die Unit Design

Ihre Aufgaben: Schreibarbeiten, Telefon, Termin- und Reiseplanung/abrechnung und administrative Aufgaben

Junge, kreative Werbeagentur sucht ab sofort eine/n

Webdesigner/in

Sie beherrschen HTML, JavaScript und das Arbeiten mit Flash, Dreamweaver, GoLive und Photoshop stellt für Sie kein Problem dar. Selbstständiges Arbeiten, flexible Arbeitszeiten und eine hohe Belastbarkeit sind für Sie selbstverständlich.

Wir bieten Ihnen ein überdurchschnittliches Gehalt und einen eigenen Firmenwagen. Interessiert?
Dann rufen Sie am besten gleich an:
0361/177…

Mittelständisches Dienstleistungsunternehmen sucht ab sofort oder später einen

Objektleiter/in

als Vollzeitkraft in Dauerstellung.

Wir erwarten:
- langfristige Berufserfahrung
- sehr gute PC-Kenntnisse
- Flexibilität in der Arbeitszeit
- Engagement und Teamfähigkeit

Wir bieten:
- eine vielseitige und selbstständige Tätigkeit
- leistungsorientiertes Gehalt
- eigenen Firmen-Pkw
- ein gutes und offenes Arbeitsklima

Bitte senden Sie Ihre ausführliche Bewerbung mit Ihren Referenzen und Ihren Gehaltsvorstellungen schriftlich an: Fa. GmbH, z. Hd. Frau Murrchel, Weltenburger Straße 45, 99817 Eisenach

Die Betriebserkundung unter dem Aspekt Berufsfindung
Durch die Erkundung eines Arbeitsplatzes erhältst du zusätzliche wertvolle Informationen über die Berufs- und Arbeitswelt. Am besten kannst du eine Betriebserkundung mit der ganzen Klasse und deinem Lehrer durchführen. Du kannst aber auch mit einem oder mehreren Partnern außerhalb des Unterrichts einen Arbeitsplatz erkunden.

Vorbereitung
- Auswählen eines Betriebes
- Informationen zu dem ausgewählten Betrieb einholen
- Kontaktaufnahme, z. B. telefonisch
- u. a. Terminvereinbarung, Absprache über den Erkundungsschwerpunkt und den genaueren Ablauf
- Vorbereitung eines Frage- und Beobachtungsbogens
- Festlegung der Dokumentationsmittel (z. B. Foto, Video)

Beispiele für Fragen:
- Welche Berufe werden in dem Betrieb ausgebildet?
- Welche Berufe sind im Betrieb vertreten?
- Welche Tätigkeiten werden ausgeübt?
- Wie lange sind die Arbeitszeiten?
- Gibt es einen Betriebsrat?
- Mit welchen Maschinen und Arbeitsmitteln wird gearbeitet?
- Arbeiten die Menschen alleine oder im Team?
- Welchen Belastungen sind die Mitarbeiter ausgesetzt?
- Welche Anforderungen (geistig, körperlich, psychisch) stellen die einzelnen Arbeitsplätze?
- Wie sind die sonstigen Arbeitsbedingungen (wie z. B. Bezahlung, Urlaub, Sicherheit des Arbeitsplatzes)?

Durchführung
- Begrüßung und Einführungsgespräch
- Eigentliche Erkundung: Fragen, Beobachtungen, Notizen, Dokumentationen
- Schlussgespräch und Klärung noch offener Fragen
- Dank für die Durchführung einer Erkundung
- ggf. Einladung eines Experten in den Unterricht

Auswertung im Unterricht
- Zusammenstellung der Gruppenergebnisse
- Präsentation der Ergebnisse
- z. B. Referat, Wandplakate, Ausstellungen in der Aula, Beitrag in der Schülerzeitung oder im Jahresbericht, Artikel für die örtliche Tageszeitung (vorher mit dem Betrieb abklären!)
- Persönliche Wertung der Erkundung für die Berufswahl

Aluminiumkasten

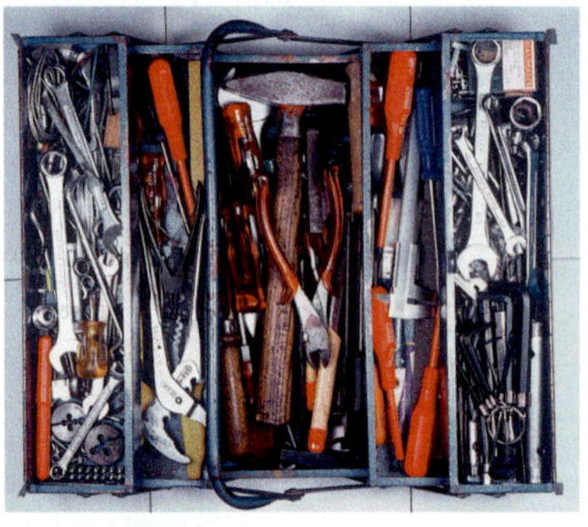

Werkzeugkasten

Transportbehälter

3 Die betrieblichen Produktionsfaktoren

Der Produktionsbetrieb Alu-Zar hat sich auf die Herstellung von Behältern aus Aluminium spezialisiert, die sich zum Verpacken, Transportieren und Lagern von Gütern eignen. Beispiele:
- Wie kommt im Supermarkt die Wurst vom Kühlhaus in die Verkaufstheke?
- Wie schafft es der Installateur bei Reparaturarbeiten in einer Wohnung gerade diejenigen Werkzeuge zur Hand zu haben, die er braucht?
- Wie können Krankenhäuser, Altenheime oder Großküchen die zur Versorgung benötigten Güter sauber und schnell herbeischaffen und die Abfälle hygienisch einwandfrei entsorgen?

Es gibt viele Transportprobleme dieser Art. Die Firma Alu-Zar bietet dafür Lösungen an. Die nebenstehenden Abbildungen sind einige Beispiele aus ihrem Fertigungsprogramm:

Das Metall Aluminium bietet für die Herstellung von Transportbehältern eine Reihe von Vorzügen:
- Es ist leicht; das ermöglicht bei Behältern ein großes Volumen bei geringem Eigengewicht.
- Es rostet nicht.
- Es ist leicht zu reinigen.
- Es ist unempfindlich gegen Temperaturschwankungen.
- Alt-Aluminium oder Abfälle, die bei der Herstellung entstehen, können fast vollständig eingeschmolzen und wiederverwertet werden.

Welche Ausgangsstoffe benötigt die Firma Alu-Zar zur Herstellung dieser Behälter?

Werkstoffe
- Was wir in diesem Beispiel als Wände erkennen, wird in Form großer Platten geliefert. Wir bezeichnen sie als **Rohstoffe**. Sie werden im Betrieb zu Böden, Wänden oder Deckeln verarbeitet und sind ein **Hauptbestandteil** des Endprodukts.
- Der Behälter läuft auf gummibereiften Schwenkrollen. Sie werden von der Firma nicht selbst hergestellt, sondern nur in die Behälter eingesetzt. Der Lieferant fertigt sie nach Angaben der Firma. Man bezeichnet derartige Gegenstände als **bezogene Fertigteile**. Auch sie gehören zu den **Hauptbestandteilen** des Endprodukts.
- Nieten halten die Teile des Transportwagens zusammen. Man bezeichent sie als **Hilfsstoffe**. Sie gehen ebenfalls in das Endprodukt ein, sind jedoch ein **Nebenbestandteil**. Auch Chemikalien zur Oberflächenbehandlung sind Hilfsstoffe.
- Die Bearbeitungsmaschinen müssen angetrieben, geschmiert und geputzt werden. Bohrer müssen mit Wasser gekühlt werden, damit sie nicht heiß laufen. Die dafür erforderlichen Stoffe bezeichnet man als **Betriebsstoffe**. Sie sind **kein Bestandteil** des Endprodukts, aber für seine Herstellung unentbehrlich.

Alle Ausgangsmaterialien zusammen bezeichnet man als Werkstoffe.

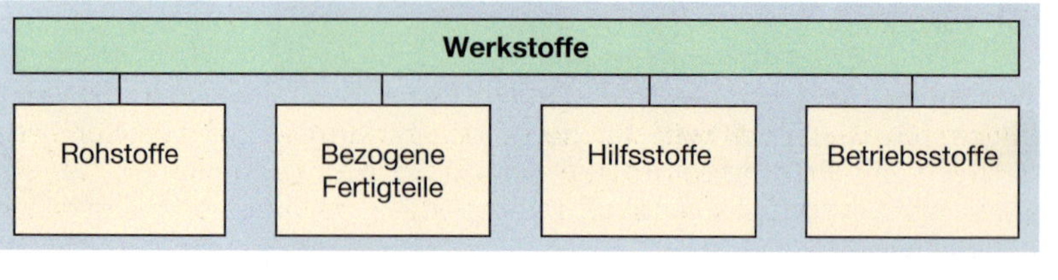

Werkstoffe sind für die Firma Alu-Zar zwar wichtig, für die Herstellung der Behälter jedoch nicht ausreichend.

Betriebsmittel
Dazu gehören Grundstücke und Gebäude, Maschinen und Transportbänder, Zeichentische für die Konstruktionen, aber auch die gesamte kaufmännische Büroausstattung und die Einrichtung der Kommunikation. Sie stehen dem Betrieb auf Dauer oder zumindest für längere Zeit zu Verfügung.

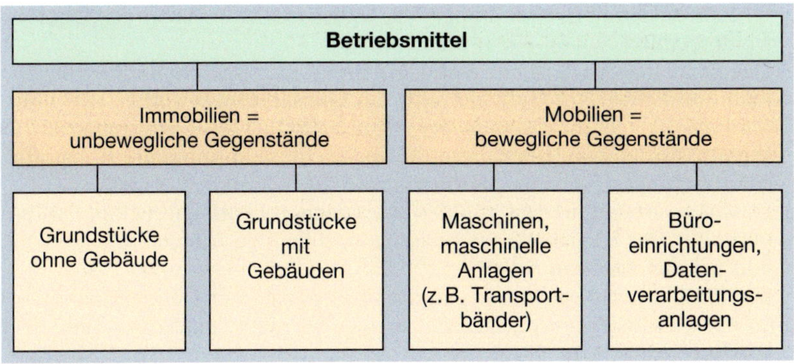

Menschliche Arbeitskraft
Wir verstehen darunter den Einsatz aller geistigen und körperlichen Fähigkeiten der Mitarbeiter des Betriebes.

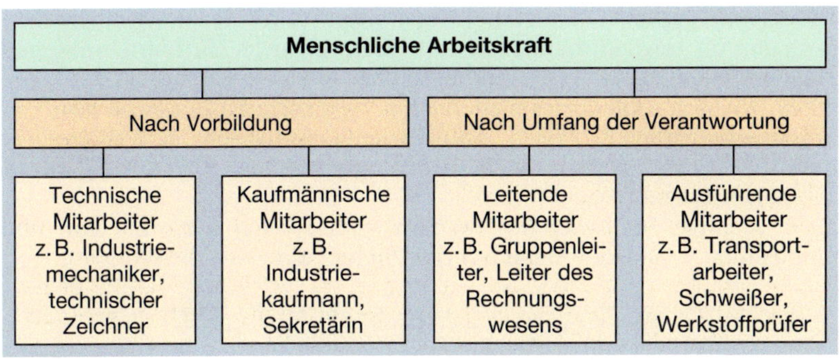

Betriebsleitung
Ihre Aufgaben sind:
- dem Betrieb Ziele vorzugeben (z. B. wir wollen im laufenden Jahr unseren Umsatz um fünf Prozent steigern);
- zu entscheiden, was, mit welchen Mitteln und auf welche Weise produziert werden soll;
- dafür Sorge zu tragen, dass die Mitarbeiter gern im Betrieb arbeiten (Mitarbeitermotivation).

In kleinen Betrieben (Handwerk) nimmt der Betriebsinhaber selbst noch alle Aufgaben der Betriebsleitung wahr. In größeren Betrieben sind es qualifizierte leitende Angestellte, in Aktiengesellschaften die Mitglieder des Vorstandes.

Werkstoffe, Betriebsmittel, menschliche Arbeitskraft und Betriebsleitung bilden zusammen die **betrieblichen Einsatzfaktoren**. Auf wirtschaftliche Sachverhalte übertragen, bedeutet das: Werden Bestandteile, die für sich allein nichts vermögen, **sinnvoll** miteinander verbunden, dann entstehen neue Güter.

i Du kennst das Wort Faktor aus der Mathematik: Mindestens zwei Rechenglieder (Faktoren) ergeben ein Produkt (Lateinisch: producere = hervorbringen).

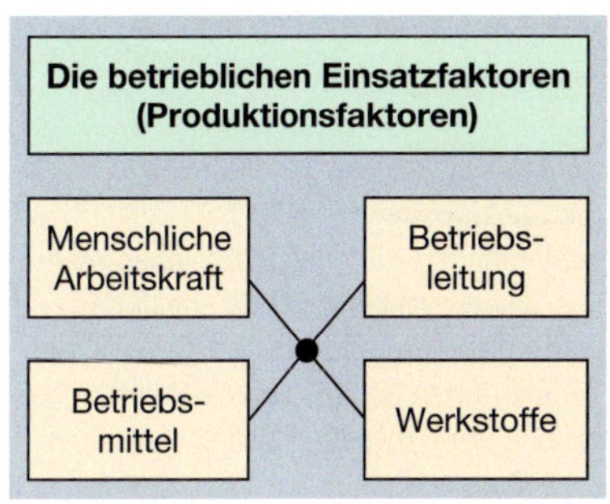

4 Standortfaktoren

Betrachten wir die nebenstehende Luftaufnahme der Firma Alu-Zar. Aus der Geschichte des Unternehmens erfahren wir: Das Unternehmen wurde 1949 von dem damals noch jungen Diplomingenieur Wolfgang Zar gegründet. Er hatte bereits während des Zweiten Weltkrieges beim Bau von Flugzeugen Erfahrungen in der Herstellung und Verarbeitung von Aluminium gesammelt und wollte sich selbstständig machen. Bei der Suche nach einem geeigneten Platz entschied er sich für eine Kleinstadt. Welche Gründe waren dafür maßgebend?

- Grund und Boden waren billig. Das Gelände wurde bisher als Schafweide benutzt.
- Das Grundstück lag in der Nähe des Bahnhofes mit Verbindung nach Jena und Erfurt. Am Gelände führt ein Gleisanschluss vorbei, der während des Krieges zu einem in der Nähe befindlichen Rüstungsbetrieb gebaut worden war. Über diesen Gleisanschluss konnten die Rohstoffe leicht herangeschafft und die Fertigprodukte versandt werden.
- Es war zu erwarten, dass aus der überwiegend kleinbäuerlichen Bevölkerung in der Umgebung zuverlässige und fleißige Arbeitskräfte gewonnen werden konnten.
- Die Stadtverwaltung war wegen der zu erwartenden Steuereinnahmen an einer Industrieansiedlung interessiert. Sie stellte eine Erschließungsstraße in Aussicht.

Wir bezeichnen den Ort der Niederlassung eines Betriebes als Standort.

Die Wahl des (richtigen) Standorts ist eine der wichtigsten Entscheidungen bei der Gründung eines Betriebes. Im Grunde geht es immer um die Frage: Wo kann man mit den niedrigsten Kosten produzieren? Betriebe, für die die Beschaffung der Werkstoffe erhebliche Kosten verursacht, lassen sich gerne in der Nähe dieser Werkstoffe nieder. Wir sprechen deshalb von rohstofforientierten Betrieben. Braucht ein Betrieb dagegen viele gut qualifizierte Arbeitskräfte, so wird er sich bevorzugt in der Nähe eines Hochschulstandortes niederlassen. In diesem Falle spricht man von arbeitsorientierten Betrieben. Absatzorientierte Betriebe sind diejenigen, deren Vertriebskosten für das Fertigerzeugnis hoch sind.

Eine wichtige Rolle bei der Standortwahl spielen auch die von den Gemeinden verlangten Steuern, insbesondere die Gewerbesteuer.

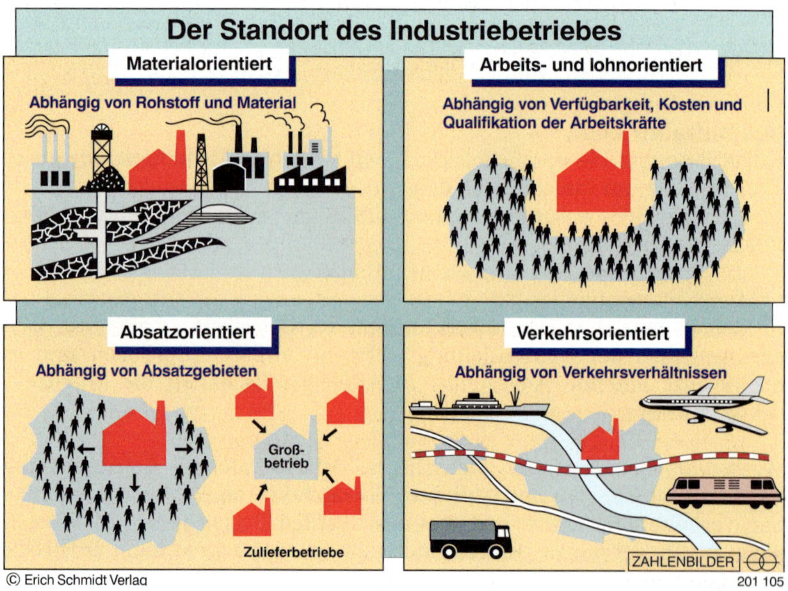

Bestimme mit Hilfe des Stadtplanes wichtige Gewerbegebiete deines Schulorts. Warum hat vermutlich die Stadtverwaltung gerade dieses Gebiet dazu bestimmt? Welche Betriebe haben sich dort niedergelassen?

1. Was gehört zu den Werkstoffen eines Industriebetriebes?
2. Gib Beispiele für Werkstoffe aus den Bereichen Fahrradherstellung, Herstellung von Jeans.
3. Welche Werkstoffe verarbeitet ein Betrieb deines Heimatraumes? Bei einer Betriebserkundung könnt ihr darüber viel erfahren.
4. Was würdest du alles zu den Betriebsmitteln eines Sägewerks zählen?
5. Wir haben gelernt, dass man die Mitarbeiter in einem Betrieb nach zwei Gesichtspunkten einteilen kann. Nenne sie.
6. Wie würdest du folgende Mitarbeiter eines Fertigungsbetriebes nach dem Umfang ihrer Verantwortung einteilen: Angestellter, der im Fertigwarenlager das Material ausgibt, Leiter des Konstruktionsbüros, Kraftfahrer, Gruppenleiter in der Fertigung, Verpackerin, gelernte Industriekauffrau, welche die Ausgangsrechnungen zu schreiben hat.
7. Angenommen, du bist dafür ausersehen, den Standort für folgende Betriebsgründungen zu wählen: Butter- und Käsewerk, Sägewerk, Fabrik zur Herstellung von Marmelade und Obstkonserven, Herstellung von Mobilfunkgeräten, Brauerei, Hotel. Wo würdest du diese Unternehmen gründen und warum gerade dort? Ihr könnt als Hilfsmittel für eure Entscheidung auch einen Atlas zuhilfe nehmen. Diese Aufgabe könnt ihr auch in der Gruppe lösen.
8. Überlege bei einem Supermarkt deines Schul- oder Wohnortes: Warum wurde der Betrieb gerade an diesem Platz errichtet? Suche Argumente dafür, ob sich der Standort seit der Gründung des Betriebes verbessert oder verschlechtert haben könnte. (Mögliche Hilfsmittel: Stadtplan, Ortsbegehung, Befragen der Geschäftsleitung.)
   Lösungshilfe: Ein Supermarkt ist ein Handelsbetrieb. Seine Hauptüberlegung lautet: Welcher Standort garantiert mir den größtmöglichen Umsatz?

Fahrradproduktion

Jeansproduktion

9. Welche Aufgaben hat die Betriebsleitung?
10. Man sagt: Die Betriebsleitung muss den Mitarbeitern ein WIR-Gefühl vermitteln. Warum ist dieses Gefühl notwendig? Nenne Maßnahmen, mit denen dieses Gefühl vermittelt werden kann.
11. Warum ist die optimale Faktorkombination zugleich ein technisches, ein wirtschaftliches und menschliches Problem?
12. Nimm zu der Aussage Stellung: Auch die Schulung der Mitarbeiter ist eine bedeutende und am Ende sich lohnende Investition für den Betrieb.
13. Gerade in den so genannten Neuen Bundesländern wurden seit der „Wende“ nicht nur Betriebe stillgelegt, sondern auch neue gegründet.
    a) Welche Betriebsgründungen gab es in deinem Schul- oder Wohnort?
    b) Warum wurden diese Betriebe gerade dort gegründet?
    c) Spielte bei der Betriebsgründung die Förderung durch die öffentliche Hand eine Rolle (evtl. bei der Gemeinde- oder Stadtverwaltung erkundigen!)?
14. In Bezug auf die Mitarbeiter eines Unternehmens wird oft von „Humankapital“ gesprochen. Erkläre den Begriff.

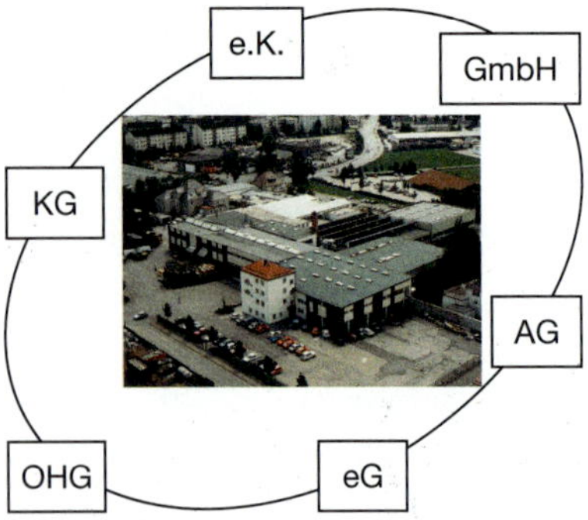

5 Rechtsformen

Sicher hast du schon von Abkürzungen wie AG oder GmbH als Zusätze zu den Firmennamen gehört. Diese Zusätze geben die Rechtsform eines Unternehmens an. Der Gründer eines Unternehmens hat die freie Wahl der Rechtsform, wobei er sich zwischen mehreren gesetzlich vorgeschriebenen Unternehmensrechtsformen entscheiden kann. Damit wird festgelegt, wem das Unternehmen gehört, wer die Entscheidungen trifft, wem der Gewinn zusteht und wer für die Verbindlichkeiten haftet, wenn das Unternehmen Insolvenz (Zahlungsunfähigkeit) anmelden muss.

Für jeden Geschäftspartner des Unternehmens, also für Kunden und Lieferer ist es interessant und wichtig, bereits über den Zusatz zum Firmennamen Auskunft über die Rechtsform zu erhalten.

5.1 Übersicht

Hier die Einteilung der wichtigsten Rechtsformen:

Einzelunternehmung	Personengesellschaft	Kapitalgesellschaft	Genossenschaft
• Handelsgewerbe z.B. eingetragener Kaufmann (e.K.) • sonstiges Gewerbe z.B. Kioskbesitzer	• Gesellschaft des Bürgerlichen Rechts (GbR) • Offene Handelsgesellschaft (OHG) • Kommanditgesellschaft (KG)	• Gesellschaft mit beschränkter Haftung (GmbH) • Aktiengesellschaft (AG)	• eingetragene Genossenschaft (eG)

Das Handelsregister ist ein öffentliches Verzeichnis, das Eintragungen über sämtliche Kaufleute im Bezirk des zuständigen Registergerichts führt.

Die Einzelunternehmen sind die am häufigsten verwendeten Rechtsformen von Unternehmen in Deutschland. Ungefähr 70 % aller Unternehmen sind Einzelunternehmen.

Die Begriffe Firma und Unternehmen werden umgangssprachlich oft gleich verwendet, sie dürfen jedoch nicht verwechselt werden.
Eine Firma ist der ins Handelsregister eingetragene Name eines Unternehmens.

5.2 Einzelunternehmen

Eingetragener Kaufmann
Jedem Firmennamen muss ein Kürzel (Abkürzung der Rechtsform) angehängt werden. So muss z.B. ein Einzelunternehmen den Zusatz e.K. (eingetragener Kaufmann) führen. Erlaubt sind auch sie eindeutigen Unterscheidungen in „e. Kfm." oder „e. Kfr." (eingetragene Kauffrau).

Diese Unternehmensform ist vorwiegend für kleinere und mittlere Unternehmen gedacht. Sobald die Firma gegründet wird, erfolgt eine Eintragung in das Handelsregister A und die Firma muss einen Namen wie zum Beispiel Michelle Morgan Modedesign e.K. oder Michelle Morgan e.K. verzeichnen lassen.
Die Inhaberin trägt das komplette finanzielle Risiko, die Gewinne fließen ihr zu, sie haftet allerdings auch mit ihrem gesamten privaten und geschäftlichen Vermögen.

Sonstiges Gewerbe
Hier handelt es sich um eine Unternehmensform, bei der sich der Gründer nicht für eine bestimmte Rechtsform entscheidet.

Dies ist die einfachste Unternehmensform, für die nur ein Gewerbeschein (wird bei der Gemeinde beantragt) benötigt wird. Meist werden so kleine Geschäfte, z. B. Modeboutiquen, Zeitschriftenläden usw. betrieben. Dabei trägt der Inhaber das komplette finanzielle Risiko, er haftet also mit seinem gesamten Vermögen, wenn seine Einnahmen nicht mehr ausreichen, um die Ausgaben zu decken.

5.3 Personengesellschaften

Gesellschaft bürgerlichen Rechts - GbR
Die GbR ist eine Unternehmensform, zu deren Gründung mindestens zwei Personen benötigt werden. Beide Gründer schließen einen Gesellschaftervertrag, in dem die Rechte und Pflichten beider Seiten beschrieben sind.

Je nach Gesellschaftervertrag kann jeder der Gründer ein Kapital auf das Konto des Unternehmens einzahlen oder zum Beispiel einen Computer zur Verfügung stellen (Sachgründung).

Die Gründung einer GbR ist besonders bei Freiberuflern und Studenten beliebt, die sich gemeinsam mit einem Arbeitskollegen, Freund oder Bekannten selbstständig machen möchten.

Offene Handelsgesellschaft - OHG
Die OHG ist eine Rechtsform, die vor allen von kleineren und mittleren Betrieben gewählt wird (oft Familienunternehmen). Die vertragliche Vereinbarung erfolgt von zwei oder mehr Personen, z. B. zum Betrieb eines Handelsgewerbes, wobei die Namen mehrerer Gesellschafter oder die Namen mit einem Zusatz (Gebrüder, & Sohn, & Co.) angegeben werden.

Die Haftung ist persönlich und unbeschränkt, d. h. alle Gesellschafter haften für die gesamten Schulden der Gesellschaft mit ihrem Kapitalanteil und dem Privatvermögen.

Die Gewinnverteilung ist im HGB gesetzlich geregelt, danach hat jeder Gesellschafter Anspruch auf 4 % seines Kapitalanteils. Reicht der Gewinn für 4 % nicht aus, gibt es weniger. Der Rest ist nach Köpfen (Anzahl der Gesellschafter) verteilt. Im Gesellschaftsvertrag kann eine abweichende Regelung vereinbart werden. Jeder Gesellschafter ist allein zur Geschäftsführung berechtigt, allerdings sind vertragliche Abweichungen möglich.

Kommanditgesellschaft - KG
Die KG ist eine vertragliche Vereinbarung von zwei oder mehr Personen zum Betrieb eines Handelsgewerbes unter gemeinschaftlicher Firma. Auch hier handelt es sich häufig um Familienunternehmen.

Im Unterschied zur OHG haftet den Gläubigern gegenüber mindestens ein Gesellschafter unbeschränkt und mindestens einer beschränkt. Man unterscheidet deshalb zwischen Vollhaftern (Komplementären) und Teilhaftern (Kommanditisten). Der Teilhafter haftet nur bis zur Höhe seiner ins Handelsregister eingetragenen Einlage.

Da die Vollhafter zum großen Teil das Risiko des Unternehmenserfolges tragen, leiten sie im Allgemeinen die KG und üben den Haupteinfluss aus, während sich die Teilhafter dann nur kapitalmäßig, ohne persönliche Mitarbeit, bei nur beschränkter Haftung beteiligen.

5.4 Kapitalgesellschaften

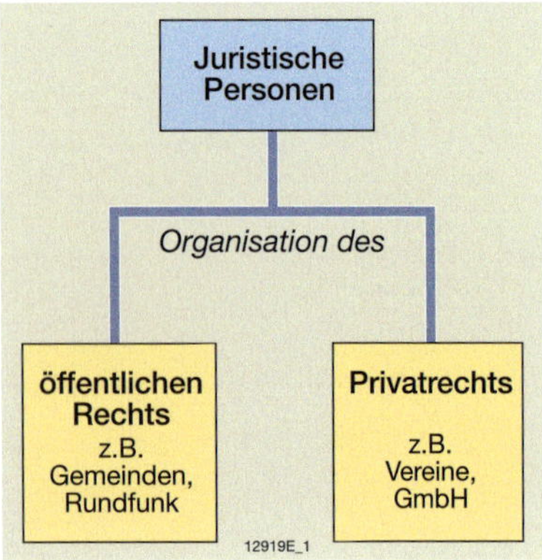

Gesellschaft mit beschränkter Haftung - GmbH
Die GmbH ist eine Handelsgesellschaft mit eigener Rechtspersönlichkeit (juristische Person), deren Gesellschafter mit ihrer Einlage am Stammkapital der Gesellschaft beteiligt sind. Das Stammkapital muss mindestens 25.000 € betragen. Für Verbindlichkeiten der Gesellschaft haftet den Gläubigern nur das Gesellschaftsvermögen, daher die Bezeichnung: „beschränkte Haftung". Der Firmenname der GmbH kann eine Personen-, Sach-, Fantasie- oder gemischte Firma sein. Sie muss allerdings die Bezeichnung GmbH enthalten.

Die Geschäftsführungsbefugnis und Vertretungsmacht wird von einem oder mehreren Geschäftsführern ausgeübt. Der Gewinn, den die GmbH erwirtschaftet, wird im Verhältnis der Geschäftsanteile der Gesellschafter verteilt.

Firmenname:
- Personenfirma: z. B. Johann Meier GmbH
- Sachfirma: z. B. Süßwaren GmbH
- Fantasiefirma: z. B. SCHOKO GmbH
- gemischte Firma: z. B. Meier-Süßwaren GmbH

Bedeutung der GmbH
Die Rechtsform der GmbH wird aus folgenden Gründen häufig gewählt:
- kann mit wenig Kapital gegründet werden,
- Risiko der Gesellschafter ist auf Stammeinlage beschränkt,
- kann auch für nichtgewerbliche (wissenschaftliche, etc.) Zwecke gegründet werden,
- Gesellschafter haben weitgehendes Mitverwaltungsrecht,
- Gründungs- und Verwaltungskosten niedriger als bei AG,
- sichert als juristische Person die Fortführung des Unternehmens beim Tode eines Gesellschafters.

Die Aktiengesellschaft - AG
Die Aktiengesellschaft ist ebenso eine Handelsgesellschaft mit eigener Rechtspersönlichkeit, also eine juristische Person. Für die Gründung einer AG ist ein Grundkapital von mindestens 50.000 € nötig. Die Gesellschafter (Aktionäre) sind mit ihren Einlagen auf das in den Aktien (Anteilscheine) zerlegte Grundkapital beteiligt.

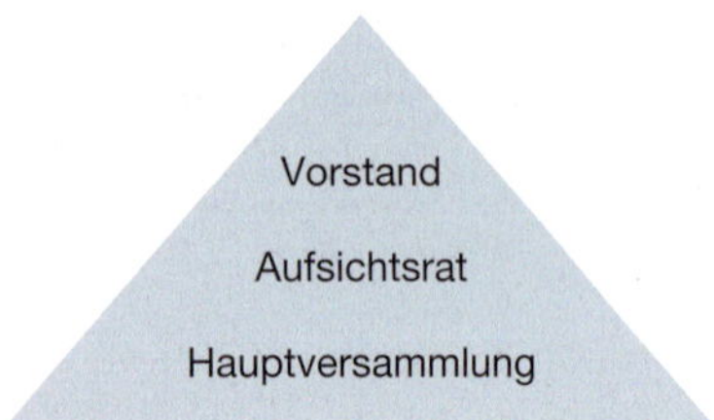

Die Geschäftsführung und Vertretung der AG wird vom Vorstand ausgeübt, der die Unternehmung leitet. Er ist eines von drei Organen der AG. Daneben gibt es noch den Aufsichtsrat, der die Geschäftsführung des Vorstandes überwacht und die Hauptversammlung, in der die Aktionäre ihre Interessen vertreten.

Vom Jahresüberschuss muss ein Teil in die gesetzliche Rücklage eingestellt werden. Der andere Teil kann in Form von Gewinnanteilen (Dividenden) an die Aktionäre ausgeschüttet werden. Wie der Gewinn zu verwenden ist, entscheidet die Hauptversammlung.

5.5 Die eingetragene Genossenschaft (e.G.)

Zur Gründung einer Genossenschaft bedarf es mindestens sieben Personen. Der Geschäftszweck ist die wirtschaftliche Förderung der Mitglieder durch einen gemeinsamen Geschäftsbetrieb. Diese Rechtsform trifft man vorwiegend im Bereich der Landwirtschaft z. B. Winzergenossenschaften oder im Bau- und Wohnungsbereich.

Wie bei der AG verfügt die eingetragene Genossenschaft über drei Organe:
- den Vorstand mit mindestens zwei Mitgliedern
- den Aufsichtsrat mit mindestens drei Mitgliedern
- die Generalversammlung bzw. Vertreterversammlung

5.6 Das Handelsregister

Das Handelsregister ist ein öffentliches Verzeichnis, das beim Amtsgericht (auch Registergericht) geführt wird und auch online verfügbar ist.

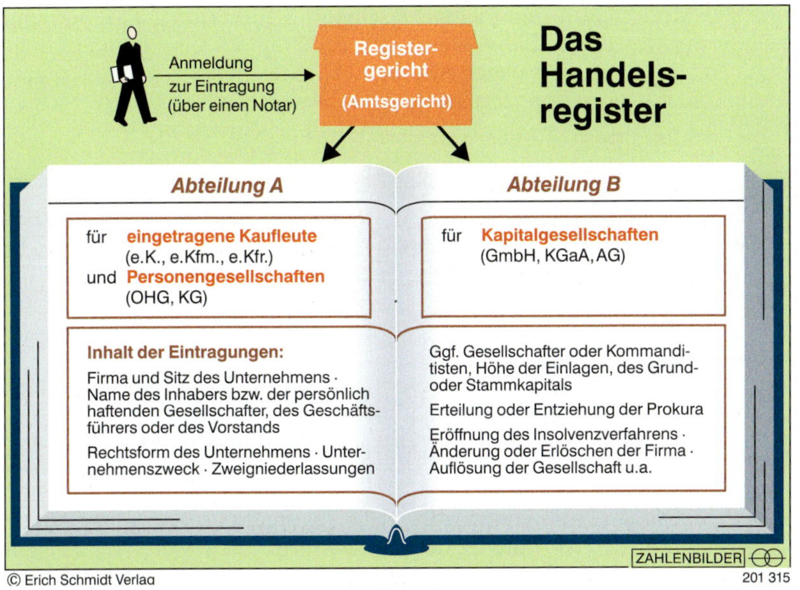

 201 315

www.handelsregister.de

Überblick über die wichtigsten Unterschiede

Gesichtspunkt	Einzelunternehmen	OHG	KG	GmbH	AG	e.G.
Gründung	Eintrag ins Handelsregister	Eintrag ins Handelsregister	Eintrag ins Handelsregister	Eintrag ins Handelsregister Mindestkapital: 25.000 €	Eintrag ins Handelsregister Mindestkapital: 50.000 €	Eintrag ins Genossenschaftsregister
Geschäftsführung	Einzelunternehmer	alle Gesellschafter	Komplementär	Geschäftsführer	Vorstand Aufsichtsrat Hauptversammlung	Vorstand Aufsichtsrat Generalversammlung
Gewinn	Einzelunternehmer	z. B. 4 % des Kapitals, Rest nach Köpfen	4 % des Kapitals, Rest je nach Anteilen	je nach Geschäftsanteilen	Rücklage, Dividende	Rücklage, Verteilung auf die Mitglieder
Verlust	Einzelunternehmer	je nach Vertrag, nach Köpfen	je nach angemessenen Anteilen	keine Gewinnausschüttung in den nächsten Jahren	keine Gewinnausschüttung in den nächsten Jahren	Verteilung auf die Mitglieder
Haftung	Privat- und Betriebsvermögen	Privat- und Betriebsvermögen	Komplemetär: Privat- und Betriebsvermögen Kommanditist: nur mit der Einlage	Gesellschaftsvermögen	Gesellschaftsvermögen	Gesellschaftsvermögen

6 Betriebliche Grundfunktionen

Das Unternehmen mit der Firmenbezeichnung SCHOKO GmbH stellt Süßwaren aller Art her. Die Firma bezieht ihre Rohstoffe (z.B. Kakao, Zucker) aus Südamerika. In ihrem Werk in der Nähe von Gera stellt sie mit 100 Mitarbeitern und vielen Maschinen Schokoriegel, Pralinen und andere Süßwaren her. Sie verkauft ihre Produkte an Großhandelsunternehmen im In- und Ausland. Alle betrieblichen Abläufe benötigen eine bestimmte Organisation, das heißt einen Aufbau, der einen geregelten, möglichst störungsfreien betrieblichen Ablauf gewährleistet.

① Beschaffung
② Fertigung
③ Absatz (Vertrieb)
④ Verwaltung

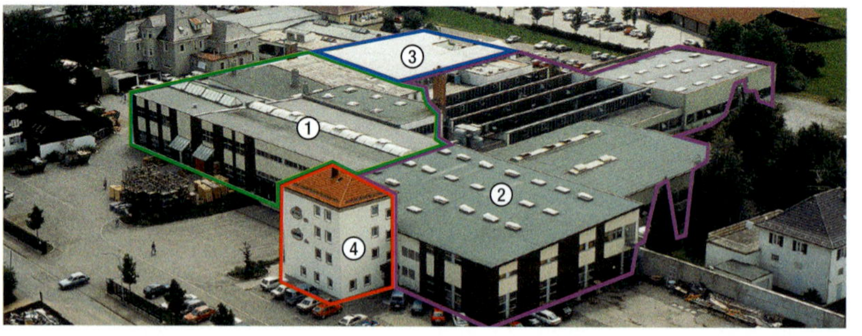

Auf dem nebenstehenden Luftbild kannst du sicher vom Gebäudetyp her die einzelnen Unternehmensbereiche erkennen.

Jedes Unternehmen umfasst die Bereiche Beschaffung, Fertigung, Absatz (Vertrieb) und die Verwaltung. Die **Beschaffung**, auch Materialwirtschaft genannt, kümmert sich um die Materialbestellung, prüft dessen Qualität und überwacht die Lagerung. In der **Fertigung** werden die Arbeitsabläufe vorbereitet, es wird produziert und am Ende die Qualität des Produktes kontrolliert. Der **Vertrieb** muss neue Aufträge hereinholen, die Endprodukte prüfen, ausliefern und sich der Werbung für die Produkte annehmen. Die **Verwaltung** umfasst die Leitung des Unternehmens. Man kann sie in eine technische und eine kaufmännische Leitung unterteilen. Die technische Leitung forscht und entwickelt neue Produkte, plant die einzelnen Fertigungsschritte und ist für die EDV (Elektronische Datenverarbeitung) zuständig. Die kaufmännische Leitung organisiert den gesamten Betrieb, sie beinhaltet das betriebliche Rechnungswesen, die Personalverwaltung und die Finanzierung der betrieblichen Vorhaben.

i Fakturierung = Rechnungsstellung

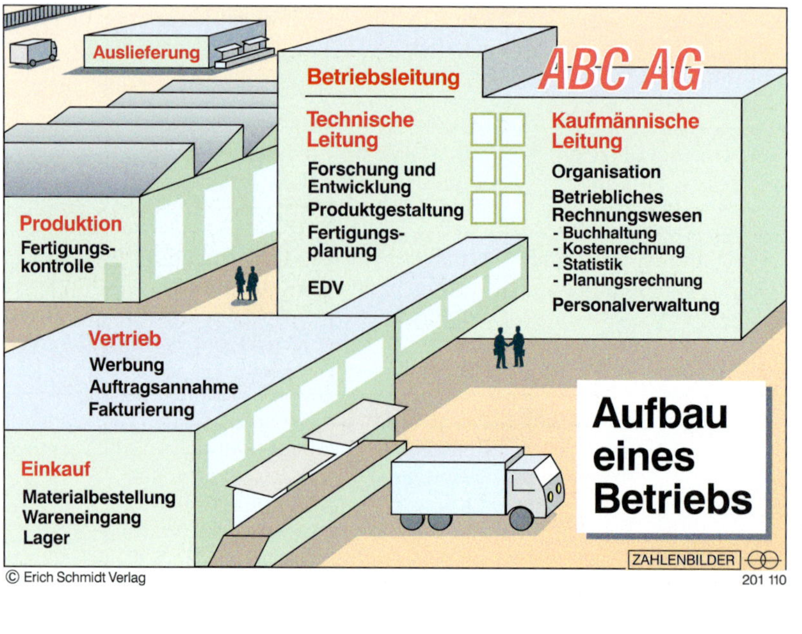

 201 110

A

1. In welche vier Bereiche kann man jedes Unternehmen einteilen?
2. Warum sind organisatorische Regelungen in einem Betrieb unbedingt notwendig?
3. Betrachte das Schaubild zum Aufbau eines Betriebes.
   In welche vier Teilbereiche kann man das betriebliche Rechnungswesen einteilen?

Die Hauptaufgabe der Unternehmen ist die Herstellung von Sachgütern oder Dienstleistungen für den Bedarf Dritter, also anderer Personen, so stellt Firma SCHOKO aus bezogenem Material Süßwaren aller Art her:

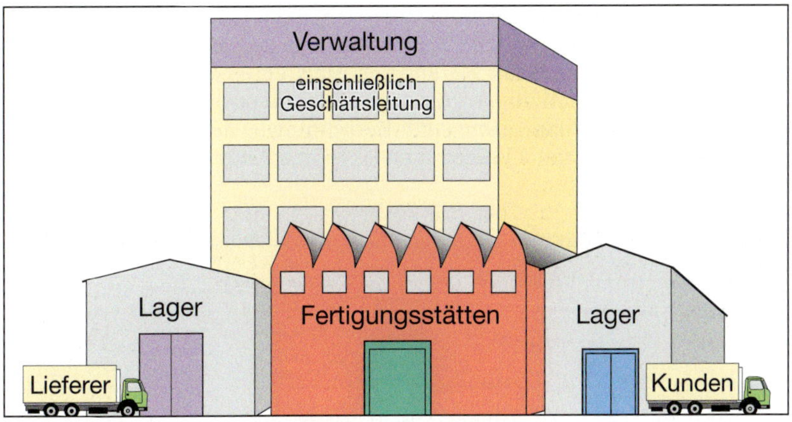

Das Unternehmen SCHOKO steht neben den Lieferern und den Kunden noch mit vielen anderen Personen und Behörden im Kontakt.
Nenne mindestens fünf weitere Personen oder Behörden, mit denen das Unternehmen in Verbindung steht.

Ziel des Unternehmens ist es, Einnahmen (durch den Verkauf der Süßwaren) zu erzielen, die größer sind als die Ausgaben (z.B. für Material, Maschinen, Arbeitskräfte). Ständig sind die Vorgänge der Beschaffung, der Fertigung und des Absatzes zu **kontrollieren, Entscheidungen zu treffen** und **Planungen** für die Zukunft nötig.

Die Unternehmensleitung (Herr Meier) hat auch gegenüber den Mitarbeitern eine hohe **Verantwortung**, denn als Arbeitgeber trifft er täglich Entscheidungen im Unternehmen und diese wirken sich auch auf die Familien jedes einzelnen Beschäftigten aus.

Herr Meier hat als Unternehmer eine Reihe von Aufgaben zu bewältigen

Sehen wir uns die Hauptaufgabe der Firma SCHOKO, das Produzieren von Süßwaren, nochmals im Schema an:

Rohstoffe (Kakao, Zucker etc.) werden von Lieferern eingekauft, — daraus wird Schokolade produziert — und diese anschließend an Kunden verkauft.

Fertigungsunternehmen

kauft ein — fertigt (= produziert) — verkauft

Lieferer

Kakao, Zucker →

Schokolade →

Kunde

Beschaffung (Außenbeziehung)

Fertigung (innerbetrieblicher Vorgang)

Absatz (Außenbeziehung)

7 Grundlagen des betrieblichen Rechnungswesens

Ähnlich wie im privaten Bereich eine Familie alle Einnahmen und Ausgaben im sogenannten Haushaltsbuch aufschreibt (wir sprechen dann von Haushaltsbuchführung), zeichnet auch ein Unternehmer alle Ausgaben und Einnahmen (Vorgänge mit Außenbeziehungen) und die innerbetrieblichen Vorgänge genau auf. So kann er stets einen Überblick über sein Unternehmen behalten und wird seiner hohen Verantwortung gerecht. Er führt Buch (**Buchführung**) und stellt Berechnungen an zu den Preisen, die er fordern muss, um seine Kosten zu decken und einen Gewinn zu erzielen (**Rechnen, Kalkulation**).

Summa de
Arithmetica geo
metria. Proportioni: et proportionalita:
Continentia de tutta lopera.

„Summa de Arithmetica, Geometria, Proportioni et Proportionalità“, das Buch von Luca Pacioli, der 1494 die Doppelte Buchführung als erster schriftlich festhielt.

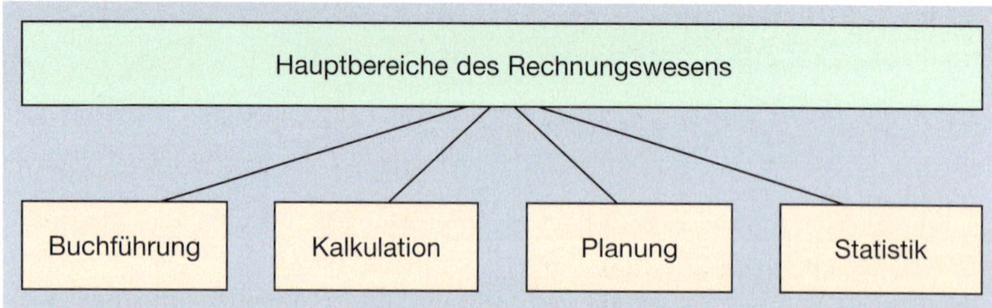

Die **Buchführung** erfüllt in erster Linie eine Dokumentationsaufgabe. Alle betrieblichen Vorgänge werden lückenlos und chronologisch aufgezeichnet. Sie ist gesetzlich vorgeschrieben (im HGB).
Die **Kalkulation** (Kosten-Leistungs-Rechnung) dient der Kontrolle der innerbetrieblichen Vorgänge und der Wirtschaftlichkeit des Unternehmens.
Die **Planung** der zukünftigen Entwicklung des Unternehmens ist eine wichtige Aufgabe des Rechnungswesens. Prognosen über voraussichtliche Marktchancen oder die Zielsetzung des Betriebes bedürfen einer genauen Auswertung der vorhandenen Daten.
Die **Statistik** bereitet die vorhandenen Daten auf, ordnet sie und wertet diese aus. Sie entwickelt Tabellen, Schaubilder und Diagramme und berechnet Zahlen für den Vergleich mit anderen Unternehmen oder den Zahlen aus dem Vorjahr.

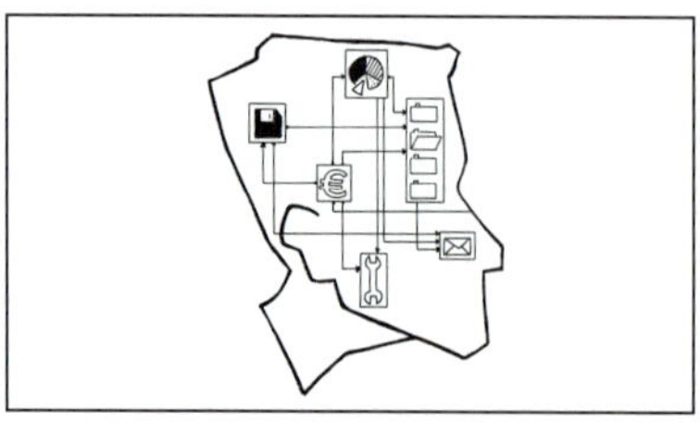

1. Sieh im Fremdwörterbuch nach, woher das Wort Kalkulation stammt und was es übersetzt bedeutet.
2. Ordne den vier Abbildungen rechts die Hauptbereiche des Rechnungswesens zu.

Das Rechnungswesen ist ein wichtiges **Führungs- und Kontrollinstrument der Unternehmensleitung**. Buchführung und Kalkulation sind die grundlegenden Voraussetzungen für jedes Unternehmen, um erfolgreich, d.h. mit Gewinn, wirtschaften zu können.

Inhalte von Inventur, Inventar und Bilanz
Nehmen wir an, Herr Johann Meier, Gesellschafter und Gründer der Firma SCHOKO GmbH, will aus Altersgründen aus dem Unternehmen ausscheiden und überträgt seiner Tochter Lisa Meier die Geschäftsführung. Die Eintragung der neuen Gesellschafterin im Handelsregister wird beantragt. Lisa Meier übernimmt durch die Gesamtleitung die Gesamtverantwortung über alle Bereiche im Unternehmen.

Bei der Besprechung der Firmenübergabe wird vereinbart, dass
- der **Firmenname** beibehalten werden soll und
- **Versicherungen** übertragen bzw. neu abgeschlossen werden: z. B. Berufsgenossenschaft (Unfallversicherung), Feuer, Haftpflicht.
- Weiterhin sind **Behördengänge** zu erledigen: z. B. Gemeinde, Industrie- und Handelskammer, Finanzamt.

Das Handelsgesetzbuch (HGB)
enthält rechtliche Regelungen für Kaufleute und wird auf Rechtsgeschäfte angewandt, bei denen mindestens ein Vertragspartner ein Kaufmann ist.

Daneben muss Lisa Meier sich einen genauen **Überblick über das Unternehmen** verschaffen. Besonders zwei Fragen sind für sie von großer Bedeutung:

1. **Welche Vermögenswerte werden ihr übertragen?**
2. **Wem gehören diese Vermögenswerte beziehungsweise mit welchen Mitteln sind sie finanziert (Eigen- oder Fremdmittel)?**

7.1 Die Inventur

Um die oben stehenden Fragen beantworten zu können, muss Lisa Meier alle Vermögenswerte und Vermögensquellen mengen- und wertmäßig erfassen; sie macht Inventur. Dies schreibt ihr auch der Gesetzgeber im Handelsgesetzbuch (HGB) vor.

§ 240 HGB Inventar.
(1) Jeder Kaufmann hat zu Beginn seines Handelsgewerbes seine Grundstücke, seine Forderungen und Schulden, den Betrag seines baren Geldes sowie seine sonstigen Vermögensgegenstände genau zu verzeichnen und dabei den Wert der einzelnen Vermögensgegenstände und Schulden anzugeben.

Die Inventur nimmt beim Unternehmen SCHOKO einige Tage in Anspruch. Dabei sind alle Mitarbeiter beschäftigt, um Inventurlisten zu erstellen. Dazu werden in vorbereiteten Listen die verschiedenen Vermögensgegenstände genau erfasst (zählen, messen, wiegen).

SCHOKO GmbH Süßwaren aller Art Inventurliste		Stichtag: Seite: aufgenommen durch:		
Artikel		Menge (Stück, kg, m, m^2, m^3, l)	Wert	
Nr.	genaue Bezeichnung		€/Einheit	€/gesamt

Eine ordnungsgemäße Inventur ist grundsätzlich am Geschäftsjahresende (meistens der 31. Dezember) oder innerhalb von zehn Tagen vor oder nach diesem Termin durchzuführen.

Die **Inventur** ist die mengen- und wertmäßige Bestandsaufnahme aller Vermögens- und Schuldenteile eines Unternehmens.

7.2 Die Inventur führt zum Inventar

Das **Inventar** ist ein ausführliches Bestandsverzeichnis aller Vermögenswerte, der Schulden und des Reinvermögens.

Die Inventurlisten werden in mehreren DIN-A4-Ordnern zusammengestellt und ergeben zusammen das Inventar.
Das ausführliche Verzeichnis aller Vermögens- und Schuldenwerte und des Reinvermögens ist nach bestimmten Gesichtspunkten in Staffelform gegliedert. Dabei werden die einzelnen Vermögenswerte, Schuldenteile und das Reinvermögen untereinander aufgelistet, sodass sie zu Summen zusammengefasst werden können.

Gliederung des Inventars		Ordnung der einzelnen Posten nach ...
A. Vermögen		
I. Anlagevermögen 1. Grundstücke 2. Gebäude 3. Maschinen und Anlagen 4. Fuhrpark (Fahrzeuge) Lastkraftwagen J-M ... Lastkraftwagen J-M ... Firmen-PKW J-M ... 5. Büromaschinen 6. Büroausstattung	Zum Anlagevermögen (AV) gehören alle Vermögensteile, die langfristig im Betrieb genutzt werden.	... der Anlagedauer (= Dauer der Benutzbarkeit)
II. Umlaufvermögen 1. Vorräte 2. Forderungen an Kunden 3. Bankguthaben 4. Kassenbestand	Zum Umlaufvermögen (UV) gehören alle Vermögensteile, die nur kurze Zeit im Betrieb verbleiben oder rasch umgesetzt werden, d.h. ständigen Änderungen unterworfen sind.	... der Liquidität (= Grad der Flüssigkeit, Zahlungsfähigkeit)
B. Schulden **I. Langfristige Schulden** 1. Langfristige Bankverbindlichkeiten **II. Kurzfristige Schulden** 1. Verbindlichkeiten an Lieferer 2. Kurzfristige Bankverbindlichkeiten	Zu Schulden sagt man auch Fremdkapital oder Verbindlichkeiten. Schulden, die innerhalb eines Jahres zurückgezahlt werden müssen, sind kurzfristig. Ist die Fälligkeit später (z.B. in 5 Jahren), sprechen wir von langfristigen Schulden.	... der Fälligkeit (= wann müssen die Schulden zurückgezahlt werden?)
C. Ermittlung des Reinvermögens Summe des Vermögens – Summe der Schulden = Reinvermögen (Eigenkapital)	Das Reinvermögen wird auch als Eigenkapital (oder kurz Kapital) bezeichnet.	Hier ist keine besondere Ordnung nötig, da es sich nur um einen Posten handelt.

Die Beträge der einzelnen Posten werden zu den jeweiligen Größen addiert:

Anlagevermögen
\+ = **Vermögen**
Umlaufvermögen

langfristige Schulden
\+ = **Schulden**
kurzfristige Schulden

Aus der Differenz von Vermögen und Schulden ergibt sich das Reinvermögen (Eigenkapital).

7.3 Die Bilanz des Unternehmens

Mit der Aufstellung des Inventars (siehe Seite 226) ist es Lisa Meier nicht zu ihrer Zufriedenheit gelungen, einen guten Überblick über das Unternehmen zu gewinnen. Insbesondere die zweite der beiden folgenden Fragen ist für sie noch nicht zufriedenstellend beantwortet:

1. **Welche Vermögenswerte werden ihr übertragen?**
2. **Wem gehören diese Vermögenswerte beziehungsweise mit welchen Mitteln sind sie finanziert (Eigen- oder Fremdmittel)?**

Ferner schreibt der Gesetzgeber im Handelsgesetz vor, dass bei der Geschäftsübernahme auch eine **Bilanz** zu erstellen ist.

§ 242 HGB Pflicht zur Aufstellung.
(1) Der Kaufmann hat zu Beginn seines Handelsgewerbes und für den Schluss eines jeden Geschäftsjahrs einen das Verhältnis seines Vermögens und seiner Schulden darstellenden Abschluss (Eröffnungsbilanz, Bilanz) aufzustellen. ...

§ 243 HGB Aufstellungsgrundsatz.
(1) Der Jahresabschluss ist nach den Grundsätzen ordnungsmäßiger Buchführung aufzustellen.
(2) Er muss klar und übersichtlich sein.
(3) Der Jahresabschluss ist innerhalb der einem ordnungsmäßigen Geschäftsgang entsprechenden Zeit aufzustellen.

i Die **Bilanz** ist die kurzgefasste Gegenüberstellung von Vermögenswerten und Vermögensquellen und vermittelt wie das Inventar ein Bild des augenblicklichen Vermögensstandes.

Anlässlich der Geschäftsübernahme zum 1. Januar 20.., die mit dem Beginn eines Handelsgewerbes durch Lisa Meier gleichzusetzen ist, muss eine Bilanz erstellt werden.

Zum besseren Überblick in einer **Bilanz** werden deshalb:
- alle gleichartigen Posten (z. B. die verschiedenen Maschinen) zusammengefasst,
- die Mengenangaben weggelassen sowie
- die Bestände nur in zusammengefassten €-Beträgen aufgenommen.

In der Bilanz werden die Vermögenswerte den Vermögensquellen (Schulden und Reinvermögen) in der einfacheren und kürzeren **T-Konto-Form** in zwei Spalten gegenübergestellt:
- Die Vermögenswerte (Aktiva) werden auf die linke Seite der Bilanz (**Aktivseite**) übernommen und
- die Vermögensquellen (Passiva) auf die rechte Seite der Bilanz (**Passivseite**) geschrieben.

i **Die T-Konto-Form** hat den Vorteil, dass bestimmte Größen nicht untereinander aufgelistet, sondern wie in einem **T** gegenübergestellt werden können. Dies erhöht die Übersichtlichkeit und die Aussagekraft entscheidend.

A	Bilanz	P
AV UV		EK FK

Der Aufbau der Bilanz und die Reihenfolge der einzelnen Bestände sind wie im Inventar genau festgelegt und müssen stets beachtet werden:
- Gliederung der Aktivseite in Anlagevermögen und Umlaufvermögen,
- Gliederung der Passivseite in Eigenkapital und Fremdkapital,
- Die Aktivseite stellt die Vermögenswerte, die Passivseite die Vermögensquelle dar.

Aus der Gegenüberstellung von Vermögen und Kapital lassen sich z. B. folgende Gleichungen ableiten:
- Vermögen = Kapital
- Anlagevermögen + Umlaufvermögen = Eigenkapital + Fremdkapital
- Eigenkapital = (Anlagevermögen + Umlaufvermögen) – Fremdkapital

Die **Bilanz** zeigt, dass die Summe der Vermögenswerte genauso groß ist wie die Summe des zur Verfügung stehenden Kapitals (Vermögensquellen). Bei den Vermögenswerten und Vermögensquellen handelt es sich um gleiche Rechnungsgrößen, die nur von verschiedenen Standpunkten aus betrachtet werden.

Weil die Endsummen auf beiden Seiten gleich sind, nennt man diese Gegenüberstellung „Bilanz“ (italienisch „bilancia“ = zwei Schalen oder Waage).

Die Bilanz zeigt auf der		
Aktivseite (Aktiva)		**Passivseite (Passiva)**
die **Verwendung** der Mittel, also die Form des Vermögens, die Art des Mitteleinsatzes: Kapitalverwendungsseite		die **Herkunft** der Mittel, also die Quelle des Kapitals, die Art der Finanzierung: Kapitalbeschaffungsseite
Anlagevermögen **+ Umlaufvermögen** **= Vermögen**		**Eigenkapital** **+ Fremdkapital** **= Kapital**
Bilanzgleichung:	Vermögen (V) =	Eigenkapital (EK) + Fremdkapital (FK)
	V =	EK + FK
	Aktiva =	Passiva

Aus dem Inventar des Unternehmens SCHOKO erstellt Lisa Meier folgende Bilanz:

Bilanz
Schoko GmbH, Jena
zum 1. Januar 20..
(als Eröffnungsbilanz bei Übernahme des Unternehmens)

Aktiva			**Passiva**
Anlagevermögen		**Eigenkapital**	2.100.000,00 €
Bebaute Grundstücke	400.000,00 €	**Fremdkapital**	
Betriebs- und Verwaltungsgebäude	800.000,00 €	Langfristige Schulden	
Maschinen und Anlagen	2.150.000,00 €	Langfristige Bankverbindlichkeiten	1.800.000,00 €
Fuhrpark	345.000,00 €	Kurzfristige Schulden	
Büromaschinen	265.000,00 €	Kurzfristige Bankverbindlichkeiten	803.000,00 €
Büroausstattung	460.000,00 €	Verbindlichkeiten an Lieferer	527.000,00 €
Umlaufvermögen			
Vorräte	150.000,00 €		
Forderungen an Kunden	425.000,00 €		
Bankguthaben	230.000,00 €		
Kassenbestand	5.000,00 €		
	5.230.000,00 €		5.230.000,00 €

Jena, 1. Januar 20..
Lisa Meier

Mit der Geschäftsübernahme schließt Herr Meier das alte Geschäftsjahr ab (Jahresabschluss) und gleichzeitig beginnt Lisa Meier zum 1. Januar 20.. ihre unternehmerische Tätigkeit. Für diesen Zweck werden die Inventur durchgeführt, das Inventar erstellt und daraus die Bilanz entwickelt.

Jahresabschluss
Wenn in diesem Zusammenhang vom Jahresabschluss gesprochen wird, so ist festzuhalten, dass der Jahresabschluss zum Ende eines Geschäftsjahres erstellt wird.
Im Fall der Firma Meier ist dies zuletzt zum 31. Dezember 20.. gewesen. Bei der Übernahme des Unternehmens durch Lisa Meier zum 1. Januar 20.. können wir davon ausgehen, dass die Vermögenswerte und Schulden des alten Jahres (31. Dezember 20.., 24:00 Uhr) mit jenen des neuen Jahres (1. Januar 20.., 0:00 Uhr) vollkommen übereinstimmen.
Somit treffen die Bestimmungen des Handelsrechts (siehe §§ 242, 243 HGB) nicht nur auf das Ende des alten Geschäftsjahres, sondern auch auf den Beginn des neuen Geschäftsjahres zu.

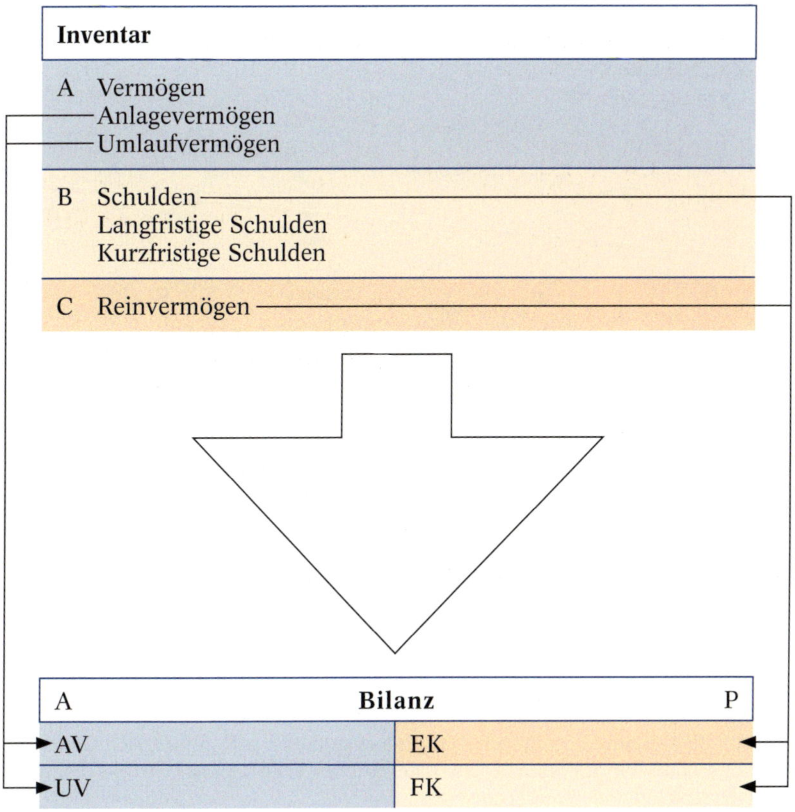

Inventar und Bilanz
Inventar und Bilanz zeigen beide den Stand des Vermögens und der Schulden einer Unternehmung. Sie sind beide Bestandsverzeichnisse, nur die Art der Darstellung ist unterschiedlich.
Das Führen von Büchern (z.B. Inventar, Bilanz) hat sehr viel mit **Wahrheit**, **Klarheit** und **Übersichtlichkeit** zu tun. Alle Aufzeichnungen werden so zusammengestellt, dass sie jederzeit eindeutig nachvollzogen werden können. Das erfordert auch ein hohes Maß an **Gewissenhaftigkeit**.

Die Grundsätze ordnungsmäßiger Buchführung lassen sich in folgenden Aussagen zusammenfassen:
- Die Buchführung muss klar und übersichtlich sein.
- Die Buchführung muss in einer lebenden Sprache abgefasst sein.
- Die Buchführung muss mit urkundensicheren Schreibmaterialien verfasst werden.
- Die Geschäftsfälle müssen fortlaufend, vollständig, richtig, zeitgerecht und sachlich geordnet erfasst werden.
- Die Aufzeichnungen dürfen nicht unleserlich sein.

Die GoB sorgen für Klarheit, Wahrheit und Übersichtlichkeit in der Buchführung und sind von jedem Kaufmann zu beachten. Sie ermöglichen es, dass sich ein sachverständiger Dritter (z.B. ein Finanzbeamter) innerhalb angemessener Zeit einen Überblick über die wirtschaftliche Lage des Unternehmens verschaffen kann.

Inventar
- **ausführliche** Darstellung der einzelnen Vermögens- und Schuldwerte nach Menge, Art und Einzelwerten
- Aufstellung des Vermögens, der Schulden und des Reinvermögens in **Staffelform**

Bilanz
- **kurzgefasste** Darstellung des Vermögens und der Schulden nur mit den jeweiligen Gesamtwerten und ohne Mengenangabe
- Aufstellung des Vermögens und des Kapitals in einer Kurzfassung, der **T-Kontoform**

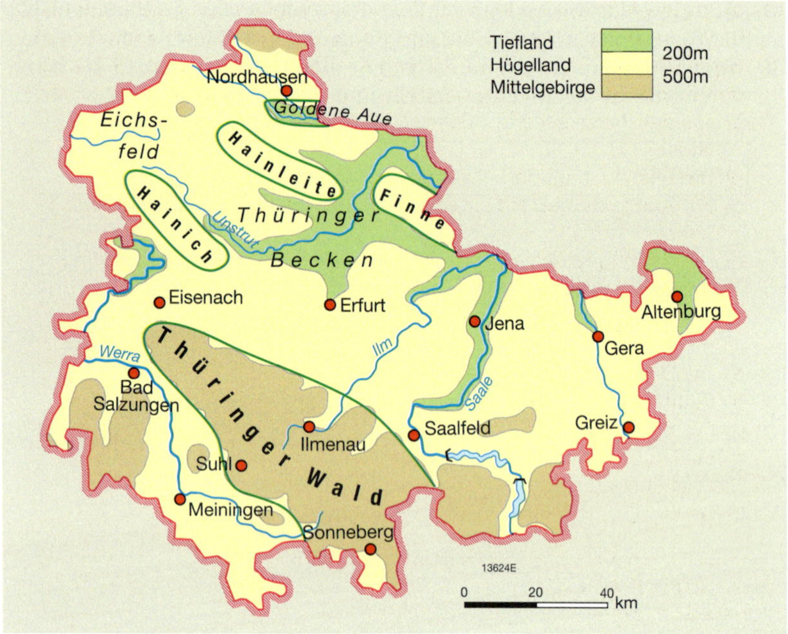

1. Worüber gibt die Rechtsform eines Unternehmens Auskunft?
2. Beschreibe vier wesentliche Unterscheidungsmerkmale zwischen einer Einzelunternehmung und einer Aktiengesellschaft.
3. Schlage in einem Branchenadressbuch deiner Gemeinde die Rubrik „Malerbetriebe" auf. Stelle bei den ersten 20 Unternehmen die Rechtsform fest.
4. a) Wozu dient der Firmenname?
   b) Was bedeuten folgende Rechtsformzusätze: e. K.; OHG; AG; GmbH?
   c) Welche Angaben müssen Geschäftsbriefe enthalten?
5. a) Was ist ein Handelsregister?
   b) Welche Inhalte muss ein Eintrag im Handelsregister haben?
   c) Welche Bedeutung haben die beiden Abteilungen A und B des Handelsregisters?
6. In welche vier Bereiche lassen sich Fertigungsunternehmen einteilen?
7. Nenne die vier Unternehmensbereiche.
8. Nenne die vier Hauptbereiche des Rechnungswesens.
9. a) Was versteht man unter Inventur, was unter Inventar?
   b) Erkläre den Unterschied zwischen Inventur und Inventar.
   c) Nenne je drei Vermögensgegenstände, die zum Anlage- bzw. zum Umlaufvermögen gehören.
   d) Welche Formvorschriften gelten für das Inventar?
   e) Welche Aufgabe haben Vor- und Hauptspalte des Inventars?
10. Stelle die folgenden Posten in der richtigen Gliederung zu einem Inventarschema zusammen:
    Maschinen, Fahrzeuge, Vorräte, Gebäude, Bankguthaben, Langfristige Bankverbindlichkeiten, Kurzfristige Bankverbindlichkeiten, Forderungen an Kunden, Verbindlichkeiten bei Lieferern, Bargeld.
11. Das Inventar ist in Staffelform aufgebaut und umfasst zahlreiche Fachbegriffe.
    a) Erkläre den Aufbau des Inventars.
    b) Gib jeweils eine kurze Erklärung für folgende Fachbegriffe:
       - Maschinen und Anlagen
       - Fuhrpark
       - Bankguthaben
       - Bankverbindlichkeiten

§ 240 HGB Inventar.
(1) Jeder Kaufmann hat zu Beginn seines Handelsgewerbes seine Grundstücke, seine Forderungen und Schulden, den Betrag seines baren Geldes sowie seine sonstigen Vermögensgegenstände genau zu verzeichnen und dabei den Wert der einzelnen Vermögensgegenstände und Schulden anzugeben.

12. a) Inwieweit erfüllt ein Inventar die Anforderungen des § 243 HGB nicht?
    b) Wann ist von jedem Kaufmann nach § 242 eine Bilanz aufzustellen?
13. Stelle fest, ob die folgenden Aussagen richtig oder falsch sind, begründe deine Entscheidung und schlage gegebenenfalls Verbesserungen vor:
    a) Auf der Passivseite der Bilanz wird die Form des Vermögens dargestellt.
    b) Die Bilanz ist mit dem Inventar „verwandt“.
    c) Für Kaufleute besteht eine gesetzliche Pflicht zur Aufstellung einer Bilanz.
    d) Die Gleichung Aktiva = Passiva kann auch so dargestellt werden:
       Anlagevermögen
       + Umlaufvermögen
       = Eigenkapital.
    e) Die Bilanz ist ähnlich wie das Inventar gegliedert.
    f) Bilanz und Inventar unterscheiden sich nur in der Form.
    g) Die Staffelform der Bilanz ist gekennzeichnet durch die Gegenüberstellung von Vermögen und Kapital.
14. Erstelle anhand des unten abgebildeten Inventars der Firma Maier Möbelbau e. K. eine Bilanz.

Maier Möbelbau e. K.
Neustädter Straße 16
99087 Erfurt

Inventar

(Bestandsverzeichnis zum 1. Januar 20.. in € – verkürzte Übersicht)

	(Vorspalte)	(Hauptspalte)
A. Vermögen		
I. Anlagevermögen		
1. Bebaute Grundstücke	300.000,00	
2. Betriebs- u. Verwaltungsgebäude	900.000,00	
3. Maschinen und Anlagen laut Verzeichnis	2.000.000,00	
4. Fuhrpark		
Lastkraftwagen EF-MM-102	75.000,00	
Lastkraftwagen EF-MM-104	245.000,00	
Personenkraftwagen EF-MM-301	25.000,00	
5. Büromaschinen laut Verzeichnis	415.000,00	
6. Büroausstattung laut Verzeichnis	460.000,00	4.420.000,00
II. Umlaufvermögen		
1. Vorräte laut Verzeichnis	300.000,00	
2. Forderungen an Kunden	275.000,00	
3. Bankguthaben	210.000,00	
4. Kassenbestand	25.000,00	810.000,00
Summe des Vermögens		5.230.000,00
B. Schulden		
I. Langfristige Schulden		
1. Langfristige Bankverbindlichkeiten	1.600.000,00	1.600.000,00
II. Kurzfristige Schulden		
1. Kurzfristige Bankverbindlichkeiten	903.000,00	
2. Verbindlichkeiten an Lieferer	627.000,00	1.530.000,00
Summe der Schulden		3.130.000,00
C. Ermittlung des Reinvermögens		
Summe des Vermögens		5.230.000,00
-Summe der Schulden		-3.130.000,00
= Eigenkapital (Reinvermögen)		2.100.000,00

15. a) Wie lautet die Bilanzgleichung?
    b) Gib zwei weitere Möglichkeiten für die Bilanzgleichung an, indem du folgende Begriffe bzw. Abkürzungen verwendest: Vermögen (V), Anlagevermögen (AV), Umlaufvermögen (UV), Kapital (K), Fremdkapital (FK), Eigenkapital (EK).
    c) Was zeigt die Passivseite der Bilanz? Wie ist diese gegliedert?
    d) Was zeigt die Aktivseite der Bilanz? Wie ist diese gegliedert?
16. Erstelle nach den unten aufgeführten Inventurbeständen der Firma Egon Haizmann e. K., Eisenach, das Inventar und die Bilanz.

Vorräte laut besonderem Verzeichnis	89.000,00 €
Geschäftsausstattung laut Anlagekartei	72.000,00 €
Lastkraftwagen	88.000,00 €
Maschinen	42.000,00 €
Langfristige Bankverbindlichkeiten	210.000,00 €
Verbindlichkeiten aus Lieferungen:	
Lieferer Weiß	17.000,00 €
Lieferer Schwarz	5.000,00 €
Gebäude	360.000,00 €
Grundstücke	210.000,00 €
Bares Geld	5.000,00 €
Guthaben bei:	
Sparbank	9.000,00 €
Gewerbebank	8.000,00 €
Forderungen an Kunden	11.000,00 €
Kurzfristige Schulden bei:	
Kreditbank	16.000,00 €
Handelsbank	6.000,00 €

XV Rechtsbeziehungen in der Familie

1 Das Familienrecht

Die Lebensweise der Familie hat sich im Laufe der Jahrhunderte, vor allem in den letzten Jahrzehnten gewandelt. Nur in bäuerlichen und in Handwerkerfamilien bilden Arbeit und Wohnen oft noch eine Einheit. In der Regel sind Arbeitsplatz und Familie räumlich getrennt. Frauen sind meistens berufstätig. Die Familie war in früheren Zeiten (heute noch manchmal in ländlichen Gebieten oder in südlichen Ländern) eine Großfamilie. Mehrere Generationen lebten unter einem Dach.
Das Statistische Bundesamt prognostiziert (lat.: prognoscere = vorhersagen) jedoch für das Jahr 2015 zwei Drittel Single-Haushalte.

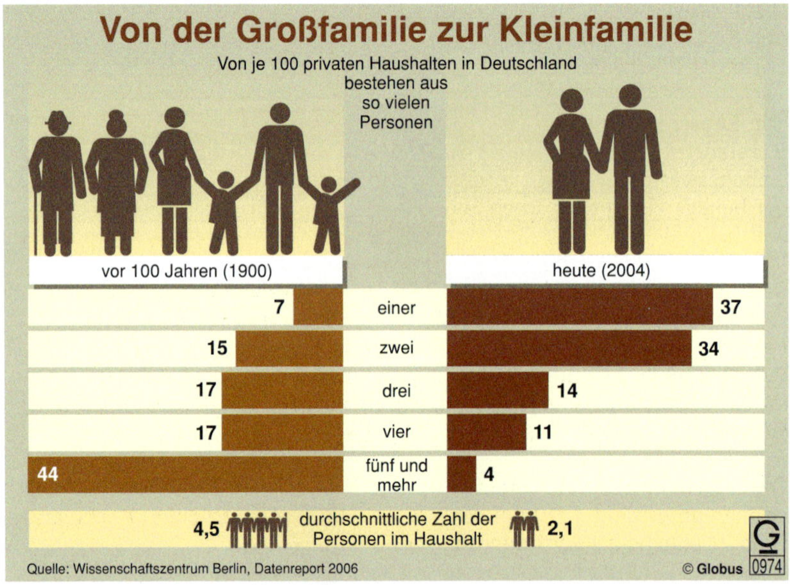

A

Erledigt in Gruppenarbeit folgende Aufgaben:

1. Beschreibt mit Hilfe des nebenstehenden Schaubildes die Entwicklung von der Großfamilie zum Single in den letzten 100 Jahren.
2. Findet Gründe für diese Entwicklung.

Grundgesetz Art. 6 und Thüringer Verfassung Art. 17
(1) Ehe und Familie stehen unter dem besonderen Schutz der staatlichen Ordnung.

Das **Grundgesetz** der Bundesrepublik Deutschland (GG) und die **Thüringer Verfassung** stellen Ehe und Familie unter den besonderen Schutz des Staates.
Das Familienrecht umfasst alle Rechtsregeln in Bezug auf Ehe und Verwandtschaft. Sie finden sich im **Bürgerlichen Gesetzbuch** (BGB).
Das Gesetz schafft allerdings nur die äußeren Bedingungen der Familienmitglieder zueinander und zu dritten Personen. Das Zusammenleben der Familie sollte im Wesentlichen von Zuneigung und Liebe, gegenseitiger Rücksichtnahme, Verantwortung und Achtung geprägt sein.

1.1 Die Verlobung

Die Verlobung spielte früher eine weitaus größere Rolle als heute. Die Zeit des Verlöbnisses stellt eine Zeit des „Drum prüfe, wer sich ewig bindet dar". Meist wird sie mehr oder weniger aufwändig gefeiert, wenngleich dies alle Paare so handhaben können wie sie wollen.
Durch die Verlobung bekennen sich zwei Menschen das erste Mal ganz offiziell zueinander. Sie ist ein ernsthaftes Eheversprechen. Wenn es sich jedoch einer der Partner anders überlegt, kann die Ehe nicht eingeklagt werden. Allerdings können sich bei Lösung des Verlöbnisses ohne einen triftigen Grund (z.B. Untreue eines Partners) finanzielle Folgen ergeben: Unter Umständen kann ein Partner auf Schadenersatz bestehen, wenn z.B. Ausgaben in Erwartung der Eingehung der Ehe getätigt worden sind, wie der Kauf eines Brautkleids oder die Anschaffung von Möbeln für die neue gemeinsame Wohnung. Auch sind alle Geschenke zurückzugeben.

1.2 Die eheliche Lebensgemeinschaft

Der Begriff Ehe
In Europa haben sich im Verlauf des Mittelalters durch den Einfluss des Christentums besondere Strukturen der Ehe herausgebildet, die bis heute gelten:
- Die Ehe kann nur zwischen einem Mann und einer Frau (Monogamie) geschlossen werden.
- Die Ehe kommt durch den bekundeten Ehewillen von Mann und Frau zustande (nicht durch die Bestimmung der Eltern).
- Die Ehe wird auf Lebenszeit geschlossen und kann nur durch ein Scheidungsverfahren gelöst werden.

Diese historische Entwicklung hat ihren Niederschlag im Familienrecht des BGB gefunden, das u. a. die Ehefähigkeit, die Eheverbote und die Form der Eheschließung beschreibt.

A

1. Welche Kulturen kennst du, in denen andere Formen der Ehe erlaubt sind?
2. Kennst du ein Land, in dem die Eltern die Ehe ihrer Kinder bestimmen?

Die Eheschließung
Gesetzlich vorgeschrieben ist die Trauung vor dem Standesamt.
Üblicherweise findet sie vor dem Standesamt statt, in dessen Bezirk einer der beiden Verlobten seinen Wohnsitz oder seinen gewöhnlichen Aufenthalt hat.

Erst nach der Eheschließung vor einem Standesbeamten darf das Brautpaar kirchlich heiraten. Vor der Eheschließung müssen die erforderlichen Papiere wie Abstammungsurkunde, Personalausweis, bei ausländischen Partnern auch die Aufenthaltsgenehmigung usw. beim Standesamt vorgelegt werden. Vorab muss sich das Brautpaar auch für den Familiennamen entscheiden. Danach wird der Termin der Eheschließung festgelegt.

Die Vorstellungen von Staat und Kirche über das Bestehen einer Ehe können unterschiedlich sein. Eine Ehe kann nach staatlichem Recht gültig, nach kirchlichem Recht ungültig sein und umgekehrt.

Beispiel: Ein Katholik heiratet nach der Scheidung seiner ersten Ehe wieder. Die zweite Ehe ist nach staatlichem Recht gültig, nicht aber nach dem kirchlichen.

Problematisch sind noch die Fälle, in denen Ehen nur zum Schein geschlossen werden. Dies kann vorkommen, um z. B. für einen Ausländer durch die Ehe eine Aufenthaltsgenehmigung zu erwirken. Wenn es für den Standesbeamten deutlich erkennbar ist, dass die Begründung einer Lebensgemeinschaft nicht beabsichtigt ist, muss er die Eheschließung verweigern. Auf der anderen Seite hat er nicht die Befugnis, den Ehewillen auszuforschen.

Eine Scheinehe ist nichtig. Erinnere dich an andere nichtige Rechtsgeschäfte.

Ehefähigkeit
Mit der Volljährigkeit ist auch die Ehefähigkeit erreicht. Seit 1. Januar 1975 gilt man mit 18 Jahren in der Bundesrepublik Deutschland als volljährig und damit auch als heiratsfähig. Geheiratet werden kann auch dann, wenn ein Partner das 16. Lebensjahr vollendet hat und der andere volljährig ist. Der noch nicht Volljährige benötigt zur Eheschließung die Einwilligung seines gesetzlichen Vertreters, z. B. seiner Eltern.

A

Wie alt sollte deiner Meinung nach ein Junge/Mädchen unbedingt sein, um eine Ehe einzugehen?
Begründe deine Entscheidung.

Eheverbote
Um etwaige Eheverbote feststellen zu können, müssen zuerst die Verwandtschaftsverhältnisse zwischen den beiden Partnern geklärt werden.

> Geschäftsunfähig sind nat. Personen ab 7 Jahren und beschränkt geschäftsfähig sind Personen von 7 bis 18 Jahren.

Insgesamt gibt es drei wesentliche Eheverbote:
- Eine Ehe zwischen Blutsverwandten in gerader Linie und zwischen Geschwistern ist nicht möglich (§ 1307 BGB).
- Wer bereits verheiratet ist, darf keine zweite Ehe eingehen (§ 1306 BGB).
- Wer geschäftsunfähig ist, kann keine Ehe eingehen (§ 1304 BGB).

Verwandtschaft		
Blutsverwandtschaft		**Schwägerschaft**
gerade Linie	**Seitenlinie**	
Kinder Eltern Großeltern Urgroßeltern	Neffen, Nichten Geschwister Cousin, Cousine Onkel, Tante Großonkel, Großtante Urgroßonkel, Urgroßtante	Schwiegerkind Schwager, Schägerin Schwiegereltern

Der Grad der Verwandtschaft hat auch noch außer der aufgeführten Tatsache eines Ehehindernisses weitere Bedeutung:
- Verwandte haben vor Gericht ein Zeugnisverweigerungsrecht, d.h., sie können in einem Prozess die Aussage verweigern.
- Der Verwandtschaftsgrad beeinflusst die Erbfolge.

Die Wirkungen der Eheschließung

Die Ehe ist kein Gebilde, das von Natur aus nur auf den Zweck der Zeugung und Erziehung der Nachkommenschaft ausgerichtet ist. Durch die Eheschließung werden Ehegatten zu einer „ehelichen Gemeinschaft" verbunden. Sie übernehmen damit Rechte und Pflichten. Die Eheleute entscheiden über gemeinschaftliche Angelegenheiten. Keinem der Partner steht die alleinige oder letzte Entscheidung zu.

Rechtsfolgen der Ehe

Wirkung nach innen (Ehepartner untereinander)	**Wirkung nach außen** (gegenüber Dritten)
- eheliche Lebensgemeinschaft § 1353 BGB - Haushaltsführung und Familienunterhalt § 1356 BGB	- Familienname § 1355 BGB - Geschäfte zur angemessenen Deckung des Lebensbedarfs § 1357 BGB

Leitgedanke:
Gleichberechtigung der Partner

Das Namensrecht

Bisher war die eheliche Lebensgemeinschaft auch nach außen hin besonders durch den gemeinsamen Ehenamen erkennbar. Von dem Erlass des Bürgerlichen Gesetzbuches zu Beginn des 20. Jahrhunderts bis 1976 galt, dass als gemeinsamer Ehename immer der Name des Mannes angenommen wurde. Seit dem 1. April 1994 gilt ein neues Namensrecht, das die Ehepartner nicht mehr zwingt, ihre Einheit nach außen hin durch einen gemeinsamen Namen zu dokumentieren.

Beispiel: Es gibt verschiedene Möglichkeiten des Namensrechts. Gerda Hinz und Sigi Kunz und ihre gemeinsamen Kinder können nach der Eheschließung folgende Nachnamen tragen (siehe nächste Seite).

A

Überprüfe, ob eine Eheschließung möglich ist und und begründe deine Entscheidung mit der Angabe des jeweiligen Verwandtschaftsgrades.

1. Ein Mann möchte die Witwe seines verstorbenen Sohnes heiraten.
2. Eine Frau möchte ihren Cousin heiraten.
3. Eine Frau möchte den Vater ihres geschiedenen Mannes heiraten.

Die Ehepartner „sollen" einen gemeinsamen Ehenamen wählen. Sie können in diesem Fall ihren Geburtsnamen voran- oder hintanstellen. (max. zweiteiliger Name)

	Gerda Hinz	Sigi Kunz	Sohn Maxi
1a. Ehename Kunz:	G. Kunz oder G. Hinz-Kunz oder G. Kunz-Hinz	S. Kunz	Maxi Kunz
1b. Ehename Hinz:	G. Hinz	S. Hinz oder S. Hinz-Kunz oder S. Kunz-Hinz	Maxi Hinz
2. kein Ehename:	G. Hinz	S. Kunz	Maxi Hinz oder Maxi Kunz (Eltern entscheiden)

Die Ehepartner können ihren Geburtsnamen behalten.

Falls sich die Eltern nicht einigen, überträgt das Vormundschaftsgericht Mutter oder Vater das Wahlrecht.

GG Art. 3
(1) Alle Menschen sind vor dem Gesetz gleich.
(2) Männer und Frauen sind gleichberechtigt.

Die eheliche Unterhaltspflicht

Mann und Frau sind auch bezüglich des Unterhalts **gleichberechtigt**. Gemäß § 1360 BGB und § 1356 BGB sind die Eheleute **einander verpflichtet**, durch ihre Arbeit oder mit ihrem Vermögen für den Unterhalt der Familie zu sorgen. Der Beitrag zum Unterhalt kann jedoch auch durch die Führung des Haushalts erfolgen.

Während früher im Wesentlichen die Frau die Kindererziehung und die Haushaltsführung übernahm, zeigt sich in den letzten Jahrzehnten ein Wandel dieser traditionellen Rollenverteilung innerhalb der Familie. Immer mehr Frauen tragen durch ihre eigene Berufstätigkeit zum finanziellen Unterhalt der Familie bei. Dadurch bedingt sind die anderen Familienmitglieder gefordert, auch ihren Beitrag zur Hausarbeit und zur Betreuung der Kleinkinder zu leisten.

Beispiel: Das Ehepaar Korn führt eine Bäckerei mit einem Ladengeschäft. Herr Korn ist gelernter Bäcker- und Konditormeister und kümmert sich mit seinen beiden Mitarbeitern um die Herstellung von Brot, Semmeln und Kuchen. Seine Frau verkauft im Laden mit einer Teilzeitkraft diese Produkte und andere Waren (wie Kaffee, Pralinen, Schokolade usw.). Die Korns haben zwei Kinder, die die 8. und 10. Jahrgangsstufe der Realschule besuchen.

A

1. Finde Argumente, den eigenen Namen nach der Eheschließung zu behalten und nicht den Namen des Partners bzw. der Partnerin anzunehmen.
2. Überlege, wie die Aufgaben in der Familie Korn verteilt werden könnten.
   a) Auf welche Weise tragen die Eheleute Korn zum Familienunterhalt bei?
   b) Wie könnte die Haushaltsführung organisiert sein?
   c) Sollen, dürfen oder müssen die Kinder im Haushalt helfen?

Das eheliche Güterrecht

Das eheliche Güterrecht regelt die vermögensrechtlichen Beziehungen der Ehegatten untereinander. Es beschreibt, wem das in die Ehe eingebrachte Vermögen sowie das während der Ehe erworbene Vermögen gehört und von wem es verwaltet wird.

Die Güterrechtsordnung ist auch Teil der staatlichen Vermögenspolitik, die sich um Bildung und Erhaltung von Familienvermögen bemüht.

Folgende Güterrechtsregelungen sind möglich:

Vertraglicher Güterstand

Gütertrennung wird vereinbart, wenn die Ehepartner der Meinung sind, dass ihr Vermögen mit der Eingehung der Ehe grundsätzlich nichts zu tun hat, z. B. bei Geschäftsleuten. Jeder Ehegatte verwaltet sein Vermögen selbstständig, jeder haftet deshalb auch nur für seine eigenen Schulden.

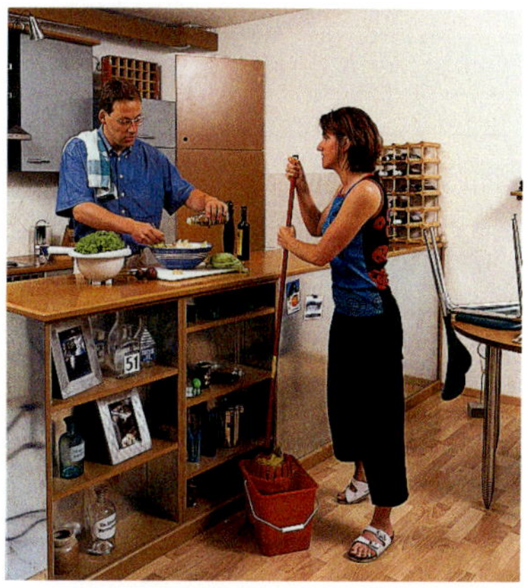

Der Sinn der **Gütergemeinschaft** ist die Verschmelzung des Vermögens der einzelnen Ehepartner zu einem Gesamtvermögen. Häufig wird diese Form gewählt, wenn z. B. ein Bauernhof gemeinsam bewirtschaftet wird. Sinnvoll kann es auch sein, im Ehevertrag zu vereinbaren, die Gütergemeinschaft im Falle des Todes eines Ehegatten mit den gemeinsamen Kindern fortzusetzen. Ziel ist die Erhaltung des Familienvermögens.

Gesetzlicher Güterstand

Die Mehrzahl aller Ehepaare in der Bundesrepublik Deutschland lebt im gesetzlichen Güterstand der Zugewinngemeinschaft (siehe § 1373 BGB). Ihre Grundzüge sind:

- Bei der Eheschließung behalten Frau und Mann ihr Vermögen (es wird kein gemeinschaftliches Vermögen der Ehegatten). Auch das Vermögen, das ein Ehegatte während der Ehe erwirbt, wird nicht in den gemeinschaftlichen Topf geworfen. Es bleibt also jeder Ehegatte alleiniger Eigentümer seines Vermögens, und zwar auch desjenigen, das er nach der Eheschließung hinzuerwirbt. Der Zugewinn, den die Ehegatten während der Ehe erzielen, wird jedoch nach Beendigung der Zugewinngemeinschaft ausgeglichen.
- Jeder Ehegatte kann sein Vermögen selbstständig verwalten, er ist aber in der Verwaltung seines Vermögens an folgende Vorschriften gebunden:
  - Über sein Vermögen im Ganzen kann er nur mit Einwilligung des anderen Ehegatten verfügt werden. Dies ist eine Schutzbestimmung zur Bewahrung der wirtschaftlichen Grundlage der Familie.
  - Über Gegenstände des ehelichen Haushaltes kann ein Ehegatte (auch wenn ihm diese Gegenstände gehören!) nur verfügen, wenn der andere Ehegatte einwilligt.
- Rechtsgeschäfte der Ehegatten untereinander sind möglich (z. B. Schenkungen).
- Hat ein Ehepartner Haushaltsgegenstände in die Ehe eingebracht, so bleiben diese sein Eigentum, auch dann, wenn sie durch neue Gegenstände der gleichen Art ersetzt werden. Zweck dieser Vorschrift ist, dass die Eigentumslage erhalten bleiben soll, damit ein Ehegatte nicht den Verlust durch die gemeinsame Abnutzung allein zu tragen hat.

Bei der Zugewinngemeinschaft haben beide Ehegatten im Falle der Auflösung der Ehe Anspruch auf Ausgleich des in der Ehe erwirtschafteten Vermögens, wobei natürlich nur Vermögensmehrungen berücksichtigt werden.

Beispiel: Der Ehemann brachte ein Bankguthaben im Werte von 20.000 € in die Ehe; die Ehefrau hatte keinerlei Anfangsvermögen. Zum Zeitpunkt der Scheidung besaßen sie zusammen ein Bankkonto über 200.000 €. Sie haben also nach Abzug des Anfangsvermögens 180.000 € gemeinsamen Zugewinn erzielt. Dieser muss geteilt werden, sodass der Ehemann seiner Ehefrau 90.000 € Zugewinn auszahlen muss.

> **i**
> Bei Beendigung der Zugewinngemeinschaft durch
> • den Tod eines Ehegatten,
> • die Ehescheidung,
> • den Abschluss eines Ehevertrages
> muss der Zugewinn geteilt werden.

Gütertrennung (§ 1414 BGB) Jeder behält sein Vermögen für sich. Kein gemeinschaftliches Vermögen der Ehepartner.	bedeutet →	Persönlicher Bereich jedes Ehegatten wird besonders betont.
Zugewinngemeinschaft (§ 1363 f. BGB) Solange die Ehe besteht, bleiben die Vermögen der Ehepartner getrennt. Danach wird ein Zugewinn ausgeglichen.	bedeutet →	Das gemeinsam in der Ehe Ersparte und Erarbeitete wird der Gerechtigkeit wegen beim Ende der Ehe geteilt.
Gütergemeinschaft § 1415 f. BGB) Gemeinschaftliches Gut der Ehepartner und gemeinschaftliche Verwaltung des Gemeinschaftsgutes.	bedeutet →	Gemeinschaft der Ehepartner wird zum Leitgedanken erhoben.

2 Andere Lebensgemeinschaften

2.1 Eingetragene Lebenspartnerschaften gleichgeschlechtlicher Partner

Bis vor wenigen Jahrzehnten waren gleichgeschlechtliche (homosexuelle) Beziehungen gesellschaftlich diskriminiert bzw. sogar strafbar. Allerdings wurden im Laufe der Zeit diese Partnerschaften heute der Ehe fast rechtlich gleichgestellt. Dazu wurde 2001 das so genannte Lebenspartnerschaftsgesetz erlassen und seitdem ständig verbessert.

Das **Lebenspartnerschaftsgesetz** gibt es seit 2001. Es hat bis heute eine Reihe von rechtlichen Änderungen zugunsten der Lebenspartner erfahren.

Homosexuelle Paare (Schwule und Lesben) können ähnlich wie Ehepaare den Bund fürs Leben schließen. So erklären sie (in Thüringen z.B. vor dem Kreis- bzw. Landesverwaltungsamt), dass sie miteinander eine Partnerschaft auf Lebenszeit eingehen wollen und diese auch registrieren lassen wollen.

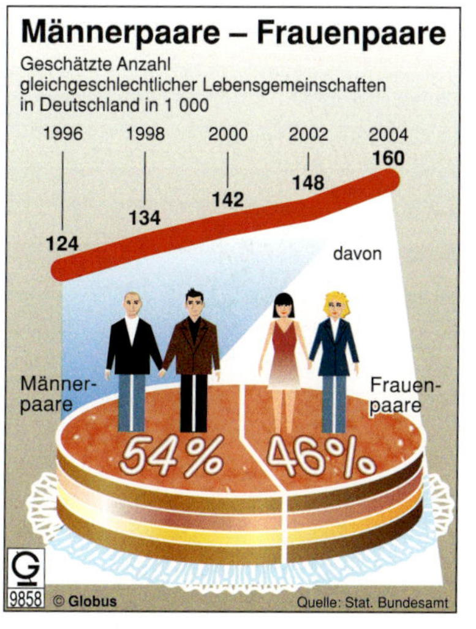

Bundestag beschließt Gesetz
„Mehr Rechte für homosexuelle Paare"
Neuregelung erlaubt Stiefkindadoption/Weitgehende Gleichstellung beim Güter- und Unterhaltsrecht.
(SZ-Überschrift v. 31.10.2004)

§ 2 LPartG
„Die Lebenspartner sind einander zu Fürsorge und Unterstützung sowie zur gemeinsamen Lebensgestaltung verpflichtet. Sie tragen füreinander Verantwortung".

Eingetragene Lebenspartnerschaft

Rechte in einer Lebenspartnerschaft

- **Namensrecht:** Auf Wunsch ist ein gemeinsamer Lebenspartnerschaftsname möglich.
- **Unterhaltspflicht:** Wie Ehepartner sind die Lebenspartner verpflichtet, den schwächeren Partner finanziell zu unterstützen.
- **Sorgerecht:** Jeder darf für die Kinder des Partners in Bereichen des täglichen Lebens das Sorgerecht ausüben (kleines Sorgerecht).
- **Stiefkindadoptionsrecht:** Stiefkinder, d.h. Kinder eines der Partner, können vom anderen Partner adoptiert werden (volles Sorgerecht).
- **Güterrechtsregelung:** Für die Lebenspartner sind ähnlich wie für Ehepartner verschiedene Güterrechtsregelungen wie z.B. Zugewinngemeinschaft möglich.
- **Erbrecht:** Der überlebende Partner hat genauso wie in der Ehe ein gesetzliches Erbrecht.
- **Aufhebung der Lebenspartnerschaft:** Ähnlich wie Ehepaare bei der Scheidung haben Lebenspartner das Recht, ihre Partnerschaft durch einen so genannten Aufhebungsvertrag zu beenden usw.

Wie wir sehen, haben die Lebenspartner ähnliche Rechte wie Ehepartner. Allerdings sind sie in manchen Bereichen, wie z.B. im Bereich des Einkommensteuerrechts, der Ehe noch nicht völlig gleichgestellt. Hier werden die Partner manchmal noch als Alleinstehende behandelt und so steuerlich stärker zur Kasse gebeten.

2.2 Die nichteheliche Lebensgemeinschaft – die eheähnliche Lebensgemeinschaft

„Zusammenleben ohne Trauschein"

Das Heiratsverhalten der jungen Menschen hat sich bei uns sehr stark verändert und das überkommene Familienleitbild wurde immer mehr in Frage gestellt. Viele betrachten das Zusammenleben von Mann und Frau als reine Privatangelegenheit und leben ohne Trauschein in so genannten „nichtehelichen Lebensgemeinschaften". In dieser sehr beliebten Form des Zusammenlebens können die Partner ihre Unabhängigkeit und Selbstständigkeit besser leben und bewahren. Auch wird eine solche „Ehe auf Probe" sehr leicht gemacht, da die Gesellschaft heute keinerlei Anstoß mehr daran nimmt, wenn zwei Menschen ohne Trauschein zusammenleben. Dazu kommt, dass viele junge Menschen die steigenden Scheidungszahlen beobachten und vielleicht auch aus diesem Grunde Bedenken gegenüber einer Eheschließung haben.

Allerdings müssen sich die beiden Partner darüber im Klaren sind, dass ein solches rein auf eine private Übereinkunft basierendes Zusammenleben rechtlich nicht mit einer Ehe bzw. einer eingetragenen gleichgeschlechtlichen Partnerschaft zu vergleichen ist.

- So behandelt der Staat die Partner weitgehend **steuerlich wie Alleinstehende**. Dies hat unter Umständen große finanzielle Nachteile. Z.B. zahlen Ehepaare grundsätzlich weniger Steuern als Alleinstehende.
- Im Falle einer Trennung oder wenn ein Partner stirbt kann es sogar zu großen existenziellen Problemen kommen. So haben die Partner z.B. **keinen gesetzlichen Erbanspruch** wie die Ehepartner.
- Obwohl während des Zusammenlebens gegenseitige Unterhaltsansprüche bestehen, entfallen diese bei einer Trennung. Ein nicht mehr arbeitsfähiger Partner hat **keinerlei Unterhaltsanspruch vom Partner** zu erwarten und kann dadurch rasch in große finanzielle Not geraten.
- Wenn aus der Ehe gemeinsame Kinder hervorgehen und sich das Paar trennt, bleiben tiefgreifende Probleme nicht aus, da ein **gemeinsames Sorgerecht unsicher** ist.

Wie man sieht, hat ein lockeres Zusammenleben ohne Trauschein zwar einige Vorteile, aber vor allem bei einer Trennung viele Nachteile. So ist es auch verständlich, dass heutzutage immer noch die Mehrheit der Menschen eine Ehe eingehen und so den staatlichen Schutz von Ehe und Familie schätzen und genießen.

A

Finde Argumente für und gegen eine rechtliche Gleichstellung

1. der nichtehelichen Partnerschaften von Mann und Frau mit der Ehe.
2. der gleichgeschlechtlichen eingetragenen Partnerschaften mit der Ehe.

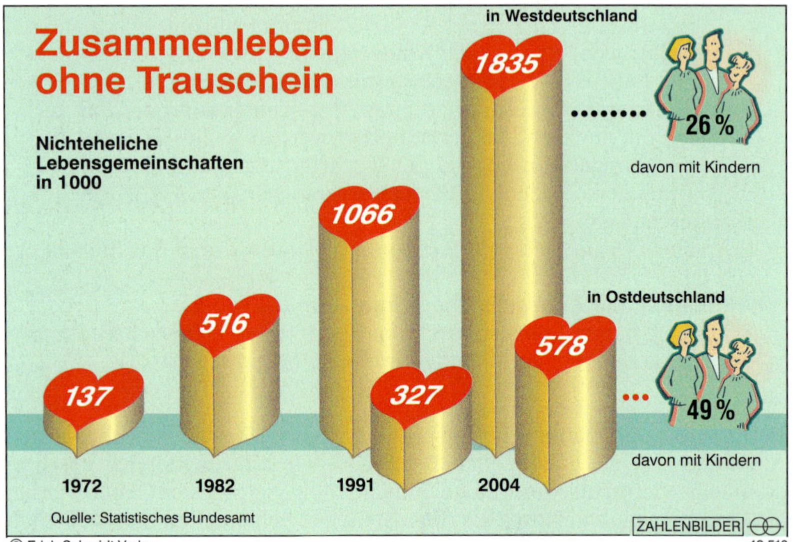

3 Die Ehescheidung

Da die Ehe vom deutschen Recht her als lebenslange Institution betrachtet wird, wird sie unter den besonderen Schutz des Gesetzes gestellt. Nur drei Situationen können eine Ehe beenden:

Art. 6 (1) GG
Ehe und Familie stehen unter dem besonderen Schutze der staatlichen Ordnung.

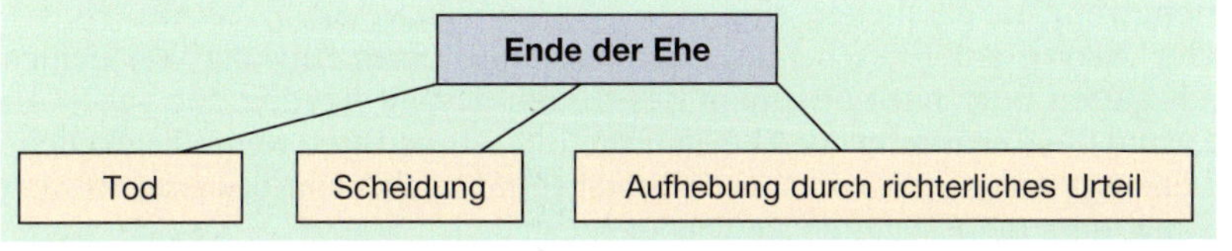

Unter Scheidung versteht man die Auflösung der Ehe durch ein gerichtliches Urteil. Momentan werden etwa 35 % aller Ehen geschieden.

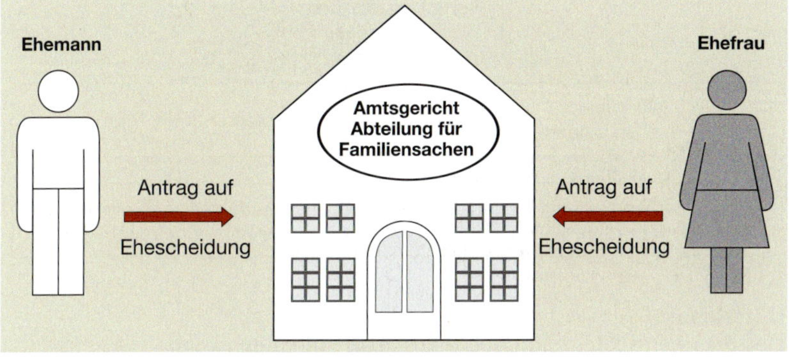

Es gibt viele Gründe, die Ehepartner dazu veranlassen können, sich zu trennen:

- fehlende Reife bei der Eheschließung
- falsche Partnerwahl
- Treulosigkeit
- Überlastung mit Problemen (z. B. Probleme mit den Kindern, finanzielle Probleme)

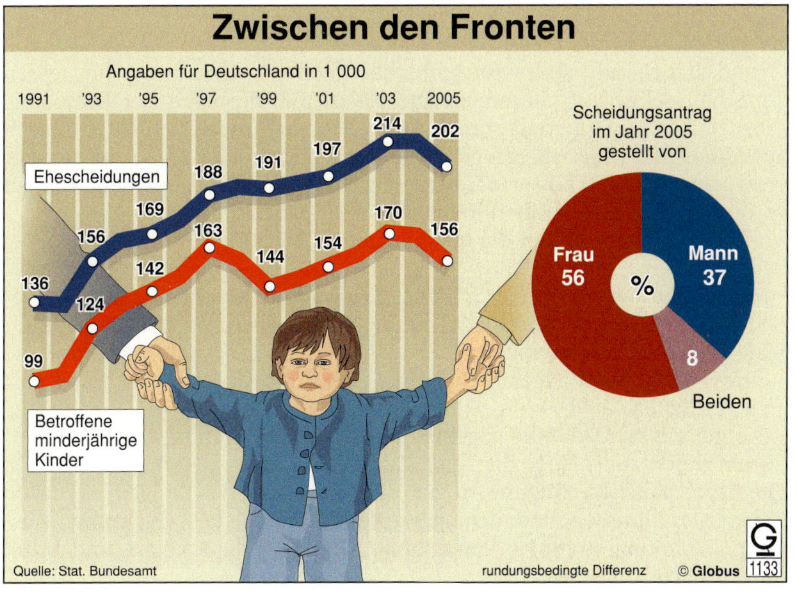

A

1. Beschreibe die Entwicklung der Scheidungszahlen in den letzten 15 Jahren.
2. Aus der Grafik ist ersichtlich, dass mehr Frauen als Männer den Scheidungsantrag stellen. Diskutiert in der Klasse über die möglichen Gründe hierfür.
3. Welche Folgen ergeben sich für die Kinder geschiedener Ehepartner?

Was mag den Gesetzgeber veranlasst haben, vom Verschuldensprinzip abzuweichen?

§ 1565 BGB
Scheitern der Ehe
(1) Eine Ehe kann geschieden werden, wenn sie gescheitert ist. Die Ehe ist gescheitert, wenn die Lebensgemeinschaft der Ehegatten nicht mehr besteht und nicht erwartet werden kann, dass die Ehegatten sie wiederherstellen. [...]

§ 1566 BGB
Vermutung für das Scheitern
(1) Es wird unwiderlegbar vermutet, dass die Ehe gescheitert ist, wenn die Ehegatten seit einem Jahr getrennt leben und beide Ehegatten die Scheidung beantragen oder der Antragsgegner der Scheidung zustimmt.
(2) Es wird unwiderlegbar vermutet, dass die Ehe gescheitert ist, wenn die Ehegatten seit drei Jahren getrennt leben.

§ 1567 BGB
Getrenntleben
(1) Die Ehegatten leben getrennt, wenn zwischen ihnen keine häusliche Gemeinschaft besteht und ein Ehegatte sie erkennbar nicht herstellen will, weil er die eheliche Lebensgemeinschaft ablehnt. Die häusliche Gemeinschaft besteht auch dann nicht mehr, wenn die Ehegatten innerhalb der ehelichen Wohnung getrennt leben. [...]

Ehegattenunterhalt
Ein Ehegatte muss unter bestimmten Bedingungen fast die Hälfte seines Einkommens an den anderen Ehegatten auszahlen.

Voraussetzungen der Scheidung

Das Scheidungsrecht wurde 1977 reformiert. Bis dahin galt das so genannte „Verschuldensprinzip“. Dies hatte zur Folge, dass die Scheidung nur eingereicht werden konnte, wenn schwere Pflichtverletzungen wie z. B. Untreue eines Ehegatten vorlagen. Heute gilt dagegen das so genannte „Zerrüttungsprinzip“. Dieses besagt, dass Ehen geschieden werden können, wenn sie gescheitert sind.
Der Antrag auf Ehescheidung kann mithilfe eines Anwalts von beiden Ehegatten oder nur von einem der beiden gestellt werden. Sie geben als Grund die Zerrüttung der Ehe an. Eine Ehe ist zerrüttet, wenn die eheliche Lebensgemeinschaft nicht mehr besteht und auch nicht erwartet werden kann, dass die Ehegatten sie wieder herstellen.
Die Zerrüttung einer Ehe lässt sich an folgenden objektiven Merkmalen feststellen:

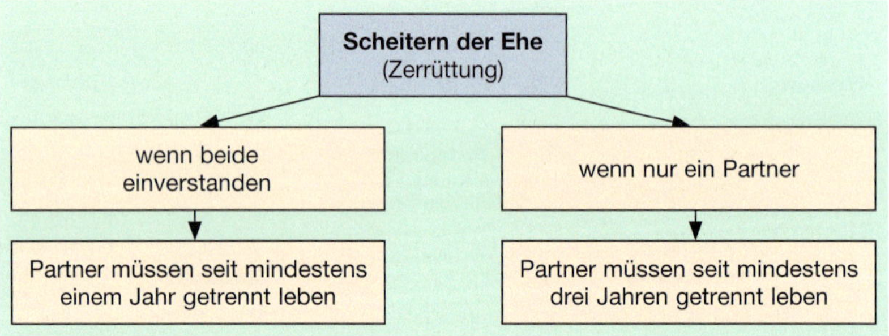

Härteklausel

Der Familienrichter kann allerdings auch ablehnen, wenn
- dies im Interesse der gemeinsamen minderjährigen Kinder aus besonderen Gründen notwendig ist oder
- die Scheidung für einen Ehepartner eine unzumutbare Härte darstellen würde.

Ist der Richter der Meinung, dass doch noch Aussicht auf Fortsetzung der ehelichen Lebensgemeinschaft besteht, kann er das Scheidungsverfahren auch ein Jahr aussetzen und dann nochmals aufrollen.

Folgen der Scheidung

Ehegattenunterhalt
Grundsätzlich gilt: Jeder Ehegatte hat nach der Scheidung für seinen Unterhalt selbst aufzukommen. Die Ehegatten, die nach der Scheidung selbst für ihren Unterhalt sorgen können, haben meist keinen Anspruch auf Unterhalt. Falls allerdings der Unterschied beider Einkommen sehr groß ist, muss der besser verdienende Ehepartner evtl. an den weniger verdienenden Partner einen finanziellen Ausgleich zahlen.
Vollen Unterhalt können die geschiedenen Ehegatten in folgenden Fällen beanspruchen:
- Sie sind wegen der Kinder an einer Erwerbstätigkeit gehindert.
- Sie können wegen Alter oder Krankheit nicht mehr erwerbstätig sein.
- Sie finden keine angemessene Erwerbstätigkeit (z. B. kann der Frau eines Arztes nicht zugemutet werden sich ihren Unterhalt als Putzfrau zu verdienen).
- Sie nehmen wieder eine abgebrochene Berufsausbildung auf. Unterhalt steht ihnen zu, solange die Ausbildung dauert.

Die Unterhaltsberechtigung richtet sich nach den vorherigen ehelichen Lebensverhältnissen und dem gesamten Lebensbedarf (Nahrung, Kleidung, Wohnung, ärztliche Versorgung, Ausgaben für Freizeit- und Erholungsbedarf).

Versorgungsausgleich
Dabei werden die Ansprüche auf Renten oder Pensionen, die beide Ehegatten währen der Ehe erworben haben, einander gegenübergestellt.

Vermögensausgleich
Das Vermögen (Geld, Wert- und Haushaltsgegenstände) wird entsprechend der bestehenden Güterrechtsregelung aufgeteilt.

Unterhalt der Kinder
Finanzielle Regelung: Bis zum 18. Lebensjahr hat der zum Unterhalt verpflichtete Elternteil den Regelunterhalt zu zahlen. Dieser im Regelfall erforderliche Betrag (Regelbedarf) wird von der Bundesregierung jährlich neu festgesetzt. Die Unterhaltssätze sind in den alten Bundesländern in der so genannten „Düsseldorfer Tabelle“ veröffentlicht. Für die neuen Bundesländer gilt die „Berliner Tabelle“. Es gelten (2005) folgende Sätze:

§ 1578 BGB
Maß des Unterhalts
(1) Das Maß des Unterhalts bestimmt sich nach den ehelichen Lebensverhältnissen. Der Unterhalt umfasst den gesamten Lebensbedarf.

Altersstufen in Jahren (Der Regelbetrag einer höheren Altersstufe ist ab dem Beginn des Monats maßgebend, in den der 6. bzw. 12. Geburtstag fällt.)		**0–5** (Geburt bis 6. Geburtstag)	**6–11** (6. bis 12. Geburtstag)	**12–17 [-20*]** (12. bis 18. Geb.) *[18.–21. Geburtstag, wenn noch in der allg. Schulbildung und im Elternhaushalt lebend]	**Vomhundertsatz Ost**	**Vomhundertsatz West**
Nettoeinkommen des Barunterhaltspflichtigen		**Alle Beträge in Euro**				
Gruppe						
a)	bis 1000	188	228	269	**100**	
b)	1000–1150	196	238	280		
	ab 1150	wie Düsseldorfer Tabelle (aber ohne 4. Altersstufe und ohne Bedarfskontrollbetrag)				
Gruppe						
1	bis 1300	204	247	291		**100**
2	1300–1500	219	265	312		107
3	1500–1700	233	282	332		114

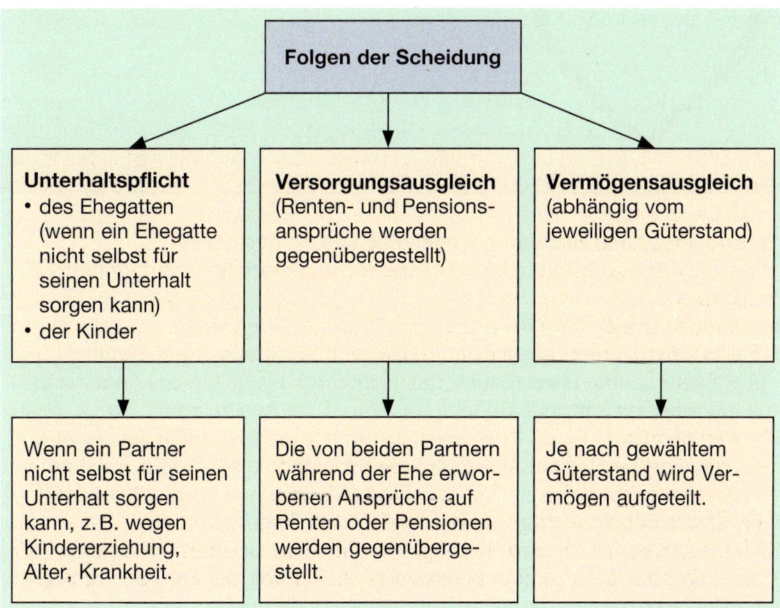

1. Gabi ist mit Andreas verheiratet. Gabi hat aus der ersten Ehe ihres Vaters einen Halbbruder namens Martin. Entscheide:
   Dürfte Martin die Schwester von Andreas
   a) Gabi Martin (nach dem Tod von Andreas)
   b) Gabi den Vater von Andreas (nach dem Ableben von Andreas)
   c) Andreas die Schwester von Gabi (nach dem Tod von Gabi)
   heiraten?
2. Nenne neben den verwandtschaftlichen noch andere Eheverbote.
3. Judith und Michael, beide 22 Jahre alt, haben ihre Verlobung groß gefeiert. Der Hochzeitstermin wird immer wieder verschoben, weil Michael jedes Mal eine andere Ausrede hat. Nach drei Jahren reißt der Braut die Geduld. Sie will Michael auf Eingehung der Ehe verklagen. Hat ihre Klage Erfolg? Begründe.
4. Auf welche Weise wird in der Bundesrepublik Deutschland die Ehe geschlossen?
5. Wann ist nach dem Gesetz die Ehefähigkeit gegeben?
6. a) Beschreibe die Entwicklung der Eheschließungen in Deutschland seit 1991.
   b) Finde eine Begründung für die Entwicklung.
   c) Welche Motive veranlassen die meisten zu heiraten?
7. Arbeite aus der untenstehenden Grafik die häufigsten Gründe der Menschen zur Eheschließung heraus.

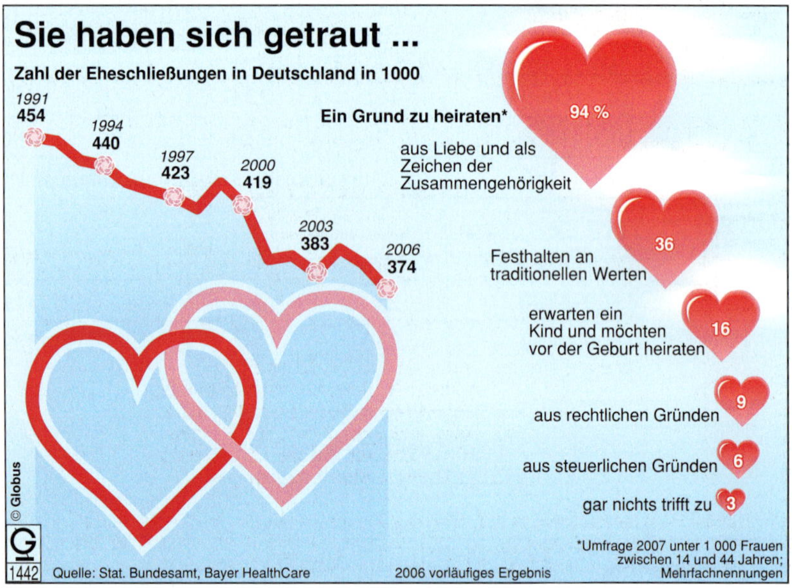

8. Unter welchen Bedingungen gilt eine Ehe als gescheitert?
9. a) Vor welchem Gericht wird ein Scheidungsverfahren durchgeführt?
   b) Wer spricht das Urteil?
10. Welche Folgen hat eine Scheidung für die Ehepartner?
11. Marc und Doris sind acht Jahre glücklich verheiratet, dann streiten sie sehr häufig. Doris glaubt, das nicht mehr aushalten zu können und möchte eine sofortige Scheidung. Wie ist die Rechtslage?
12. Karl und Greta leben 13 Monate getrennt. Karl lässt durch seinen Anwalt beim Familiengericht Antrag auf ein Scheidungsverfahren einreichen. Greta möchte keine Scheidung. Sie hofft, dass Karl zu ihr zurückkehrt. Hat der Scheidungsantrag von Karl Erfolg? Begründe.
13. Das kinderlose Ehepaar Markus und Eva lebt seit drei Jahren getrennt. Markus stellt den Antrag auf Scheidung. Eva will nicht geschieden werden. Kann sie eine Scheidung verhindern? Begründe.

XVI Grundzüge des Erbrechts

In Liebe und Dankbarkeit nehmen wir Abschied von meinem lieben Mann, Vater, Schwiegervater, Opa, Uropa, Bruder, Schwager und Onkel

Herrn Josef Gruber
Oberlehrer a. D.

Am 20. September 2007 hat ihn Gott versehen mit den hl. Sterbesakramenten im 88. Lebensjahr zu sich geholt.

Eisenberg, 21. September 2007

In stiller Trauer: **Josepha Gruber, Ehegattin**
Johann Gruber, Sohn, mit Familie
Anna Mayer, Tochter, mit Familie
Hubert Mayer, Enkel, mit Familie
Franz Gruber, Bruder, mit Familie
Im Namen aller Angehörigen.

Sterberosenkranz Mittwoch, 22. September, um 19.00 Uhr in der Pfarrkirche Eisenberg; hl. Messe am Donnerstag, 23. September, um 10.00 Uhr in der Pfarrkirche Eisenberg, anschließend Beerdigung auf dem Alten Friedhof

1 Die Erbschaft

Herr Gruber ist verstorben. Dadurch ist der Erbfall eingetreten. Die Vermögenswerte, die er hinterlässt, nennt man Erbschaft bzw. Nachlass (siehe Seite 245).

Was kann z. B. vererbt werden?
Zum **Nachlass** gehören allerdings auch die Schulden. Zudem ist der Erbe nach § 1968 BGB verpflichtet, für eine standesgemäße Beerdigung zu sorgen.

Das Erbe kann auch ausgeschlagen (abgelehnt) werden. Allerdings muss dies innerhalb von sechs Wochen geschehen.

Zum Nachweis des Erbrechts dient der **Erbschein**. Er wird beim zuständigen **Nachlassgericht** beantragt. Erst mit Hilfe des Erbscheins können die Erben z. B. über die Konten (Giro- und Sparkonten und Wertpapierdepots) des Erblassers verfügen.

Keine Erbfolge nach dem Faustrecht! Das Gesetz regelt die Erbfolge im 5. Buch des BGB, dem „Erbrecht" (§§ 1922–2385)
z. B. Erbfolge
- rechtliche Stellung des Erben
- Testament
- Erbvertrag

Ausfertigung
AMTSGERICHT EISENBERG

Geschäfts-Nr.: 95 VI 39122/94 Eisenberg, 20. Oktober 2007
Bitte bei allen Schreiben angeben!

- Erbschein -

Josef Gruber

geboren am 27. April 1920

gestorben am 20. September 2007

zuletzt wohnhaft: Berliner Str. 4, 07607 Eisenberg

ist beerbt worden von:

1. Josepha Gruber, geb. Meierhofer,
geb. am 17. November 1923, Berliner Str. 4, 07607 Eisenberg

zu 1/2 - ein Halb -

2. a. Johann Gruber,
geb. am 4. März 1952,
Erfurter Str. 5, 07607 Eisenberg

2. b. Anna Mayer, geb. Gruber,
geb. am 22. Februar 1954,
Berliner Str. 6, 07607 Eisenberg

zu je 1/4 - ein Viertel -

gez.: Hartl
Rechtspflegerin am Amtsgericht Dienstsiegel

1. Sucht Gründe dafür, ein Erbe auszuschlagen. In diesem Fall wird der Staat erben.
2. Im Erbschein kannst du erkennen, dass drei Personen als Erben eingesetzt sind. In welchem Verwandtschaftsgrad stehen sie zum Erblasser?

2 Die gesetzliche Erbfolge

Die gesetzliche Erbfolge ist nach § 1924 ff. BGB in Ordnungen eingeteilt. Sie gilt, wenn der Erblasser keine Verfügung darüber hinterlassen hat, was mit seinem Vermögen nach dem Tode geschehen soll.

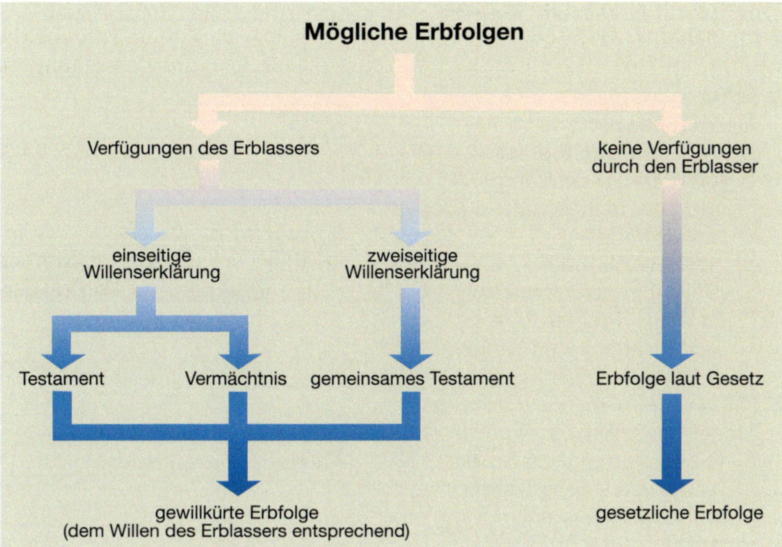

2.1 Die gesetzliche Erbfolge der Familie

Die gesetzliche Erbfolge ist nach dem Verwandtschaftsgrad zum Erblasser geordnet.

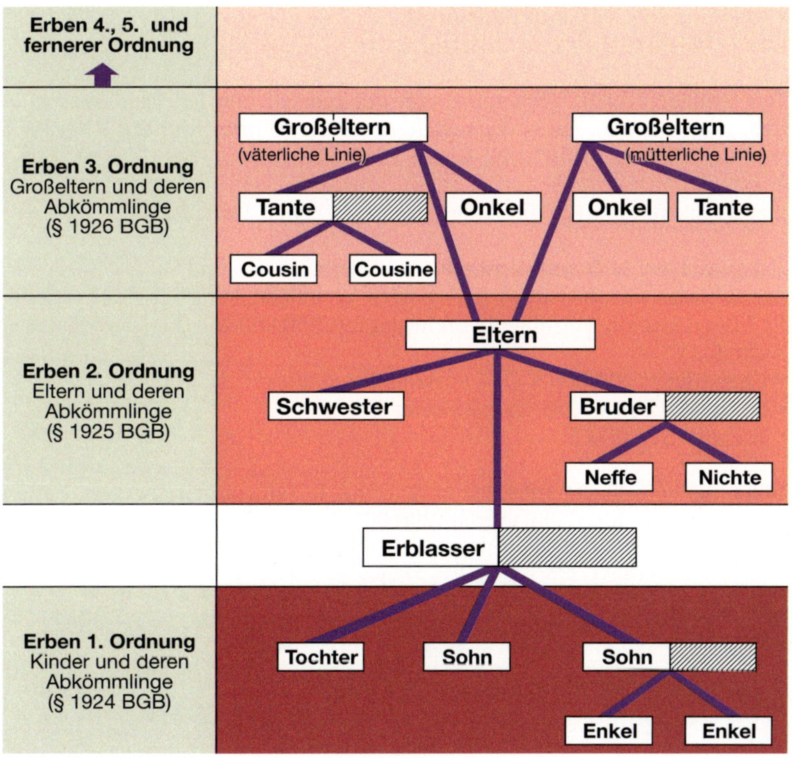

§ 1930 BGB
Rangfolge der Ordnungen
Ein Verwandter ist nicht zur Erbfolge berufen, solange ein Verwandter einer vorhergehenden Ordnung vorhanden ist.

1. Was bedeutet die kurz gefasste Aussage zum Erbrecht: „Gut zu Blut!"?
2. Die so ▨ markierten Personen sind nicht mit dem Erblasser blutsverwandt. Finde jeweils eine Verwandtschaftsbezeichnung.

Wie ist jeweils das Erbe zu verteilen? (In keinem der Fälle ist ein Testament vorhanden.)

1. **Die Eltern und die zwei Geschwister des unverheirateten Herrn Thomas Renner sind über seinen Unfalltod tief bestürzt. Das Vermögen, das er hinterlässt, beträgt 80.000 €.**
2. **Ein Jahr nach seinem Vater stirbt der noch nicht verheiratete Sohn Ludwig. Seine Freundin, seine Mutter und zwei Geschwister trauern um ihn. Von seinem Vermögen über 50.000 € beanspruchen die beiden Schwestern je 20.000 €. Kläre die rechtliche Lage.**
3. **Der in die USA ausgewanderte K. Hut stirbt. Außer seiner Mutter, seiner Großmutter väterlicherseits und seinem Großvater mütterlicherseits leben keine Verwandten mehr. Sein Vermögen beträgt 60.000 €.**
4. **Eine Witwe mit drei Kindern hinterlässt ein Vermögen von 600.000 €. Weil Sohn Martin und Tochter Elke keine Kinder haben, möchte sie ihr ganzes Vermögen ihrer Tochter Karin vererben.**
   a) **Begründe, warum Martin und Elke nicht leer ausgehen.**
   b) **Wie viel erhält jedes der drei Kinder?**

Wir lösen Fallbeispiele zur gesetzlichen Erbfolge. Dabei ist Folgendes zu berücksichtigen:
- Nach § 1930 BGB (siehe Seite 249) schließt jeder noch lebende Verwandte die infrage kommenden Erben der nachfolgenden Generation aus.
- Das neue Familienrecht unterscheidet nicht mehr zwischen „ehelichen" und „nicht ehelichen" Kindern. Alle Kinder sind völlig gleichgestellt, d.h. Erben 1. Ordnung.

1. Fallbeispiel (Erben 1. Ordnung):
Herr Huber hinterlässt
a) einen ehelichen Sohn (verheiratet, ein Kind) und eine nicht eheliche Tochter (unverheiratet).

Sohn	Tochter

b) zwei Enkelkinder (Sohn bereits verstorben) und eine Tochter (verheiratet, keine Kinder).

Tochter	Enkel	Enkel

Anteil des verstorbenen Sohnes

2. Fallbeispiel (Erben 2. Ordnung)
Herr Meier, Witwer, hinterlässt
a) seine Eltern, einen Bruder (verheiratet, zwei Kinder) und eine Schwester (verheiratet, ein Kind).

Vater	Mutter

b) seine Mutter (Vater verstorben) und eine Schwester (verheiratet, ein Kind).

Mutter	Schwester

c) einen Bruder und zwei Mädchen seiner verstorbenen Schwester.

Bruder	Nichte	Nichte

Anteil der verstorbenen Schwester

Enterbung und Pflichtteilanspruch
Das BGB sieht auch eine **Enterbung** vor (§ 1938 BGB).

Der Erblasser kann Verwandte von der gesetzlichen Erbfolge ausschließen. Zum Schutze naher Verwandter (Kinder, Eltern) und des Ehegatten legt das BGB den **Pflichtteil** fest (§ 2303 BGB).

Der **Pflichtteil** beträgt die Hälfte des gesetzlichen Erbteils.

Beispiel: Herr N. Schulz schließt seine Ehepartnerin und seinen Sohn von der Erbfolge aus, indem er sein ganzes Vermögen seiner Tochter vererbt. Er hinterlässt ein Vermögen von insgesamt 800.000 €.
Aufteilung:
- Ehepartner: 200.000 € (1/4 anstelle der Hälfte)
- Sohn: 100.000 € (1/8 anstelle eines Viertels)
- Tochter: 500.000 €

Wäre die gesetzliche Erbfolge (z.B. ohne Testament) eingetreten, hätten die beiden Kinder je ein Viertel (200.000 €) bekommen.

2.2 Das gesetzliche Erbrecht des Ehegatten

Das gesetzliche Erbrecht des Ehegatten				
Güterstand	neben Erben 1. Ordnung (Kinder, Enkel)	neben Erben 2. Ordnung (Eltern, Geschwister)	neben Erben 3. Ordnung (Großeltern)	neben Erben weiterer Ordnungen
Zugewinn-gemeinschaft	1/2	3/4	3/4	1
Gütertrennung	1/2 bei einem Kind 1/3 bei zwei Kindern 1/4 bei drei und mehr Kindern	1/2	1/2	1
Gütergemeinschaft	1/4	1/2	1/2	1

Wie die obere Tabelle zeigt, ist für die Erbfolge zwischen den Eheleuten der Güterstand der Eheleute von großer Bedeutung.

Das gesetzliche Erbrecht des Ehegatten in der gesetzlichen Zugewinngemeinschaft

Die Aufteilung des Erbes zwischen dem Ehegatten und Erben 1. Ordnung (z. B. Kinder)

- Neben den Verwandten der 1. Ordnung erbt der überlebende Ehegatte ein Viertel des Erbteils.
- Wenn die Ehegatten im gesetzlichen Güterstand der Zugewinngemeinschaft lebten, erhöht sich der Anteil des überlebenden Ehegatten um ein Viertel der Erbschaft.

Dies bedeutet, dass der überlebende Ehegatte im gesetzlichen Güterstand der Zugewinngemeinschaft insgesamt die Hälfte des Erbteils (1/4 + 1/4) erhält.

Beispiel: Herr Herr Pohl hinterlässt seiner Frau und seinen drei Kindern zusammen 300.000 €.

Ehefrau (150.000 €)	Kind	Kind	Kind

je 50.000 €

Die Aufteilung des Erbes zwischen dem Ehegatten und Erben weiterer Ordnungen

Wenn keine Kinder und Enkel (Erben 1. Ordnung) da sind, erhöht sich der Anteil des Ehegatten.

Aus der oberen Tabelle kannst du entnehmen, dass sich der Erbanteil des Ehegatten von ½ auf ¾ erhöht. Falls keine näheren Verwandten mehr als die Großeltern leben, bleiben dem Ehegatten sogar 100 %.

Das gesetzliche Erbrecht des Ehegatten bei Gütertrennung und Gütergemeinschaft

Aus der oberen Tabelle kannst du die genauen Erbanteile entnehmen. Du wirst dabei feststellen, dass die Ehegatten im Vergleich zum gesetzlichen Güterstand der Zugewinngemeinschaft weniger erben.

Nach der Scheidung erlischt der Erbanspruch des Ehepartners, da bei der Scheidung das Vermögen bereits aufgeteilt wurde.

A

Wie ist jeweils das Erbe zu verteilen?

1. **Der verstorbene Herr N. Klein hatte Vermögen in Form von 300.000 € Sparguthaben und 60.000 € Wertpapiere. Er hinterlässt Frau und zwei Kinder. Es besteht kein Testament und das Ehepaar hatte keine besonderen Vereinbarungen über den Güterstand getroffen.**
2. **Herr Freude hinterlässt 200.000 €. Seine Schwester Monika ist die noch einzig lebende Verwandte. Wie ist das Erbe zwischen seiner Schwester und seiner Ehefrau aufzuteilen, wenn das Ehepaar vertraglich Gütertrennung vereinbart hatte?**

§ 1937 BGB
Erbeinsetzung durch letztwillige Verfügung
Der Erblasser kann durch einseitige Verfügung von Todes wegen (Testament, letztwillige Verfügung) den Erben bestimmen.

3 Die gewillkürte Erbfolge (das Testament)

In Kapitel III 2 habt ihr bereits das Testament kennen gelernt. Wir greifen im Folgenden darauf zurück. Als Testament (§ 1937 BGB) wird die schriftliche Niederlegung des letzten Willens bezeichnet, durch den jemand einen oder mehrere Erben bestimmt. Durch das Testament kann der Erblasser, abweichend vom gesetzlichen Erbrecht, bestimmen, wem er den Nachlass zukommen lassen will. Es kann ein Alleinerbe eingesetzt oder eine bestimmte Teilungsordnung getroffen werden (Angabe des Bruchteils usw.). Dieses kann beispielsweise sinnvoll sein, wenn ein Unternehmen oder ein landwirtschaftlicher Betrieb erhalten bleiben soll und es unwirtschaftlich wäre, den Nachlass aufzuteilen.

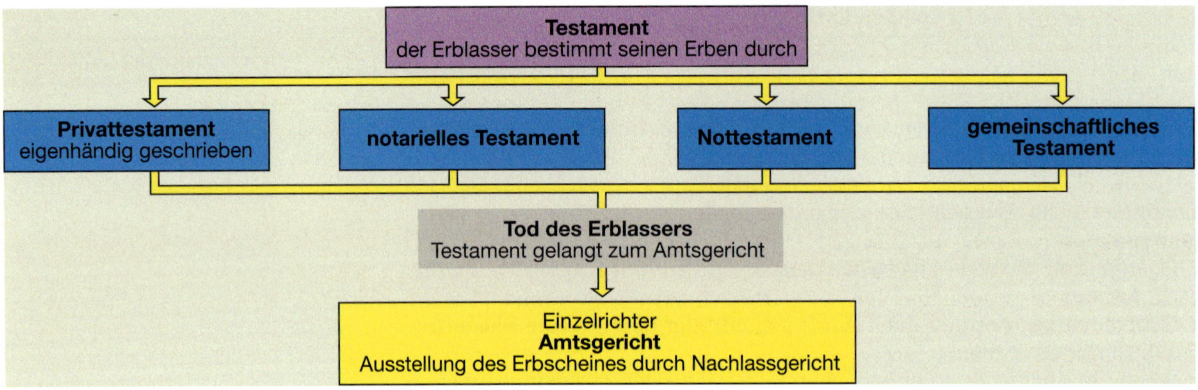

Die Fähigkeit zur Abfassung eines Testaments nennt man Testierfähigkeit. Dabei gelten folgende Altersbeschränkungen:

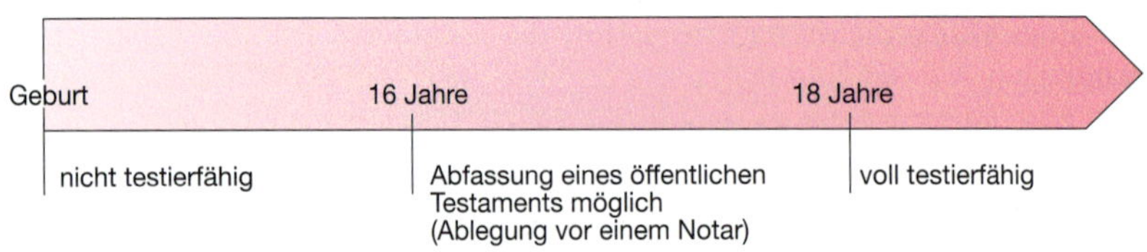

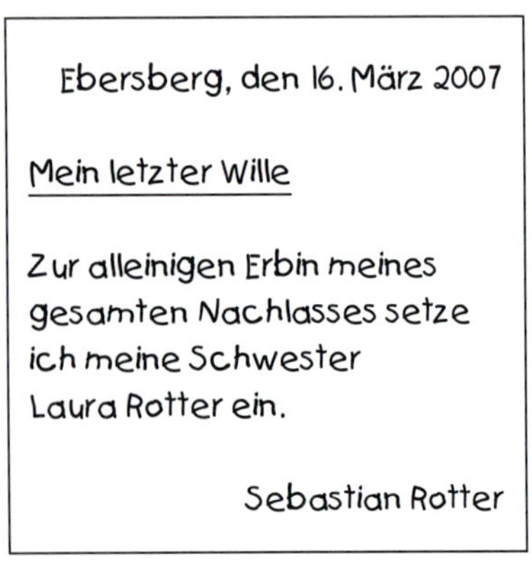
Ebersberg, den 16. März 2007

Mein letzter Wille

Zur alleinigen Erbin meines gesamten Nachlasses setze ich meine Schwester Laura Rotter ein.

Sebastian Rotter

Das Privattestament (eigenhändiges Testament)
Sofern der Erblasser das Testament eigenhändig verfasst, muss er zur Gültigkeit und Durchsetzung seines letzten Willens folgende Formvorschriften unbedingt beachten:

Es muss **handschriftlich** verfasst und unterschrieben sein. Ein Computerausdruck, der zwar vom Erblasser unterschrieben wurde, ist ungültig. Eine Orts- und Datumsangabe ist ratsam, aber nicht gesetzlich vorgeschrieben (§ 2247 BGB).

Das eigenhändige Testament (Privattestament) sollte nach seiner Errichtung beim Amtsgericht hinterlegt werden. Im Falle des Todes wird dann das Nachlassgericht benachrichtigt und das Testament den Erben eröffnet. Dadurch soll sichergestellt werden, dass der „letzte Wille" auch wirklich erfüllt wird.

Das öffentliche (notarielle) Testament
Sicherheitshalber kann der Erblasser ein öffentliches oder notarielles Testament machen. Dabei wird die letztwillige Verfügung vor einem Notar abgegeben. Dieser beurkundet und gibt das Testament beim Amtsgericht in Verwahrung.

Das Nottestament
Beim Nottestament handelt es sich um eine außerordentliche Form eines Testaments. Diese Form ist nur unter außergewöhnlichen Umständen gültig:

- Der Erblasser befindet sich in Todesgefahr.
- Der Erblasser befindet sich an einem Ort, von dem aus kein notarielles Testament zu errichten ist (z. B. Aufenthalt in einem Katastrophengebiet).

Dieses Nottestament kennt u. a. folgende Formen:

- Nottestament vor dem Bürgermeister (zusätzlich zwei Zeugen). Hier tritt der zuständige Bürgermeister für den fehlenden Notar ein.
- Nottestament vor drei Zeugen.

Falls sich der Erblasser an einem Ort befindet, wo weder ein Bürgermeister noch ein Notar zu erreichen ist oder der Erblasser in Todesgefahr schwebt (z.B. nach einem schweren Unfall), kann er sein Testament vor drei Zeugen machen. In allen Fällen ist es notwendig, dass über den Testamentsinhalt eine Niederschrift erstellt wird und die Zeugen diese unterschreiben. Falls der Erblasser drei Monate nach Verfassen eines Nottestaments noch lebt, wird dieses nach drei Monaten ungültig.

Berliner Testament:
Gemeinsames Testament von Ehepartnern, die sich dort gegenseitig als Erben einsetzen.

Das gemeinschaftliche Testament
Ehegatten und gleichgeschlechtliche Partner können ein gemeinschaftliches Testament errichten. Einer der Partner muss das Testament handschriftlich verfassen und beide müssen das Testament unterschreiben. Ist das Testament mit der Maschine geschrieben, ist eine notarielle Beurkundung notwendig.
Das bekannteste gemeinschaftliche Testament ist das so genannte **Berliner Testament**. Hier können sich z. B. die beiden Partner wechselseitig als Erben einsetzen und die Kinder zunächst von der Erbfolge ausschließen. Sie verfügen, dass beim Tode des überlebenden Partners der Nachlass an die gemeinsamen Kinder fallen soll.
Nach dem Tod eines der Partner kann dieses Testament von dem noch lebenden Partner nicht mehr widerrufen zu werden.

Warum werden Ehe- bzw. Lebenspartner ein Berliner Testament verfassen?

ECHTES BERLINER TESTAMENT (Gegenseitige Einsetzung)

Unser gemeinschaftliches Testament (Einheitslösung)

Hiermit setzen wir, die Eheleute

1. Frau Susanne Schneider, geborene Markwart am 02.04.1942

und

2. Herr Georg Schneider, geborener / am 07.03.1940

uns gegenseitig als (Voll-) Erben ein.

Erbe des Letztverstorbenen soll unser(e) ~~Sohn/~~Tochter Nicole Schneider sein.

Erfurt, 13.12.07
Ort, Datum

Susanne Schneider
Vorname / Nachname

Georg Schneider
Vorname / Nachname

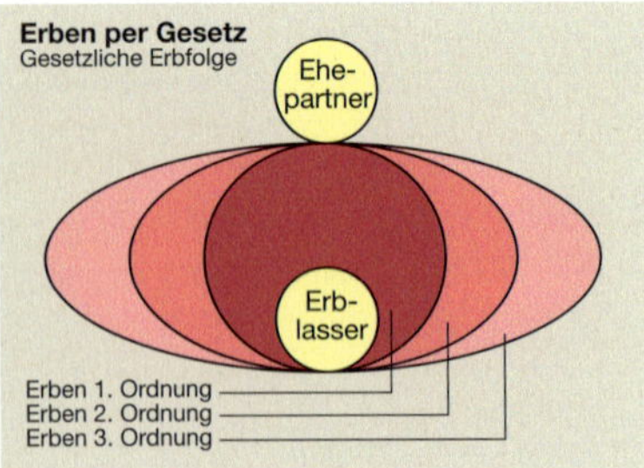

1. Was versteht man unter Testierfähigkeit? Gehe dabei auch auf die Altersstufen ein.
2. Betrachte das nebenstehende Schaubild.
   Finde Beispiele für Erben 1., 2. und 3. Ordnung.
3. Herr Maier stirbt. Wann tritt die gesetzliche Erbfolge ein, wann nicht?
4. Welchen Anteil bekommt ein Ehegatte mit zwei Kindern (kein Testament, Zugewinngemeinschaft)?
5. Beschreibe die Formvorschriften für ein Testament.
   a) Worin besteht der Unterschied zwischen einem Privattestament und einem öffentlichen Testament?
   b) Nenne die Vor- und Nachteile eines Privattestaments gegenüber einem öffentlichen Testament.
6. Moni Fink hat ihre Mutter bis zum Tode gepflegt. Monis Schwester Laura hat sich nie (außer am Geburtstag und an Weihnachten) um die Mutter gekümmert. Das vererbte Vermögen beträgt nur 7.000 €. Laura will die Hälfte. Moni sagt aber, es sei nichts mehr übrig, weil sich schon allein die Beerdigungskosten auf 8.000 € beliefen.
   Nimm dazu Stellung.
7. Die verwitwete B. Koch hinterlässt zwei Söhne. Der ältere Sohn hat sich nie um sie gekümmert, sie schließt ihn per Testament von der Erbschaft aus. Der jüngere Sohn möchte sich vom gesamten Sparguthaben in Höhe von 40.000 € ein neues Auto kaufen.
   Nimm dazu Stellung.
8. a) Nenne Gründe, warum im Gesetz eine Bestimmung über den Pflichtteil enthalten ist.
   b) Berechne den gesetzlichen Erbanspruch der drei Kinder. Herr Reich hinterlässt ein Vermögen von 600.000 €.
   c) Verteile das Vermögen, wenn Herr Reich in einem Testament seinen Sohn Max als Alleinerben eingesetzt hat.
9. Wozu dient der Erbschein?
10. Die Erben von Herrn Hunzinger finden zwei handgeschriebene und unterschriebene Testamente im Wäscheschrank seines Hauses. Eines ist mit 12. März 2003, das andere mit 31. Januar 2007 datiert.
    Welches gilt? Begründe deine Antwort.
11. Sieh dir nebenstehendes Testament und die letztwillige Verfügung an.
    a) Sind diese beiden Testamente gültig?
    b) Worin liegen die Mängel?
12. Bauer Moser bewirtschaftet einen großen landwirtschaftlichen Betrieb, der schon seit vielen Generationen in der Familie ist. Er möchte, dass sein Sohn Florian als ältestes seiner vier Kinder den Hof erbt und weiterführt.
    a) Was muss Herr Moser in seinem Testament verfügen?
    b) Gehen seine Frau und die drei anderen Kinder leer aus?
13. Wer erbt, wenn kein Testament vorhanden ist?
14. Der Erbanteil des Ehepartners richtet sich nach dem Güterrecht. Welche Arten gibt es?
15. Marion Fink, Vollwaise und bei den Großeltern aufgewachsen, stirbt mit 40 Jahren. Sie hinterlässt neben ihrem Großvater noch einem Bruder. Wer erbt, wenn kein Testament vorhanden ist?
16. Kerstin Funke, verheiratet, 2 Kinder, kommt bei einem Brand ums Leben. Die Eheleute Funke lebten im Güterstand der Gütertrennung und es gibt kein Testament. Wer ist erbberechtigt und welchen Anteil erben diese jeweils?
17. Oma Margarethe vermacht in ihrem Testament ihrem Pudel Fridolin ihr Haus und ihr Sparbuch, damit es ihm bis zu seinem Tod an nichts fehlen soll. Sie hinterlässt neben ihrem Hund noch einen Bruder Konstantin, ihren Sohn Fritz und die beiden Kinder ihrer verstorbenen Tochter, ihre Enkelkinder Martin und Alexander. Wer ist hier erbberechtigt und mit welchem Anteil?

Testament

Ich, Severin Eschbaum, vererbe im Falle meines Ablebens meiner Ehefrau 80 % meines Vermögens.

Meine Tochter Sofie soll 10.000 Euro in bar erhalten.

Die Münzsammlung erhält mein Sohn Max.

Mindelheim, 27. April 20..

Severin Eschbaum

Letztwillige Verfügung

Meine Tochter Mira ist Alleinerbin.

H. Meier

XVII Einblick in das Strafrecht

1 Rechtswidrige Handlungen

Vergleiche die folgenden beiden Beispiele.

1. Beispiel

Verfolgungsjagd mit Tempo 100 in der Stadt

Ein 23-jähriger betrunkener Autofahrer hat sich gestern Morgen eine Verfolgungsjagd mit mehreren Streifenwagen quer durch die Stadt geleistet. Am Goetheplatz nahm er beim Linksabbiegen einem entgegenkommenden Pkw die Vorfahrt, dessen 31-jähriger Fahrer erhebliche Kopfverletzungen erlitt, als er bei dem Ausweichmanöver gegen einen Laternenmasten prallte. Nach versuchter Unfallflucht stellten ihn die Beamten auf der Landgrabenstraße. Während der Kontrolle brauste er mit Vollgas davon. Um ihn nicht zu verlieren, mussten auch die Polizisten mit teilweise über 100 Stundenkilometer durch die stark befahrenen Straßen hinter ihm herrasen. Dass es zu keinem weiteren Unfall kam, grenzt an ein Wunder, zumal der Flüchtende auch etliche Male das Rotlicht missachtete. Auf der Regensburger Straße verlor er die Kontrolle über sein Fahrzeug und prallte gegen einen Fahrradständer. Bei seiner Festnahme stellte sich heraus, dass er keinen Führerschein besaß, dafür aber 1,14 Promille Alkohol im Blut sowie 10 Gramm Kokain in der Tasche hatte. Er wurde dem Haftrichter überstellt.

2. Beispiel

Die Parkzeit auf einem Parkplatz in der Innenstadt ist mit „Höchstparkdauer zwei Stunden“ gekennzeichnet. Ein Kraftfahrer löst zwar einen Parkschein, der ihm erlaubt, sein Auto für eine Stunde zu parken. Nach drei Stunden steht das Auto noch immer unberührt auf seinem Platz. Die Parküberwachung kontrolliert und stellt die Zeitüberschreitung fest.

Kurzparkzonen sollen einerseits notwendige Besorgungen in der Innenstadt ermöglichen, andererseits verhindern, dass unsere Städte und Gemeinden durch Dauerparker einfach „zugeparkt“ werden. Parken über die zulässige Zeit hinaus ist zwar ebenfalls Unrecht, wiegt jedoch nicht so schwer. Es ist deshalb keine Straftat, sondern eine **Ordnungswidrigkeit**.
Die Verurteilung zu einer Freiheits- oder Geldstrafe wird in das Strafregister eingetragen. Der Betroffene gilt als vorbestraft. Daraus können für ihn erhebliche wirtschaftliche Nachteile entstehen, er kann in seinem beruflichen Fortkommen behindert werden oder nur sehr schwer einen Arbeitsplatz finden. Andererseits kann es oft verhältnismäßig rasch zu einer Unrechtshandlung kommen, ohne dass gleich ein verbrecherischer Wille vorliegen muss; man denke nur an die kleineren Straßenverkehrsdelikte wie falsches Parken.

§ 1 Ordnungswidrigkeitengesetz
(1) Eine Ordnungswidrigkeit ist eine rechtswidrige und vorwerfbare Handlung, die den Tatbestand eines Gesetzes verwirklicht, das die Ahndung mit einer Geldbuße zulässt.

Der Gesetzgeber stand daher vor einer Konfliktsituation:
- Auch sogenannte „Bagatelldelikte“ müssen geahndet werden, wenn die Rechtsordnung allgemein anerkannt werden soll.
- Die Vielzahl möglicher Bagatelldelikte kann in kurzer Zeit zu einer hohen Zahl von Vorbestraften führen.

Einen Ausweg stellt das „Gesetz über Ordnungswidrigkeiten“ (OWiG) dar.

Wir unterscheiden zwei Arten rechtswidriger Handlungen:

Straftaten

Verfehlungen mit schwererem Unrechtsgehalt

Verbrechen
- Mord
- Raub

Vergehen
- Diebstahl
- Gefährdung des Straßenverkehrs
- Gewässerverunreinigung

Ordnungswidrigkeiten

Verfehlungen mit geringerem Unrechtsgehalt

Beispiele:
- Verstöße gegen die Preisauszeichnungspflicht
- Parken im eingeschränkten Halteverbot
- Verursachen unzulässigen Lärms
- Abladen von Müll auf sogenannten „wilden Müllhalden"

- Rücksichtnahme zahlt sich aus.
- Defensives Fahren verhindert Schäden, vermeidet Ärger und schont die Nerven.

Daraus folgt:
- Ordnungswidrigkeiten sind rechtswidrige Handlungen (wie Straftaten).
- Ordnungswidrigkeiten müssen im Gesetz eindeutig als solche bezeichnet sein (wie Straftaten).

Vergleich zwischen Straftat und Ordnungswidrigkeit

	Straftaten	Ordnungswidrigkeiten
wird verfolgt durch	Staatsanwaltschaft	Verwaltungsbehörde
Folge	Freiheitsstrafe und/oder Geldstrafe	Bußgeld
Strafregistereintrag	ja	nein

Welche Delikte begeht dieser Radfahrer?

Häufige Ordnungswidrigkeiten im Straßenverkehr

Neben dem Fahren unter Alkoholeinfluss gehören die Überschreitung der Geschwindigkeit und das Falschparken zu den häufigsten Verkehrsdelikten. Ergibt die Blutalkoholuntersuchung einen Wert von 1,1 Promille oder mehr, so liegt in jedem Fall eine Straftat vor, auch dann, wenn der betreffende Fahrer keinen Unfall verursacht hat. Blutalkoholwerte unterhalb der 1,1-Promille-Grenze gelten als Ordnungswidrigkeit. Auch in diesem Fall ist es unerheblich, ob der Betreffende einen Unfall verursacht hat oder nicht.

Geldbuße	
• bis 35,00 € (so genannte Verwarnung) • Bußgeldbescheid erlässt die Polizei. • Keine Eintragung von Punkten im Zentralen Verkehrsregister (ZVR) in Flensburg.	• ab 40,00 € • Polizei erstattet Anzeige bei der Zentralen Bußgeldstelle. Diese erlässt den Bußgeldbescheid. • In der Regel Eintragung von Punkten im ZVR.
Beispiele	
• Auch falsches Verhalten von Radfahrern ist eine Ordnungswidrigkeit. Beispiele: Radfahren in einer Fußgängerzone, nebeneinander fahren, Fehlen von Beleuchtung und/oder Klingel (10 €).	• Geschwindigkeitsüberschreitung außerhalb des Ortes um 21–25 km/h (40,00 €). • Geschwindigkeitsüberschreitung innerhalb des Ortes um 21–25 km/h (50,00 € + 1 Punkt im ZVR).

2 Funktionen des Strafrechts

Denke über den Sinn derartiger Strafen nach.

Beispiele:
1. Das Sprichwort „Jemanden an den Pranger stellen“ kommt aus dem mittelalterlichen Strafvollzug. Wegen geringer Vergehen konnte man für kurze Zeit an einen „Schandpfahl“ angekettet werden und war so dem Gespött der Vorübergehenden preisgegeben.
2. Aus arabischen Ländern wird berichtet, dass dort noch heute Dieben eine Hand abgehackt wird.
3. Bei Morden an Polizisten oder an Taxifahrern oder bei Sexualmorden an Kindern kann man oft die Meinung hören, dass für derartige Gewaltverbrecher in Deutschland die Todesstrafe eingeführt werden sollte.
4. Ebenfalls hört man häufig, dass Ladendiebstähle besonders hart bestraft werden sollten, damit die Menschen wieder den Unterschied von „mein“ und „dein“ lernen.

„Strafvollzug“ im Mittelalter.
Ein Mensch wird dem Gespött der Vorübergehenden preisgegeben.

Die Strafe richtet sich stets gegen den einzelnen Täter. Sie soll bei ihm etwas bewirken. Die gegen den Einzelnen ausgesprochene Strafe bleibt jedoch kein Geheimnis. Gerichtsverhandlungen sind in der Regel öffentlich. Auch in den Zeitungen wird darüber berichtet. Wir bilden uns eine Meinung über das Vorgefallene, über die Persönlichkeit des Täters (z.B. wie er vor Gericht reagiert, ob er Reue zeigt oder nicht) und über die verhängte Strafe. Auf diese Weise wirken die strafbare Handlung und ihre Folgen auf die gesamte Gesellschaft zurück. Wir müssen uns daher fragen: Welche Aufgabe hat die vom Staat für ein bestimmtes Delikt angedrohte oder von einem Richter verhängte Strafe? Wir können zwei Hauptaufgaben der Strafe unterscheiden: **Vergeltung** und **Vorbeugung**.

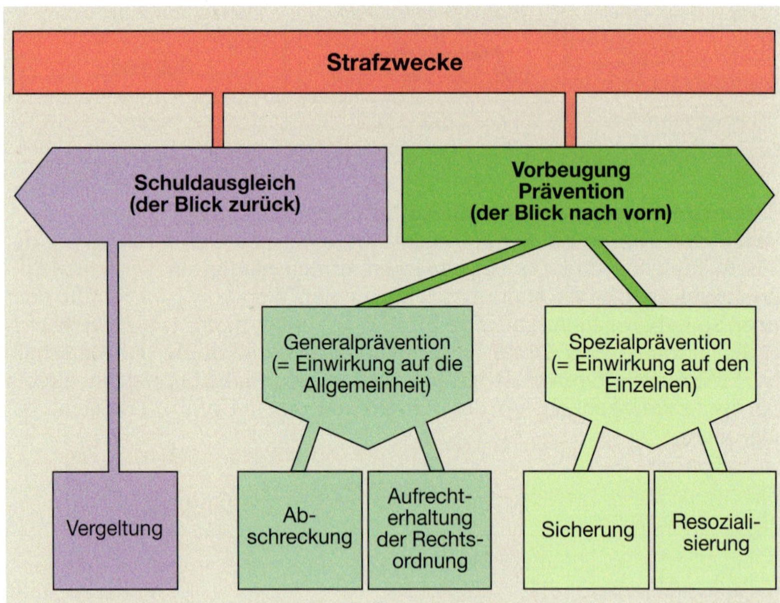

In unserem Strafrecht kommen alle dargestellten Strafzwecke zum Tragen.
Resozialisierung und Aufrechterhaltung der Rechtsordnung stehen in neuerer Zeit bei der Fortentwicklung des Strafrechts im Vordergrund.

Vergeltung
Der Strafzweck der Vergeltung sieht nur die begangene Tat als solche und verfährt nach dem Grundsatz: „Wie du mir, so ich dir.“ Die Vergeltung will ein begangenes Übel durch ein entsprechendes ausgleichen: Wer einen anderen durch seine Schuld zum Krüppel gefahren hat, soll selbst körperlich verstümmelt werden. Wer auf brutale Weise einen Menschen umbringt, hat selbst sein Leben verwirkt. Die Situation des Täters und die besonderen Umstände zum Zeitpunkt der Tat werden nicht beachtet.

Abschreckung
Auch die Abschreckung beachtet die besondere Situation des Täters nicht. Durch Androhung einer hohen Strafe im Allgemeinen oder durch Verhängung einer besonders schweren Strafe im Einzelfall sollen mögliche andere Straftäter abgehalten werden. Die Strafe als Folge einer Tat kann deshalb für den Täter unverhältnismäßig hart sein.

A

Nimm Stellung zu der Aussage: „Die Strafe hat keine abschreckende Wirkung, weil jeder Täter glaubt, nicht erwischt zu werden."

Aufrechterhaltung der Rechtsordnung
Dieser Strafzweck sieht nicht nur den einzelnen Täter, sondern das geordnete Zusammenleben der Menschen als Wert an sich. Konsequente Verbrechensbekämpfung und Strafverfolgung dienen dazu, das Vertrauen der Bürger in die bestehende Rechtsordnung zu erhalten. Der einzelne Bürger soll das Bewusstsein haben, dass der Staat seine Rechte schützt und Rechtsbrecher konsequent verfolgt.

Die Anwesenheit der staatlichen Ordnungskräfte soll dem Bürger das Gefühl von Sicherheit vermitteln.

Resozialisierung
Der Täter soll dazu gebracht werden, sich wieder in die Gesellschaft einzugliedern und in Zukunft keine Straftat mehr zu begehen. Im Mittelpunkt der Resozialisierungsbemühungen stehen geeignete Maßnahmen während des Freiheitsentzuges.

Dazu gehören z. B.
- psychologische Betreuung während der Haft, um das eigene Fehlverhalten aufzuarbeiten,
- Erlernen eines Berufes in der Haftanstalt,
- leistungsgerechte Entlohnung, damit der Straffällige seine Familie unterstützen oder einen angerichteten Schaden wiedergutmachen kann,
- Vermittlung einer Arbeitsstelle nach der Haftentlassung.

i

Die Grundgedanken der **Resozialisierung** sind:
Auch der Täter soll seine Würde als Mensch behalten.
Eine anfangs etwas teurere Resozialisierung ist für die Gesellschaft am Ende billiger.

Sicherung
Bei manchen Straftätern hat sich die kriminelle Einstellung derart verfestigt, dass jeder Versuch einer Resozialisierung fehlschlägt. Deshalb muss die Allgemeinheit davor geschützt werden, dass dieser Personenkreis weitere Straftaten begehen kann. Mit Strafen allein ist jedoch der angestrebte Schutz meistens nicht zu verwirklichen. Siehe dazu auch Abschnitt 4 dieses Kapitels.

Aufgaben

1. Erkläre den Begriff Strafe.
2. Erkläre nach deinen bisherigen Kenntnissen den Unterschied zwischen Zivil- und Strafrecht.
3. Warum kann man Ordnungswidrigkeit als „kleine Schwester“ der Straftat bezeichnen?
4. In der Tagespresse kannst du oft Berichte über Änderungen im Strafrecht lesen. Verfolge diese Berichte! Was wird geändert? Wie werden die Änderungen begründet?
5. Stimmst du der folgenden Behauptung zu: „Nicht nur der gesetzestreue Bürger, sondern auch der Rechtsbrecher hat Anspruch auf Schutz durch den Staat vor Übergriffen anderer.“ Begründe deine Meinung.
6. Nenne Maßnahmen, mit denen der Staat den Bürgern das Bewusstsein vermitteln kann, dass Rechtssicherheit besteht.

7. Welcher Unterschied besteht zwischen Vergehen und Verbrechen?
8. Ein Einbruchsdiebstahl in ein Pelzgeschäft, bei dem z. B. Pelze im Wert von 100.000 € gestohlen werden, gilt rechtlich als Vergehen; ein Meineid dagegen als Verbrechen.
   Wie ist diese rechtliche Würdigung zu verstehen?
9. Im Mittelalter und in der beginnenden Neuzeit war es üblich, Schiffsbesatzungen zumindest teilweise aus Strafgefangenen zu bilden. Nach der glücklichen Rückkehr des Schiffes wurden die Sträflinge oft freigelassen. Wie ist diese Art des Strafvollzugs zu erklären?
10. Beurteile die Abschreckung als Strafzweck. Beziehe dabei auch die folgende Aussage mit ein: „Wer einem Mitschüler die Geldbörse klaut, sollte sofort von der Schule verwiesen werden.“
11. Nimm zu der folgender Behauptung Stellung: „Der Mensch hat überhaupt nicht das Recht zu strafen. Es steht allein Gott zu.“
12. In vielen Geschäften hängen Schilder folgender Art. „Ladendiebe werden sofort angezeigt und müssen eine Gebühr von 50 € zahlen.“
    a) Ist diese Gebühr Teil der Strafe? Begründe deine Aussage.
    b) Oft enthalten derartige Schilder den Zusatz: „Ladendiebe erhalten in unseren Filialen Hausverbot.“
       Mit welcher Rechtsgrundlage dürfen Geschäfte dieses anordnen?
    c) Welche Folgen hat ein Ladendiebstahl, den jemand in der Filiale B begeht, wenn er bereits für das gleiche Delikt in der Filiale A verurteilt wurde?

> **i**
> Art. 102 GG:
> Die Todesstrafe ist abgeschafft.

13. Im Zusammenhang mit Schwerstverbrechen, z. B. Terroranschlägen, Geiselnahme, Kindsmord wird gelegentlich der Ruf nach Einführung der Todesstrafe laut. Wie ist deine Meinung? Lies in diesem Zusammenhang auch Artikel 102 GG.
14. Warum hat man in Deutschland die Todesstrafe abgeschafft? Wenn du es nicht weißt, frage deinen Geschichtslehrer.
15. Bei Delikten, die von Jugendlichen begangen werden, hört man gelegentlich: „Der hat eine ordentliche Tracht Prügel verdient!“ Finde Gründe, warum unser Strafrecht die Prügelstrafe nicht vorsieht.
16. Erkläre den Satz: „Unser Strafrecht ist ein sogenanntes Schuldstrafrecht“. Was würde im Gegensatz dazu ein Tatstrafrecht bedeuten? (Berücksichtige bei der Erklärung auch die mittelalterlichen Strafmaßnahmen, wie z. B. Enthaupten, Hand abhacken, Blenden, Verbrennen.)

17. Nenne vorbeugende Maßnahmen, mit denen
    a) der Einzelne
    b) der Staat
    zur Vermeidung von Straftaten beitragen kann.
18. Nimm zu folgender Behauptung Stellung: Maßnahmen zur Resozialisierung kosten nur Geld, das der Staat besser für andere Zwecke ausgeben sollte. Wer eine Straftat begeht, hat sich freiwillig dafür entschieden. Der Staat ist kein Reparaturbetrieb für Versäumnisse des Einzelnen.
19. Betrachte das nebenstehende Bild. Welches Delikt hat der Fahrer des Autos begangen? Was sind die Tatfolgen?

3 Voraussetzungen für die Strafbarkeit einer Handlung

3.1 Tatbestandsmäßigkeit

Nachfolgende Fallbeispiele und ihre Erklärungen geben einen Einblick in die juristische Arbeitstechnik.

Fallbeispiel (Variation 1)
Michael hat von seinen Eltern ein neues 24-Gang-Fahrrad erhalten. Er hat es in der Garageneinfahrt seines Elternhauses abgestellt. Als er es benutzen will, ist es verschwunden.

Vergleiche damit § 110 BGB, den sogenannten „Taschengeldparagrafen“:
1. konkreter Sachverhalt
2. abstrakte Rechtsnorm
3. Schlussfolgerung

Wahrscheinlich denken wir spontan: Das Fahrrad wurde gestohlen.
Damit würden wir jedoch eine Bewertung vornehmen, noch bevor wir den Fall geprüft haben. Nicht jedes Wegnehmen einer Sache ist bereits ein Diebstahl.
Wir müssen deshalb vergleichen:
… den konkreten Fall (Fahrrad ist verschwunden)

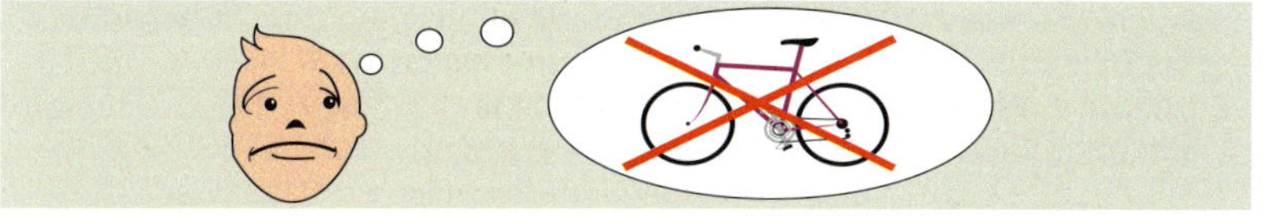

… und die abstrakte Rechtsnorm

§ 242 Diebstahl
(1) Wer eine fremde bewegliche Sache einem anderen in der Absicht wegnimmt, dieselbe sich rechtswidrig zuzueignen, wird mit Freiheitsstrafe bis zu fünf Jahren oder mit Geldstrafe bestraft.
(2) Der Versuch ist strafbar.

Der konkrete Sachverhalt muss mit einer abstrakten Rechtsnorm übereinstimmen.
Wir sprechen in diesem Fall von Subsumierung.
Subsumierung von lat.: subsumere = darunter nehmen, darunter fallen

Eine Tat ist dann als eine Straftat einzustufen, wenn sie all diejenigen Merkmale erfüllt, die in einem Paragrafen des Strafgesetzbuches auf diesen Sachverhalt zutreffen. Wir sprechen in diesem Fall von **Tatbestandsmäßigkeit**.
Sehen wir uns den § 242 StGB etwas genauer an und zerlegen ihn in seine Bestandteile.

Objektive Tatbestandsmerkmale
- Wegnahme einer **fremden** Sache
  (Das Fahrrad gehört Michael. Es ist weg.)
- Wegnahme einer **beweglichen** Sache
  (Denn: Eine Immobilie kann man nicht stehlen.)
  „Beweglich“ bedeutet nicht nur ein Fahrzeug oder ein anderer, leicht zu transportierender Gegenstand, auch eine schwere Maschine ist im Rechtssinn eine bewegliche Sache.
- Wegnahme **aus dem Gewahrsam** eines anderen
  (Der Zugriff auf das Fahrrad ist nur Michael oder seinen Eltern erlaubt. Gewahrsam bedeutet Einwirkungsbereich. Dies kann, wie in unserem Beispiel das eigene Grundstück sein, aber auch der Fahrradständer in der Schule, am Bahnhof oder vor einem Geschäft.)

Neue technische und wirtschaftliche Entwicklungen führen auch zu neuen Formen der Kriminalität.
So wurde z. B. der Straftatbestand des Computerbetrugs 1986 vom Gesetzgeber eingeführt. Er ist in § 263 a des StGB geregelt.

Subjektive Tatbestandsmerkmale
- Wegnahme widerrechtliche Zueignungsabsicht
  (Der Täter will das Fahrrad als sein eigenes ausgeben.)

Variation 2 unseres Fallbeispiels
Michael hat sein Fahrrad im Fahrradständer am Bahnhof abgestellt und mit einem Sicherheitsschloss versperrt. Als er zurückkommt, liegt das Schloss am Boden. Es wurde geknackt. Das Fahrrad ist weg.

A

1. Warum werden die in § 243 genannten Merkmale als „schwerer Diebstahl“ bezeichnet, auch wenn der Wert des Diebesgutes gering zu sein scheint?
2. Arbeite aus den im § 243 StGB angegebenen Tatbestandsmerkmalen das für unseren Fall wesentliche Merkmal heraus.
3. Welche Tatbestandsmerkmale hat Variation 3 mit Variation 1 gemeinsam, welche nicht?
4. Arbeite heraus:
   a) Welche Merkmale hat § 249 gemeinsam mit § 242 StGB, wodurch unterscheidet er sich?
   b) Welches ist für unser Beispiel das entscheidende Merkmal?

§ 243 Besonders schwerer Fall des Diebstahls
(1) In besonders schweren Fällen wird der Diebstahl mit Freiheitsstrafe von drei Monaten bis zu zehn Jahren bestraft. Ein besonders schwerer Fall liegt in der Regel vor, wenn der Täter

1. zur Ausführung der Tat in ein Gebäude, eine Wohnung, einen Dienst- oder Geschäftsraum oder in einen anderen umschlossenen Raum einbricht, einsteigt, mit einem falschen Schlüssel oder einem anderen nicht zur ordnungsgemäßen Öffnung bestimmten Werkzeug eindringt, oder sich in dem Raum verborgen hält.
2. eine Sache stiehlt, die durch ein verschlossenes Behältnis oder eine andere Schutzvorrichtung gegen Wegnahme besonders gesichert ist. [...]
4. aus einer Kirche oder einem anderen der Religionsausübung dienenden Gebäude oder Raum eine Sache stiehlt, die dem Gottesdienst gewidmet ist oder der religiösen Verehrung dient. [...]
6. stiehlt, indem er die Hilflosigkeit einer anderen Person, einen Unglücksfall oder eine gemeine Gefahr ausnutzt.

Variation 3
Wie in Variation 1 ist das Fahrrad aus der Garageneinfahrt verschwunden. Am Abend lehnt das Fahrrad am Gartenzaun von Michaels Elternhaus. Es weist keine Beschädigung auf. Jemand hat es heimlich benutzt und bei Einbruch der Dunkelheit ebenfalls unbemerkt zurückgegeben.

§ 248 b Unbefugter Gebrauch eines Fahrzeugs
(1) Wer ein Kraftfahrzeug oder ein Fahrrad gegen den Willen des Berechtigten in Gebrauch nimmt, wird mit Freiheitsstrafe bis zu drei Jahren oder mit Geldstrafe bestraft [...]
(2) Der Versuch ist strafbar.
(3) Die Tat wird nur auf Antrag verfolgt.

Anders wäre die rechtliche Lage, wenn der Täter mit dem Fahrrad in eine andere Stadt gefahren wäre und es dort auf einem Platz abgestellt hätte, ohne sich weiter darum zu kümmern. In diesem Fall geht man von einem Diebstahl aus.

Variation 4
Michael fährt mit seinem Fahrrad auf einer Landstraße. Ein Passant fragt ihn: „Kannst du mir sagen, wie spät es ist?“ Michael steigt ab, doch plötzlich bedroht ihn der Passant mit einem Messer und verlangt die Herausgabe des Fahrrades. Aus Angst gibt Michael nach.

§ 249 Raub
(1) Wer mit Gewalt gegen eine Person oder unter Anwendung von Drohungen mit gegenwärtiger Gefahr für Leib oder Leben eine fremde bewegliche Sache einem anderen in der Absicht wegnimmt, sich dieselbe rechtswidrig zuzueignen, wird wegen Raubes mit Freiheitsstrafe nicht unter einem Jahr bestraft.

Auch den Straftatbestand des Betruges kann man nach objektiven und subjektiven Tatbestandsmerkmalen unterscheiden:

§ 263 Betrug
(1) Wer in der Absicht, sich oder einem Dritten einen rechtswidrigen Vermögensvorteil zu verschaffen, das Vermögen eines anderen dadurch beschädigt, dass er durch Vorspiegelung falscher oder durch Entstellung oder Unterdrückung wahrer Tatsachen einen Irrtum erregt oder unterhält, wird mit Freiheitsstrafe bis zu fünf Jahren oder mit Geldstrafe bestraft.

Arbeite am Beispiel des § 263 StGB (Betrug) die objektiven und subjektiven Tatbestandsmerkmale heraus.

Bei jeder Straftat ist zu prüfen:
- Was ist wirklich geschehen?
- Welchen verbrecherischen Willen hatte der Täter?

Dementsprechend unterscheiden wir objektive und subjektive Tatbestandsmerkmale. Eine Handlung ist also dann eine Straftat, wenn sie die in einem Paragrafen des Strafgesetzbuches festgelegten **objektiven und subjektiven Tatbestandsmerkmale** erfüllt.

Objektive Tatbestandsmerkmale:
Sie beziehen sich auf das genau Beschreibbare an der Tat.

Subjektive Tatbestandsmerkmale:
Sie beziehen sich auf die verbrecherische Absicht des Täters.

Das Wort „Handlung“ darf dabei nicht einseitig als aktives Tun gesehen werden; auch ein Unterlassen, also ein „Nicht-Handeln“ ist eine Tat im Sinne des Strafgesetzbuches (beispielsweise unterlassene Hilfeleistung).

Die Strafbarkeit einer Handlung muss jedoch festgelegt worden sein, bevor die Tat begangen wurde. Dieser wichtige Grundsatz ist sogar in Artikel 103 des Grundgesetzes festgelegt. Wir können daher die erste Voraussetzung einer strafbaren Handlung auf die kurze Formel bringen:

Keine Strafe ohne Gesetz!

3.2 Rechtswidrigkeit

Beispiel:
Drei Bergsteiger kehren von einer Bergtour zurück. Sie geraten beim Abstieg in ein Unwetter. Durch Steinschlag wird einer der Teilnehmer verletzt. Als sie an einem Wochenendhaus vorbeikommen, bitten sie den zufällig anwesenden Eigentümer ihren verletzten Kameraden in seinem Haus versorgen zu dürfen. Der Zutritt wird ihnen jedoch mit der Begründung verweigert, dass es sie bis zum nächsten Dorf ohnehin nicht mehr allzu weit hätten. Sie verschaffen sich daraufhin gewaltsam Zugang und versorgen den Verletzten.

§ 123 Hausfriedensbruch
(1) Wer in die Wohnung, in die Geschäftsräume oder in das befriedete Besitztum eines anderen ... widerrechtlich eindringt, oder wer, wenn er ohne Befugnis darin verweilt, auf die Aufforderung des Berechtigten sich nicht entfernt, wird mit Freiheitsstrafe bis zu einem Jahr oder mit Geldstrafe bestraft.

Eine Tat ist dann rechtswidrig, wenn keine Rechtfertigungsgründe vorliegen.

Das Eindringen in das Wochenendhaus ist an sich rechtswidrig und daher strafbar. In diesem Fall liegen jedoch Gründe vor, die das Eindringen rechtfertigen.

Wichtige Rechtfertigungsgründe sind:

(nach § 32 StGB) Notwehr
Das ist diejenige Verteidigung, die nötig ist, um einen gegenwärtigen rechtswidrigen Angriff von sich oder einem anderen abzuwenden.

(nach § 34 StGB) Notstand
Ein Notstand liegt dann vor, wenn ein geringerwertiges Rechtsgut geopfert wird, um ein höherwertiges Rechtsgut zu schützen.

Beispiele für berechtigte Notwehr: Ein geübter Karatekämpfer setzt sich gegen einen Räuber zur Wehr und entwendet ihm das Messer.

Beispiel für Notstand:
geringerwertiges Rechtsgut:
in unserem Fall das Hausrecht des Hauseigentümers;
höherwertiges Rechtsgut:
Gesundheit und Leben

3.3 Schuld

Beispiele

1. Um eine anstehende Erbschaft rascher antreten zu können, erschießt ein junger Mann seinen Vater. Er versucht das Verbrechen zu vertuschen, indem er Selbstmord des Vaters vortäuscht.
2. Ein Pkw-Fahrer überholt ein anderes Fahrzeug in einer unübersichtlichen Rechtskurve. Um einem drohenden Frontalzusammenstoß zu entgehen, steuert der Fahrer eines entgegenkommenden Fahrzeugs seinen Wagen auf eine angrenzende Wiese. Das Fahrzeug überschlägt sich und fängt Feuer. Die drei Insassen sind sofort tot.

Im Zivilrecht (BGB, Kapitel 5) hast du einen anderen Schuldbegriff kennen gelernt. Schuld bedeutet dort: Verpflichtung zur Leistung. Wer z. B. einen Vertrag abschließt, muss die versprochene Leistung erfüllen.

§ 211 Mord
(1) Der Mörder wird mit lebenslanger Freiheitsstrafe bestraft.
(2) Mörder ist, wer
- aus Mordlust, zur Befriedigung des Geschlechtstriebs, aus Habgier oder sonst aus niedrigen Beweggründen,
- heimtückisch oder grausam oder mit gemeingefährlichen Mitteln oder
- um eine andere Straftat zu ermöglichen oder zu verdecken, einen Menschen tötet.

§ 222 Fahrlässige Tötung
Wer durch Fahrlässigkeit den Tod eines Menschen verursacht, wird mit Freiheitsstrafe bis zu fünf Jahren oder mit Geldstrafe bestraft.

Betrachten wir ausschließlich die Ergebnisse, so stellen wir fest:
Im 1. Beispiel: Ein Mensch ist tot!
Im 2. Beispiel: Drei Menschen sind tot und außerdem entstand erheblicher Sachschaden.

Die Folgen der Tat sind im zweiten Beispiel erheblich größer. Trotzdem ist die Schuld des Autofahrers im strafrechtlichen Sinn geringer. Schuld im strafrechtlichen Sinne bedeutet **Vorwerfbarkeit der Tat**. Sie liegt im Willen und in der Einsichtsfähigkeit des Täters begründet.

Der Umfang der Schuld ist deshalb von zwei Merkmalen abhängig von:
- der inneren Einstellung zur Tat und
- der Einsichtsfähigkeit des Täters.

Auf eine kurze Formel gebracht lautet eine weitere Voraussetzung strafbaren Handelns:

Keine Strafe ohne Schuld!

A

Auch die Religion kennt den Begriff „Schuld" in einem anderen Sinn. Frage deinen Religionslehrer danach. Vergleiche die drei Schuldbegriffe.

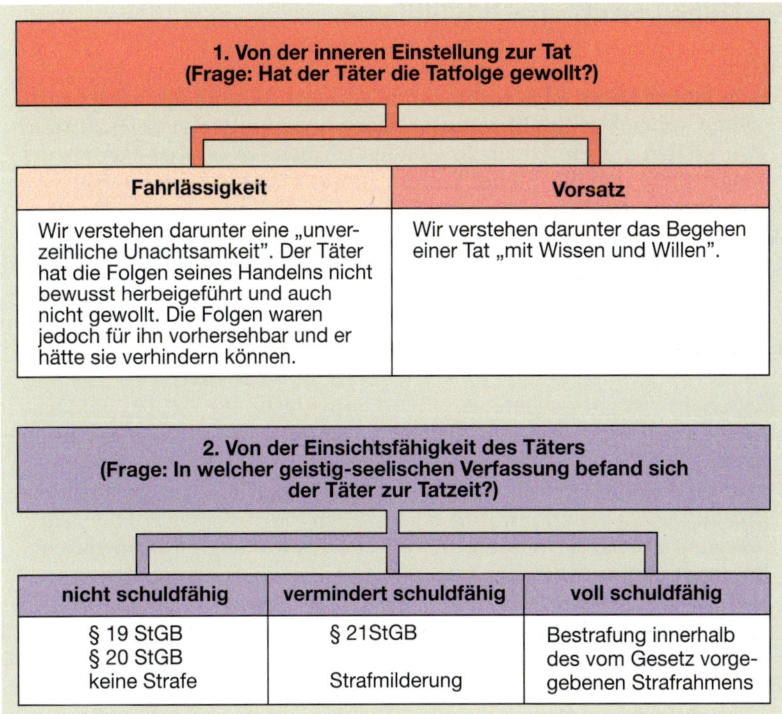

Wir betrachten nun die Voraussetzungen für die Strafbarkeit einer Tat im Zusammenhang:

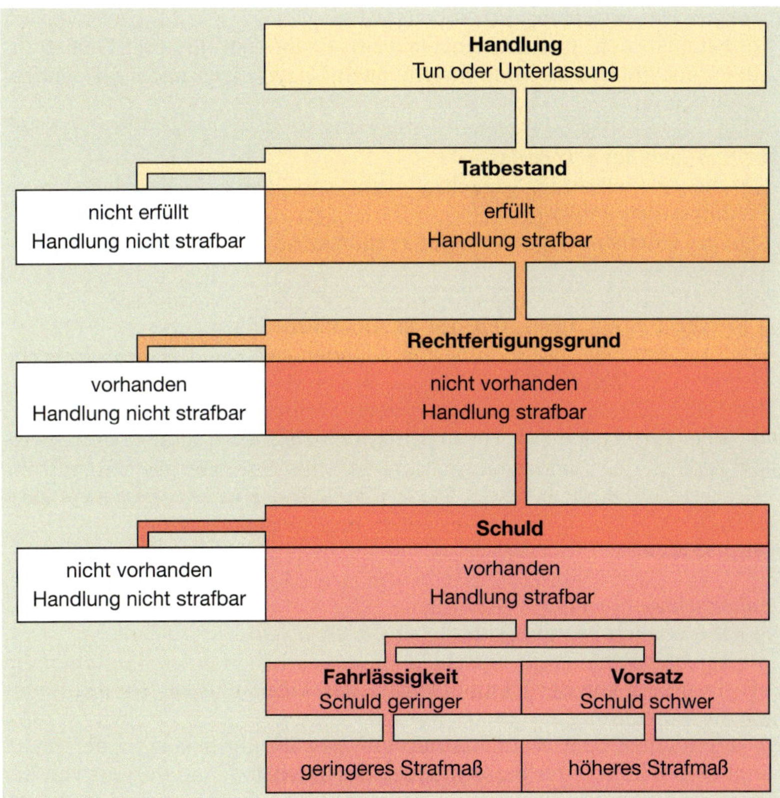

§ 19 Schuldunfähigkeit eines Kindes
Schuldunfähig ist, wer bei Begehung der Tat noch nicht vierzehn Jahre alt ist.

§ 20 Schuldunfähigkeit wegen seelischer Störungen
Ohne Schuld handelt, wer bei Begehung der Tat wegen einer krankhaften seelischen Störung, wegen einer tiefgreifenden Bewusstseinsstörung oder wegen Schwachsinns oder einer anderen seelischen Abartigkeit unfähig ist, das Unrecht der Tat einzusehen oder nach dieser Einsicht zu handeln.

§ 21 Verminderte Schuldfähigkeit
Ist die Fähigkeit des Täters, das Unrecht der Tat einzusehen oder nach dieser Einsicht zu handeln, aus einem der in § 20 bezeichneten Gründe erheblich vermindert, so kann die Strafe […] gemildert werden.

4 Folgen strafbarer Handlungen

1. Je zwei der nebenstehenden Beispiele sind ähnlich. Stelle die Gemeinsamkeiten fest und arbeite die Unterschiede heraus.
2. Suche Argumente, warum der Gesetzgeber das Höchstmaß der zeitigen Freiheitsstrafe auf 15 Jahre begrenzt hat und z. B. 20 Jahre nicht für sinnvoll hält.

Beispiele:
1. Ein junger Mann ist schon mehrmals wegen Alkohol am Steuer mit dem Gesetz in Konflikt geraten. Nach wiederholter Trunkenheitsfahrt wurde ihm der Führerschein entzogen. Trotzdem setzt er sich wieder angetrunken an das Steuer seines Autos und verursacht einen schweren Verkehrsunfall.
2. Der nicht vorbestrafte Angestellte Huber hat bei der betrieblichen Weihnachtsfeier etwas zu viel getrunken. Bei der Heimfahrt verursacht er einen schweren Verkehrsunfall.
3. Eine geisteskranke Frau begeht einen Mord.
4. Ein Arzt vergiftet auf heimtückische Weise seine Ehefrau, weil sie seiner Beziehung zu einer anderen Frau im Wege steht.

Die Schwere des begangenen Unrechts hängt nicht nur von der Tat an sich ab, sondern entscheidend auch von den Tatumständen und der Persönlichkeit des Täters.
- Mord wiegt schwerer als Diebstahl oder Autofahren in angetrunkenem Zustand.
- Wer eine Tat wiederholt begeht, obwohl er einschlägig vorbestraft ist, hat noch immer nichts gelernt.
- Wer sein Berufswissen dazu missbraucht, um einen anderen zu schädigen oder gar zu töten, handelt besonders heimtückisch.

Das Strafgesetzbuch sieht daher unterschiedliche Maßnahmen vor, mit denen auf eine Tat reagiert werden kann. Wir unterscheiden:

4.1 Strafen

Strafe ist die bewusste Reaktion auf ein begangenes Unrecht. Die Ursache der Strafe liegt also immer in der Vergangenheit. Das Gesetz unterscheidet zwischen **Hauptstrafen** und **Nebenstrafen**.
Die Hauptstrafen werden eingeteilt in Freiheitsstrafe und Geldstrafe. Unter Umständen kann eine Straftat auch Nebenfolgen nach sich ziehen.

§ 38 Dauer der Freiheitsstrafe
(1) Die Freiheitsstrafe ist zeitig, wenn das Gesetz nicht lebenslange Freiheitsstrafe androht.
(2) Das Höchstmaß der zeitigen Freiheitsstrafe ist fünfzehn Jahre, ihr Mindestmaß ein Monat.

§ 47 Kurze Freiheitsstrafen nur in Ausnahmefällen
(1) Eine Freiheitsstrafe unter sechs Monaten verhängt das Gericht nur, wenn besondere Umstände, die in der Tat oder der Persönlichkeit des Täters liegen, die Verhängung einer Freiheitsstrafe zur Einwirkung auf den Täter oder zur Verteidigung der Rechtsordnung unerlässlich machen.

Hauptstrafen

Freiheitsstrafe
Sie kann zeitlich begrenzt oder lebenslänglich sein.
Eine Freiheitsstrafe greift entscheidend in das Leben eines Menschen ein (z. B. Trennung von der Familie, Verlust des Arbeitsplatzes). Sie kann deshalb zur Bewährung ausgesetzt werden.
Ob der Richter eine Freiheitsstrafe zur Bewährung aussetzt oder nicht, hängt einerseits von der Persönlichkeit des Täters und andererseits von der Dauer der Freiheitsstrafe ab.

Freiheitsstrafe			
bis ein Jahr		bis zwei Jahre	über zwei Jahre
1–5 Monate in der Regel keine Freiheitsstrafe	6–12 Monate in der Regel zur Bewährung ausgesetzt	in besonderen Fällen zur Bewährung ausgesetzt	keine Strafaussetzung zur Bewährung
§ 47 StGB	§ 56 (1) StGB	§ 56 (2) StGB	

Beispiele aus einem Gerichtsurteil:
- „Der Angeklagte ist schuldig eines Vergehens des schweren Diebstahls."
- „Er wird dafür zu einer Freiheitsstrafe von acht Monaten verurteilt."
- „Die Strafe wird für zwei Jahre zur Bewährung ausgesetzt."

§ 40 Verhängung in Tagessätzen
(1) Die Geldstrafe wird in Tagessätzen verhängt. Sie beträgt mindestens fünf und, wenn das Gesetz nichts anderes bestimmt, höchstens dreihundertsechzig volle Tagessätze.
(2) Die Höhe der Tagessätze bestimmt das Gericht unter Berücksichtigung der persönlichen und wirtschaftlichen Verhältnisse des Täters. Dabei geht es in der Regel von dem Nettoeinkommen aus, das der Täter durchschnittlich an einem Tag hat oder haben könnte. Ein Tagessatz wird auf mindestens einen und höchstens 5.000 € festgesetzt.

A

Suche Argumente für die Behauptung: „Auch eine Geldstrafe ist eine (mildere) Form des Freiheitsentzuges."

Geldstrafe
Beispiel:
Ein Richter verurteilt einen Angeklagten zu 30 Tagessätzen à 50 €. Die Geldstrafe beträgt dann 1.500 €.

Freiheits- und Geldstrafe können auch nebeneinander verhängt werden.

Nebenstrafen

§ 44 Fahrverbot
(1) Wird jemand wegen einer Straftat, die er bei oder im Zusammenhang mit dem Führen eines Kraftfahrzeugs oder unter Verletzung der Pflichten eines Kraftfahrzeugführers begangen hat, zu einer Freiheits- oder Geldstrafe verurteilt, so kann ihm das Gericht für die Dauer von einem Monat bis zu drei Monaten verbieten, im Straßenverkehr Kraftfahrzeuge [...] zu führen.

Wer in angetrunkenem Zustand am Steuer eines Kraftfahrzeugs angetroffen wird, riskiert Geld und Führerschein, auch wenn er keinen Unfall verursacht hat. Häufig wird auch eine Nachschulung angeordnet, die sehr teuer kommen kann.

Das Gesetz kennt als Nebenstrafe nur das Fahrverbot.
Diesen auf den ersten Blick etwas schwierig wirkenden Paragrafen können wir uns durch Beispiele verständlicher machen:
1. beim Führen eines Kraftfahrzeugs
   (z. B. betrunken am Steuer gesessen)
2. im Zusammenhang mit dem Führen eines Fahrzeugs
   (z. B. Auto benutzt, um Diebesgut wegzuschaffen)
3. unter Verletzung der Pflichten eines Kraftfahrzeugführers
   (z. B. bei einem geparkten Fahrzeug Handbremse nicht angezogen und Gang nicht eingelegt; das Auto macht sich auf abschüssiger Straße selbstständig)

Der Führerschein wird bei der für den Wohnsitz des Betreffenden zuständigen Polizeistelle verwahrt und kann nach Ablauf der Sperrfrist wieder abgeholt werden.

Rechtsfolgen bei Trunkenheit am Steuer

Tatbestand	Geldbuße/ Geldstrafe (€)	Punkte	Fahrverbot/ Führerscheinentzug (Monate)
Ab 0.5 Promille Alkoholgehalt im Blut	250,00	4	1
Bei Eintragung von bereits einer Entscheidung	500,00	4	3
Bei Eintragung von bereits mehreren Entscheidungen	750,00	4	3
Ab 1,1 Promille Alkoholgehalt im Blut	ja (+)	7	ja (+)

(+) Die Entscheidung, ob Geld- oder Freiheitsstrafe verhängt werden soll und wie lange der Führerschein entzogen werden soll, trifft der Richter nach den Umständen des Falles.
Auch bei einem Blutalkoholgehalt ab 0,3 Promille können bereits eine Geldbuße, Fahrverbot und die Eintragung von Punkten verhängt werden, wenn der Betreffende Anzeichen von Fahrunsicherheit zeigt oder an einem Unfall beteiligt ist.

4.2 Maßregeln

Maßregeln werden zwar als Folge einer begangenen Tat ausgesprochen, sie sollen jedoch die Gesellschaft in **Zukunft** davor schützen, dass der Täter weiterhin Unrecht begeht. Sie sind daher keine Strafen, sondern **Vorbeugemaßnahmen**.

Beispiele:

1. Maßregeln mit Freiheitsentzug
   - Unterbringung in einem psychiatrischen Krankenhaus (§ 63 StGB)
   - Sicherungsverwahrung (§ 66 StGB)
     Wer schon zweimal wegen des gleichen Verbrechens vorbestraft ist und das dritte Mal straffällig wurde.
2. Maßregeln ohne Freiheitsentzug
   - Berufsverbot (§ 70 StGB)
   - Entziehung der Fahrerlaubnis (§ 69 StGB)
     Sie wird ausgesprochen, wenn sich ergibt, dass jemand zur Führung eines Kraftfahrzeugs ungeeignet ist. Im Gegensatz zum Fahrverbot wird der Führerschein eingezogen und erst nach Ablauf der vom Richter verfügten Sperre kann ein neuer Führerschein erworben werden.

i Unterscheide: Fahrverbot – Entziehung der Fahrerlaubnis

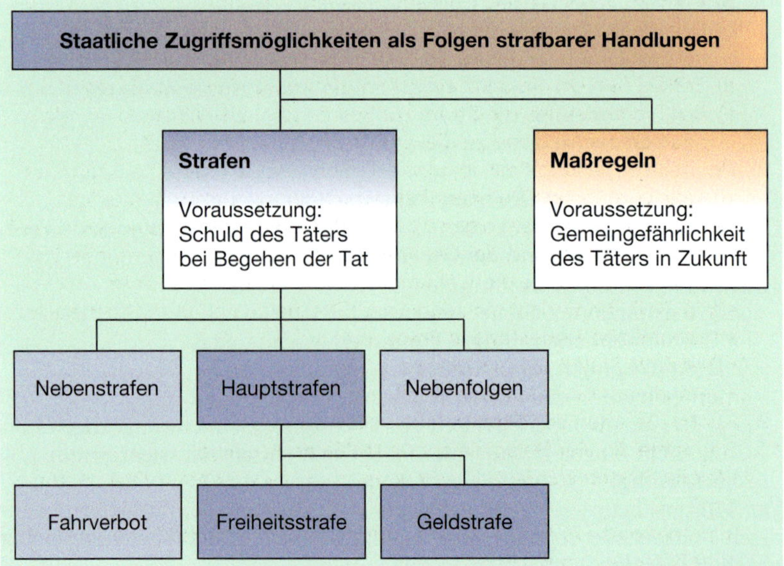

i Eine Nebenfolge kann z. B. der Verlust der Wählbarkeit für ein öffentliches Amt (Stadtrat, Gemeinderat, Abgeordneter) für die Dauer von fünf Jahren sein, wenn jemand wegen eines Verbrechens zu mindestens einem Jahr Freiheitsstrafe verurteilt wurde.

1. Nimm das StGB zur Hand. Vergleiche § 242 (Diebstahl) und § 246 (Unterschlagung) miteinander. Welche Tatbestandsmerkmale haben sie gemeinsam, worin liegt der Unterschied?
2. A bedroht B mit einem Klappmesser und fordert ihn auf, seine Geldbörse herauszugeben. Um ihn abzuwehren, schlägt B dem A mit einer schweren Eisenstange auf den Kopf, so dass dieser taumelt und eine gefährliche Gehirnerschütterung davonträgt.
   a) Versuche zunächst das Handeln von A und B ohne Hilfe des StGB zu beurteilen.
   b) Benutze nun das StGB und wende deine Kenntnisse über die Voraussetzungen für die Strafbarkeit einer Tat an. Du brauchst insbesondere die §§ 32, 33, 34, 223, 223a, 244, 249.
3. Welcher Unterschied besteht zwischen Vorsatz und Fahrlässigkeit? Gib dafür Beispiele an.
4. Gibt es Taten, bei denen sich die Frage, ob sie vorsätzlich oder fahrlässig begangen wurden, überhaupt nicht stellt? (Du kannst zur Beantwortung dieser Frage die bereits bekannten Paragrafen des StGB mitbenutzen.)
5. Erkläre die Arten der Schuldfähigkeit.
6. Handelt es sich bei den folgenden Beispielen um Diebstahl? Begründe deine Meinung.
   - Entwenden einer Geldbörse aus der Hosentasche eines Volksfestbesuchers.
   - Jemand findet im Kaufhaus eine Geldbörse. Er steckt sie ein und verbraucht das Geld für sich.
   - Mehrere junge Menschen besetzen ein leer stehendes Haus ohne Zustimmung des Eigentümers, um darin zu wohnen.
   - Benutzen eines Kraftfahrzeuges ohne Einwilligung des Eigentümers. Das Fahrzeug wird eine Woche später in einer 100 km entfernten Stadt auf einem Parkplatz entdeckt, ohne dass sich der Fahrer darum gekümmert hat.
   - Entfernen aus einer Gaststätte, ohne die Zeche zu bezahlen.
   - Mitnahme von brauchbarem Kupferdraht, der auf einer öffentlichen Mülldeponie abgeladen wurde.
7. Lies nebenstehenden Fall „Golfschläger ist ein gefährliches Werkzeug" und beurteile ihn mit Hilfe der beiden angegebenen Paragrafen 223 und 224 des StGB.
   a) Erkläre den Unterschied zwischen einfacher und gefährlicher Körperverletzung.
   b) Bilde zu § 224 (1) Ziff. 1 bis 4 jeweils ein Beispiel.
   c) Der Richter musste bei seiner Entscheidung eine Subsumierung vornehmen. Beschreibe diesen Vorgang an Hand des Falles.
   d) Erkläre den Unterschied zwischen Strafrahmen und Strafmaß.
   e) Der Richter setzte die Strafe zur Bewährung aus. Weshalb konnte er nach deiner Meinung zu dieser Entscheidung kommen?
8. Beurteile folgenden Fall: Jemand montiert, um Geld für eine Reparatur zu sparen, an einem fremden Fahrrad die Bremsbacken heraus und befestigt sie an seinem eigenen. Im Vertrauen auf die Funktionsfähigkeit seines Fahrzeugs fährt der Geschädigte los. Nach wenigen hundert Metern stürzt er in Folge nicht funktionierender Bremsen an einer abschüssigen Stelle und bricht sich den Arm. Entscheide und begründe welcher strafrechtliche Tatbestand in Frage kommt:
   - Diebstahl (§ 242 StGB, siehe Seite 259)
   - gefährlicher Eingriff in den Straßenverkehr
9. Nenne die Arten von Strafen und erkläre sie.
10. Betrachte die vier Beispiele auf Seite 264 noch einmal. Welche Strafen würdest du verhängen und wie würdest du sie begründen?
    Ihr könnt diese Aufgabe auch in Gruppenarbeit lösen und anschließend eure Entscheidungen vergleichen.

„Golfschläger ist ein gefährliches Werkzeug"
Ein Golfschläger ist im rechtlichen Sinne als ein gefährliches Werkzeug einzustufen.
Ein entsprechendes Urteil fällte ein Münchner Amtsrichter. Er verhängte gegen eine 28 Jahre alte Frau aus München wegen gefährlicher Körperverletzung eine Bewährungsstrafe von sieben Monaten. Die Frau hatte auf ihren 30 Jahre alten Mann mit einem Golfschläger eingeschlagen und ihn erheblich am Ohr verletzt.

§ 223 Körperverletzung
(1) Wer eine andere Person körperlich misshandelt oder an der Gesundheit schädigt, wird mit Freiheitsstrafe bis zu fünf Jahren oder mit Geldstrafe bestraft.

§ 224 Gefährliche Körperverletzung
(1) Wer die Körperverletzung
1. durch Beibringung von Gift oder anderen gesundheitsschädlichen Stoffen,
2. mittels einer Waffe oder eines anderen gefährlichen Werkzeugs, [...]
4. mit einem anderen Beteiligten gemeinschaftlich oder [...]
begeht, wird mit Freiheitsstrafe von sechs Monaten bis zu zehn Jahren bestraft.

§ 315 b Gefährlicher Eingriff in den Straßenverkehr
(1) Wer die Sicherheit des Straßenverkehrs dadurch beeinträchtigt, dass er
1. Anlagen oder Fahrzeuge zerstört, beschädigt oder beseitigt,
2. Hindernisse bereitet oder
3. [...] dadurch Leib oder Leben eines anderen Menschen oder fremde Sachen von bedeutendem Wert beschädigt, wird mit Freiheitsstrafe bis zu fünf Jahren oder mit Geldstrafe bestraft.

5 Jugendstrafrecht

Das Strafgesetzbuch enthält
1. die strafbaren Tatbestände.
2. die Maßnahmen aufgrund von Straftaten gegen Erwachsene.

Das Jugendgerichtsgesetz enthält die Maßnahmen, die gegen jugendliche Straftäter ergriffen werden können.

Die Basis aller Regelungen des Jugendstrafrechts ist der Erziehungsgedanke.

Nach dem Jugendgerichtsgesetz sollen Vergehen und andere Straftaten von Jugendlichen anders bewertet werden als die von Erwachsenen. Bei der richterlichen Bewertung einer Straftat steht der **erzieherische Gedanke** im Vordergrund. Ziel soll es sein, durch frühe Hilfestellungen und pädagogische Maßnahmen eine Wiederholung der Straftat zu vermeiden. Der Strafgedanke steht im Hintergrund. Das Gericht will, dass der Jugendliche das Unrecht seines Verhaltens einsieht. Es möchte außerdem die Bereitschaft beim jungen Straftäter fördern, zukünftig auf straffälliges Verhalten zu verzichten.
Die Maßnahmen des Jugendstrafrechts sind im **Jugendgerichtsgesetz (JGG)** geregelt.
Das JGG stellt dem Richter eine Vielzahl von Möglichkeiten zur Verfügung, in jedem Einzelfall die angemessenen **Maßnahmen** zu treffen:

5.1 Erziehungsmaßregeln

Sie stellen die mildeste Reaktion auf die Straftat eines Jugendlichen dar. Neben der Anordnung einer Erziehungsbeistandschaft oder des sogenannten betreuten Wohnens gehört dazu insbesondere die Erteilung von Weisungen, d.h. von Geboten und Verboten, die sich auf die Lebensführung des Jugendlichen beziehen und seiner Erziehung dienen sollen.

Weisungen sind Gebote und Verbote, die die Lebensführung des Jugendlichen regeln und dadurch seine Erziehung fördern und sichern sollen.

In Betracht kommen etwa **Weisungen**,
- die sich auf den Aufenthaltsort beziehen (z.B. bestimmte Gaststätten oder Wohnungen zu meiden),
- eine Ausbildungs- oder Arbeitsstelle anzunehmen,
- eine Arbeitsleistung (z.B. in einem Altenheim) zu erbringen,
- einen sogenannten Täter-Opfer-Ausgleich vorzunehmen (z.B. dem Opfer zu helfen, den angerichteten Schaden wiedergutzumachen),
- oder an einem Kurs teilzunehmen, um dem Täter richtiges Sozialverhalten (z.B. Achtung vor dem Eigentum, Abbau von Gewaltbereitschaft) zu vermitteln.

Befolgt der Verurteilte die Weisungen schuldhaft nicht, so kann er mit „Ungehorsamsarrest“ bis zu vier Wochen Dauer belegt werden.
Der Jugendliche hat allerdings das Recht, vor Verhängung des Arrests dem Richter zu erklären, warum er die Weisungen nicht befolgt hat bzw. befolgen konnte.

5.2 Zuchtmittel

Zuchtmittel können verhängt werden, wenn Erziehungsmaßregeln nicht ausreichend erscheinen. Sie sind ein eindringlicher tatbezogener Mahn- und Ordnungsruf.

Erziehungsmaßregeln und Zuchtmittel halten dem Jugendlichen sein Tun eindringlich vor.

Zu den Zuchtmitteln zählen neben der richterlichen **Verwarnung** (förmliche Zurechtweisung des Täters) die Erteilung von **Auflagen** und der **Jugendarrest**.
Auflagen zielen – im Gegensatz zu den Weisungen – nicht darauf ab, die Lebensführung des Jugendlichen zu regeln, sondern ihm das begangene Unrecht und die daraus entstandenen Folgen bewusst zu machen. Auflagen können die Schadenswiedergutmachung, eine persönliche Entschuldigung bei dem Geschädigten, die Erbringung einer Arbeitsleistung oder die Zahlung einer Geldbuße umfassen. Der Jugendarrest, der als Freizeit- (z.B. Wochenende), Kurz- (z.B. zwei Tage) oder Dauerarrest (eine bis vier Wochen) verhängt werden kann, ist eine weit einschneidendere, weil bereits freiheitsentziehende Maßnahme. Der Arrest soll dem Jugendlichen als ernste Warnung dienen und zum Nachdenken anregen.

Erziehungsmaßregeln und Zuchtmittel haben nicht die Rechtswirkung einer Strafe, sodass der Verurteilte nicht als vorbestraft gilt.

5.3 Jugendstrafe

Die Jugendstrafe ist ein Freiheitsentzug in einer Jugendstrafanstalt. Sie wird nur dann verhängt, wenn andere vorgesehene Rechtsfolgen nicht ausreichen, weil eine besonders schwere (z.B. brutale) Tat vorliegt oder dem Täter erhebliche kriminelle Anlagen zur Last gelegt werden (z.B. Wiederholungstäter).
Die Dauer der Jugendstrafe reicht von sechs Monaten bis zu einem Höchstmaß von zehn Jahren. Der Richter kann allerdings die Verhängung der Strafe zur Bewährung aussetzen. Er dokumentiert dann zwar die Schuld, setzt aber eine Bewährungszeit fest. Der Schuldspruch wird am Ende der Bewährungszeit getilgt, wenn sich der Jugendliche nichts mehr zu Schulden kommen ließ.

Jugendarrestzelle

Rechtsfolgen einer Jugendstraftat		
Erziehungsmaßregeln • Erteilung von Weisungen • Hilfen zur Erziehung	Zuchtmittel • Verwarnung • Auflagen • Jugendarrest	Jugendstrafe • ohne Bewährung • mit Bewährung

5.4 Gewaltprävention

Gewalt wird ausgeübt gegen Personen oder Sachen. Eine Vorstufe zur tätlichen Gewalt ist die verbale Aggression (Gebrauch von Schimpfwörtern), die Verächtlichmachung anderer (Auslachen, Ausnutzen von Schwächen) und die Provokation durch Gesten (Drohung mit Gebärden, z.B. Andeuten eines Faustschlages oder Fußtrittes).
Um Gewalt zu begegnen, d.h. sich präventiv mit ihr auseinanderzusetzen, ist es erforderlich, sich der Ursachen der Gewalt bewusst zu werden. Nachfolgend ein paar Beispiele für gesellschaftliche Faktoren und Thesen (Annahmen), die aggressives und gewalttätiges Verhalten fördern:

> **i** präventiv, lat.: vorbeugend, zuvorkommend

Wertewandel
Die Gewichtung materieller Werte findet immer mehr Verbreitung, z.B.:
- Das schlechte Gewissen mancher Eltern bzw. Erziehungsberechtigter, keine Zeit für das Kind zu haben, wird durch Verwöhnen und ständiges Nachgeben gegenüber Konsumwünschen beruhigt.
- Kinder und Jugendliche sind durch Nebenjobs zur Aufbesserung des Taschengeldes stark belastet.

Medieneinfluss
Viele Kinder und Jugendliche verbringen fast die gleiche Zeit vor dem Fernseher wie in der Schule. Auch durch Computerspiele, Videos und Kinofilme werden tausendfacher Mord, Körperverletzung und andere Gewalttaten konsumiert.

Veränderungen in der Familie
Geborgenheit zu erleben und die Möglichkeit, Konflikte zu diskutieren, fehlen oft, weil durch die Berufstätigkeit beider Partner und durch die hohen Trennungsquoten sich die Erziehungskompetenzen gravierend verändern. Familien schaffen durch den beruflichen Stress oder nervliche Überbelastung eine Atmosphäre, die Gewaltsituationen leicht auslösen können. Kinder erfahren dadurch leider immer mehr Desinteresse, Ablehnung und Vernachlässigung und „gewöhnen" sich an Gewalt.

A

1. Diskutiert den Vorschlag der Einführung eines Fahrverbots als Zuchtmittel im JGG. Für welche Taten sollte es verhängt werden?
2. Diskutiert über ein Zitat aus einer Rede des Bundestagspräsidenten Wolfgang Thierse: „In einer Gesellschaft, die Gewalt zum wichtigsten Bestandteil ihrer abendlichen Fernsehunterhaltung macht, stimmt etwas nicht."
Bringt hierzu das Fernsehprogramm einer Woche mit und zählt die Action-, Kriminal- und Thrillerfilme.

Aufgaben

1. Was bedeuten die Begriffe Kind, Jugendlicher und Heranwachsender nach dem Jugendstrafrecht?
2. Welcher Grundsatz steht beim Jugendstrafrecht im Vordergrund? Wie wird er gerechtfertigt? Betrachte nebenstehendes Bild.
3. Welche Altersregelungen sind dir aus anderen Rechtsgebieten bekannt? Wie werden sie dort gerechtfertigt?
4. Nenne Beispiele für Erziehungsmaßnahmen und Zuchtmittel.
5. „Ein Großteil der von Jugendlichen begangenen Straftaten geht auf das Konto der Erwachsenen!“ Nimm zu dieser Behauptung Stellung.
6. Wie würdest du in den folgenden Fällen als Jugendrichter urteilen? Benutze für deine Entscheidungen das Strafgesetzbuch (StGB) und das Jugendgerichtsgesetz (JGG). Diese Fälle könnt ihr auch als Rollenspiel in Form einer Gerichtsverhandlung in der Klasse nachspielen. Außerdem könnt ihr eure Entscheidungen („Urteile“) nachträglich mit einem Jugendrichter besprechen.
   a) Christian, 16 Jahre, ist zur Ausbildung in Erfurt, seine Eltern wohnen in Jena. Mit mehreren „Freunden“ lebt er in einer Wohngemeinschaft. Er will seinen Mitbewohnern imponieren. Bei einem Kunden seines Ausbildungsbetriebes kassiert er einen Geldbetrag in Höhe von 570 €, den er jedoch nicht abliefert. Christian ist nicht vorbestraft.
   b) Der 17-jährige Lehrling Mike hat gestanden, einen Sprengstoffanschlag auf ein Lokal in der Weimarer Straße verübt zu haben. Er war dort mit dem Freund der Wirtin in Streit geraten. Wütend war er nach Hause gerannt, hatte ein Magenbitterfläschchen mit Chemikalien gefüllt und den Sprengsatz vor der Wirtshaustür gezündet. Die Explosion riss ein Loch in die Tür und beschädigte einen vor dem Lokal geparkten Pkw. Verletzt wurde niemand. Mike war bisher einmal wegen Ladendiebstahl aufgefallen.
7. Welche Maßnahmen des Jugendgerichtsgesetzes haben nicht die Rechtswirkung einer Strafe, sodass der Verurteilte nicht als vorbestraft gilt?
8. Findest du es richtig, dass die volle Geschäftsfähigkeit mit Vollendung des 18. Lebensjahres erworben wird, das Erwachsenenstrafrecht aber erst ab 21 Jahren zwingend anzuwenden ist? Begründe deine Meinung.
9. Beschreibe, inwiefern die Förderung von Jugendzentren eine Maßnahme zur Gewaltprävention darstellt.
10. Welche Ziele verfolgt die Kinder- und Jugendhilfe? Nenne Beispiele.
11. Ein erfolgversprechender Weg zur Gewaltprävention ist die Mediation. Beschreibe ein solches Programm im Bereich der Schule.
12. Zeitungen berichteten über die Verurteilung eines 19-Jährigen zu 48 Stunden Sozialarbeit und einem Monat Fahrverbot. Der Angeklagte fuhr in einer thüringischen Kleinstadt eine belebte Straße entlang, als plötzlich ein anderer Autofahrer aus einer Parklücke fuhr, sodass er scharf bremsen musste. Verärgert kurbelte er daraufhin sein Fenster herunter und beschimpfte den Autofahrer mit wüsten Worten. Entsetzt über die Wortwahl schrieb eine Fußgängerin die Schimpftiraden auf einem Zettel mit: „So einen wie dich, schlitz ich auf. Dich bring ich um. Ich schneid´ dir die Kehle durch und schlag´ dir die Zähne ein.“ Der Beschimpfte fühlte sich bedroht und erstattete Anzeige. In der Urteilsbegründung sagte die Richterin: „Wegen so einer Kleinigkeit jemanden derart übel zu beschimpfen, kann von unserer Rechtsordnung nicht toleriert werden. Sie müssen lernen, sich zu beherrschen, sonst haben Sie auf der Straße nichts verloren.“
    a) Prüfe, welcher Straftatbestand vorliegt.
    b) Warum wurde keine Geldstrafe verhängt?
    c) Welche Art von Strafen wurden im Urteil verhängt?
    d) Beschreibe den Unterschied zwischen „Fahrverbot“ und der „Entziehung der Fahrerlaubnis“.

Stichwortverzeichnis

Aktie 167 f.
Anbieter 84 ff.
Anschaffungsdarlehen 161
Altersregelung 128
Arbeitslosenquote 199
Arbeitskraft 208
Arbeitsrecht 16 f.
Assessmentcenter 119

Baisse 174
Bargeldlose Zahlung 147, 163
Barzahlung 143 f.
Bedarf 58 f.
Bedürfnisse 56 ff.
Beiträge 178
Berliner Testament 251
Berufsbilder 96
Berufsbildungsgesetz 123
Berufswahlpass 100 ff.
Besitz 11
Beschäftigungsstand 199
Beschaffung 222
Betriebserkundung 213
Betriebsleitung 213
Betriebsmittel 215
Betriebspraktikum 103 f.
Betrug 261
BGB 17f.
Bilanz 227
Broker 170
Buchführung 224

Darlehensvertrag 35
Deliktfähigkeit 23
Dienstleistungsgesellschaft 206
Dispositionskredit 161

Effekten 166
Ehefähigkeit 235
Eheverbote 235
Eigentum 11, 45
Einkommen 65 ff.
Einstellungstest 114
Enterbung 248
Erbanspruch 240
Erbschein 246
Erfüllungsort 45

Fakturierung 222
Fertigung 222
Freiheitsstrafe 264 f.

Gebühren 178
Geld, Entstehung 140 f.
Geld, Funktionen 142 f.
Geldbuße 178
Geschäftsfähigkeit 20 f.
Gewährleistungsfrist 48
Gläubigerpapiere 169
Gleichgewicht 197
–, außenwirtschaftliches 199
Grundgesetz 10, 234
Güterrecht 237 f.

Handelsregister 221
Hausfriedensbruch 261
Haushalt 182
Hausse 174

Investmentfonds 168

Jahresabschluss 229
Jugendarrest 268
Jugendgerichtsgesetz 268

Kalkulation 69, 224
Kassahandel 171
Kaufvertrag 32, 44 ff.
Konjunkturzyklus 195
Kontokorrentkredit 160
Kredite 160 ff., 178

Lastschriftverfahren 164
Lebenspartnerschaftsgesetz 239
Leihvertrag 34
Lohnsteuerkarte 75

Magisches Viereck 199
Markt 84 ff.
Marktmodell 87
Maximalprinzip 60
Menschenbild 135
Menschenrechte 120
Mietvertrag 31, 36
Minimalprinzip 60
Monopol 89

Nachfrager 84 ff.
Nachlass 246
Nachnahme 146
Nachtruhe 128
Namensrecht 236
Nebenstrafen 111
Nottestament 251

Öffentliches Recht 16 f.
ökonomisches Prinzip 60 f.
Ökosteuer 80
Oligopol 88
Ordnungswidrigkeit 254 f.

Pachtvertrag 39
Pfändung 52
Pflichtteil 248
Planung 22
Polypol 88
Preis 84 ff.
Privatrecht 16 f.
Produktionsstufen 192

Recht, Aufgaben 8
Recht, Funktionen 10
Rechtsfähigkeit 19
Rechtsfolgen der Ehe 236
Rechtsgeschäft, einseitig 30
Rechtsgeschäft, zweiseitig 30
Rentenalter 80
Resozialisierung 257

Schenkung 40
Schulden 229
Schuldunfähigkeit 263
Sektoren 180
Sichteinlagen 158
Solidaritätszuschlag 74
Spareinlagen 159
Staatsausgaben 178
Staatseinnahmen 178
Statistik 224
Steuern 135, 177
Strafmündigkeit 23

Tagessätze 265
Termineinlagen 158
Terminhandel 172
Testament 31, 250 f.
Transfereinkommen 182

Unternehmen 64, 204 ff.
Unterhaltspflicht 237

Verfassung. Thüringer 120
Vergeltung 256
Verjährung 50
Vertragsfreiheit 28 ff.
Vertrieb 222
Vermögen 226
Verwaltung 222
Vollstreckungsverfahren 51 f.
Vorbeugung 256
Vorstellungsgespräch 114
Vorwerfbarkeit der Tat 262

Wachstum 199
Werbung 72
Werkstoffe 214
Wertschöpfung 164
Wirtschaftskreislauf 64, 156 f.

Zahlungsort 45
Zahlungsverkehr 143

Bildquellenverzeichnis

action press, Hamburg: 269 M1 (NIBOR)
Adam Opel AG, Rüsselsheim: 208.2
akg-images, Berlin: 138 M1, 140.3, 256 M1,
American Express, Frankfurt/Main: 149.2
Andersartig, Braunschweig (B. Funke): 139.1, 142.1, 223.1 li. + re.
Auer, H., Seligenstadt: 258 M1
Avanti, Oberstenfeld: 176.2 (R. Poller)
axelhess.com, Frankfurt/M.: 206.2
Baaske Cartoons, Müllheim: 227 M1 (B. Mohr)
Bankverlag, Köln: 145.1 + 2, 146.2, 149.1
BASF, Ludwigshafen: 57.3
Bildarchiv Preußischer Kulturbesitz, Berlin: 57.2, 137 M1, 141.1, M1, M2, M4, 209 M1 (H. Hubmann)
BilderBox, A-Thening: 164 M1
Bundesagentur für Arbeit, Nürnberg: 100.1, 101.1 + 2
Bundesbildstelle, Berlin: Titel Mi.

Caro Fotoagentur, Berlin: 190.1 (A. Bastian), 217.1 (Scheffbuch)
Cartoon Concept Agentur u. Verlag GmbH: 67 M1
Corbis GmbH, Düsseldorf: 78.1 + 2, 208 M1 (S. Chenn), 209.1, 235 M1

Dägling, A., Oldenburg: 22.1, 64 M1, 89.2, 103 M1
Das Fotoarchiv, Essen: 217 M1 (M. Vollmer)
Das Luftbildarchiv, I. Dunse, Wennigsen: 45.2 + 3, 63.1, 203.1
Deutsche Arbeitsschutzausstellung DASA, Dortmund: 127.1
die bildstelle, Hamburg: 214 M2 (picturedesk.com)
DSV-Gruppe (Deutscher Sparkassenverlag): 151.2 + 3, 152.1

Ericsson GmbH, Deutschland: 28 M1

Focus, Hamburg: 70 M2

Gesellschaft für ökologische Forschung, München: 137 M4 (W. Zängl)
Getty images, München: Titel li., 205.3
Globus Infografik GmbH, Hamburg: 36.2, 40.1, 61.2, 70.1, 71.1, 80 M1, 81.1 + 2, 96.1, 97.1, 106.1, 161.1, 166.1, 167 M1, 175 M1, 177.1, 179.1 + M1, 183.1, 184.1 + 2, 185.1, 187.1, 192.2, 193.2, 194.1 + 2, 195.2, 199.1, 200 M1, 207.2, 234.1, 239 M1, 241.2, 244.1
Gmöhling Transportgeräte GmbH, Fürth: 214 M1 + M3
Pepsch Gottscheber, München: 188.1

Haun, F., Borken: 205.2

Heise Adressbuch Verlag GmbH & Co.KG, Erfurt: 230 M1
M. Hermes, Göttingen: 168.1, 170.1, 175.1

IFA Bilderteam, Ottobrunn: 66 M1, 232.4 (Walsh)
Image & Design, Braunschweig (B. Kumpe): 23.1 + 2, 29.1–4, 30.1 + 2, 33.1–4, 59.1 + 2, 92 M1, 94 M1, 95.1, 98 M1, 103 M1 + M2, 106.2 + 3, 107 M2, 108 M1, 109 M1, 116.1–3, 122.1, 130 M1 + M2, 142 M1–3, 186.1, 201 M1, 205 M1, 234 M2, 238 M1 + M2, 245.1, 3, 4
InGestalt, Leipzig: 73.1, 103 M2, 245.2, 258 M2
iwd – Informationsdienst des Instituts der deutschen Wirtschaft Köln, Nr. 28/2007 © Deutscher Instituts-Verlag, Köln: 196.1

JOKER, Bonn: 78.4 (C. Ruehmekorf), 176 M4 (R. Gerard)

Kassel Service GmbH: 84.2
Keystone Pressedienst, Hamburg: 206.4 (J. Zick), 233.1 (V. Schulz)
Klüppel, Gechingen: 97.2

Luedecke, M., Berlin: 62.1

MAN, München: 232.2
Mathis Werbetechnik, Merzhausen: 83.1
mauritius-images, Mittenwald: 11 M2 (mm-images), 84.3, 90 M1 (M. Siepmann), 90 M2 (J. Hubatka), 170 M1, 174 M1, 185 M1, 197 M1, 206.4, 209.2 (Rosenfeld), 228 M1 (J.-C. Dewolf), 234 M1 (age)
Moneymuseum, Zürich: 140.1 + 2

Objektiv Press, Bochum (J. Hänisch): 213 M1
Ostkreuz, Berlin: 78.3 (M. Trippel)

Photostudio Druwe und Polastri, Weddel: 8.1 + 2, 11 M1, 14.1 + M1, 15.1, 16.1, 20.1 – 3, 23 M1, 24.1, 26.1 + M1, 27.1, 28.1, 2, 4, M2, 30 M1, 32.2 + 3, 34.1, 35.1 + 2, 39.1, 2, 4, 5, 41.1 + 2, 42.1 + 2, 43.1, 46.1, 56.3 + 4, 62.2, 70.2 + 3, M4, 72 M1 + M3, 78.5, 84.1 + 4, 87 M1, 88 M1, 91.1, 92.1 + M2, 97 M1, 99 M3, 103.1 + 2, 107 M1, 110 M1, 113 M1, 114.1, 117.1, 123 M1, 127 M1, 128 M1, 129 M1, 150 M1, M2, M6, 152 M2, 153.1 + 2, M3, 161 M1, 163 M2, 165.1 + 2, 167.1, 168 M1, 169 M1 - M3, 211.1, 213.1 + 2, 225 M2, 232.3, 237 M1, 253.1, 254 M1 + M2, 255 M1, 257.1, 270 M1
Picture Alliance, Frankfurt/Main: Titel re. (dpa/B. Thissen), 7.1 (ZB/M. Hiekel), 8 M1 (dpa/Jens Wolf), 19 M2 (dpa/T. Eisenhuth), 39.3 (dpa/Domicil), 55.1 (ZB/H. Hirndorf), 56.1 (dpa/B. Thissen), 56.2 (Berliner Verlag/ T. Uhlemann), 62 M2 (dpa/AFP), 70 M3 (dpa), 88 M2 (dpa/F. Rumpenhorst), 98.1 (dpa/F. Gentsch), 99 M1 (dpa), 131.1 (akg-images), 131.2 (ZB). 131.3 (akg-images/G. Rubitzsch), 131.4 (ZB), 131.5 (dpa/A. Weigel), 134 M1 (dpa/W. Weihs), 137 M2 (dpa), 146.1 (dpa/F. May), 149 M1 (dpa), 155.1 (CHROMORANGE), 176.1 (ZB/H. Link), 189.1 (Bildagentur Huber/Szyszka), 194 M1 (dpa/Getty/Platt), 201 M2 (dpa/M. Bein), 205.1 (dpa/Göttert), 206.1 (dpa/F. Rumpenhorst), 211.2 (dpa/Fotoreport Flughafen München GmbH), 213 M2 (ZB/T. Schulze), 216 M1 (dpa/F. Rumpenhorst)

E. Rauschenbach: 210.1

Sammlung Gesellschaft für ökologische Forschung, München: 137 M3
Schulbank, Köln: 146 M1, 147.2, 148 M1
Staatliche Münzsammlung, München: 140 M3 + M4, 141 M3
Stollfuß Verlag, Bonn: 76.1
SV-Bilderdienst, München: 208.1

Thüringer Kultusministerium, Erfurt: 121.1
Trebels, R., Düsseldorf: 224.1–4

vario images, Bonn: 163 M1
VISUM, Hamburg: 217 M2 (R. Hackenberg)
Volkswagen AG, Wolfsburg: 62 M1, 205.4

Werbefotografie Weiß GmbH, Gersthofen: 19 M1, 28.3, 45.1, 46 M1, 54 M1, 65 M1 + M2, 67 M2, 69 M1, 99 M2, 143 M1, 150 M3 - M5, M7, 151 M1–M3, 152.2 + 3, 153 M1, 209 M2
Westermann Archiv, Braunschweig: 9.1, 52 M1, 60 M1, 70 M1, 120 M2, 140 M1 + M2, 156 M1, 165.1 re., 223 M1, 225 M1, 231 M1 + M2, 232.1
Westermann Tegra, Braunschweig: 13 M1, 17.1, 18.1 + M1, 19.1 + 2, 21.1, 23.2 + 3, 30.2, 31.1 + 2, 32.1, 36.1, 37.1, 57.1 + 4, 58.1, 59.3, 60.1 + 2, 61.1, 62 M3, 64.1, 66.1, 85.1 + 2, 86.1, 87.1, M2, 88.1 + 2, 89.1, 120 M1, 148.1 + 2, 159.1, 160.1, 176 M1, 192.1, 193.1 + 2, 195.1, 198.1, 220 M1, 224 M1, 230.1

Zahlenbilder Erich Schmidt Verlag, Berlin: 65.1, 107.1, 147.1, 191.1, 207.1, 216.1, 221.1, 222.2, 240.1